齐善鸿 等

——— 著

中国式管理思想

道本管理论

ZHONG GUO

SHI

GUANLI SIXIANG

世界知识出版社

图书在版编目（CIP）数据

中国式管理思想：道本管理论 / 齐善鸿等著．--

北京：世界知识出版社，2024.2

ISBN 978-7-5012-6680-7

Ⅰ．①中… Ⅱ．①齐… Ⅲ．①企业管理 Ⅳ．①F272

中国国家版本馆 CIP 数据核字（2023）第 167639 号

中国式管理思想：道本管理论

Zhongguoshi Guanli Sixiang Daoben Guanlilun

作　　者　齐善鸿 等

责任编辑　薛　乾　　　　　　特邀编辑　杨　娟

责任出版　李　斌

装帧设计　周周设计局　　　内文制作　宁春江

出版发行　世界知识出版社

地　　址　北京市东城区干面胡同 51 号（100010）

网　　址　www.ishizhi.cn

联系电话　010-65265919

经　　销　新华书店

印　　刷　廊坊市海涛印刷有限公司

开本印张　710×1000 毫米　1/16　34.5 印张

字　　数　400 千字

版次印次　2024 年 2 月第一版 2024 年 2 月第一次印刷

标准书号　ISBN 978-7-5012-6680-7

定　　价　68.00 元

推荐语

作为中国管理五十人论坛的召集人,我强烈推荐齐善鸿教授的《中国式管理思想:道本管理论》,该专著作为中国管理五十人论坛系列丛书的重点项目,获得了全体同仁的共同认可。通过与齐教授多年的交往,我对他深厚的哲学功底、超越常人的思维模式、不断进取和勇于创新的科学探索精神深感敬佩。

道本管理思想是齐教授基于他在管理哲学、国学、经济学、社会学、管理学等领域的深厚理论功底,以及他在管理实践中的丰富经历,以中国"道"哲学的视角,对现有管理理论进行了全面的审视之后,创立的管理思想。二十多年来,齐教授在他创立的道本管理领域持续深耕,不断进行理论突破,终于完成了道本管理理论体系的构建,以《中国式管理思想:道本管理论》的形式呈现给学术界和广大读者。这将对学术界和管理实践界产生重大影响,也将成为中国管理学发展历程中的里程碑式的事件。

《中国式管理思想:道本管理论》已经取得了十余项重大基础管理理论的突破,这些突破对构建中国式管理理论体系具有重大的建设性贡献,甚至是中国式管理的基础理论的奠基性工作,为今后中国式管理的研究奠定了良好的理论基础。我期待与齐善鸿教授携手并肩,共同努力为世界提供与中国未来国际地位相匹配的中国式管理解决方案。

王方华

教授,博士生导师

上海交通大学安泰经济与管理学院前院长

上海交通大学校长特聘顾问

中国管理五十人论坛发起人、召集人

推荐语

听闻齐善鸿教授的《中国式管理思想：道本管理论》即将问世，充满期待。这是一部对中国管理理论研究具有重大意义的专著，该专著也是中国管理五十人论坛系列丛书的重点项目，获得了全体同仁的共同认可。

通过与齐善鸿教授多年的交流、对话，倾听他对于研究所得的分享，非常钦佩他在管理哲学、国学、经济学、社会学、管理学等领域的深厚理论功底，以及多领域理论沉淀基础上的独到见解。他还亲自参与创办企业以及出任学校相关机构的管理负责人，将管理理论与实践相结合。在感受到用现有管理理论不能完全解决实践中的真实管理问题后，他借助于自己在国学和哲学上的深厚功底，发现了中国"道"哲学这个中国优秀传统文化中的瑰宝，从"道"哲学的视角对管理中的问题和现有的管理理论进行反思，提出了"以道为本"的管理思想。

《中国式管理思想：道本管理论》已经取得了十余项重大基础管理理论的成果，这些成果对构建中国管理理论体系具有重大的建设性贡献。这部专著完成了道本管理的基础理论的奠基性工作，为今后中国管理理论研究奠定了良好的理论基础。作为同样专注于面向中国管理实践的管理理论研究者，我期待齐教授在已有成果的基础上，携手更多管理研究学者，一起讲好中国故事，让中国管理理论研究贡献世界价值。

陈春花

教授，博士生导师

新华都商学院理事长

序言　何为"道本管理"

什么是管理？

就是人类对自我思维、思想与行为的秩序化整理和最高效率与最优目的的追求。

什么是"道本管理"？

简而言之，就是"以道为本"的管理，就是管理的一切都要以人与事物的客观规律为依据和运行的力量。

为何要"以道为本"？

"道"作为天地万物的总源头，是中国圣人的发现。天地间万事万物以及所有生命，都在大道轨道上运行，管理也不例外。

若是脱离"以道为本"又会怎样？

就如同鱼儿离开水，会变成鱼干！就如同领导离开对部下的服务，会被人心抛弃！就如同军队离开人民，失去人民的支持就没有胜利的军队！就如同精英自恋般的傲慢最终将自己囚禁！就如同追求成功者离开价值创造而变成做"白日梦"的人！就如同有成就、有功劳的人自以为是、自高自大，最终变成孤家寡人！就如同想开锁但没有钥匙！就如同汽车没油时还在拼命踩油门！就如同资本投机者榨干了民众还在拼命吸吮！就如同乱发脾气把员工的心伤透了还希望他们努力工作！就如同领导者放弃服务部下成长的责任却又强硬地要求他们作出更好的业绩！就如同犯罪者想方设法却又徒劳地进行自我辩护！就如同向着背离赛道终点的方向狂奔！

自从人类在地球上出现，人类的生存就紧紧依靠着自然的客观规律。

人类之所以能够掌控自己的命运，就在于遵守自然的规律、生命的规律和社会的规律。

历史上人类所遭遇的各种灾难，很多都是因为人类自以为是，误导自己不断地偏离客观规律。

人类文明的每一次进化，都与对客观规律的发现与掌握有着必然联系。人类文明的每一次退化或者遭遇挫败，都与背离客观规律而走向主观膨胀有着必然联系。

毫无疑问，最初人类得以生存和获得更多的保障，皆来自对客观规律的尊重和遵从。那是先人进入"以道为本"的时代。

随着生存条件越来越好，人类的主观开始膨胀，还自以为是地创造了自己的"神"，并匍匐在"神"的面前，希望得到神明的保佑。甚至部分人假借神的名义，对自己的同类进行禁锢和伤害。被伤害的人们奋起反抗，提出了"以人为本"。这种从"以神为本"到"以人为本"的剧烈摇晃，表面上解放了人类自身，但在客观上又放纵了人性中的野性，使得人性中最基本的动物性得到了一种人文的保护。这并非人性真正的进化。

不管人类变换什么花样，生存毕竟是需要物质的。于是，人类又悄悄走向物本和资本的时代，唯利是图的"拜物教"和资本为尊的"资本主义"，又变换了一种奴役人的方式，将人置于物质和资本的奴役之中。

随着科学技术的发展及其为人类创造的巨大福利，人类的思维又开始锁定"科技为本"的方向。但科技在造福人类的同时，也催生了人类的诸多困惑，现代人精神迷茫、扭曲和错乱日益普遍和严重化。

这就是历史上人类在偏离以道为本之后走过的漫长弯路。正如圣人老子所说的那样："大曰逝，逝曰远，远曰反。""夫物芸芸，各复归其根，归根曰静，是谓复命。"人类绕了一个大圈，终究绕不过客观规律的制约，终究会回归到客观规律的轨道上。在这个时代，"以道为本"成为必然。作为人类运用意识干预人们思想与行动的管理，是运用人的主观意识干预人的思想与行动的典型，则更易背离客观规律，也会更快地走完一段弯路而回归原点并终结自己。

单纯从科技这条线来说，离开了客观规律，科技不可能存在，因为科技就是对规律的发现、运用以及再创造。起源于美国的科学管理，其提出者弗雷德里克·温斯洛·泰勒本人无疑是一个时代的伟人，也有了一个伟大发现：任何事物都有自身规律，人的一切活动也都有自身规律。管理中任何增效的目标都离不开事物与人的规律。这让他很像是中国道家思想的传人。遗憾的是，他生活在资本主义的国度，他的思想即使那般惊世骇俗，也没法穿透资本主义制度和由此扭曲的人心所构筑的坚厚围墙。他在美国国会听证会上的答辩近乎声嘶力竭，但依然叫不醒一群装睡的人。于是，后续的美国管理界的理论，只能对违背客观规律的错误思想进行经常性的修修补补。在这一过程中，人心变得越来越麻木，管理理论开始分化出两个方向，进行着各自的发展：一个方向是关于事物的管理，其方法不断推陈出新；另一个方向是关于人生幸福的思考——这不是脱离管理的另外一类人生哲学，而是对忽视人生幸福的管理的另类思考，也是被管理学界所忽视的重要方向。

对历史发展的轨迹进行一番审视，能够让我们更好地看清楚人类思想脉络，也能够给思考者提供一种关于管理文明思想发展轨迹的重要启迪。若是缺乏历史的视角，缺乏洞察历史真相与本质的能力，思想的创新就成了空中楼阁。历史能看多远，现实就能看多透彻，对未来就能有多强的预见力！

天地间最强大的力量只有两种：一种是不可违拗的客观规律，另一种就是同样作为客观存在的人心的规律。违背客观规律的主观行动，必然受到客观规律的惩罚。同样，背离人心客观规律的任何自以为是，也都将遭到抛弃。

面对强大的宇宙和客观自然规律，普通人只有臣服和遵从的选择。这是由人类文明的原始逻辑、起始逻辑、客观逻辑所决定的，因为人类不是先于宇宙和创造宇宙天地的力量，而是在宇宙天地诞生之后才出现的"次生级"的存在。在人类历史上，只有神话中那些超越普通人的生命，才具有抗衡自然和改造自然的能力。

但在面对人类自身，面对与我们同类的客观对象的规律时，人类往往显得有些无知——总是不把它们看作客观规律，而是看作我们主观评判的产物。在两三千年前的思想爆发期，哲人们提出了一些著名论断："认识你自己""知人者知，自知者明""人贵有自知之明"。正因为人类认识自己有困难，也就导致人类认识他人和客观规律方面的困难与错误。即使是有血缘的亲人关系，这样的困境也难以解除：夫妻之间、亲子之间，很难将对方视为客观的存在，也很难将对方与自己的差异视为客观规律及其运行的某种特殊状态。这就是人类生活中各种困境的根源。

两千多年前，中国的圣人们已经为人类认识客观规律和人性规律提出了非常明确的智慧路线。

圣人老子在《道德经》第十六章中说："致虚极，守静笃，万物并作，吾以观复。夫物芸芸，各复归其根。归根曰静，是谓复命。复命曰常，知常曰明。不知常，妄作，凶。"

这就是极其鲜明的"去除有限主观之妄想妄作"的法则，让自己清静的心能够最大限度地贴近客观事物的真相，进而获得真理。

儒家思想提出了"三纲八目"："三纲"——明明德，亲民，止于至善;"八目"——诚意、正心、格物、致知、修身、齐家、治国、平天下。这就是认识客观规律,认识人心的规律,找到接近客观规律与人心规律的法门,并依此做好自己、和睦家庭、治理国家和平天下的系统逻辑。

以上既是中国人最高的精神纲领,也是治理人类社会的智慧法则。说到底,就是认识客观规律和人心规律的道。

想象一下:若是能够回归到"以道为本"的轨道,又会出现什么样的景象呢?

1. 人类努力思考时,实际上是用过去的经验思考不同过往的事实。若是能将过往的经验提升到本质和真理的高度,那后面的思考就如同做练习题时套公式一般简单。

2. 人类的主观尽管很发达,但与无限的客观世界和变幻莫测的人心相比,依然显得有些无能为力。若是把主观系统关闭,达到无念的状态,让客观事物的规律如同画面一样在眼前展现,伸手即能触摸到人心系统的开关,人类一直迷惑并向往的灵感,就会喷涌而出。若是不信,审视一下那些从事科学创造的人灵感迸发的过程,也就知道神秘、神奇、神妙的人类智慧是如何运行的了。

3. 西方有句很有趣的话:"人类一思考,上帝就发笑。"只是很少有人深究这句话的深意:人类难道不能思考?上帝到底笑什么呢?实际上,西方人说的"上帝",就是中国的"道"!用圣人老子的话说,就是"道可道,非常道"。用人们更容易理解的方式来说,人类面对着两个世界,一个是客观世界,一个是主观世界。无论是思考还是言语,都属于人的主观世界的活动。时至今日,在科学如此发达的今天,客观世界的宏大和精深,依然是人的有限的主观能力所无法覆盖和深度触及的。正因为这样一个客观事实的存在,人生出了很多美德与理性，如敬畏、谦卑、自知之明，等等。可是，这样一些美德在现实中并没有得到普遍践行。很多时候，不少的人类个体一直在自我的主观世界中进行比较而生出幻觉。看看世界上那些强大而富有的人，有几个不轻狂、不傲慢呢？再看看那些真正顶级的科学家，他们在深入探索这个世界时，没有任何傲慢，牛顿、爱因斯坦、霍金等，无不对世界、宇宙的规律与力量充满敬畏！

4. 大道与人的心智接通，生出"客体思维"——思维的主体能够像客体一样思维。若是遇到客观事物，首先启动的不是自己的知识经验和情感与价值偏好的思维，而是让思维直入客观事物本身的规律，呈现其客观规律，依此来决定个人的行动。若将其呈现出来，就是替没有人类语言的客观事物代言，此时所言即是"法言"或者"真言"。若面对的客观对象是人类，如自己的亲人、朋友、同事、客户或者相遇的路人，你能够坚定地站在他的立场去理解他的思维与行动，你就犹如他的灵魂代言人，他将会与你交心。心心相印，就会建立起灵魂级的信任，就不会再有误解、指责、算计与怨恨，就能与众生和谐。看吧，从古至今，人间之乱皆来自彼此误解或者以己度人。

5. 人若能"以道为本"，认识到自己所面对的员工和客户，皆是一种客观存在，皆有其自身规律，只要没有偏见，只要愿意真心服务于他，就能与其规律相合，就能焕发出巨大的力量。于是，就应了圣人老子的真言："是以圣人常善救人，故无弃人；常善救物，故无弃物。"这才是解放生产力啊！这才是真正的领导哲学与管理智慧啊！若是使用权力压制，人心必然反弹！若是利用权力谋私，必遭众人厌弃！若是利用权力交易拉帮结伙，团结少数而反对多数，必然暴露自己心智的卑微！故而悟道得道者，以道为尊，将道置于世间第一主体的地位，自己紧跟大道成为二级主体，人间还有什么错误与困扰?!

6. 关键是，管理者与领导者若能"以道为本"，人生的一切就成了修道悟道的资粮与素材，也是在道梯上连续升级的台阶。这样就回归到了人生的本上：人生就是一场修行，修行的目标与结果就是悟道得道与成道。这就是中华文化"天人合一"的终极理想，也是人性复归与灵魂回家。人的一生，能够得道成道，就与天地万物众生连成一体，就是超越了小我、大我之后的"超我"，就能印证老子在《道德经》中的真言："谷神不死，是谓玄牝。玄牝之门，是谓天地根。绵绵若存，用之不勤。""知人者知，自知者明。胜人者有力，自胜者强。知足者富，强行者有志。不失其所者，久。死而不亡者，寿。"

"道本管理"的思想，不仅仅适用于组织或企业的管理，更可以用于家庭管理，最为根本的是每个人自身的管理和整个人生的管理——自我管理！这也正是源自老子大道智慧的"道本管理"在人生各个方面和领域中的普适性价值！

若是只用自己的知识经验和价值与情感偏好来安排人生呢？那就走上了与世间最强大的、无法抗拒的宇宙力量与客观规律力量的对抗之路！若能领悟这一点，就走上觉醒之路！善莫大焉，幸莫大焉！

以此为序，

向开启人类心智的圣人老子致敬！

向创造优秀和卓越的中华文化的古圣先贤致敬！

谨以此序，向腾飞的祖国献礼！向有缘的朋友们祝福！

齐善鸿

南开大学教授

南开大学商学院博士生导师

南开大学国学与文化研究中心主任

中华炎黄文化研究会常务理事

文化传承委员会副会长

老子道学文化研究会副会长

中华孔子基金会特聘专家

中华太极文化国际交流中心理事长

天津市社会科学研究院客座研究员

天津市传统文化产业协会名誉会长

天津市孙子兵法学会副会长

2023 年 10 月 21 日于深圳

目　录

导言　管理的审视

人类是能够进行复杂思考的动物，但这并非人的本质。

对自己的思考进行审视，也就是"对思考的思考"，这才是人的本质。

一、人类思考的四个核心要素

每一个人无时无刻不在思考着，每一个思考又包含四个要素：

一是自己内心所积淀下的知识与经验。

二是自己内心所确定的价值方向与立场。

三是个人所使用的思考问题的方法论与思维模式。

四是个人所掌握的思考对象的有限信息。

首先，个人内心所沉淀下的知识与经验，对于人的思考具有重大影响。毫无疑问，每个人内心所积淀下的知识与经验，决定着对外部事物的兴趣和猎取外部事物信息的重点。有趣的是，大部分人一直按照自己的知识和经验所熟悉的模样去获取外部事物的信息，从而使得自己所熟悉的信息和知识不断增加，进而为固化自己的认知模式提供支持。只有少数人会随着自己阅历的增加，把自己不熟悉的知识和经验纳入自己的认知库中，让自己的认知范围扩大，认知的知识与经验的种类与结构不断丰富和多样化。前一种认知的做法会形成"顽固自我"的认知模式，后一种认知的做法会形成"新鲜自我"的认知模式。

其次，人的任何思考都是围绕自己的价值方向与立场进行的。几乎任何一个思考者都坚信自己的思考是中立和客观的，但不幸的是，每一个思考者都有着自己的价值方向与立场。即使表现出来的观点看似中立和客观，但在内容的选择、逻辑的编辑方面依然无法逃离其内心的价值方向和立场。人的认知和思考之所以会呈现为这样一种局面，起决定作用的是人的认知意识领域背后所隐藏的"隐性知识与经验"。它包括一个人的家庭背景与地位，童年的经历和心理感受，周围人的影响，成长过程中的重大人生事件，所处国家和民族的文化与状态，也即荣格所说的"集体无意识""民族潜意识"，等等。

再次，每个人所使用的思考问题的方法论与思维模式，正是对其所掌握的信息进行加工的技术。众所周知，一个人思考问题的系统性、透视事物本质的能力以及让自己的心智追随事物规律变化的能力，决定着一个人思考的结果、维度和层次。在这个方面，即使是学富五车之人，也很难对自己的思维拥有足够的自信。这就是知识总量和思维质量的区别。要想二者达成一致，必须两线并行：将知识总量的增加和思维质量的不断锤炼同时进行或者交替进行。实际上，每一个人思维能力的提升都是遵循这样一个路线，只是由于对知识与思维二者重视程度与掌握技术的差别，往往会出现知识覆盖或者高于思维的现象。

最后，毋庸讳言，人类通过主观努力所掌握的客观事物信息，总是很难达到全面与完整。理解了这一关键点，就能理解人类科学不断进行自我否定的模式，以及人类所倡导的谦卑、开放与自我否定等美德的价值。

了解了人类思考的基本要素和基本过程，我们能够将自己的思考作为客观对象来审视吗？

二、"对思考的思考"才是人之灵性的本质

鉴于人类思考的以上四个核心要素所划定的思维边界和模式化倾向，若是不能将其作为客观对象进行审视，若是不能对自己的思考进行自我审查，人类就会掉进自我思考的陷阱："我这样思考是有道理的，因为有道理所以是正确的，即使出现了不正确的效果或者结果，那一定是别人的错，我的思考依然是正确的。"话说到这里，几乎人人都会觉得这样的思维逻辑肯定是有问题的，但又很少有人能够跳出这样的思维陷阱。

在人类的思考活动中，以自我为中心的思维和以客观真理为导向的探索，是个永恒的话题。若是研究者停留在以自我为中心的思维模式中，其思维和理论就会陷入进化的停滞。若是实践者停留在以自我为中心的思维模式中，就会长期陷入用貌似正确的想法制造错误结果的行动中。

一旦出现上述局面，身处思想引领者的研究者，就可能误导相信他们的实践者。作为掌握权力的管理实践者，一旦陷入自我中心的思维，就会成为组织发展的最大障碍。

由此可见，无论是管理的研究者还是实践者，唯有在以真理为导

向的实践探索中，才能发现或者不断地接近真理。要做到这一点，就必须获得"对思考的思考"这一哲学的能力。否则，就会在客观事实所彰显的客观真理面前碰得头破血流。

人类从思考与实践中获得真理的过程，从来都不是一帆风顺，甚至有点残酷。历史和现实一再证明，在真理呈现的漫长历程中，信誓旦旦的主观思维总是被一次次地否定。那些固守自己主观思维而缺乏自我否定能力的人，总是在客观真理面前被打得鼻青脸肿。如果是在和平时期，那就意味着发展方向的错误、一次次努力的失效、一次次坚持中的失误。如果是在战争年代，那就意味着无数人丧失生命，甚至彻底的失败。在这方面，中国共产党百年的实践，为我们提供了一个绝佳的证明：每一次失败，都源自对主观认知的坚持；每一次成功，都源自对客观规律的掌握与践行。

"对思考的思考"，不是对思考的第二次思考，而是借助客观事实与规律对主观思考的否定与超越，是让主观思考与客观事实、与规律相符合。

三、"对管理的管理"才是管理灵性的本质

在一般人眼里，管理都是基于组织规则与目标而对组织内成员的行为施加的干预。但问题是，这种管理是由管理者的主观来完成的。既然涉及管理者的主观，就会遇到管理者自我中心的思维。组织中是否存在对管理者主观的管理呢？

有人会说，当然有的。组织中有制度，是所有人都必须遵守的。说起来，这个道理是正确的，但问题是人的认知是千差万别的，每个人都有自己的主观认知状态，而且是不稳定的。会有一种制度是所有人从内心深处所认同并不能违背的吗？那些由管理者们所制定的制度

能够真正让所有人从内心深处认同吗？事实证明，组织都是有制度的，但那不被众人从内心深处认同的部分或者制度约束薄弱的部分，往往就会成为出问题的危险地带。

有人又说，还有上级的监督呢！关键是上级也是人啊，监督也是主观的行为啊，况且还存在上下串通的可能啊！

有人接着说，如果监督不到位或者出现了上下串通的情况，那就进行惩罚。关键是这样的思维套路在人类历史上已经存在了几千年，而问题依然存在，似乎是在用事实嘲笑着这种思维套路的弱智和无能。

到了这样一个地步，很多人会说，还是要加强思想教育啊！可是思想教育一直没有停止过呀！

话说到这里，人类的管理似乎进入了一个死胡同：管理似乎一直在努力地用自己的思维套路解决问题，但问题又如同顽疾。于是，这二者连动起来构成了管理的一种病态。

在人类历史上，最先进入组织管理范畴的无疑是国家的治理。今天人们所能想到的各种管理措施，几乎在历史上和现实中都被使用过。效果如何呢？时好时坏，极其不稳定。若说在人类行为上最让人苦恼的话题，那就莫过于管理了。

既然在历史和现实中无数精英殚精竭虑地寻找管理的有效方法，但效果又是那样尴尬，那管理的出路又在哪里呢？

四、任何主观努力的失效都是客观规律变相的启示

人类的文明，发端于对启示的领悟。

人类的文明，看似是一种主观的成果，实际上受制于客观的规律。

人类的文明，本质上是读懂客观规律的启示和对主观偏好的超越。

人类漫长管理历史中的起起伏伏，到底给予我们什么样的启示呢？

第一启示：人类的一切行为，都是游走在主观性与客观性之间的选择上。当人类的行为固守在主观性的选择时，就会发生与客观性的冲撞，就会遭遇挫折和付出代价；当人类行为的主观选择以客观性规律为依准时，就会顺畅和容易取得成功。

第二启示：人类的一切行为发端于人性的状态。当人性的状态偏向于自我、主观、物质和眼前时，人类所呈现出来的行为就更加接近于动物性；当人性的状态朝向大我、客观、精神和长远时，人类所呈现出来的行为就更加具有神圣性。

第三启示：将以上两种启示纳入主观思维主频道，就有希望拥有人类独有的自我管理能力。而这种能力，则是人类一切行为的基础，也是人类高级思维或者高级心智的典型表现。若是不具备这种能力，人类的高级思维与心智就难以出现。

第四启示：个人对自我的有效管理，无疑是组织管理的理想条件。但这一条件在现实条件下往往是不具备的，这就是专业或者职业管理者出现与存在的必然性。由此可见，专业或者职业管理者，首先应该成为自我有效管理的样板，如此才能辅助组织中的个体成员完成自我的有效管理。但关于专业或者职业管理者这一前提条件，在现实中也往往是不具备的。于是，就需要组织的系统管理。但又有谁来完成组织的系统管理呢？将这些问题联系起来进行思考，就不难发现，管理往往是在没有详细的技术图纸的情况下，要将貌似合格但尺寸又不精准的零部件组装成一部精密仪器。这就是所有管理和管理者面临的挑战。

第五启示：现实中的组织，大部分时候都在忙于现实的目标，而实现目标的过程中又经常困顿于具体的环节。这也在告诉我们，任何一个组织，不管是实现现实的目标，还是实现未来的目标，管理系统的优化和建设是不可跨越的。一旦管理的系统不支持所要追求的目标，实现目标的过程就会变得十分困难。因此，管理者的职能不仅仅是督促自己的部下去实现目标，更要首先或者同时设计、建设与完善由众多生命组成的"管理精密仪器"。若是忽略了这一重点，就会出现管理系统不支持管理目标的状况，在这种状态下去努力实现目标就会变得十分艰难。

第六启示：管理的目标到底是什么？是选择合适的人作为工具来实现组织目标吗？很显然，这是错误的。因为人类所做的所有事情，都是服务于人类自身的生存与发展。几十年前，在许多人还在简单地坚持"一切为了客户，一切为了客户满意"这一理念时，一个国际型的企业就完成了这样的一个内外逻辑的构建：没有满意的员工，就没有满意的客户。由此可见，企业的内外部目标是一体的，是无法肢解的。因此，一个企业的管理者能否有效地服务自己员工的成长，决定着一个企业能否健康地发展。

第七启示：人们都知道，科技是第一生产力。但又是什么决定着这个第一生产力呢？当然是企业的文化。这也是阴阳哲学的规律在企业中的具体体现。一味重视科技的企业，若是文化出现混乱，科技就很难发挥其应有的作用。因此，文化与科技也是相互联系的、不可肢解的两个要素。科技往往是有形的存在，而文化如何变成有形的支撑科技发展的力量，甚至成为一种信仰型的力量，也是对企业家的一项重大挑战。

第八启示：企业是唯利的吗？毫无疑问，不能营利的企业是很难生存的。但在经济上的营利也绝对不是企业的唯一目标。实际上，对于企业组织来说，利益是一个由各种不同利益组成的"价值群落"，也就是"综合价值"，其中的各种价值力量是相互促进和相互支撑的。若失去了相互促进和相互支撑的价值力量，或者各种价值力量的配比是不合理的，都将极大地影响企业综合价值最优化的实现。

第九启示：现实中的企业总是处在竞争的旋涡中，这也是很多企业和企业家难以摆脱的苦恼。自然，也有企业完成了对这种状态的超越：它们走向了卓越，它们不再祈求合作伙伴和市场，反而成了合作者争先恐后的荣耀，成了市场消费者的期盼。很显然，这样的企业走出了低端的竞争状态，因为它们一直以自胜，也就是对自己的超越作为主导。

第十启示：当主观的思想落后于客观发展的规律时，任何行动都将是徒劳的。所谓的现代管理，自然也是发端于思想的行动体系，只是我们要认清思想与行动的三个隐含条件：一是思想提出者所处的时代主流思想，这毫无疑问会影响提出管理思想的人，并影响其思想能否成为管理主流思想；二是思想提出者所处的国家、民族以及个人的生长环境影响，这会成为"思想背后的思想"，也是思想提出者之所以坚信自己思想的思想基础；三是管理行动是受特定管理思想所驱动的，而特定的管理思想又都是在大的宏观思想系统之下提出的。这也就意味着管理思想也只是大的宏观思想系统的具体表现，尽管有"科学管理之父"美誉的泰勒声称自己的思想是管理精神的革命，但由于其难以突破时代、制度与民族的藩篱，其思想的革命性依然沦为笼子里的呐喊。因此，我们真的需要一场回归管理本源的思想革命，唯有这样的革命才能超越主观思想的局限，才能找到管理的本质与规律。

　　主观要以客观规律为依准，科学研究要以客观事物规律为目标，这是哲学与科学所共同遵循的思想路线。"以道为本"，这是中国哲学的公理，也是科学研究的起点与终极诉求。

　　我们南开管理"道本管理"研究团队，先后有几十位博士生参与，历经三十余年的潜心研究与实践检验，遵循"以道为本"的思想路线，孜孜以求，在深挖理论根基、凝练管理实践经验和实践检验方面，拓通了本源与现实、现实与理想、思想与实践的道路，并形成了我们研究者自身的管理信仰。

　　感谢"中国管理五十人论坛"的推荐，感谢王方华教授和陈春花教授的鼎力推荐。让我们携起手来，共同迎接管理的中国时代的到来，也希望中国的管理思想能够为世界管理带来新的启迪。

本文撰写者：齐善鸿

第一章　现实管理悖论

矛盾的背后，常常隐藏着真理。激烈的矛盾背后，常常是真理的躁动。

当人们按照一个正确的知识去行动，却无法持续地制造出正确的结果时，当人们持续努力却在不断恶化意欲解决的问题时，是继续努力呢，还是重新进行思考？

作为遍及人类生活所有领域的管理，它一方面帮助人类提高了行动效率，另一方面也制造了令人忧虑的变化趋势。毫无疑问，管理是一种思想与行动，但当一种思想和行动并不能真正有效地解决问题时，我们是在现实行动中继续再加格外努力呢，还是发展一些新的思想和理论进行修补呢？

科学探索的目标，是追求真理、追求究竟的学问。当一项知识或者思想没有接近究竟的真理时，它貌似合理，似乎也能解决一些问题，但从结果看来，它同时又在制造新的问题。

现实中，从事管理活动的人数量庞大，管理的思想和方法门类繁多，而且层出不穷。人类思想和理论的发展历史告诉我们，思想与理论的繁荣，只是究竟性真理的前奏，但不是究竟性真理本身。若是对思想与理论的繁荣沾沾自喜，那我们就会陷入自恋的圈套。你看，那么多人做管理，那么多的管理思想与理论，可又有谁能够确认——不管是管理者还是被管理者——现实的管理是成功的或者是让人们满意的呢？

人类之所以能够存活，是因为我们在运用常识。普通生活中的常识，常常蕴藏着规律性的真理。例如，当你手中的钥匙打不开你眼前的锁时，正确的做法应该是审视一下自己是不是拿错了钥匙。

但是，人们常常忽略生活中的常识，却去追求所谓的高级知识。当人类的管理积累了越来越多的思想与理论等知识形态时，为何在我们身边依然存在那样多的问题？甚至我们一直努力解决的问题，似乎也在管理不断加强的情况下不断增加。日益丰富的管理知识与方法，如同一串串的钥匙，大部分都能插进问题的锁眼，但很少有能够把锁打开的。

让我们重新回到常识进行思考吧，因为常识背后的简单真理可以让我们从烦杂的知识中恢复思考真理的理性，从而找到问题产生的本质与源头。

管理，也许需要回归常识的理性，审视一下这一串串的钥匙。也许，真正能打开锁的钥匙，被我们落在了日常生活的常识里。

管理，也许唯有回到源头，才能重新找回管理的科学本质。

第一节 管理实践的困局

管理活动伴随着人类社会发展过程的始终，在人类发展过程中遇到的一切问题都蕴含着管理思想。社会发展如此，个人、家庭、企业、国家等作为人类社会发展过程中的重要组成部分，更是如此。同时，个人的自我管理与家庭、企业、国家、社会之间存在密不可分的关系。试想，一个员工、一个领导者如果不会管理自己的时间和生活，不会妥善处理同事关系、夫妻关系、亲子关系，那么，很难相信他在工作中能有最佳的状态，很难想象他能为社会创造多少富含正能量的价值。因此，管理不仅仅局限于我们所熟知的企业管理之中，在现实中，管理有更加广泛的覆盖面。所以，管理应该是基于自然给予人类的启示和人的主观能动性的发挥，人们借用规律来对自身或组织及其相关要素、关系、秩序、运行效率和目的性价值进行人为干预的过程。

"正确的问题是答案的一半"，了解管理中存在的现实问题与困境，是寻觅打开管理困局的正确钥匙的第一步。

一、企业管理方面

企业是社会的细胞，从某种意义而言，为社会创造价值是企业得以永续经营、基业长青的前提和基础。近百年来，人们把从现实活动中所抽象、概括出来的基本管理思想、技术、方法和原理作为一种知识理论体系，用于指导管理实践。而企业管理是借助企业平台的管理活动，以促进人的全面成长为目的，并由此带动企业的全面发展。企业管理成为管理在人类企业生产经营领域思想和行动的反映。

（一）制度之困——制度越来越多，管理反而越来越乱

俗话说，"无规矩不成方圆"，制度建设在管理发展的历史上扮演了重要的角色，它是以监督和制约为基础，强调以任务为中心，它对人的约束是刚性的。企业中的任何人在制度面前一律平等，必须服从制度管理，保证管理活动的规范性、有序性和程序性。无疑，制度是一切工作走向规范化的必要规章。然而，制度自身却存在矛盾性：一方面，它能够保证企业的稳定发展，使企业不因人员等因素的变动而发生动荡；另一方面，制度是刚性和僵化的，严格的制度化管理虽然保证了企业的高效运转，但让人感觉缺乏人情味，尤其当被管理者感觉到管理者以权压人时，会产生抵触情绪，容易把自己同管理者对立起来。

随着企业组织规模的扩大化、组织结构的复杂化，管理者更加依靠既定的规章、制度，以此形成对企业员工的约束力。当有人触犯规则或是行为达不到制定的标准时，管理者就会不断调整或增设新的制度以强化管理，若实在行不通，就干脆引进全新的、更加时髦的管理方式，并据此建立新的组织结构、制度、流程等来面对问题，应对挑战。面对新变化，被管理者则被要求去重新适应新规则。虽然制度更新了，但制度依然是上级意志的体现，不代表员工共同的意愿，得不到共同的认可，也形不成强大的执行力。面对组织的要求，个体要么离开组织，要么变得好斗、厌倦，产生消极的非正式团体，以及其他一系列的抵制反应[①]。

【悖论困局】

制度建设帮助西方企业迈入了管理的春天，我们在学习西方管理

---

① 普华永道变革整合小组. 管理悖论：高绩效公司的管理革新[M]. 北京：经济日报出版社，2002.

制度之初，还能带来一些明显的成效，但后来却逐渐产生问题。现实企业管理中，制度成了少数精英意志的体现，成了少数人用来约束大多数人的"戒律"，大部分人都只是制度制约的对象，却没有成为制定制度的主体。企业的规章制度越来越烦杂，员工的对策也越来越多。当原来的制度不够有力时，就只好再制定更多、更严的制度。久而久之，老问题不但没有得到解决，还制造出大量的新问题。如此往复，管理越做越难。本来用于解决问题、促进有效管理的制度，反而成为产生更多问题的根源。这样的制度，人们会喜欢吗？人们会自觉遵守吗？如此之制度，又如何发挥效用呢？

（二）控制之困——控制力度越来越强，控制效果越来越差

任何管理理论和管理思想的建立都立足于一个基本的人性假设。从泰勒的科学管理，到行为科学学派的长足发展，再到现代管理理论丛林阶段，事实上只是组织管理的技术在发生改变，本质并没有改变，始终未超出理性主义的传统，即将人置于技术管理手段的控制之中，对理性盲目崇拜，对物质过分迷恋，对定量化和技术手段完全依赖，从而造成了对管理的"灵魂"——文化价值观的忽视，特别是对人的精神和社会文化因素巨大能动作用的忽视。

无论是在当下的管理学教科书里，还是观察现实中的管理行为，绝大多数事实都在告诉我们：管理的基本职能是"计划、组织、领导、协调、控制"，传统管理也认为，管理就是上级对下级的控制，没有严厉的监督和控制就无法保障日常工作的顺利开展与完成，甚至有权威学者提出"管理就是控制"的论断。那么，控制到底是控制什么呢？按对象划分，公认的答案是人、财、物。换言之，管理要控制人是目前管理中公认的、合理的状态。在管理领域，管理将控制奉为

圭臬。西方行为主义哲学思想的盛行在一定程度上使"胡萝卜+大棒"式的控制管理成为管理方式的主流。为了达到控制他人思想和行为的目的,取他人所欲之物,符合条件再予之,这种惯常的做法才是问题的症结。这种做法既在本质上令人反感,又产生事与愿违的效果。

【悖论困局】

很多时候,管理一直是在管控人的行为,而不是激发人内在的主动性。只想控制行为的结果,却不管产生结果的原因,这不是本末倒置吗?在这种以外部约束性规章制度为主体的控制型管理模式中,被管理者会有一种严重的被剥夺自由的感觉。让这些控制型管理者很失望的是:世上没有人喜欢被控制,被管理者必然要"为自己的自由而战"。于是,控制与反抗就在或明或暗中不断上演或激化。当管理者发现现有的控制手段无法控制反抗的时候,就会加大管控力度,激起员工更强烈的对抗。控制与反控制的升级,最终让管理者与被管理者处于敌对关系中,结果只会产生更多的管理难题,这样的管理是我们期许的吗?

(三)激励之困——物质激励越来越多,激励效果越来越差

现实中,管理早早把人视为唯利是图的人。因此,管理一直把物质利益的诱惑作为主要的管理手段,一再用物质刺激强化着人们的欲望,妄想以薪酬、提成、分红等量化的物质奖励来不断提高人们工作的积极性与创造力。物质上的刺激会发挥短期的激励作用,但是,就像钓鱼一样,只用物质引诱人们"上钩",物质一旦失去魅力,人们的积极性便会马上消失。同时,物质激励还会勾起人们的贪欲,一旦工资和福利的增加数量和速度达不到预期,人们就会感觉不公平,不

仅不会感恩，相反，还会抱怨。管理者往往容易过多地将目光聚焦于物质的激励手段和业绩的考核手段，将僵化的业绩考核指标变成衡量成功的标准，忽视人的道德成长，企业的道德问题也陷于被声讨的窘境。考核方式的道德性缺失致使大多数人的工作一切向钱看——看见别人得到的，自己也想要；看见什么好的，都想去占有。

解决管理中的问题需要管理者竭尽所能，这需要时间、努力、心思、耐心和才能，但管理人员不愿意花心思去做更好的管理，只想用物质刺激的方式来引诱员工，刺激方案替代了管理真谛，觉得这样做就万事大吉[①]。殊不知，激励之门是被每个人从自己的内心锁住的，打开这扇门的钥匙在每个人自己手里。管理，最多也只是提醒和帮助人们用那把钥匙开门。

【悖论困局】

欲壑难填，人的欲望之门一旦被打开，就会变成无底洞。物质刺激会让人越来越得不到满足，变得越来越贪婪。管理者与被管理者经过屡次博弈后，物质刺激在不断升级，欲望也在随之升级，最后只能陷入无力维系的僵局。这样做的结果，一方面，使人们在物质刺激下成了不择手段追逐物质的奴隶，另一方面，也让管理者越来越感到力不从心——无法满足人们不断膨胀的欲望。企业不断加强物质刺激，结果反而越来越糟糕。反观寺庙、道观、教堂里的人，却在没有管理、没有物质激励的情况下实现了秩序化。是什么力量使得人们呈现出如此不同的精神状态，使得没有管理反而比实施管理取得更有效的结果？

---

① 埃尔菲·艾恩. 奖励的惩罚[M]. 程寅，艾菲译，上海：上海三联书店，2006.

（四）创新之困——创新的努力越来越多，创新的效果越来越差

党的十九大报告指出，创新是引领发展的第一动力，是建设现代化经济体系的战略支撑。中央经济工作会议强调，加快建设创新型国家，推动重大科技创新取得新进展，促进大众创业、万众创新。回顾改革开放几十年的成就，中国经济和社会面貌发生了翻天覆地的变化，这都离不开创新。从企业的角度来看，企业创新的目的是企业需要不断去主动打破边界、打破平衡，去寻找更高级的发展机会，让自身获得更加长远、更加持续性的发展。

然而，对于中国的企业来讲，创新意味着什么呢？很多企业盲目引进现代化办公、管理系统，引进知名管理咨询公司对企业进行诊断和变革，等等。然而，实际效果却差强人意，甚至有的企业在创新的过程中把自己创没了。从现实层面来讲，中国企业的创新普遍存在致命的问题。第一，创新是企业的基本功，但是很多企业的创新基础却不牢固，管理的创新基础建设存在问题，比如系统化、规范化、标准化不到位。第二，当企业外部环境急剧变化时，企业的创新管理系统跟不上时代的变化，比如面对现实管理动态当中出现的各种问题，企业的应对能力却捉襟见肘。第三，企业天天都在开会解决问题，但是对于自身创新系统本身的修正和完善下功夫不够，导致会议没少开，问题反而越来越多。企业的管理完善和升级无法同步匹配，现有的系统无法自我升级突破，对比较前沿、新颖的创新思想不能有效地吸收。第四，随着新的管理思想的进步和外部形势的变化，企业应对这种思想和形势变化的创新思想和方法却陈旧老套，反而抑制了创新。

17

【悖论困局】

在现实生活中，不少企业是"为了创新而创新"，一些企业的创新只是在前人成果基础上的小修小补，颠覆性的创新成果却很少；很多企业在没有创新高度和经济实力的情况下盲目创新，把大量的时间、精力和人员花费在创新上，结果还没有活下来就倒了。同时，创新中还存在"宽容悖论"问题。"只能成功，不许失败"会窒息创新，而宽容失败又会产生阻碍创新的因素。真是应了那句话，"不创新是在等死，主动创新是在找死"。

二、个人管理方面

个人管理是一个人作为绝对主体面对一切时的一套自我管理系统，这套系统主要是以个人作为绝对中心，在遇到外部各种各样的事情时，个人不断调试自己。因此，无论是在工作还是生活中，做好个人的自我管理，对每个人来说都是非常重要的前提。过去的管理往往注重组织的管理系统而忽视了个人，但实际上，个人的自我管理恰恰才是问题的核心所在，因为不管在任何一个管理体系中，即使组织制度设计再完美、再完善，如果离开了个人管理，如果每一个个体对自己的管理不到位，其他一切管理也都无从谈起。组织管理中出现的各种困难，往往来自个人自我管理的薄弱。

（一）高层领导——缺乏约束，任性管理

高层领导者在综合能力、知识、阅历、职位等方面都比一般人高很多，也承担着更大的责任，领导者的思想与言行不仅仅影响个人，更是关乎万千人的福祉。领导者本来在财富、地位上比普通人高出很多，已经处于优势位置，普通人如果注重小我、私欲膨胀，影响

范围还比较小，领导者若是这样，就会带乱一个组织，会带领组织走向毁灭。因此，领导者更应该严格自律，规范自身的行为，尽可能用无我、无私、无欲的方式去做事，全心全意，以民心为心，以民意为意，并能处下，做众人的仆人，这才是领导管理的最高智慧。同时，领导所做的一切都在众人目光的连续审视之中，领导者的任何缺点都会被部下放大，因此，要以圣人的标准来框定自己的思想与言行。

然而，现实中不少领导者信奉"管理恐怖主义"，这种管理实际上是在毁灭管理的基础——人心。"水能载舟，亦能覆舟"，领导不要总是沉醉于骂人时的过瘾，而要思考一下自己期望达到的管理效果是什么。没有人喜欢被骂，当管理者骂人时，就是在干一件让人人都厌恶的事情，长久下去，人心就会远离这种恐怖式管理，此时，管理注定走向失败。

【悖论困局】

领导者的想法和做法不再仅仅是个人的所思所为，必定会影响很多人，但存在一个有趣的悖论：很多人之所以走上领导岗位，是因为他有能力、有主张、有想法、有作为。然而，也正是因为他太有想法和作为，常常把个人的意志强加在员工身上，以至于背离众人的意志，或者常常用自以为是的"好心"把局面搞坏，最终，因无法领悟人性规律而制造出对企业不利的结果。领导者因为相信自己而成就了过去的事情，但又因为过于相信自己，往往在未来遭遇失败。很多领导者一心为自己，急于成功，制定目标时总是急于求成，遇到问题时总是心浮气躁，作出成绩时总是自我标榜，有点成功就自鸣得意，结果离成功越来越远，这也就是所谓的"成功悖论"。

越管理，反而越失掉人心；越亲力亲为，越无法培养出有能力、有担当的下属，最终迫使人心背离。有些领导者也并非像外人所想象的那样，因为事业有成、经济富足而感到生活轻松；相反，管理越做越累，内心的困惑越来越多，带着这种心累的状态，生活也很难如意。他就像身陷管理泥潭中无法自拔，往往越是挣扎，反而越陷越深。

（二）中层管理——放飞自我，缺乏担当

对于高层领导者来说，中层管理者是服从者、执行者和协助者；对于基层员工来说，中层管理者是计划者、指挥者、监督者和激励者。中层管理者往往来自基层，大多数既懂技术又懂管理。中层管理者既需要向上接通，充分理解高层领导的战略意图；又要能向下连接，结合基层操作层面的实际情况对战略意图进行可行性转化。通过中层管理者的上传下达、上下沟通，整个组织的决策和具体活动得以实施。中层管理者是整个组织协调发展的传动轴，中层管理者的自我管理能力，是整个组织能否顺畅运转的中坚因素。只有中层管理者从内心被激发出的自律性出发，严格约束自身不合人性规律的行为，尽忠职守，完成自身在组织中的使命，才能让组织的目标得以顺利实现。

【悖论困局】

在一个企业中，中层管理者有着非常重要的地位，承担着承上启下的功能，既要辅助上级，又肩负管理下级的责任，需要在上下皆有压力的环境中游刃有余地开展工作，是组织中信息上下畅通传导的桥梁。但中层管理者内心往往存在诸多苦恼：对上，中层领导是被管理者，需要掌握与上级有效沟通的技巧和方法，既要埋头苦干，又要掌握灵活变通的智慧；对下，中层既需要树立自己的权威，又要善于授权；同级之间，要和谐相处，加强沟通，多创造合作机会，同时又要坚守自己的立场。由于中层管理者兼具管理者与被管理者双重身份，

在职场上，很多中层管理者认为自己是块"夹心饼干"，上下都不讨好。由此，一部分中层管理者出现了"躺平"现象：对上不担当，对下不作为，有好处积极，有问题推卸。还有一部分中层管理者成为上下的隔离层，欺上瞒下，钻营利己，结党营私，破坏制度，成为企业发展的障碍。很多人说："上面的经是好经，但是中间的歪嘴和尚太多，到了基层就成了歪经。"

（三）基层员工——躺平心态，对付上级

对企业来说，基层员工是价值的实现者，员工的发展与成长是企业成长与发展的核心动力。网络上流行一句话："领导如果让员工不舒服，员工就会让顾客不舒服。"顾客一旦不舒服了，最终损害的还是企业的利益。基层员工往往处于企业一线，与产品和顾客有着直接的接触，实际上代表着一个公司最直观的形象。可以说，每一个面对顾客的员工都是企业的形象代言人，企业无论是向生产要效益还是向管理要效益，最终的突破口和实现的基点无一例外都是基层普通员工的努力。企业效益的核心力量源自每个基层员工的主观能动性、积极性和创造性，这几个方面融合在一起就是主人翁的力量。通过给予每个员工自我管理的权利，每个人做自己的主人，才能充分发挥出主人翁的力量。员工自我管理能力有区别，这就需要通过由每个员工参与制定的集体契约去除妨碍自我管理的因素，提升每个员工的自我管理能力。只有这样，才能从根本上持续提升企业效益。

每个人内心都有追求自我发展、积极向上的愿望。基层员工需要有自我提升的机会，在规范的管理制度下有充分的人性化自由和个性化施展，更需要领导对其人格的尊重和对其成长的服务。尤其是新生代的员工，最烦的就是在外力的逼迫下做事情，新生代员工追求自身

的不断进步，不会屈服于压力和权力，他们更需要的是鼓励和尊重。

【悖论困局】

现实中，基层员工大多属于工薪阶层，大部分员工认为工作就是工作，工作的目的是为了获得生存资源，过上好生活，而像制定企业愿景、目标、制度、文化之类的大事情是领导者才需要考虑的，轮不到自己瞎操心，因此，做好自己的本职工作就可以了，做好一颗螺丝钉，不给组织添乱就万事大吉了。于是，工作成了没有激情和理想的生活手段而已，成了一种不得不接受的生活的前提。有些基层员工甚至因为神经惯性，变成工作机器，就像卓别林在电影《摩登时代》里扮演的员工那样，没有了生活，没有了自我。过度的工作压力以及由工作压力所带来的人际压力，正成为危害员工"身、心、灵"健康发展的重要根源。绝大部分管理者和被管理者都被工作产生的负面情绪包围，而又无从寻找宣泄的出口，无法在工作中找到生命的使命与意义。这样的工作状态会给人带来什么？这样的工作本身会让人喜欢吗？不喜欢工作，不得已而工作，会干好吗？

三、社会管理方面

社会管理强调以政府为主导进行的管理行为，是中国特色社会主义新时代的重要组成部分。社会管理的根本目的是维护社会秩序，促进社会和谐、公平、公正，保持社会稳定，创造既有活力又有秩序的经济社会发展环境。

（一）环保——经济发展与环境保护之间的失衡

人类依托地球上的自然资源繁衍至今，在这一过程中各类自然资源的数量和质量都在发生变化。随着经济和科技的飞速发展，人类对资源的需求也越来越大，对自然资源的索取变成掠夺。特别是工业革命以来，以科学技术水平的提高为先导，人类变本加厉地开采地球资源，同时排放出大量的未经处理的废物，严重破坏了地球生态系统原始资源的质量，并威胁着自然资源的存量。人类为了眼前经济的短期发展，无节制地耗用自然资源，终究只会是自取灭亡。

良好生态环境是实现中华民族永续发展的内在要求，是增进民生福祉的优先领域。2005 年 8 月，时任浙江省委书记的习近平同志在浙江省安吉县考察时首次提出"绿水青山就是金山银山"这一科学论断。2017 年 10 月，习近平同志在党的十九大报告中强调"坚持人与自然和谐共生"，指出"必须树立和践行绿水青山就是金山银山的理念，坚持节约资源和保护环境的基本国策"，可见，对环境的保护已经提升到了国家战略的高度。然而，地方上的政策理解与执行却是乱象丛生。

【悖论困局】

环境保护遭遇的治理困局主要表现在：一方面，从中央至地方，各级政府都在喊环保、抓环保，认识之深刻、态度之坚决、力度之猛烈都是前所未有的；另一方面，许多地方的环境污染却迟迟得不到整改，有些地方甚至有加重的趋势。某些地方政府相关部门眼光狭隘，极其重视局部利益，对环保政策选择性地执行和落实，跟自己有关的环保工作积极配合，和自己没关系的态度暧昧。有些领导干部嘴上"支持拥护"和"积极配合"，落实时却弄虚作假、敷衍整改。正所谓"上有政策，下有对策"，个别领导干部欺上瞒下，嘴上说得好听，却不愿意落实国家的环保政策。即便有所行动，也是打了不少折扣的，甚至极其不情愿，"做给上面看"。一些地方官员借口"以经济建设为中心"，为了片面追求 GDP，巧立名目绕开环保法规，实施地方保护主义，有的地方甚至公然违反环保政策，不执行环保法定制度。同时，环保治理体制还普遍存在执法成本和守法成本高、违法成本低等现象。

（二）经济——共同富裕目标与贫富差距拉大的现实

邓小平同志提出社会主义的本质是解放和发展生产力，最终目标是要达到共同富裕，政策是"允许一部分地区、一部分人先富起来，先富带动后富，最终实现共同富裕"。改革开放 40 多年来，我国经济取得飞速发展，人民生活水平显著提高，尤其是于 2020 年年底我国脱贫攻坚战取得全面胜利，实现了全面建成小康社会的奋斗目标，这一壮举堪称世界奇迹。

但在这一伟大成就的背后，我们也要看到发展的不均衡与不充分的问题依然存在，其结果就是贫富差距在进一步拉大。基尼系数是考核贫富差距的一个重要指标，虽然计算基尼系数的方法不同，计算结果差别较大，关于中国的基尼系数，争议较大，但大家一致认为中国的基尼系数较高。事实上，我国居民收入的基尼系数自 2000 年首次超过警戒线 0.4 以来，再没有低于此数值，2017 年为 0.467。据北京大学中国社会科学调查中心发布的《中国民生发展报告 2014》，早在 2012 年，我国的基尼系数就已经达到 0.73，顶端 1% 的家庭占有全国 1/3 以上的财产，底端 25% 的家庭仅拥有财产总量的 1% 左右。由于部分群体隐性福利的存在，中国实际收入的差距还要更高。我国的贫富差距拉大情况已成为现实——各种违法获取的暴利大量存在，很多中小企业却在激烈竞争的营商环境中艰难前行；一些娱乐明星、企业高管年薪动辄几百万、上千万甚至上亿元，而普通工薪阶层的月工资只有几千元，而且收入差距越来越大；地区之间，比如城市与农村、沿海与内陆地区之间的收入也存在巨大悬殊。贫富差距的扩大与我国社会主义制度共同富裕的目标不相符，过大的居民收入差距不利于国民经济的长期稳定发展，不仅会造成内需不足，还可能影响经济结构的进一步优化与社会的稳定。

【悖论困局】

社会主义的目标是实现共同富裕，但现阶段的事实是贫富差距在拉大。国家刚一提出要通过三次分配的模式调节过高收入，富裕者就喊出来"国家要杀富济贫"。殊不知，财富有其自身的调节规律："天之道，损有余而补不足。"这是天道调节财富的基本规律，任何人都逃不出这一规律。这一调节机制的作用方式就是通过拿走不合"道"的收入，具体表现就是，那些非法收入和所谓灰色收入将被拿走，补充给那些合"道"而为的待富阶层；同时，为待富阶层提供合"道"的、公平的创富机会。国家只是顺应这一天道调节规律对财富进行再分配，以实现共同富裕的目标。如果富裕阶层主动地接受调节，那么，他们的财富不但不会减少，反而会因为合"道"的行为而持续增加。但是，很少有富裕阶层的人能看明白这一点，他们还在以自身眼前利益为出发点，抵制国家推行共同富裕的政策。

（三）医疗——医患矛盾、医疗纠纷、医生使命

医院本来是拯救人生命的神圣之地，人们带着生的希望去医院治病，结果医院却成了做交易的场所；医生本来是救死扶伤的白衣天使，人们把希望寄托在医生身上，结果医生却成了只会赚钱的职业，这是当下很多医疗机构的现状。很多医院的领导开会总结，以医院的住院患者数量、门诊患者数量以及收入数额的增加为目标，说出来的话俨然像一个企业家，而不是想着"治愈了多少人，帮助了多少人"。协和医科大学出版社社长袁钟发表了"做与文化相适应的医者"的主

题演讲，他说："因为爱才有了医疗和医院，如果把这个精神泯灭了就不再叫医疗，那叫交易，它不可能有尊严。"

同时，医疗资源也呈现出地域性、集中性发展的趋势，主要集中在大城市、核心地区，基层民众对本地区卫生院、医院、医生诊疗水平以及医疗设备不信任，一股脑儿涌向各大城市的三甲医院。在医院里，看病必须先挂号，挂号需提前预约，预约需抢号，导致很多不懂互联网的人看病难，很多专家号更是一号难求，有时候只能挂几个月以后的号，当身体出现问题，想挂一个对症的专家号简直比登天还难。同时，每个医生每天都是满负荷工作，一个上午挂的号必须都看完才能下班，看不完就只能延长自己的下班时间。因此，诊断期间医生很少有时间和病人耐心交流，往往是排队三小时，看病三分钟。本来应该是针对个人的个性化治疗方案，却变成不管大小病，只要来医院看病就得挂号、拍片、化验等一系列似流水线作业的操作。虽然其中可能有避免误诊的考虑，但似乎也有矫枉过正之嫌。医生复制粘贴病例、病例书写不规范，更是闹出了不少乌龙事件，导致医患矛盾不断。

【悖论困局】

医疗是每个人都应该享受到的基本保障，是人民幸福感和获得感的一部分。医疗资源发展的不充分、不均衡与人民群众的生命健康需求之间的矛盾成为医疗行业发展的主要矛盾。医疗资源的发展包括软件和硬件两部分，硬件部分的问题随着我国经济的发展已经得到一定程度的解决；但是，软件部分的问题没有随着经济条件的提升而改善，反而有恶化的趋势。软件部分主要是关于医疗行业从业人员的精神信仰、道德品质、职业素养、职业能力的问题，这些问题直接关系到患者所享受的医疗服务的质量。特别是服务态度，这是医疗人员给予患者的第一剂良药，没有崇高的使命感和良好的道德修养，这剂药往往给患者的感觉是一剂毒药。职业素养和职业能力的提升也离不开崇高的精神信仰和良好的道德品质，没有全心全意为患者服务的使命感，是不可能练就一身悬壶济世的本领的。

四、政治管理方面

政治管理是政府对社会政治生活的协调和控制，与政治统治有密切关系。作为一种政府行为，任何国家的政治管理的根本目标都是维持其统治阶级的利益[①]。由于统治阶级的构成不同，不同国家的政治管理的具体任务也极其不同，但本质上都是为了协调和解决利益关系中的矛盾，实现统治阶级利益最大化的目标。

（一）东西方政党思维方式对比

1. 西方政党的零和博弈思维

西方政客打着文明的旗号，以我赢你输的平面式的零和博弈思维在世界上到处煽风点火，以满足其政党所代表的利益。西方政党代表的只是部分人的利益，所以在政党林立的局面下，他们各自为自己所代表的利益群体代言。即使一个政党的候选人胜出，试图代表全国人民的利益，也难以成功。因为胜选者并不能主宰一切，甚至他所在的政党也不会完全同意他那样做，在国内就无法形成统一的意志。于是，就只剩下一个出口——走向国际来维护本国利益。这就是西方政体所决定的西方国家的战略方向，因为在集体面向世界时，他们才能最大限度地达成一致——他们会团结起来一致对外。当然，这也依然

---

① 政治管理[J]. 新远见，2009（09）：96-97.

不能完全统一，因为其他政党为了本政党的独立价值，也会站出来反对，否则，其独立价值就会丧失。这就是"因对立而反对"的西方政治逻辑。

零和博弈，这是西方政党在竞选模式下必然的选择——只有一个胜利者，难有合作共赢者。正因为竞选体制的框定，西方政党在其国内竞争中执行的是零和博弈，在其面向世界时就更是别无选择，因为此时的零和博弈将会获得更多的支持。这就是西方社会的所谓"正义"之本质。在这样的逻辑下，所有人的思维都会被零和博弈拖拽着前行，并渐渐形成其民族的性格。

2. 中国共产党的螺旋上升思维

中国共产党已经超越了"党"本身的内涵，开创了全新的政党文明，已经不再是任何一个特定人群的利益代表，而是为全国人民的利益服务。中国共产党提出"共产党是全国各族人民利益的忠实代表，除了无产阶级和广大人民群众的利益外，没有自己的特殊利益。克己奉公的奉献精神理所当然地成为党性的基本要求，是每个党员必备的素质"。中国采取中国共产党领导下的多党合作、政治协商、民主监督、参政议政的体制。中国共产党代表着全国人民的根本利益，党集中统一领导，总揽全局，协调各方，着眼于国家长远利益的发展。其他参政党是人民中各个阶层和类别的代表，是中国共产党实现人民利益的助手，享有参政议政的权利，履行相应的责任和义务。中国共产党与其他民主党派都是为了实现全国人民的根本利益服务的，因此，不管国际局势如何风云变幻，在各种危机和危难面前，中国共产党始终能够团结一切可以团结的力量，凝聚一切可以凝聚的智慧创大举、办大事。

与西方的零和博弈思想相对，中国共产党继承了中华哲学的螺旋式上升的思维模式，从全人类的根本利益出发，摒弃"我赢你输"的思维格局，以共同发展、共同进步的理念，提出了构建人类命运共同体的主张。通过"一带一路"倡议这把斩魔之剑，破除西方的零和博弈思维给相关地区带来的负面影响，与沿线国家共享中国自身发展所带来的机遇和成果，共同提升沿线国家人民生活的幸福感和获得感。

（二）疫情下东西方政府抗疫行为与效果的对比

1. 中国政府抗击新冠疫情

自 2020 年初新冠肺炎疫情暴发以来，中国政府对疫情准确研判、快速行动，果断采取最全面、最严格、最彻底的联防联控机制，第一时间对武汉实行了"封城"措施。据报道称："顶级研究机构的量化数据显示，武汉封城作为人类历史上最大的隔离事件，叠加各地的紧急响应措施，使得病例直降 96%，74 万人免于感染！"在党的统一领导下，全国各地始终坚决贯彻"外防输入、内防扩散"的原则，动员各行各业一切力量全员参与疫情抗击。"听党指挥""全国一盘棋"从口号变成实际行动，一个个"舍小家为大家"的感人抗疫暖心壮举不断涌现，充分体现了在重大自然灾害面前"一方有难，八方支援"的集体主义精神，仅仅两个月时间基本控制住了疫情，避免了大面积的人口感染。尤其是利用大数据互联网，各地纷纷采取"健康码"和"行程码"等防控平台技术，做到时时防控、跨时空联合防控，达到高度的精准防控，最大程度减少了感染的人数和范围。

受疫情影响，全球经济进入衰退。在这种情况下，我国政府稳健的定力、卓越的领导能力、高效的组织能力以及社会主义制度的优越性充分展现出来。在中国共产党的领导下，我国的抗疫举措稳健，有条不紊，中国经济实现了稳步增长且呈现不断向好的发展趋势。

2. 西方政府抗击新冠疫情

西方国家首先从意大利开始快速暴发疫情，短短两到三周内，新增确诊人数暴增。疫情严重后，欧美多国采取了效仿武汉的"封城"等防控措施，但效果和中国有很大差异。很多国家更是采取放任态度，任疫情肆意发展，在病毒大流行的关键时期还在为是否戴口罩的问题争论不休。西方国家很多民众不愿意接受封城、居家隔离等严格管束措施，对政府的隔离政策和居家倡议更是置若罔闻。这充分暴露了西方所谓的自由就是任性妄为与私利至上，罔顾集体利益和国家利益。

西方政府权衡抗疫政策的标准就是：是否符合他们所代表的金融资本群体的利益。政府的所有措施不能影响他们赚钱，这就能解释为什么很多西方政府无视民众的身体健康，不采取严格管控措施，因为那样会影响经济，进而影响金融资本的利益。西方政府为了少数金融资本的利益，只做对其金融资本有利的决策；面对广大民众的利益时，政策来回摆动，缺少高效的决策机制和执行力。除了少数金融资本在某些领域获利之外，整体经济停滞，社会发展倒退。

3. 东西方政府在对待其他发展中国家上的差异

中国在艰难抗击国内疫情、医疗物资紧缺的情况下，不忘向其他发展中国家伸出援助之手，提供口罩、防护服、呼吸机、疫苗等重要的医疗物资；派遣医疗队支援当地的抗疫工作，把中国成功抗击疫情的经验无私传授给其他国家。中国对其他国家的帮助是诚心诚意、实实在在的，在国际上也赢得了一片好评。与中国在大灾大难时积极帮助其他国家不同，欧美国家却把抗击疫情的物资作为要挟其他国家的武器。它们强迫其他国家在接受它们苛刻条件的情况下，才向那些弱小的国家高价销售疫苗，这些苛刻条件背后就是金融资本的利益驱动。这也就不难解释，它们为什么大量囤积口罩、疫苗等物资了。最后，很多疫苗因失效而无法使用，造成医疗资源的巨大浪费。严重的疫情，成为西方国家金融资本赚取高额利润的机会。

这些都充分体现，中国政府与西方政府在哲学思想、文化背景、政治制度、管理思想、组织体系、执行能力等方面的区别。西方文明在这场疫情面前已经充分暴露其管理思想的短板，中华文明充分展现了自身管理哲学的优势。

（三）悖论困局

人类不是世界的主宰，但总想着为所欲为；明明自身存在巨大的局限性，却总想着与自然规律做斗争，结果却是不断地受到规律的惩罚。人类自诩是世界的管理者，少数国家总想着管理大部分其他国家。例如，一些西方大国总想着管理世界，称雄称霸，那么，它们真的能做到吗？

人类之外，谁管理人类呢？如果找不到管理人类的客观存在，人类就会膨胀，无视一切。人类认为自己比细菌病毒强大，但这几年的疫情却改变了人类的生活，没有思想、没有头脑、肉眼不可见的小小病毒，却把整个世界管理到如此程度。因此，忽视人类之外的客观存在，只关注自身利益，就会不断地陷入矛盾、对立与冲突当中，而无法达到双方之间的平衡与和谐关系。中国古人早已发现：人类管理自身，只使用主观上的管理理论和方法，不从自然中获得启迪，是永远也管理不好自己的。人类明明拥有聪慧的大脑，但为什么总想不明白这些事情呢？

第二节　管理困局的审视与反思

爱因斯坦说过："如果有一个小时解决困局，宁愿用 55 分钟确定该提出一个什么问题。提出问题往往比解决问题更为重要。解决问题是技能层面，而提出问题是探索性的思考。"一个好的问题，能驱动思考，打破既定模式，探索无限可能性。众所周知，管理是解决问题的，那么，管理自身会发生错误吗？管理自身的问题与错误，又由谁来思考呢？也许，此时我们开始触及管理之上的一个存在——管理哲学。正如黑格尔所说，"哲学是对思考的思考"。管理需要对自身的思考进行再思考吗？管理，作为人类的主观行动，自身肯定是需要反思的。

一、主观与客观

（一）现实矛盾

现实中人们往往都是按照自己的想法和主观的念头行事，自己的想法和念头越强烈，违背事物客观规律的可能性就越大。当然，违背了客观规律，就会受到规律的惩罚。平时人们说话都在说自己的道理，也就是自己的主观对客观现象的认识，过分相信自己的道理，就会产生主观对客观的认知假象。很显然，每个人自身的局限性，主观认识的有限性，使得所表达的自己的道理，很难真正穷尽客观规律，最后却让主观假象代替了客观真相，局部代替了整体，自我代替了规律，眼前认知的私利代替了生命的真谛，最终远离真理，让心智在狭小的自我圈子里徘徊。

（二）原理正义

人有主观想法，人的主观想法之外的一切都是客观的存在，客观存在是不以人的主观意志为转移的，人的主观必须归于客观才能发挥最大的作用。客观大道是终极决定性的力量，万物皆有道，悟道就是通过认知"道"在客观事物中所展现的规律，让自己的主观进入规律的本体——大道之中，让主观与大道合一。人一旦与道合一，自然就获得了大道的力量，从此不需要再动用心机，不需要使用主观的意念，也不谋私，不使用自以为是的聪明，所以就没有过失，也就没有怨咎。自己的生命、生活和事业，就会步入正轨，就会走向幸福和成功。

（三）人类原因

人的认识是有限的，局限于有限认知或夸大主观认识，都可能会偏离事物的本质，远离客观事物的本来真相。自从人类发现自己有智慧之后，就进入了主观不断放大的过程，把自己当作正确的标准，又用这种错误的标准作为推动力去制造了更多的错误。在制造错误的过程中，时而也会有反思，但是更多的时候只是在做一点技术上的改良。而这种改良，又因为主观认识的不彻底而在很多时候存在作秀和粉饰的成分。结果，就把这些错误的标准以及由错误的标准所形成的认知，构建成人类的制度、思想以及理论，于是，错得更有道理、更有依据。

人的主观最典型的运作方式是：把有限的知识当成真理，把个人的知识当成普遍真理，把有限的经验当成永恒真理。例如，我们平时想事情时都是用自己有限的知识和经验，都是我们的主观在说话，很显然，这样往往就会出错。现实管理中的问题在于，人们总是喜欢以主观意志代替客观规律，在认识上偏执于事物的一方，而忽视另一方，结果往往违背事物自身的内在规律。几乎到处都是由于我们的主观认知与客观规律发生偏差，进而用这种发生偏差的主观力量来解决现实中的问题，结果在解决问题的同时又制造出新问题。这是管理在缺乏哲学指引下遇到困局的根本原因。

（四）解决办法

第一，哲学的思考是透过现象看本质，而不是就现象论现象。我们需要重新认识我们的主观思维与客观规律的关系，了解我们的主观是如何与客观规律相背离，以及这种背离又如何制造了管理中的问题，从而将思想回归到问题发生的源头上找到解决的方案。

第二，要消灭自己狂妄的主观，这是解决主观与客观冲突的关键。既然知道了自我主观的局限性、客观大道的无限性，就要清空自己内心的主观偏见，主观要合于客观，达到虚极静笃的状态，尽可能不再让自己的主观出来捣乱，这样才有希望领悟到客观规律。

第三，要不断破除主观意志，使自己的思想和行为尽可能接近万物自身存在和发展的规律，让万物按其自身规律存在和发展。有句名言叫"心死神活"，意思就是我们需要熄灭自己主观臆想的火焰，让主观回归到灵性状态，激活灵性与大道之间自然的连接通道，就能够走出自我主观的陷阱，体悟主观感觉之外的客观规律的玄妙，从而走向光明的人生大道。

二、有形与无形

（一）现实矛盾

现实中人们往往看重有形，忽视无形，结果却是捡了芝麻丢了西瓜，抓住了皮毛而失去了骨肉；现实中人们往往看重有形的物质形态，结果却常常让自己的精神空虚迷茫；现实中人们往往用不合道的方式追求有形的物质财富，却往往忽略了一个人拥有的有形财富来自无形的力量——大道，结果却是丢了根本抓了枝梢，最终得不偿失；现实中人们往往用有限的知识和经验思考无限世界中发生的任何事情，截取其中的片段信息，断章取义地认识事物，最终结果是永远无法认识事物的真相。

（二）原理正义

无形的大道是天地之始，是宇宙源头的状态与力量的总称。"无"是肉眼不可见、感觉器官无法认知到的一种"惚恍"，"无"是"万有"之母，"万有"是由"无"生出来的。在现实生活中，"有"只是个辅助条件，"无"才是真正的可用之处。万事万物，"有生于无"，有即有限，无即无限，有无本是一体，无形决定有形。

（三）人类原因

对于人类来说，"有无"的生理基础是人的视网膜结构和感觉器官以及由此决定的能力。但我们也知道，视网膜结构和感觉器官及其能力，并不是全频道和全方位的，如我们在视觉方面，就达不到某些动物的能力。平时我们所说的"有"，说的更多的是我们视网膜和感觉器官的能力所能识别的各种有形的存在，只是世界在我们眼中有形的、很小的一部分。对于我们视网膜和感觉器官的能力达不到的各种存在来说，我们常常就会视为"无"，但恰恰是肉眼所无法观察到的其余世界，才是世界的绝大部分。人们往往依据自己的肉眼所见进行判断，这当然是有局限性的，是有偏差的。尽管人们也往往坚信肉眼所见，但那只是愚昧的表现，一切也只是没有超越肉眼所见的错误游戏。

另外，对于很多人来说，对"有无"的理解只是停留在生活概念的层面上，但"有无"在中国文化当中也是个哲学概念。生活概念和哲学概念，其内涵肯定是不同的，如果用生活概念的内涵来理解哲学概念的内涵，那肯定就错了。

（四）解决办法

第一，我们要认识到每个人都生活在两个世界，一个是自然无限存在的客观世界，一个是主观能够感知到的有限世界，也就是无限世界中非常有限的部分。肉眼所见只是客观世界极小部分的有形存在，而绝大部分是我们感知不到的无形存在。我们感知到的有限的存在又是由感知不到的无限的存在所决定的，包括我们自己的生命。只有认识到人类主观在自然面前的有限性，才有可能认知客观规律。

第二，要想真正认识到肉眼感官看不到、感知不到的客观存在决定着我们所能感受到的有形有限的存在，不断突破自身的有限主观认知，去认识和探求无限的未知世界，就要有谦卑的觉悟和品格。因为在自然面前，人类的认知能力根本无法构成骄傲的资本。实际上，现实中的骄傲，要么是跟那些不如自己的人相比较的结果，要么就是"不知天高地厚"的轻狂。

第三，明白"有形与无形"的真相，才可能拥有智慧：1. 看待事物，不要轻易下结论，因为你感知到的不是全部，要冷静地去了解更多的信息。2. 遇到与你自己的认知相冲突的事件，不要冲动，因为只要启动情绪，理性能力就会归零。3. 与人交往，就是将自己有限的认知与别人的认知信息进行结合，如果只以自己的信息作为判断的基础，就无法与人沟通，就无法形成更加全面与理性的认知与判断。

三、物质与精神

（一）现实矛盾

今天的物质生活越来越好了，沉迷其中的人也越来越多了，精神迷失和生病的人也越来越多。现实中，许多富有者以为自己高贵，只追求物质，反而变成物质的奴隶；只求物质回报，多半会丧失精神利益。虽然科学在发展，物质生活在改善，但人类的痛苦却没有减少。物质上不管穿什么、吃什么、住什么，幸福和快乐好像还是很难获得，今天的人，好像也没有比过去的人更幸福，反而很多人感到心比过去更累了。富有的人累，贫穷的人也累；当官的人累，普通百姓也很累。

现实的组织管理也总是在刺激人们的物质欲望，让人们追求眼前的物质利益。当内外形势都比较好，人们通过努力所获得的物质利益持续增加时，皆大欢喜。可一旦内部或者外部出现问题，自己的物质利益得不到满足时，要么就是负面情绪集中爆发，要么就露出贪婪的獠牙。把人变成情绪的奴隶或者是追求欲望的饿狼，这样的管理不是罪恶的吗？

（二）原理正义

物质决定意识，物质第一，精神第二。物质决定了精神，物质又将与精神一同去创造新的物质，如此循环往复。这就是物质与精神相互循环作用的基本规律。人的现实感觉是由精神诠释的，而不是对物质刺激的简单机械反应，尽管物质很重要。物质对人生命的意义是由人的精神来判别的，而不是由物质单独决定的！

精神一旦生成就是一种客观存在的力量，合于"道"的精神对于物质有着巨大的促进作用，不合"道"的精神对于物质起到巨大的反作用。精神决定着人对物质的态度，进而决定了人获得物质的方式、数量以及获得之后自身生命的状态。成功者中的常青树，都是时刻以自己为敌的人，都是能够最终战胜自己的人，都是取得了精神对物质胜利的人，都是有效管控自己的智者。

其实，人区别于一般动物的是一种内在的高级精神性，人的行为是受人的精神系统制导的。即使为了管好人的行为，也要从人的精神入手；即使运用物质激励手段，也要与人的精神性进行连接。

（三）人类原因

人们在物质利益的追求上总在持续增加，一味地追求物质和金钱，从而导致物质胜过精神，利己胜过利他，人们追求生命承载力之外的物质，迷恋于生理性的快乐，就会丧失精神和灵魂的主权，导致心灵空虚，结果让自己的生命倾斜和失去平衡。最终，迷恋金钱会毁了人，沉迷物质会害死人。况且，精神决定肉体，精神主权丧失，肉体也就成为被践踏和蹂躏的物件。现在的物质生活非常丰富，但并没有给人们带来更多的、持续的愉悦感，原因就在于很多人的痛苦不是物质上短缺，而是精神上的贫困。

人生需要物质，也需要精神，一味贪图物质利益会导致精神空虚，生命就会失去平衡，就会倾覆。如果事事外求，就会沦为外物的奴隶，人生就会失去意义。若是只知道吃进食物，就只能算是活着。唯有找到精神的食粮，让自己的灵魂变得强大，才是人生的真正意义之所在。否则，物质养肥了自己的肉体，灵魂的空虚却让自己受尽精神的折磨，因为精神的扭曲，会让人在生活中把很多琐事变成痛苦的素材。

（四）解决办法

第一，管控自己的私欲和物质欲望，坚定地笃行大道，让自己的精神灵性与大道合一。认识自己，将自己作为客观对象来进行观察，从而使自己的精神日益强大。

第二，重视、加强和优化自己的精神世界。在物质上保持低调、懂得知足的人，在精神上不断追求高尚和神圣的人，才能拥有成功的人生。人自认为是高级灵性动物，吃喝只是生命的低级生理需求，追求精神的高尚、心灵的愉悦、生命的圆满，才符合高级灵性动物的标准。

第三，在组织中管理者要能够认识到人心规律，在采用物质手段激发动力之外，平衡物质奖励与精神奖励的天平，把精神变成对人增益的一种价值启动，将物质与精神同时作为激发人心能量的机制，形成精神价值、经济收益、个人发展之间的良性循环，才不会让人成为金钱的奴隶。若是以物质利益损害精神利益，就是人生的亏损；若能以精神利益战胜物质利益，就是赢得了人生的利润。

四、自我与他人

（一）现实矛盾

现实中，一个人总是忙碌，却忽视了自己的身体健康，结果却是"前半生拿命换钱，后半生拿钱换命"，得不偿失；一个人总是一味地想多占多有，结果却遭他人嫉恨；一个人总是自高自大，结果却让他人心生鄙视；一个人总是争名夺利，最后的胜者也往往是杀敌一千，自损八百；一个人总是用自己认为好的方式为他人好，不懂他人的需求和内心想法，非但他人不领情，彼此的关系也越来越远。

（二）原理正义

一个人处在社会大系统之中，尤其是处在一个由个人组成的组织协作系统中，个人只有在一定的相互作用的社会关系下同他人协作才能发挥作用。并且，自己之外的所有人对于自己来说都是客观的存在，基于主观合于客观的反思，自我的意识也要与他人思想完成合一。人间真正的和谐，是身心和谐，是自我与他人、自我与万物的和谐。

人类生活在两个世界，一个是主观世界，一个是客观世界。当自以为是、以自我为中心时，就只是活在自己狭隘而虚幻的主观世界。能够走出自我的世界，虚心学习请教，自省总结纠偏，识道修道悟道的人，就打通了主观和客观两个世界。将自己的心智框定在狭小的自我范畴中，就会变得愚昧而无法开启心智，即使再聪明也无法进一步提升智慧。只会一味地讲自己的道理，会经常以为自己最有道理，会在遇到不同意见时依然为自己做辩护。实质上，维护的并不是真理，而是自我。

（三）人类原因

在处理自我与他人的关系时，现实中往往是越思考越痛苦，原因在于都是在"用自己"和"为自己"，以为自己说的就是真理。

首先，"用自己"的人用个人已有的知识、经验、经历、价值观、思维方式等来思考，并且套用在别人身上，但每个人的职业、性格、生活方式、语言表达方式、沟通方式等都是不一样的。人容易犯的一个最为典型的错误就是希望他人都按照一种方式来思考，都按照一种方式来生活，都去追求一个共同的目标。实际上，每个人在这方面差异度是相当大的，而且每个人的价值观和思维方式存在以自我为中心的问题，总认为自己是有道理的，别人是没道理的。

其次，"为自己"的人存在两种主要形态。我们通常会说，一个人总是为自己，他就是自私的。自私有两种比较典型的方式：第一类自私是在一些有形的利益上，自己想多得，或者想占别人便宜，这种自私很容易被识别；第二类自私是非常隐秘的，不容易识别的，就是剥夺别人与自己不同的那种权利，要求别人像自己那样来思考，来做事情。第二类自私包含三个要素：1. 自己是正确的；2. 自己是为对方好；3. 对方是错误的。这三个要素是连在一起的，这样，要求别人像自己所说的那样去思考、去行动，就变得更加合理，这是人们在心中构筑的一个合理化逻辑。平时说的物质上的自私只是很狭义的，广义的自私包括自我的固执、念头，即使有错也要为自己辩护。这种广义的自私更隐蔽、更可怕。

（四）解决办法

每个生命都是不一样的。那么，人和人之间是不是就没有办法达成共识了？实际上是可以的。比如说，当我们都在学习，都在努力向对方靠近，都在努力突破自己目前的有限性，都在很喜悦地接受我们所不熟悉的、我们之外的那些差异的时候，我们跟别人达成一致的可能性还是非常大的。很显然，这就是我们国学中所说的"修行者模式"：主动向对方靠近，主动站在对方的立场思考问题，积极地想突破自己的局限性，突破自己的思维方式，通过接受差异来扩大自己心智和灵魂的面积。只有这样的人才会走到神圣的高度，才能让自己的人格变得伟大。

第一，不要用自己的主观想法代替客观规律，不要用自己的自私做法剥夺他人的利益。个人主观上，不追求片面有利于自己的利益与目标，如此可以避免人生局面发生倾斜。

第二，懂得自我认知的局限，自我经验是过去的，自我念头往往是自私自贱的，自我坚持往往是愚蠢的，自我显摆往往是自卑的表现。一个人若是悟了道，就开始变得成熟，就懂得自己的渺小，就知道应该把自我破除、抛弃。

第三，走出自我的认知定势，纯心净心地进入事物或者他人的内心世界，才可能知道真相。明白了不同于我们自己理解的那种万事万物的真相和规律，我们才能有正确的对接方式；只有有了正确的对接方式，才能实现与对方最佳的融合效果。

五、集体与个体

（一）现实矛盾

在现实管理中，个体更多的是实现管理者个人利益目的的工具。管理者所说的集体利益指的是组织的利益，因为管理者认为他们是组织的主人，组织是实现他们个人利益的载体，在这种情况下的集体利益，其实已经变成管理者的个人私利。集体利益的实现离不开组织中每个个体的智慧与力量的付出，但是个体利益不能在集体利益的收获中得到应有的满足，因此，个体不愿意为这种管理者私有的集体利益付出智慧与力量。这就形成了现实管理中集体与个体之间的矛盾困局。

（二）原理正义

自然界强大的力量与人类个体的渺小形成一对矛盾，这迫使人们必须集体行动才能在与自然的对抗中获得生存的基本条件。而人类个体的自主性决定了这一目标必须通过一种对个体的约束机制来实现。集体对个体来说就是其生存和发展的环境，个体应该与集体形成和谐互动的利益共同体。

集体利益与个人利益也是一个事物的两个方面，在根本上、宏观上是一致的、统一的。坚持集体并不意味着只顾集体利益，不顾个人利益，正当、合理的个人利益是应该受到尊重和保护的。若是以个人利益而成全集体的利益，个人利益就会富足。长远看，实现集体利益就是对个人利益的满足或为个人利益的满足打下基础。

（三）人类原因

集体与个人是公与私的问题，在人性的本体"道"的层面不存在公与私的矛盾，在人的社会性关系层面公与私也不应该是矛盾的。基于马克思认证的人的社会属性，人类满足自身合道性需求的利益诉求需要通过集体利益的收获才能实现，集体利益应该是众多个人利益的有机集成，因此，不存在绝对的私也不存在绝对的公，应该是私中有公、公中有私的辩证关系。但是，人类有脱离道约束的倾向，也就是人类的熵增现象。在这种倾向下，每个人都想追求超越自身合道性需求的利益，同时又不想为此多付出，这就只能通过对超越个人从集体中应得部分利益的侵占来实现，这就需要对集体中其他人的利益进行侵占，必然造成个人与集体、个人与他人之间的矛盾。

（四）解决办法

第一，充分认识和尊重人的主体性，让人们真正成为自己的主人，让人们为了自己的利益而奋斗，这不仅仅是启动工作过程的动力，也是人们诠释工作意义的秘诀。

第二，通过全员参与制定的集体契约，把个人利益与集体利益进行有机的集成，形成个人与集体同步利益最大化的目标。当然，这个利益不仅仅指经济利益，而是包括精神利益、社会利益等在内的综合价值利益。

第三，在集体利益与个人利益同步实现和满足的情况下，通过奖励机制，鼓励每个人的利他性行为，在组织中形成利他最光荣、利他才是真正利己的氛围，在鼓励人人利他的过程中，形成人人为集体付出的组织文化。

六、眼前与未来

（一）现实矛盾

在普遍存在的平面思维的格局下，人们更多地关注眼前利益的争夺，将更多心思放在与他人进行存量利益的博弈上。人们没有认识到，客观世界是多维结构的，人的思维也应该与这种多维的客观世界相匹配，形成多维度的思维格局，这样主观才能与客观相符合。在高维空间看来，对于眼前利益、存量利益的博弈，就是一种原始、简单、粗暴的博弈格局。人们不知道眼前的利益可以作为投入，在未来获得更大的利益，个人最大利益的取得是要靠自身价值的不断提升来实现的，而不是与他人进行眼前存量利益的争夺。站在高维的思维空间回头看现实中关于眼前利益的争夺，是何等低级的矛盾格局！

（二）原理正义

眼前与未来之间的关系要遵循时间上的自然规律。眼前与未来对于人来说，是同一事物在不同时间维度上的表现形式，都要遵循这一事物的时间法则。在这一法则层面上，眼前与未来是一体的，眼前是因，未来是果。未来的时点和下一个时点又构成了一个因果关系。

（三）人类原因

在一般人的思维中，不相信遥不可及的力量，而只愿意相信眼前看得见的和当前可用的力量。现实中的人们只顾眼前、缺乏长远思考的原因在于，用肉眼有限的视野和思维看待世界，割裂了部分与整体、肉眼可及与肉眼不可及的无限之间的有机联系和整体性。人们追求的更多是眼前的、有形的价值载体，并非价值本身，更顾不上那些决定有形价值和长远价值的力量，这就是我们通常所说的短视、功利和缺乏战略眼光。

（四）解决办法

第一，要树立长远目标。人生如同一趟旅程，没有长远目标，必然会被眼前事务所困。被眼前事务纠缠，就看不清楚未来，就无法提前为未来做好准备，就无法赢得未来的机会。因为未来的机会，总是给予那些有准备的人。若是牺牲眼前的利益而成全未来的利益，就是人生的大赢家。

第二，充分发挥自己的主观能动性。如果眼前所忙碌的小事都是在为一件人生终极的大事而做，无关的或者关联小的事都会被删除，人的心智就会集中、聚焦，就会产生滴水穿石的效果。做好眼前遇到的每一件事，把一件件小事做成精品。眼前决定生存，未来决定命运。人生的基本原则就是：在眼前事情上要"扬长避短"，在未来发展上要"扬长补短"。

第三，升高人生的维度，提高自己的格局和层次。圣人云："天之道，利而不害。"在天道中没有好坏、祸福、利害，一切都是有价值的，只是价值形态不同。只要一个人放弃自己狭隘的主观，进入客观的大道中，进入生命时空的综合利益格局中，一切按照规律去做，超越世俗之人竞争的格局和层次，就能上升到更高的生命格局。

七、单一与综合

（一）现实矛盾

现实中，人们过度追求物质而忽视精神价值，注重有形忽视无形的存在。殊不知，不管是个人、家庭、企业还是国家等，都是"自我与社会、内在与外在、生命与荣誉"等各种要素的利益综合体，都处于一个个动态的综合价值平衡体系之中。对企业来说，只追求眼前，不顾未来，这样的企业有前途吗？只追求产品，而忽视其无形价值，忽视其在社会上的价值和人格表现，这样的企业能做强、做大吗？所以，离开了综合价值系统，只追求单一经济利益，管理就一定还是趴在地面上爬行的。

（二）原理正义

从系统的角度来说，这个世界本身是一个系统，我们看到的每一个事物，本身也是一个系统，人与这些系统之间是和谐共存的关系。因此，无论是个人还是企业自身，其价值追求都是多维度的，不同维度之间的价值是有机相互作用的，任何一个点一定连接着与它形态、性质不同的其他要素，从而形成一个系统，这个系统是不能肢解的。

从哲学的角度来说，综合价值其实是一种思维方式。综合价值背后的理论基础是系统论，系统论的基础是哲学里的唯物辩证法的普遍联系的观点，唯物辩证法的普遍联系的理论基础就是天地万物自然一体归于"道"。

从本质上来说，综合价值本来就是一个客观存在的事实，也就是人生不同形态、不同维度、不同时空上的价值。这些价值本质上是一个有机整体，肢解了它就等于肢解了自己的利益体系，就像种一棵树，需要种子、阳光、土壤、水分，一样都不能缺少。

（三）人类原因

很多人只盯着眼前利益、物质利益和个人利益，从而导致利益格局失衡。只看重眼前利益的，必然失去未来的利益；只看重物质利益的，必然失去精神的利益；只看重个人小利的，必然失去人生中的大利。只责备别人过失的，必然是在掩饰自己的过失。为了私利不饶人的，必定失去更大更多的利益，这才是人生最大的危险。这就是众人所熟悉的俗人之道，就是趋利避害、求福避祸。

（四）解决办法

注重综合价值的提升。人生利益、企业利益是多维度的综合体，对个人和企业来说，注重综合价值的提升是关键。综合价值又是把个人和企业放在时空观中去思考，既要能抓住眼前，又要能播种未来，因为当下就是在播种未来；既能保证物质上的满足，又能在精神上不断提升；既能做好短期，又能把握好长期利益和价值；既能获得个人的合法利益，又能维护好集体的利益。因为眼前与未来、长期与短期、个人与集体、物质与精神、有形与无形本为一体，内在具有强联系，没有眼前的积淀哪有未来的绽放？没有短期的付出哪有长期的发展？物质和精神更是不能割裂开来，只是呈现的阶段、形态、载体不同而已。眼前让了利，其实是在播种未来，因为你让别人看到了你的人格，增强了对你的信任，为你的未来开拓了更大的空间。所以，眼前和未来、有形和无形、个人和集体、企业和社会等，哪一个环节都不能断开。

八、自由与规矩

（一）现实矛盾

在现实管理中，管理者和被管理者都存在追求所谓自由的现象。只是管理者处于强势地位，他们的这种自由受到的约束主要来自"道律"规矩而不是企业的制度，被管理者的这种所谓自由，成为管理者认为的人性本质，他们通过本身自由的主观意志制定管理制度，去约束被管理者，而且他们还坚定地认为被管理者就是不好管，必须用他们强力的规矩加以约束。被管理者对管理者自由地依据自身利益所制定的制度不服气，认为管理者是在用他们制定的规矩剥夺自己自由的权利。这就形成了在现实中所谓的自由权利争夺的矛盾，这种矛盾的主体双方都不在"道"上，都在依据人性的表象性行为来代替人性的本质，都在各说各的理，最后的结果就是一地鸡毛，谁也达不到各自的目的。

同时，被管理者被"道"所赋予的本性的自由权利也没有得到应有的尊重，也被管理者那种所谓的自由意志所制定的管理制度约束着，这样的制度不是合道的制度，与人被道律所约束的自由之间存在着巨大的落差，也就是制度与道律之间的落差。这种落差所形成的人对合道的自由权利的诉求与违"道"的制度之间的矛盾是不可调和的，只有双方都回到道律层面才能找到真正的解决方案。

（二）原理正义

自由性是人主体性的一部分，人是"道"的产物。人的主体性是"道"赋予人的基本人性——"道性"——的一部分，同时，"道"还把自有的、调节万物的道律放在人的道性之中，因此，人人都有自觉遵守道律的本性。规矩就是中国古人对道律认知的体现，在很多展现伏羲和女娲的画像中，都是伏羲手持矩，女娲手持规。矩是古人通过测量太阳的影子以认识其运动规律的工具，也是古人画方形用以代表大地的工具。规是古人画圆形用以代表天的工具。因此，规矩原本是古人认识天地大道的工具。通过规矩，古人认知到了天道有道律，道律调节着包括人在内的万物，人必须遵守道律才能生存和发展。由此，古人用规矩代表道律，规矩作为具有道律的他律化手段，目的是激活人的自律本性，调节人不合道律的行为，最终让自律合于道律。因此，自由性是人先天的、在道律约束下所具有的基础人性，自由只有在道律规矩的框架下才能真正得以实现。

（三）人类原因

人人都对所谓的自由充满渴望，现实组织与管理中的很多人都有类似的对自由的渴望。很多幼稚的人也往往都追求绝对的自由，但"自由是对必然性的认识"。老子说过，人类的主观能动性只能在客观大道的范围内发挥作用。孔子也说过，"从心所欲，不逾矩"。

自由是人的基础人性，自由只有在道律规矩的框架下才能真正得以实现，但是，现实中人性有脱离道律约束的熵增性，这也就是人们自认为的自由，具体表现为任性妄为、顺意而为、自以为是等。这种所谓的自由在实际中处处受到有形法律、制度、规则的约束，也受到无形的道律规矩的约束。此时，那些追求这种所谓的自由的人就会抱怨其自由受到了规矩的限制。

（四）解决办法

第一，主动抛弃所谓的自由，顺应大道和规律。大道不仅仅是一种客观力量，更是存在于人自身内部的力量。

第二，注重精神和心灵的自由。人都是有精神的，人的精神是追求自由的。精神的自由就是将人的意志与自然之道合而为一，就是对规律的遵从。

第三，懂得每个人自身都是主体与客体的统一，每个人只有实现个人自主性权利与他人自主性权利的统一，在人与人交往的社会中才能创造和谐，获得自由的生活。只有在实践的过程中认识到他人、他物不以自身意志为转移的客观性以及自身对他人、他物客观规律认识的有限性，才能够在客观世界体会到主观精神的自由境界。

九、内在与外在

（一）现实矛盾

今天手握重权和资源的人、有权有势的人反而容易成为高危人群，因为一旦拥有巨大的权力和财富这种外在赋予的力量，人就不容易把持住自己内在的主观状态。这些拥有更多外在力量的人，如果内在不够强大，这些外在的力量反而会成为危险的来源。一般人即使拥有的权力和财富少，如果内在没有足够强大的力量把持其外在的有形存在，同样也是非常危险的。

（二）原理正义

在一个事物的发展过程中，其内部矛盾是事物发展的根本原因，是源泉和动力，其外在的一切联系是事物发展的第二位原因。这也就是我们常说的内外因的辩证关系原理，"内因是事物变化的根据，外因是事物变化的条件，外因通过内因而起作用"。

人世间所发生的一切，看起来都是内因和外因的作用，但内因是决定性的。例如，一个人的内在，包括思想、感情、品德、智慧、理想等，这些都是无形的，也是肉眼看不见的内部存在，但我们不得不承认这样一个事实：生命内在的那些看不见的力量恰恰决定着外在的行动和结果。内圣外王，这是中国文化的核心法则，也就是一个人的内在决定了一个人的外在，一个人的外在就是其内在的反映。有什么样的心，什么样的品德、智慧、心量，也就有什么样的朋友和事业。内在的强弱决定着外在的表现和结局。

（三）人类原因

现实中，人们往往只强调外因的影响，忽略内因的决定性作用，只强调外部环境的影响，没有看到自身价值的提升才是根本。遇到问题，自己与他人发生了冲突或者自己受了损失，不是先从自身找原因，大多数人都是找别人的原因，指责和抱怨别人。从另一个角度来说，就智慧而言，当一个人的内在智慧高于外界的难度的时候，就没有问题；当一个人内在的智慧低于外界的难度时，问题就会出现。当没有问题的时候，如果不更加谨慎小心，就有可能因为经验主义而让本来格局中内在高于外在的这种力量比突然发生变化，从而让一个不成问题的事最后成了问题。

（四）解决办法

第一，在自我内在的心性上下功夫。从对外在的追求转到内在的提升上，将自己的内在思维活动作为客观对象来观察和审视，审视之后我们能够为他人代言，能够说他人的规律，说他人的道理。培养自己的超级理性，才能领悟大道。

第二，升级自己的内在程序。懂得自知，也就是我们知道自己是谁，自己现在是什么状态，自己正在做什么，正在想什么、说什么；反过来将自己外在的表现和活动作为对象进行观察、进行审视，从而得以修正其中的错误，提升完善自己内在的这套思维系统。当内在提升了，我们与外在的关系也就改变了。

第三，依道而行，借助外在的一切来修正和提升自己。因为道育万物，外在的一切皆是自己修炼的载体和镜子。

管理危机、经济危机、道德危机，任何一种危机最终导致的都是人类社会的危机，危及的都是人类自己。而种种危机背后实际上都是人心的危机。只有正确处理好管理悖论中相互矛盾的命题关系，了解管理困局背后的深层原因，才能就现实管理中的问题对症下药，促进有效管理的最终实现。

管理一直追求的目标，是人的自觉性、责任心和主动性的形成。可是，管理似乎没有达成这样的目标，反而依靠刚性的制度以期达成目标，却在现实中屡屡碰壁，既给个人和集体带来不同程度的危害，不利于组织目标的达成，又违背了管理文明的基本准则。不断变换思路和名词的新理论，虽打着系统的旗帜，实则是头痛医头，脚痛医脚。在传统管理思路框架中，除了增加同质概念和在同质之下方法的变换之外，似乎已找不到出路。现实中的管理者们学了很多理论，并按照理论去做，却出现了更多的问题。面对现实的困境，管理者往往倾向于传统管理所推崇的方法，缺乏对管理理论自身进行深刻反思，而只是对其进行简单的修修补补，到头来还是不知道究竟该怎样进行管理。管理困局的出现一次次地提醒我们，该问一问管理到底该怎么办了！

"任何一门学科的进步都要依赖于自身进行反思的能力，管理也不例外。因此，我们不能局限于在一些细枝末节上做思考，而是要追本溯源，回到管理科学的科学本源、管理的核心命题，以及客观规律的必然上，从本质和终归上找到有效的支点，从根源上寻求管理问题的破解之道。"[①] 企业的目标归根结底也是为了人的发展——满足企业和社会中人的生存与发展的需要。只要回到这样一个理论原点上来思考管理的问题，管理的发展就可以最大限度地避免偏差和形式化的倾

① 齐善鸿. 面向实践的管理核心命题的重新思考[J]. 管理学报，2012，9（1）：32-38.

向，并承担起历史赋予的重要使命——服务于人的全面发展，提升每一个人自我管理的能力，通过人的发展促进组织效率和效益的提升，最终实现人和组织发展的良性循环。

世界是美丽的，在很多时候只是缺少发现美丽、欣赏美丽的眼睛。一个人之所以生活在黑暗中，是因为他背对着太阳，只生活在自己的影子里，所以活得事事不如意，怨天尤人。纵观人类发展的历史，人类的每一次进步都受益于自己的反省能力，管理面对如此困境时，更需要质疑与反思的精神。管理应该从自己的一厢情愿中走出来，认识人性之美，搭建人性的舞台，帮助每一个人真正成为自己的主人。

本章撰写者：滕海丽、王毅久

第一轮校稿人：孟奕爽、布玉兰

第二轮校稿人：王雅楠

第二章　管理的异化与破局

一百多年前，有一个了不起的工程师，对管理有了两个重大发现，但最终却留下了一个百年未解的重大遗憾。

哈佛大学的科学家进入霍桑工厂，最终遇到了一个解不开的疑惑。

一个心理学家也进入霍桑工厂，却揭开了一个重大的秘密。

这位伟大的工程师是弗雷德里克·泰勒。作为工程师，他发现了管理低效和消极怠工的原因，既提出了提高效率的技术方法，也提出了管理需要一场思想的革命。他的发现为他赢得了巨大的声誉，被后人称为"科学管理之父"。

但不幸的是，当时的资本家和现在的企业家关注的焦点更多是提高效率的技术方法，而不是那个包括自己在内的思想革命。于是，在管理的现实中就不断地出现用传统的技术方法无法理解的管理问题。即使是哈佛大学的专家亲临现场进行实验，也没有找到真正的答案。

直到心理学家梅奥的出现，才发现了人性与人心的规律——管理绕不过去的一道大坎。

在之后的岁月里，组织行为学开始兴盛，开始了对缺乏人性基础的"泰勒制"的一次次修补。可一口破锅，即使打上再多补丁，也难以制造出完美的管理景象。管理学者、管理实践者们用自己的聪明不断尝试着，于是，这口破锅上的补丁变得越来越多。这，创造出了一个手工业——"补锅"，这就是我们既熟悉又陌生的管理科学。

第一节 异化

一、异化的概念

马克思在《1844 年经济学哲学手稿》中指出："异化是人对自身对象性的丧失，是一种自我的物质化，其根本是人类主体性的丧失。"管理的异化同人类行为异化的过程相伴而生。尽管泰勒所提出的科学管理强调管理中工人与管理者共同进行一场心理革命，但随着管理实践的发展，科学管理被错误地当成一种简单的提高效率的方法和工具，没有体现泰勒"共同的心理革命"的精神。工具化的科学管理促使劳动者被工具化，剥离了科学管理对科学精神的追求。

（一）异化哲学和社会学的概念

不同历史时期的学者对异化有着不同的理解。从马克思主义哲学观点看，异化作为社会现象同阶级一起产生，是人的物质生产与精神生产及其产品变成异己力量，反过来统治人的一种社会现象。私有制是异化的主要根源，社会分工固定化是它的最终根源。异化概念所反映的是人的生产活动及其产品反对人自己的特殊性质和特殊关系。在异化活动中，人的能动性丧失了，遭到异己的物质力量或精神力量的奴役，从而使人的个性不能全面发展，只能片面发展，甚至畸形发展。在资本主义社会里，异化达到最严重的程度。异化在一定历史阶段同人的对象化与物化有关。但是，异化不等于或归结于对象化与物化。对象化与物化作为人的社会活动，将与人类社会一起长存，而异化活动则是短时期的历史现象。随着私有制和阶级的消亡以及僵化的社会分工的最终消灭，异化将在社会历史上绝迹。

（二）马克思的异化观

异化现象早在原始社会末期就已出现，但是，把这种现象提到理论高度来认识，却是近代的事。马克思批判了前人非科学形态的异化理论，并揭示了资本主义社会最典型的异化本质。在马克思之前，人们所揭示的种种异化，基本上还停留在异化的外部现象。马克思则揭示出决定异化外部现象的本质异化，即异化劳动或劳动异化。

马克思的异化劳动理论的形成有一个发展过程。在其写的《论犹太人问题》《黑格尔法哲学批判》等著作中，马克思处在研究精神生活和政治生活中异化问题的阶段。在《1844 年经济学哲学手稿》中，马克思明确提出了异化劳动的观点，并以此作为自己异化观的出发点。在《德意志意识形态》中，马克思运用异化劳动观点，进一步揭示了作为资本主义社会和此前社会的主要异化形式"私有制异化"——作为国家形式的政治统治的异化以及劳动作为人的自身否定的社会活动的异化。19 世纪 50 年代至 60 年代，在《资本论》等著作中，马克思以分析资本主义生产关系为基础来阐明异化的本质。他在这些著作中扬弃了从社会契约论到黑格尔的异化理论，认为转让不过是从法律上表示简单的商品关系；外化则表示以货币形式对社会关系加以物化；异化才真正揭示了人在资本主义制度下最一般的深刻的社会关系，其实质在于表明人所创造的整个世界都变成异己的、与人对立的东西。

马克思对异化劳动的内容做了深刻的概述，认为异化劳动包括四个基本特征：首先，工人同自己的劳动产品相异化。工人生产的产品，作为一种异化的存在物同劳动相对立。人生产的财富越多，他的产品的力量和数量越大，他就越贫穷。工人创造的商品越多，他就越变成廉价的商品。物的世界的增值同人的世界的贬值成正比。其次，工人同自己的生产活动相异化。工人的劳动不属于他自己，而属于别人。再次，人同自己的类本质相异化。最后，人同人相异化。

（三）西方学者对于异化的认知

从马克思提出异化劳动理论到 20 世纪 80 年代，异化问题逐渐从经济、政治领域扩展到道德、心理、病理科学、技术、文艺等整个文化思想领域。学者们提出了各种各样的学说。例如，尼采从唯意志论出发，把人的异化归结为放弃生存的意志；存在主义者从唯我主义出发，把异化及其克服归结为人的自我选择；新弗洛伊德主义者弗罗姆，从感觉论的主观唯心主义出发，把异化说成是人的一种体验方式。这些异化学说归根结底都受其哲学观点的制约，都不是从人的社会关系考察异化产生的根源，而是侧重于从生理、心理、道德、技术等思想文化方面寻找原因。因此，他们不仅弄不清异化的真正本质及其根源，重复了把异化与对象化、物化等同的错误，而且具有掩盖资本主义制度是异化的真正根源的倾向。

（四）中华哲学对异化的认知

《庄子·德充符》记载了一个故事[1]：

鲁国有一位叫叔山无趾的刑足跛人拜访孔子。

孔子说："你因不谨慎犯了罪，被砍掉了脚，现在来找我还会有什么用？"

无趾说："我不识时务受刑轻薄了身体，丢了脚。但还有比脚更贵重的东西存在，因此我想保全它。天道能驾驭一切，地道能承载一切。我是把先生当天地来拜访的，谁知道先生竟是这个样子（仍然拘于形骸之见）啊?!"

孔子说："我很浅薄陋俗，先生何不进屋叙谈，听听您的见闻。"

无趾走后，孔子对他的追随者们说："弟子们要努力呀！无趾先生是失落者，他还能求学补过，更何况我们是追求天下全德之人！"

无趾见老聃时说："孔子的学问还没到位吧？他为什么彬彬有礼地说是您的学生啊？他编造'俶诡幻怪'思想出名了，却不知道至人把这些看成束缚自己的镣铐呢！"

老子说："那你为什么不直接告诉他生与死是一样的，可与不可的决断是齐一的，解除他的桎梏，这样也可以吧？"

无趾说："他只知民利不知官责是自然天刑，没法解！"

"天刑"是一种人的自我纠缠，即人生目的非人化所引起的行为悖谬。这有些接近马克思所说的"异化"，只不过马克思的"异化"是从私有制的角度进行认知的，而庄周的"天刑"，则更多是从人的意识层面上指出人类给自身套上了枷锁，扭曲了自身存在的现实意义。

---

[1] 庄子：第2版[M]. 方勇译注. 北京：中华书局，2015：83-85.

59

二、异化的逻辑悖论

（一）资本的应然逻辑

资本的本质是通过驱动人的劳动获得利润。人是资本获得利润的核心变量，是资本关系中的主体而不是客体，这应该是资本与人之间的本质关系。按正常的逻辑，只有在人作为人的属性被充分认同，人性中的主体性被尊重的前提下，人的主观能动性、积极性和创造性才能够被充分激发。只有在这种情况下，资本与人的结合才能创造出最大化的利润。这是资本的应然逻辑。

（二）资本的实然逻辑

但现实中的情况恰恰与资本的应然逻辑相反：资本自身的逐利性与资本所有者脱离"道"所形成的扭曲的贪婪性相结合构成了资本家群体的贪婪属性。这种主观与客观相背离的贪婪属性蒙蔽了资本家和管理者的管理思维，让他们只看到了人作为实现资本利润的工具化属性，忽略了人在资本关系中应该具有的主体属性。他们不断地谋求人作为工具的使用效率的提升，而忽略了真正的效率来源于人作为主体的主观能动性、积极性和创造性。这是现实中资本的实然逻辑。

（三）异化的悖论逻辑

资本应然逻辑与实然逻辑的相悖，导致管理异化的持续发展。西方管理理论大部分时间在为管理理论的操作方——资本方和管理者提升人的工具化效率的目的服务，不断地强化这种实然逻辑。这种扭曲化的资本逻辑，让西方管理理论的研究者和管理实践者都忽视了人的主体性作用，没有从人作为资本关系中的主体地位出发思考管理问题，这就让他们找不到解决管理异化的根本性方案。

三、异化的背景

（一）宗教背景

在西方世界中，宗教对政治、经济、文化和社会制度的影响是全方位的。西方宗教的创立者都是大道的觉悟者，他们都把自己对这种宇宙终极力量的感悟描述成真理并写成经文，让广大民众相信归于这种力量才是人生的真谛。他们通过广收弟子、建立教会的方式扩大信众的数量，让更多的人通过教会获得对教义的认知。应该说宗教创立者的初心是合道的，但是他们的传承者和宗教的传播者逐渐开始通过教会来满足个人的利益，形成了宗教操作者阶层。通过宗教的广泛传播，教会的势力越来越大，逐步控制了整个西方世界。教会把自己打扮成上帝的代言人，广大民众只有通过教会才能与上帝进行沟通，所有人的财产都应主动奉献给教会。从此，操作者成为西方管理思想的服务对象，只是在不同的时代操作者的内容发生了改变。进入资本主义时代以后，操作者从教会变成资本方和管理者。

在欧洲逐渐走出中世纪的黑暗时，贸易经济和资本主义萌芽的发展呼唤着一场思想的变革。在这种大背景下，一场宗教改革运动应运而生，打破了教会对信仰的垄断地位。新教的教义不认可教会作为人与上帝之间沟通的唯一途径，认为每个人都可以通过上帝赐予的圣灵与上帝进行直接的沟通。这一宗教思想上的重大突破，打破了教会对人们的思想束缚，以及以此为基本逻辑所形成的社会体制，为人类自身的解放提供了宗教理论基础。原先以教会为操作者的管理思想被颠覆，但是新的管理思想却并没有为广大民众服务，而是把服务对象换成资本方和管理者。这种为操作者的利益服务的管理思想的出发点就是通过持续提升被管理者作为工具的效率来满足操作者的利益。正是这种为了资本主义社会操作者群体的利益，把人作为客体、作为工具的指导思想成了西方管理思想产生异化的宏观背景。

（二）社会背景

在黑暗的欧洲中世纪，形成了由教会、君主、贵族、骑士、农奴组成的社会结构。君主、贵族只有得到教会的领袖——教皇的加冕才算是正统，骑士是依附于君主和贵族的武装力量，他们有一部分自己的土地，也有农奴依附于他们。农奴是最悲惨的一个阶级，他们精神上受到教会的控制，人身依附于君主、贵族和骑士等贵族阶层，经济上受到教会和贵族阶层的双重盘剥。但是，资本主义发展恰恰需要大量可以被资本家自由剥削的劳动力，因此，资本家和劳动者在此时结成同盟，通过资产阶级革命打破了封建体制的枷锁，解放了农奴；破除君主和贵族势力通过专营、征税等手段对资本主义自由发展的限制措施。资产阶级革命胜利后，资本家很快就暴露出本性，通过延长工时、大量雇佣廉价的女工和童工等各种方式，残酷地压榨和剥削刚刚从封建枷锁中解脱出来的人民。虽然泰勒等管理思想家通过科学管理等思想改变了资本家原始的剥削方式，但是，从泰勒的科学管理思想沦为"泰勒制"管理之后，管理思想都把被管理者当作工具对待，都在研究如何提升被管理者的工具理性，以此来提升管理效率，满足资本方和管理者作为管理思想操作者的利益诉求。这是管理思想出现异化的社会背景。

（三）思维背景

人性的本体是道所赋予的道性，但是，人性也有脱离道约束的趋势，这就是人性中的熵增现象。这种熵增现象导致人产生了对超越自身基本价值和基本需求的物质利益的贪婪性追求。资本的本质是驱动活劳动创造利润，因此资本先天就带着逐利性因子；活劳动就是人，在资本的概念下，人就是资本实现利润的工具。人的离道的贪婪性与资本的逐利性相结合，形成了拥有资本的人和为资本服务的人共同具有的主观与客观相背离的对于利益的贪婪性追求。西方管理思想诞生在这种把人看作是实现利润的工具，主观与客观相背离的资本主义的思维背景之下，注定带着异化的因子。管理思想对工具理性的追求，以及鼓励作为工具理性主体的人对价值的追求所形成价值理性的提倡，都建立在这种思维背景之下。把人看作实现资本利益的工具，是管理思想出现异化现象的思维背景。

四、异化产生的原因

（一）管理科学精神的背离

1. 科学主义的误区

要充分认识科学管理的具体方法与精神内涵，首先要区分科学与科学主义的内涵。科学主义主要是指认定真正的科学知识只有一种，即自然科学。自然科学是最权威的世界观，也是人类最重要的知识，其高于一切其他类的对生活的诠释[①]。科学主义一词具有双重褒贬的含义：科学主义首先表示不恰当或僵化地使用科学和运用科学主张，其

---

① 陈其荣. 科学主义：合理性与局限性及其超越[J]. 山东社会科学，2005（01）：35-39.

次是指"自然科学的方法，或者自然科学所认证的范畴分类和事物，是任何哲学和任何研究的唯一恰当的元素的信念"，只有自然科学的方法才能富有成效地用来获取知识，将它引入包括哲学、人文学科和社会科学在内的一切研究领域，才能摒弃它们的非科学形态。其发展到极端可以理解为对科学知识和技术万能的一种信念。

科学的本质是人类对自身和客观世界的求真，科学对规律的探索也是人类自身生存与发展的必然要求。毫无疑问，遵循人类伦理和服务于人类实践需要，既是科学的出发点，也是科学探索过程中的基本准则和科学结果的核心旨归。然而，出于对科学本质与属性的误解，在一些研究领域中出现了狭隘的"科学主义"倾向："自然科学的成功使一些领域的工作者模仿它们的教义和术语，由此便出现了狭义的科学方法和技术对其他学科的专制。这些学科为了证明自身与自然科学具有平等的地位，急切地想表明自己的方法跟自然科学相同，而不是更多地把自己的方法用在解决自己特殊的问题上。"[1]毫无疑问，管理也是一门科学，因此，真正的科学管理必然也要遵循科学求真的本质，立足于管理实践并有针对性地解决实际问题，而不是打着科学的招牌，走入"科学主义"的误区。

2. 科学精神的背离

通过对科学与科学主义内涵的分析，我们可以更清楚地发现，科学管理在发展过程中，出现扭曲其精神实质的历史轨迹。

（1）科学手段引入管理

自1881年之后的20年间，泰勒不断在工厂进行实地试验，系统地研究和分析工人的操作方法和工作动作所花费的时间，在总结试验

---

① 哈耶克. 科学的反革命[M]. 南京：译林出版社，2012：8.

结果的基础上，于 1911 年出版了与社会化大工业生产相适应的《科学管理原理》。《科学管理原理》系统地阐述了科学管理理论，第一次将"科学"一词引入管理当中，标志着"科学管理"的诞生。科学管理的目的是谋求最高效率，而要达到最高工作效率的重要手段就是用科学化、标准化的管理方法代替仅依据个别人的判断或经验去处理有关企业各项工作事务的方法，促使管理走向科学化的道路，帮助人们认识到管理是一门建立在明确的法规、条文和原则之上的科学。

（2）没有完成思想革命

同时，许多人忽视了科学管理的另一个关键点：泰勒一直在积极地呼吁人们完成一场"思想的革命"，从而实现管理过程以及管理结果对人们共同福祉的贡献。遗憾的是，在管理的现实中，人们错误地将泰勒的科学管理理论概括为"泰勒制"，即强调以标准化的方式（劳动方法标准化、制定标准时间、有差别的计件工资等）去追求最大工作效率，却忽视了科学管理中"劳资双方的思想革命"这一重要的立论基础。

为了澄清科学管理的本质，泰勒强调："科学管理的实质是一切企业或机构中的工人们的一次完全的思想革命——一方面是这些工人在如何对待他们的工作责任、对待他们的同事、对待他们的雇主等方面的一次完全的思想革命；另一方面是工长、厂主、雇主、董事会等管理方，在如何对待他们的同事、他们的工人和所有的日常工作问题责任方面的一次完全的思想革命。没有工人与管理人员双方在思想上的一次完全的思想革命，科学管理就不会存在。"那么，"在科学管理中，劳资双方在思想上要发生的革命就是：双方不再把注意力放在盈余分配上，不再把盈余分配看作是最重要的事情。他们将注意力转向增加盈余的数量上，使盈余增加到使如何分配盈余的争论成为不必要。他们将会明白，当他们停止互相对抗，转为朝一个方向并肩前进时，他们共同努力所创造出来的盈利会大得惊人"[1]。雇佣关系中的双方用友善合作、互相帮助代替敌对情绪，雇主全心全意地同雇员合作，获得"最大限度的富裕"，雇员也能够在和谐的工作氛围中，发挥出个人最大的积极性和创造性，推动生产效率的提高，实现雇员自身"最大限度的富裕"。

（3）泰勒制管理背离科学精神

泰勒提出的"劳资双方的思想革命"着眼于工业化大生产的时代背景，唤醒人们将思想从小农生产中脱离出来，以适应时代的变化，将管理的视角触及人性的层面。在泰勒的科学管理中，提高效率的方式与方法只是作为"科学管理的有用附件"而非全部。泰勒《在美国国会听证会上的证词》中曾经提出，最好不要把他的工厂管理制称为泰勒制度。现今的"泰勒制"是忽视人和人之间的人文关系，片面追求工作标准化和效率的结果，这与泰勒所提出的管理的科学精神是背道而驰的。正是由于"泰勒制管理"与管理科学精神的背离，导致管理异化的产生。

（二）管理对工具理性的过度追求

1. 工具理性

马克斯·韦伯提出所谓"工具理性就是通过实践的途径确认工具或手段的有用性，从而追求事物的最大功效"[2]。工具理性是通过精确计算功利的方法，最有效达成目的的理性，是一种以工具崇拜和技术主义为目标的价值观。因此，工具理性又叫效率理性，其核心是对效

---

[1] 泰勒. 科学管理原理[M]. 北京：机械工业出版社，2021.
[2] 韦伯. 经济与社会：上卷[M]. 北京：商务印书馆，1997.

率的追求。所以，资本主义社会在发展工业现代化的道路上，追求有用性就具有了真理性。这是一种时代的需求，韦伯的理论反映了这种需求，同时也适应了这一历史性诉求。工具理性在韦伯的理论中包含两重含义，其一是指目的或"目的—手段"理性。当代生活的突出之处是系统的目的理性行动，包括明确的目标定义和对达到目标的最有效途径的越来越精确的计算，这种行动对立于那种遵从传统主义习惯的行动。其二，理性概念还体现着一种行使理性的含蓄性质，一种行动类型为理性化的，是指这种活动为明确设计的规则所控制，范围精确，并涉及专门概念和知识的应用。

2. 主体客观化

近百年来，管理学以其对人类活动中效率性的追求，得到理论与实践上的认可。但效率性以及与之相关的经济性毕竟只是人类多维活动的一个方面。这种对人类活动片面化的理解，导致管理学对人的物化及对人性的一种扼杀。马克斯·韦伯将数学形式等自然科学范畴所具有的量化与预测等理性计算的手段用于检测生产力高度发展的西方资本主义社会中人自身的行为及其后果是否合理的过程叫作工具理性。他还将作为主体的人在理性认知基础上形成的对价值追求的自觉理解和把握叫作价值理性。工具理性建立于数学原则及形式逻辑的基础上，其特征是把世界理解为工具和手段，工具理性的发展导致主体的客体化、物化，使文化成为一种片面、单一的工业文化。

3. 异化的深渊

从野蛮走向理性是人类的巨大进步。理性地管理自己的生活和处理人与外部世界的关系是人类管理实践活动的基本特点。但是，如果过度追求乃至崇拜工具理性，那么，人类管理的实践活动不可避免地会走向异化的深渊，具有主体性的人最终将面临非理性主义的困局。人类对工具理性的过度追求必然导致人类自身的异化。

第二节　管理理论的异化现象

一、管理理论演进的动力

（一）管理异化与进步的理论张力

在管理实践和管理思想发展的历程中，管理无论是作为实践还是知识，作为思想还是行动，都始终处于异化与进步的发展张力当中，并通过思想者的科学研究纲领或范式的不断迭代，以及实践者的行动与超越，形成螺旋式上升的发展。一定程度上，现实管理的扭曲异化与现有知识理论对此的无奈和纵容，促使学者们寻求管理理论的突破以解决问题，而管理的进步则来自理论观念的创新或新的实践经验创造。

就管理实践而言，几乎所有的管理异化都是由管理者与组织对管理科学精神、管理真理性的背离造成的。他们从自我优先、唯我独尊或主观利我、客观利他的观念出发，设定或形成一套有利于管理者与组织利益最大化的管理知识假定和管理手段，违背管理知识的科学精神与真理性本质，占有资源和人力资本，开展经营管理活动，谋取自身经济利益最大化。

管理异化实践古已有之，今天仍然屡见不鲜。例如，对于科学管理，许多企业组织需要的是如何用更科学的工具，让被管理者可以更高效地创造更多的剩余价值，让组织资源可以更科学、更有效地被开发利用，而如何以科学之精神使管理更好地惠及员工，造福社会不是他们关心的。又比如，对于社会责任，许多企业的初心使命不是身为公民"守土有责"，济世苍生，自觉担当，而是公益贴"金"，"善"做广告，散财聚名，从而带来"金玉满堂"。

那些背离管理科学精神的管理实践，带来了异化对立，扭曲了管理的真理知识的本质，扭曲了管理者与被管理者、组织与顾客、组织与组织、组织与社会的（生产）关系本质，必然造成生产力与生产关系的张力冲突，最后必然反噬这样的管理者与组织。安然的倒塌、长生生物之死、美国雷曼兄弟公司的倒闭无不是异化对异化者的反噬。这些异化实践为管理的真理性知识与真理性实践提供了反例。

根据科学哲学家拉卡托斯的科学研究纲领理论，任何理论都是由硬核的假设与作为保护带的假说观点组成。作为纲领的硬核一般是有明确指向性的精炼的假设与信念，保护带则是支撑和护卫假设与信念的可调整改变的系列观点。

任何理论都是通过保护带这个"护城河"来长久保持自己的合法性与正确性，而这必然导致它对新问题、新现象、新变化的可预见性、可解释力与可行动性不足，甚至以其合法性及所谓的理论韧性来顽固阻挡新知识、新理论的产生。

仍以"科学管理"为例，尽管当时的现实实践中大部分管理者将其当作效率管理工具而抛却其"精神革命"的召唤，但科学管理主要是一套科学方法，把挑选、组织与管理工人可以提高生产效率作为纲领硬核却是不争的事实。简而言之，科学管理可以提高生产率是其理论信念。其关注的核心是工人如何提高生产率，而工人是否高兴、工人是否需要社会性、精神性满足不是重点关注的。"精神革命"作为其保护带，保护的不是精神与心理这些社会需求，而是工人、资本家都各让一步，相互理解，认同合作，把蛋糕做大，然后可以各取所需，双方通过这样的共识提高生产效率。这个研究纲领的内在规定性导致其对工人的心理需求、工作的群体关系视而不见，导致其将"磨洋工"的发生仅仅归结为工作管理不科学，而没有看到"磨洋工"背后存在的非正式组织的影响。

科学管理理论的效率异化和"社会人"假设的缺少，导致其研究纲领随着时代发展出现了知识适切性的异化，不能再涵盖新的经验却仍然要维持其对新现象、新经验的真理性与正当性。这意味着理论范式与新研究纲领发展的张力，使管理理论的寻求突破已经时不我待。

（二）管理理论演进的动力机制

任何一种思想或理论都根植于一定的社会历史进程之中，"人的行为是过去和现在的文化力量的产物，管理学也是过去和现在的经济、社会和政治力量的一种产物"[1]，理解管理异化和理论对异化的消解、重组和超越，不仅需要认识和理解其本身，更要识别推动消解和超越异化的新思想、新理论产生的动力机制。这些动力机制是推动管理文明进步的文化基因。

1. 管理实践问题创造对思想理论的需求

马克思指出："问题就是时代的口号，它是表现自己精神状态的最实际的呼声。"管理理论发展与进步最直接的动力是管理实践问题，而管理异化是其中最重要的实践问题。管理实践中存在大量的现实矛盾问题，如：资源稀缺与需求量大、供给过剩与有效供给不足、人员规模与效率不足、制度管理与放松管控、管理服从与管理服务、"胡萝卜"激励与"大棒"约束、集权与放权、激发内在动力与指标任务

---

[1] 雷恩. 管理思想的演变[M]. 北京：中国社会科学出版社，2002：4-5.

压力、自由创新与稳定管理、风险融资与现金为王……这些实践问题几乎在管理理论发展的各个时代都或多或少、或强或弱地存在。

从人类对美好生活的内在追求和社会不断进步本身来说，许多管理实践问题是现实与理想、能力值与期望值差距的反映。从管理发展的具象上来说，许多管理实践问题是处于时代环境中的管理主客体共同造成的，如上下级管理关系问题，一种应然的职务分工合作和服务关系几乎没有真实长久的体现，代之以身份地位、心理定位的上级管下级的管理与服从的不平等关系，合作与服务关系变为命令与服从关系①。这种管理异化至今仍然存在。

时代是出卷人，思想者与实践者是答题人。每一个时代都存在大量管理问题需要面对和解决，但只有抓住能够撬动那个时代组织发展、创造高效益生产的重大实践问题和需求，才能引领管理思想和学科的整体进步。泰勒抓住了工业革命时代先进机器需要高效生产率的生产效率问题，韦伯抓住了大规模组织长期发展的组织有序性问题，梅奥抓住了社会化大生产中人的情感与非正式组织问题，波特抓住了买方市场激烈竞争环境下战略布局问题……

2. 人性探索与文明进步推动管理理论发展

哲学家休谟曾说："一切科学对于人性总是或多或少地有些关系，任何学科不论似乎与人性离得多远，它们总是会通过这样或那样的途径回到人性。"② 管理学家麦格雷戈于 1960 年提出："管理决策或措施的背后内在地隐含着对人性本质及行为的基本假定，管理的本质在于通过对人性的认识而采取适宜的组织行为以提高组织绩效。"③ 从这一

---

① 齐善鸿等. 出路与展望：直面中国管理实践[J]. 管理学报，2010，7（11）：1685-1691.
② 休谟. 人性论[M]. 北京：商务印书馆，1997：6.
③ 麦格雷戈. 企业的人性面[M]. 北京：中国人民大学出版社，2008.

认识可知，无论是组织的管理实践还是管理理论建构都必然包含着对人性的认识，对人性认识的不断进步与实践推动了管理文明的发展进步。在管理理论发展中，一些理论直接以人性假设为基础和着眼点，建构其相应的理论内容，如：梅奥为代表的行为科学学派基于社会人假设提出相应的管理理论，马斯洛基于人性不断升级的需求提出自我实现理论，麦格雷戈在《企业的人性面》中基于 X 人性与 Y 人性假设提出了 X 理论与 Y 理论。

另一些管理理论或许没有直接提到人性的基本认识，或者人性认识没有成为其核心论述，但是其理论隐含着对人性的假设。例如，韦伯的科层制组织理论隐含着"理性人"的假设，他认为人是价值理性与目的理性的结合体，通过有意识地坚信某些特定行为的自身价值和合目的性的行动，使社会行动在过去、现在和未来具有可预期性，社会组织具有了理性秩序的可管理性①；权变管理学派将其理论建立在"复杂人"假设之上，认为人性随着自身欲求、动机、环境、条件的变化而改变，一切管理的组织与执行要随着人性与外部环境的复杂变化而相机改变。

在管理理论发展演进中，对人性的认识和基于此认识建立和发展的研究纲领是每个管理理论中最具有文明属性的部分，也是不同管理思想交相辉映的交会点。管理发展历史中，后发管理理论试图超越早期管理理论的人性认识，提出新的管理理论，使自身成为引领管理文明进步、推动组织效率进步与福利发展的引领者。社会学家埃利亚斯在《文明的进程》中指出，"文明是个动态历史概念，是一个朝着理性节制方向不断发展的进程"②。未来的管理理论创新仍然需要在人

---

① 韦伯. 社会学的基本概念[M]. 桂林：广西师范大学出版社，2005：29-31.
② 埃利亚斯. 文明的进程[M]. 上海：上海译文出版社，2013：250-255.

性、人际、天人、社会关系、人与组织关系上进行认识突破，推动管理的文明走向新的时代。

3. 管理学科发展场域自主性推动管理理论创新

管理作为一门学科在学术与实践的场域互动中不断发展，其中的思想观念在不断迭代创新。正如管理史学家斯图尔特·克雷纳所指出的，"管理被理念所推动，改变数百万人的生活，一种理念如果不起作用便会很快被抛弃成为历史"[①]。从学科发展来说，"管理理论发展像其他学科理论发展一样呈现连续和间断、收敛与发散、进化和革命的自身发展动力特征"[②]。管理学科在泰勒所在时代实现了第一次科学跨越，从经验式管理和对管理经验的经验性总结变为具有系统理论框架、试验与实践支撑并得到系统论述的知识体系，从前科学时期进入常规科学时期，开启了理论范式的多元竞争与迭代创新。

雷恩从学科发展编年史上把管理学科及其理论发展划分为工业化以前的早期管理思想时代、从工业对效率的迫切需要中产生和发展的科学管理时代、社会人时代、管理丛林发展的现当代。不过，每一种管理理论之所以能在学科史上留下科学标记成为流派符号，在于它能顺势而为。它所构建的概念与知识体系，所回答的问题与提出的解决方案，不仅回应了它所在时代的典型问题，指导了实践，而且能够超越时空限制，成为流传至今的经典。工业组织理论家法约尔的职能管理与十四条管理规则，不仅解决了社会生产进入工业化时代大型企业的组织结构问题和管理科学执行问题，而且成为各个时代创建组织和组织变革的基本框架，即使今天不少人倡导去中心化、去组织化，也

---

① 克雷纳. 管理百年[M]. 海口：海南出版社：2003：4-5.
② 库恩. 科学革命的结构[M]. 北京：北京大学出版社，2003：91-99.

没有脱离法约尔的职能组织理论的影响。

另一方面，每一个时代需要解决的重大管理课题非止一项，对同一管理课题的认识与解读存在范式的竞争与替代。这是学术场域学者的学术自觉性和文化资本争夺的体现与结果。例如，在管理学科从前科学时代跨入常规科学的时代，泰勒被公认为是管理学的开创性大师，其科学管理的理论之光、实践之辉熠熠闪亮。他从人的科学管理角度解决大工业生产的效率问题，但与他基本同时代的法约尔则从组织的结构与制度视角解决了大工业生产的组织效率和稳定性问题，建立起相应的管理理论体系。到 20 世纪七八十年代，整个管理学界出现了十多个管理流派范式竞争、并行发展的丛林时代。随着智能互联时代的到来，社会的复杂性、风险性和全球并联性交织，管理理论发展面临新的时代机遇与挑战。

二、管理理论的异化审视

（一）古典管理理论

古典管理理论产生于 20 世纪初。美国、法国、德国分别出现了具有奠基人地位的管理大师，即"科学管理之父"泰勒、"管理理论之父"法约尔以及"组织理论之父"马克斯·韦伯。

1. 泰勒的科学管理
（1）理论概述
【时代对管理的呼唤】

19 世纪末 20 世纪初，资本主义经济快速发展，但是，管理中的"磨洋工"现象以及劳资矛盾也日益严重，那个时代亟需一种劳资双方都能接受的、提高生产效率的管理方法。弗雷德里克·泰勒在时代的呼唤下出现在历史的舞台上，很好地完成了时代赋予他的历史使命，把管理带入了科学的时代。

【"科学管理之父"】

弗雷德里克·泰勒是西方古典管理理论的主要代表及科学管理理论的创始人。泰勒出生于美国，被誉为"科学管理之父"。在其著作《科学管理原理》中指出，科学管理理论的根本目的是提高劳动生产率，具体方法是对工人操作的每个动作进行科学的标准化研究，用以替代经验的办法；科学地挑选工人，并根据其各自的特点进行培训；与工人们亲密接触并沟通，确保具体工作都按科学管理的原则去实施；管理者和工人们之间在工作和职责上几乎是均分的，管理者把自己比工人更胜任的那部分工作负担下来，较之过去把几乎所有的工作职责都推到工人身上的做法有了极大的进步。

【管理的思想革命】

泰勒的科学管理理论是一种提高劳动生产率的方法，但它有着更为深刻的精神实质——劳资双方在精神和思想上的彻底转变。资本家要取得低成本和高利润，而工人想获得的是高工资，两者之间出现了不可调和的矛盾。泰勒提倡的思想革命就是要改变资本家和工人之间的斗争方式，使劳资双方进行合理的职责分工，共同把"蛋糕做大"，从而让劳资关系由对立走向合作与信任。通过提高劳动生产率，双方不再把注意力放在劳动成果分配上，而是想方设法实现尽可能多的盈余。他认为这不仅是一种管理方法的革命，更是一种管理思想的革命。通过泰勒及其追随者和同时代的人对科学管理的探索，科学管理被应用到社会管理的各个领域。亨利·福特在采用了科学管理之后首创了流水线的大规模生产方式。科学管理的普遍运用不仅提高了生产效率，也促进了人类文明的发展，实现了管理方式由经验到科学的质的飞跃，具有划时代的意义。

（2）异化审视

虽然泰勒强调科学管理是劳资双方思想上的革命，但是在管理实践中，这种思想上的革命并没有发生。人们只是把科学管理的提高效率的方法应用于管理实践中，并称其为"泰勒制"。在效率为先的背景下，工人的主体性属性被异化为工具性，工人成为资本谋利的工具，管理就是在不断地提升这种工具的效率。这已经背离了泰勒的科学管理理论的核心精神。缺少了思想革命的"泰勒制"因将工人物化、工具化而异化。

2. 法约尔的组织管理理论

（1）理论概述

【管理理论的思想范式基础】

泰勒的科学管理理论在美国盛行的同时，在资产阶级革命的故乡法国，一位管理大师也在致力于构建具有普遍指导意义的、能提升管理效率的管理理论，他就是亨利·法约尔。19 世纪末 20 世纪初，法国的经济发展也达到了相当的高度，但管理却非常落后。法约尔等人对管理理论的探索正是在这种背景下进行的。他们的研究成果对管理思想和管理理论的发展作出了杰出的贡献，为具有普遍指导意义的管理理论奠定了思想范式基础。由此，法约尔被称为"管理理论之父"。

【实践出真知】

亨利·法约尔是欧洲一位杰出的管理思想家与管理实践家。法约尔和泰勒是同时代人，法约尔从矿业学院毕业后，一直担任高级管理职务，积累了管理大企业的经验。他还在法国军事院校从事过管理工作。1916 年，法约尔发表了《工业管理与一般管理》这一巨著，标志着一般管理理论的形成。法约尔提出的一般管理理论强调集权和职能化的组织结构，并以严明的制度和残酷的纪律对人进行监督，成为之后管理理论和管理实践普遍遵循的原则。

【组织管理理论的基础框架】

法约尔的管理理论是西方管理思想理论发展史上的里程碑，为之后的管理理论奠定了基本的框架。他丰富了泰勒以实践为基础研究管理原理的方式，在理论上第一次将管理的要素与原则进行系统概括，为管理学教育奠定了基础。但应该认识到，法约尔的管理理论并不是僵化不变的。他不主张在实践中盲目地、刻板地套用这些原则，而应结合管理的实际情况灵活运用。之后的管理学家对法约尔管理理论中的各项职能在内容上有较大的发展。法约尔的管理职能中忽视了人事管理的内容，他所归纳的管理的一般原则，随着时代的发展也显示出了不足的一面，因而得到大量的补充和进一步完善。

（2）异化审视

自从泰勒的科学管理理论沦为"泰勒制"之后，管理理论大多是为操作者在管理实践中面临的问题"补锅"。泰勒制表面上是科学管理的实践化，但本质上是资本方和管理者作为管理理论的操作者对科学管理理论中提升效率方法的应用，其核心是把工人作为资本实现利润的工具，是以把人物化作为立足点的管理理论。法约尔的组织管理理论强调集权和职能化，其理论是在泰勒制管理的基础上，解决在管理实践中出现的管理的系统性问题，目的是让资本更有效地驱动工具化的人，为资本方和管理者创造更多的利润，这是对人的工具化使用的强化。因此，组织管理理论仍是对人的工具化的进一步强化，导致管理理论的进一步异化。

3. 马克斯·韦伯的组织理论

（1）理论概述

【组织理论】

古典管理理论当时不仅出现于美国和法国，也开始在德国兴盛起来。马克斯·韦伯是德国著名的社会学家和思想家，是与泰勒和法约尔同时代的人，他对社会学、经济学、历史学、宗教学等领域的许多问题都有自己独到的见解。马克斯·韦伯提出了一种制度化、法律化和程序化的组织理论，他的观点有助于了解19世纪德国的企业资本主义和大规模组织同政府之间的关系。韦伯在管理思想上的最大贡献是提出了"行政集权制理论"。因其对古典组织理论的杰出贡献，韦伯被人称为"组织理论之父"。

【组织管理的优势】

作为韦伯组织理论的基础，韦伯认为这种正式的、非人格化的、等级分明的、理想的行政组织体系是人们进行强制控制的合理手段，是达到目标、提高效率的最合理和最有效的组织形式。科层制强调专业化、知识化、正式化、制度化、等级化和权力的集中化，在组织中应消除个人情感、社会关系、个性特点对组织活动产生的负面影响。韦伯从事实出发，总结出一整套人类行为规律作为社会学分析的基础。他认为行为的科层规则是组织的本质所在，没有它们将无从判断组织行为，行政人员一方面受它们制约，另一方面可以监督其他成员服从这些规则。韦伯理论的创新之处在于他对科层制效率的关注，把目光投向其准确性、纪律性、规则性与可靠性。

【组织管理的意义】

韦伯这种强调规则、强调能力与知识的行政组织理论为社会发展提供了一种高效率的管理体制。行政组织化是人类历史发展的必然进程，韦伯的理想行政组织体系得到了广泛认可与应用。它虽然不是管理思想的全新开创，但其作为社会实践的理论总结，对现代组织行为具有重要的指导意义。

（2）异化审视

组织理论延续了泰勒制管理和制度理论的异化路线。组织理论是一个更为典型的"补锅"理论——是为泰勒制管理在管理实践中出现的组织运转的效率问题提供的改良性方案。科层制组织形式在管理实践中更多地形成了官僚化的组织结构，这种结构让上级管理者的权力绝对化，基层工人只有服从的义务。这种自上而下的官僚体制，导致基层工人作为资本谋利工具的地位用制度化的方式固定下来，并进一步被强化和合理化。在这种组织结构下，工人的物化性质更加突出，管理思想的异化进一步发展。

4. 综论

泰勒、法约尔和韦伯等管理学先驱创立的古典管理理论，被以后的许多管理学者研究和应用，在管理学发展史上留下了不朽丰碑。古典管理理论提出了一些规律性的管理原则，对那个时代管理水平的提升起到了重要的作用。但是，古典管理理论在资本方和管理者作为管理理论的操作者对其进行应用的过程中，不断强化工人作为资本谋利工具的属性，导致人在管理实践中的物化越来越严重，管理思想的异化程度不断加深。

（二）行为科学理论

1. 理论概述

【历史的必然选择】

行为科学理论的产生并不是偶然的，而是历史发展的必然趋势，也是管理理论发展的必然结果。资本主义早期的经济学家与管理学家都以"经济人"为假设前提，认为每个人都追求经济利益的最大化，工人追求高工资，企业主追求高利润，工资和利润的分配矛盾使工人和企业主经常发生冲突，工人的"磨洋工"现象和企业主对工人的压制在所难免，劳资关系紧张，管理缺乏科学的方法，也影响了劳动效率的提高。但因为对人的因素考虑较少，人成了机器或制度的附属品，这激起了工人的反抗，劳资矛盾进一步恶化。科学管理理论无法彻底解决劳动生产率问题，它所倡导的在资本家和工人之间进行的"精神革命"没有达到预期的目的，违背了科学管理理论设立的初衷。随着 20 世纪 20 年代经济危机的爆发，管理中劳资对立的局面反而更加尖锐。

【霍桑实验的结论】

梅奥的霍桑实验就是在这一时代背景下，在芝加哥城郊外的西方电器公司的霍桑工厂进行的，从 1924 年开始到 1932 年结束，历时八年之久。实验进行过两个回合，第一个回合从 1924 年开始到 1927 年结束，得到了美国国家科学委员会的赞助，但以失败而告终；第二个回合从 1927 年开始到 1932 年结束，在哈佛大学梅奥教授的主持下进行。该实验的目的是为了解释出现在西方电器公司管理实践中的矛盾和问题，主要研究外界因素与工人劳动生产率之间的关系。

霍桑工厂是一家生产电话交换机的工厂，有较完善的娱乐设施、医疗制度和养老金制度，但工人们的生产效率低。研究小组聘请了包括社会学、心理学、管理学等多方面的专家进驻霍桑工厂，开始进行大规模的实验。实验分为四个阶段：车间照明实验、继电器装配室实验、大规模的访谈实验、电话线路装配的群体实验。四个阶段的实验研究表明，工作条件的改变与工人产量的增加没有直接关系，企业管理层与员工之间，以及员工与员工之间的社会关系才是影响劳动效率最主要的因素。非正式组织的行为以及对劳动效率的影响，使企业认识到应当重视存在于正式组织之中的非正式组织，这为解决当时资本主义的劳资纠纷提供了一条新的思路。

【行为科学理论对管理的影响】

行为科学理论在 20 世纪 30 年代产生，在 50 年代继续发展和盛行不是偶然的，它是对泰勒制在管理实践中所出现的问题和弊端的反思和修正。行为科学理论作为从人道主义的立场和人性化管理的角度出发来研究管理问题、设立管理方式的科学理论，不再仅仅局限于"经济人"的假设，而是建立在"社会人""自我实现的人"和"复杂人"等假设基础上，主张人是管理中的核心因素，既是管理的主体，又是管理的客体，应该通过管理满足人多方面的需求和愿望，并通过采取人性化和民主化的管理方式，激励他们在管理中发挥积极性、主动性和创造性，同时注意发挥组织中非正式组织在管理中的积极作用，从而达到管理的优化效果。行为科学理论的兴起使管理理论的发展进入一个崭新阶段，是西方管理思想的重大转折。

【行为科学理论的优缺点】

1948 年，美国成立了全国工业关系研究会。此后，经济学家、管理学家、社会学家和心理学家从行为的内涵及特征、行为与环境、行为过程等多种角度开展研究，使行为科学理论成为现代西方管理理论的一个重要流派。行为科学理论最大的优势就是利用多学科的知识来研究人的行为变化规律以预测和激励人的行为，行为科学理论具有大量值得肯定的部分，有重要实用价值。它反映了人类社会历史发展的要求，重视人力资源的开发和利用，促进了人力管理科学的完善，吸收借鉴了心理学、社会学等学科的知识，应用社会调查、观察分析、案例研究等科学研究方法，对人的行为，特别是组织中员工的行为进行研究，提出了系统地调动员工的积极性的理论和方法，并在实际应用中取得了良好的效果。但行为科学理论也存在诸多不足，如过于强调非正式组织，反而忽视了正式组织的重要作用；缺乏足够的数据资料和严密的科学逻辑推理，甚至一些基本概念的界定，在理论界一直没有达成共识，其理论体系化建设有待加强。

2. 异化审视

行为科学理论是人的工具化属性向本质属性的回归，具有一定的摆脱管理理论异化的趋势。但是，行为科学理论的初衷还是为解决管理理论的操作者在管理实践中出现的问题提供解决方案，还是为资本方和管理者的利益服务。虽然行为科学理论已经认识到人是管理的主体，但因其服务的对象还是资本方和管理者，这种对人主体性的认知也只是对人的纯粹工具化的认知的一种改良，在实际的操作中也只是通过非正式组织等形式给这些资本谋利的工具一些人的属性的归属空间，并没有彻底地在管理中释放他们的人的属性；还是在通过自上而下的管理制度对工人进行控制和约束，还是在用以科层制为核心的组织体系对作为资本谋利的工具的工人的工作效率进行提升。只是在制度和组织体系中增加了一些有人情味的内容，让资本对谋利工具的剥削更隐蔽、更具弹性。但这些改良性措施并没有改变工人作为资本谋利工具的身份属性，管理理论的异化因素依然存在。

（三）现代管理理论丛林

西方管理思想的发展是和社会生产力的发展紧密相关的。二战后，人类社会的发展发生了巨大变化，在各国经济不断复苏并日益繁荣的过程中，生产方式发生重大转变，原子能和计算机等科技飞速发展，企业规模不断扩大，跨国公司不断涌现，人们的需求也呈现出多样化趋势。这些变化促使了管理思想和管理方法的创新与发展，许多新的管理理论和管理学派逐渐形成，被称为"管理理论的丛林"阶段。美国管理学家哈罗德·孔茨于1961年在美国《管理学杂志》上发表了《管理理论的丛林》一文，对这种现象进行了分析。孔茨指出，在西方，20世纪40年代才对管理进行系统研究，最早的管理学著作都是由一些富有管理经验的人员写出来的，如泰勒、法约尔等。但是到20世纪60年代，管理著作和论文如雨后春笋般兴起。孔茨对各种学派进行了分类，划分出六个主要的学派：管理过程学派、经验学派、人类行为学派、社会系统学派、决策理论学派和数学学派。

1. 理论概述

（1）管理过程学派

管理过程学派，又称管理程序学派或管理职能学派，它是在法约尔的一般管理思想的基础上发展和兴盛起来的。法约尔提出的管理的五种职能——计划、组织、指挥、协调、控制——构成了一个完整的管理过程。管理过程学派将管理视为动态的过程进行分析，注重管理过程和管理职能的研究，在西方是继古典管理理论和行为科学理论之后影响最大的理论。其代表人物是美国管理学家哈罗德·孔茨。

（2）社会系统学派

社会系统学派是当代西方出现得比较早的一个管理理论学派，它是从社会学的视角出发对企业组织的管理进行研究的一种理论成果，认为社会各级组织都是一个协作的系统，组织成员之间的相互关系、相互影响构成了组织的协作系统，进而指出组织这个协作系统是可以通过有意识的行为和活动来加以影响和协调的。社会系统理论的创始人是美国的高级管理人员和管理学家切斯特·巴纳德。

（3）决策理论学派

决策理论学派认为管理的本质就是决策，它主要是运用现代数学、运筹学和计算机技术等科学方法对管理实践进行科学的定量与定性分析，在西方管理理论界具有很大影响。决策理论的主要代表人物是赫伯特·西蒙。

（4）权变理论学派

权变理论学派是 20 世纪 60 年代末 70 年代初发展起来的一种管理理论学派。该理论认为，在组织管理中，没有一成不变的和普遍适应的管理理论和方法，组织管理最好的方法就是根据组织内外环境的变化而随机应变。美国著名管理学家弗雷德·卢桑斯是权变管理理论的主要代表人物，他于 1973 年发表了《权变管理理论：走出丛林的道路》一文，系统地介绍了权变管理理论，指出权变理论可以统一各种管理理论的观点，引导管理学走出丛林之路。

（5）经验主义学派

经验主义学派的代表人物是管理学大师彼得·德鲁克，其在国际管理学界享有盛誉。他指出："管理是一门学科，这就意味着，管理人员付诸实践的是管理学而不是经济学，不是计量方法，不是行为科学。无论经济学、计量方法还是行为科学都只是管理人员的工具。"

管理就是引导和控制个人与群体朝着某个共同目标努力，一个优秀的管理者要能使团体以最少的资源和人力耗费达到组织的目的。

（6）经理角色学派

经理角色学派是在 20 世纪 60 年代末和 70 年代初出现和形成的管理理论学派，它主要是以分析经理所担任的角色为中心，对经理人员的职务和工作进行深入研究，从分析和研究中发现和寻找各种不同类型的经理所提供的共同的能够提高管理效率的规律性内容，以便为其他经理人员的工作提供经验借鉴。"经理"是指正式组织或组织单位的主要负责人，拥有正式的权力和职位，"角色"是指属于某个职责和地位的一套有条理的行为。经理角色学派的主要代表人物是亨利·明茨伯格。

（7）管理科学理论学派

管理科学理论学派又称数理理论或运筹学理论学派。这一理论是在泰勒的科学管理理论的基础上，吸收了二战期间运用于军事领域的运筹学理论，以及二战后发展起来的系统管理理论的精华和思想而建立和发展起来的。该学派是新理论、新方法和科学管理理论相结合而形成的，主要思想就是运用数学模型对管理问题进行定量分析，以达到管理的程序化和最优化。管理科学实际上是将科学的理论、方法和工具运用于管理实践。因此，它是泰勒科学管理理论的发展和完善。管理科学理论的主要代表人物有爱德华·鲍曼和罗伯特·费特等。

（8）综论

综上所述，现代管理理论的发展具有重要的理论和现实意义。从其研究的基础来看，在对人的看法上，从"科学管理"到后来的"管理科学"都将人看作"经济人"；行为科学理论将人看作"社会人"；而现代管理理论将人看作"复杂人"，对人性的探索不断深入。从管理的方法和手段来看，从自然科学的方法转向社会科学的研究方法，特别是行为科学理论采用影响、激励、协调等手段来诱发绩效激励员工。现代管理理论综合了自然科学和社会科学的方法，运用系统与权变的观点，为当代管理理论的发展奠定了坚实的理论与实践基础。

2. 异化审视

管理理论的丛林现象是管理思想不断异化的结果。西方管理理论的发展过程，始终没有摆脱为操作者服务的宿命，资本方和管理者作为管理理论的操作者，他们对管理理论的应用是为了实现自身资本利益最大化的目的。在这个前提下，广大的被管理者也就是普通工人劳动者们，始终处在资本谋利工具的角色上。每一种管理理论都在为了提升效率而兼顾着工人某一方面的利益，对工人利益诉求的认知就来自管理理论所采用的那些关于人性的不同角度的假说。这些假说都从不同角度触碰到了人性表象特征的一部分，但没有深入人性的本质层面，这就导致管理理论对人性的认知不全面、不充分。基于这种不全面、不充分的人性认知，管理理论只看到了人对不同价值的追求，由此形成了所谓的对人的价值理性的认知。这种价值理性与人的工具化相互配合，形成了通过满足人的价值理性，从而促进人的工具化效率的提升，以满足资本利益的各式各样的管理理论。这些管理理论都是建立在人的物化属性的基础上，因此，管理理论的丛林其实就是管理思想异化的丛林。

（四）当代管理理论

20 世纪 80 年代以后，国际政治和经济环境发生了重大变化，其主要特征是国际政治格局突变，世界经济全球化，科学技术突飞猛进，各种文化相互渗透，市场竞争日趋激烈。企业为了适应这种变化，在这种环境下寻求生存和发展空间采取了多种措施。管理实践大发展，管理思想也随之发生了重大转变。主要表现为从过程管理向战略和项目管理转变，从国内市场管理向全球市场管理转变，从内部管理向大环境管理转变，从产品的市场管理向综合价值管理转变，文化管理应运而生。为了适应这一全球形势变化，出现了一系列管理的新思想和新理论，如以彼得斯为代表的适应变化的管理思想、德鲁克的管理思想、菲根堡姆的全面质量管理理论、波特的战略管理思想、科特的领导理论、彼德·圣吉的学习型组织等理论。

1. 汤姆·彼得斯的管理思想

（1）理论概述

【商界教皇】

汤姆·彼得斯曾获美国康奈尔大学土木工程学士及硕士学位，斯坦福大学工商管理硕士和博士学位，在美国乃至整个西方世界有着"商界教皇"的美誉。《财富》杂志把汤姆·彼得斯评为"管理领袖中的领袖"。汤姆·彼得斯著作颇丰，而且每一本都是具有世界影响的畅销书，主要代表作《追求卓越》被称为"美国工商管理圣经"，在《福布斯》杂志评选出的 20 本最具影响力的商业图书中排名第一。

【伟大事业中的精英】

20 世纪 80 年代以后，全球经济形势发生了巨大变化，彼得斯的管理思想正是在这样的背景下诞生的。彼得斯的原创管理思想：一是人受到"两重性"的驱动，既要作为团体的一员，又要突显自己，既要成为一个获胜队伍中的成员，又要通过不断努力而成为队伍中的精英；二是人们只要认为某项事业是伟大的，就会情愿为这个事业吃苦耐劳。为此，彼得斯提出管理的八条原则来调动人的积极性。在彼得斯看来，成绩优秀的公司在为员工提供出人头地的机会的同时，又将机会和一种具有超越意义的哲学和信念体系结合起来。所谓的管理新思想是把我们引入一个模糊不清的、自相矛盾的世界。但是，关键是看人们是否懂得这个原则，是否知道运用这个原则去处理这些自相矛盾的事情。彼得斯的人性观：人需要有意义的生活；人需要受一定的控制；人喜欢受到鼓励和表扬；人的行动在一定的程度上形成态度和信念，而不是态度和信念形成行动。

（2）异化审视

彼得斯思想的核心目的还是通过多样化的手段调动员工的积极性，从而实现资本的最大化利益。虽然在这个过程中作为工具的员工，特别是那些表现优异的员工也获得了满足自身利益诉求的收益，但这依然是基于对员工价值理性的认知基础上的一种改良性措施，其目的还是让员工的工具化效率提升，没有改变管理把人的属性物化的思想，他的管理思想还是存在异化的基因。

2. 彼得·德鲁克的管理思想

（1）理论概述

【"现代管理学之父"】

彼得·德鲁克被誉为"现代管理学之父"。生于维也纳，祖籍荷兰，后移居美国。德鲁克在富裕的环境中长大，其1979年所著的自传体小说《旁观者》对其成长历程做了详细而生动的描述。彼得·德鲁克在管理界是受人尊敬的管理思想大师，他于1988年在《哈佛商业评论》上发表了一篇题为《新型组织的出现》的论文，指出经营权和所有权分离，企业组织将进入新的形态，专家小组构成知识型企业，知识成为重要的生产要素。这表明现代管理已经进入知识管理的时代。知识是人们通过学习、发现以及感悟所得到的对世界认识的总和，是人类经验的结晶。

【学习获得有效性】

德鲁克对不同类型的管理者进行了细分，并指出有效的管理者有不同的类型，缺少有效性的管理者也同样有不同类型。同时指出有效的管理者与无效的管理者之间，在类型方面、性格方面及才智方面是很难加以区别的。有效性是一种后天的习惯，习惯是可以学会的，而且必须靠学习才能获得。

【优秀管理者的素养】

他认为一个优秀的管理者必须具备五项主要素养："首先，要善于利用有限的时间，时间是最稀有的资源，无法替代。时间一去不复返，因而永远是最短缺的。而任何工作又都要耗费时间，因此，一个有效的管理者最显著的特点就在于珍惜并善于利用有限的时间。记录、管理、集中自己的时间，减少非生产性工作所占用的时间。这是管理的有效性的基础。其次，注重贡献和工作绩效，重视贡献是有效性的关键。'贡献'是指对外界、社会和服务对象的贡献。无论是工商企业、政府部门，一切部门单位只有重视贡献才会凡事想到顾客、想到服务对象，生产才有针对性。其所作所为都考虑是否为服务对象尽了最大的努力。有效的管理者重视组织成员的贡献，并以取得整体的绩效为己任。组织必须有绩效——直接成果，直接成果是销售利润。而且，价值的实现不再是单纯的经济收入而是指社会效益，企业应为社会提供最好的商品和服务。组织必须不断变动来适应明天，获得更好的生存。再次，善于发挥人之所长。有效的管理者应注重用人之长处，而不介意其缺点，并集中精力于少数主要领域，建立有效的工作秩序。他认为有效性的秘诀在于专一。因为要做的事很多，而时间毕竟有限，而且总有许多时间非本人所能控制。有效的管理者要善于设计有效和优先秩序，并集中精力坚持这种秩序。最后，要进行有效的决策，决策是系统化的，有明确的要素和步骤，有效的管理者并不做太多的决策，只要作出的决策都是重大的决策。"①

（2）异化审视

德鲁克的思想聚焦在管理的有效性上，他对员工作为资本谋利工具的使用方式更加精细化。所有权与经营权的分离是为了让资本方的利益通过职业化的管理团队得到更好的保障。职业化的管理团队，让一批拥有优秀管理能力的人从员工团体中脱颖而出，给他们更多的权力和利益，让他们更好地为资本方的利益服务，其实他们也只是更高级的资本利益实现的工具而已。虽然他们中的一部分作为金字塔尖上的人也获得了企业的股份，名义上成了资本家群体的一员，实际上这只是资本方的障眼法，让资本谋利工具中的一小部分人晋升为资本的所有者，为其他工具人树立了前进的榜样，用这种方法激励更多的工具人为他们卖命，但最终获得这种回报的工具人却是凤毛麟角。德鲁克还强调要善于发现和发挥人才的长处，在为资本利益服务的前提下，这其实只是让对资本谋利工具的使用更加细分化，以提高其使用效率。德鲁克的思想在为操作者服务的前提下，依然没摆脱把人进行物化的思想基础，依然存在异化的因素。

---

① 德鲁克. 卓有成效的管理者[M]. 北京：机械工业出版社，2019.

3. 战略管理理论

（1）理论概述

【战略管理起源】

战略管理理论产生的起源最早可以追溯到加州大学伯克利分校的菲利普·塞尔兹尼克，他提出了"特色竞争力"的概念，探讨了整合组织内部状态和外部期望的必要性，认为应该制定深入组织结构的战略。这一战略是指对一个企业或组织在一定时期的全局的、长远的发展方向、目标、任务和政策以及资源调配作出的决策和管理艺术，包括公司在完成具体目标时对不确定因素作出的一系列判断，公司在环境检测活动的基础上制定战略。

【战略管理概念】

战略管理是指企业确定其使命，根据组织外部环境和内部条件设定企业的战略目标，为保证目标的正确落实和实现进度进行谋划，并依靠企业内部能力将这种谋划和决策付诸实施，以及在实施过程中进行控制的一个动态管理过程。

【波特的理论】

战略管理大师迈克尔·波特认为，一项有效的战略管理必须具备五项关键点：独特的价值取向、为客户精心设计的价值链、清晰的取舍、互动性、持久性。波特认为有五种竞争力量存在于行业结构竞争力分析中，同时，行业的这五种作用力决定了行业结构，也决定了行业的营利能力；有三种战略可供选择，即成本领先战略、差异化战略和目标集聚战略；对于分析和实施战略，波特提出了一种独特的分析工具即价值链。

（2）异化审视

以波特为代表的战略管理思想家们对组织战略的研究是符合组织

所面对的客观规律的，具有合道的属性。这些战略管理思想的核心要素是组织中的人，只有组织中每个人主动地为组织的战略付出自己的智慧和力量，才能使组织的战略落到实处，才能形成真正可持续的核心竞争力。在现实的管理中，管理思想的操作者虽然运用了战略管理思想中的方法，但他们的思想落脚点还是把组织中的战略实施者——普通员工——作为资本实现利润的工具看待，这就导致战略管理思想在实践中不能充分展现其促进企业发展的作用，会出现战略管理的目标与实际结果不相符的现象。这种现象就是管理思想的操作者没有把员工看作管理主体，没有充分激发每个人的积极性、创造性、主动性，而是继续把他们看成实现资本利润的工具，是战略管理思想在实践中异化的表现。

4. 全面质量管理理论

（1）理论概述

【质优者胜】

随着科学技术的飞速发展和经济水平的不断提高，买方市场形成，顾客对产品的质量提出了更高的要求，这使得过去那种"以量取胜"的企业战略转向寻求"以质取胜"的道路，"质优者胜"成为市场经济竞争中的一条铁律。全面质量管理的理念正式萌芽于 20 世纪 50 年代的美国。1950 年和 1954 年，戴明、朱兰分别来到日本开办讲座，介绍和带来了二战期间美国在质量管理方面的成果，日本人从中学习到了这种全新的质量管理思想和方法，并将之运用到具体的企业管理实践操作中，对日本经济的发展和繁荣起到了极大的促进作用。

【质量标准化】

从 20 世纪 70 年代开始，日本管理学家和管理实践者充分认识到全面质量管理的益处和重要性，开始将质量管理当作一门科学来对待，并在质量管理中广泛采用先进的统计技术和计算机技术等，使全面质量管理在这一阶段获得了新的发展。全面质量管理在全球得到迅速推广和应用。1987年，国际标准化组织将全面质量管理的思想和内容进行了总结与开发并使之标准化，从而产生了我们今天所熟知的ISO9000系列国际标准。

（2）异化审视

全面质量管理思想核心是管理的标准化，标准化是一个正式组织的基本功能，包括硬件标准化和软件标准化。其中最重要的是软件的标准化，软件标准化是指组织中人的行为的标准化，人的行为的标准化必须在每个人主动自我标准化的前提下才能完成。而且，不仅仅是员工行为的标准化，管理者也要在自身完成标准化的前提下才有资格去要求员工的标准化。

但是，在现实中管理的标准化更多是对员工的标准化行为的要求，而且是在管理者没有完成自身标准化的前提下进行的，这就形成了管理标准化的双标现象。管理者通过管理制度的标准化强制要求员工完成标准化，这是对员工物化属性的强化，完全忽略了员工的主体性，在现实中就出现了员工对标准化普遍抵触的现象，谁也不愿意被当作标准化操作的木偶。这就形成了当前管理的主要矛盾——管理的标准化与人的主体性之间的矛盾，这是全面质量管理思想在实践中的突出的异化现象，也是形成当前企业困局的根本原因。

5.企业文化理论

（1）理论概述

企业文化理论的诞生，也是在总结前人的管理思想和管理理论的基础上，对企业运作实践不断研究、加以创新的结果。文化管理理论初步产生和萌芽以美国哈佛大学沃格尔教授的著作《日本名列第一》为代表。该书于 1979 年出版，以大量事实论述了自然资源匮乏的日本，为何能够实现经济的快速增长。1980 年秋，美国《商业周刊》首先提出了企业文化的概念，认为企业文化主要是指价值观念，企业应该运用价值观为公司的活动、意见和行动树立榜样。以沙因为代表的系统组织文化研究是文化管理理论的深化阶段，从群体动力、领导理论和学习理论的角度探讨了组织文化，代表作有《组织文化与领导》等，彼得·圣吉在《第五项修炼》一书中提出了学习型组织理论。

（2）异化审视

企业文化理论认识到了企业文化的重要性，也提出了一些企业文化管理的方法和实施路径。但是，在实际管理中，企业文化理论成为资本方强化自身思想对企业影响的工具，企业文化更多地成为老板的文化，企业的价值观成为老板的价值观的载体，而且更加堂而皇之地宣扬员工为企业做奉献的必然性，要求员工忠实于企业。虽然资本方也通过一些形式给予员工一些所谓的温暖，但那只不过是他们要求员工懂得感恩的一种手段。企业文化变成掩盖资本方对员工物化使用问题的手段，而且试图让员工心甘情愿地接受这个现实。企业文化理论在实践中成了推动管理理论异化持续发展的工具。

6. 综论

从科学管理沦为泰勒制管理之后，西方的管理理论一直在为管理理论的操作者——资本方和管理者服务，一直承担着为操作者在管理实践中出现的问题提供改良性的"补锅"方案的使命。管理理论也在不断地出现异化的问题，又不断地在改良的轨道上持续发展。时至今

齐善鸿 等

著

道本管理论

中国式管理思想

扫码了解更多

世界知识出版社 | 定价：68.00元

日，西方管理理论依然延续着这种模式，导致当前的管理理论都存在异化的因素。

（五）人本管理理论

1. 古典管理的人本思想

（1）人本唯物主义

【形而上的唯物主义】

人本主义通常指人本学唯物主义，是一种从生物学角度解释人的形而上学唯物主义学说。以 19 世纪德国的费尔巴哈及俄国的车尔尼雪夫斯基为代表，费尔巴哈由于把庸俗唯物主义同一般的唯物主义混为一谈，而将自己的哲学称作人本主义。

【心理学中的人性主义】

在人本主义之前，心理学领域中占主导的是人性理论，主要包括两方面的观点：一是弗洛伊德的观点，他认为人主要受性本能和攻击本能控制；另一种观点来源于行为主义，走向另一个极端，把人当成较复杂的动物，认为人与老鼠一样，只是对环境中的刺激作出反应，并没有任何主观的控制。这两种理论都忽略了人性中能动的重要方面。

【心理学的第三势力】

人本主义的理论认为人应该对自己的行为负责。我们有时会对环境中的刺激作出本能反应，有时会受制于本能，但我们有自由意志，有能力决定自己的目的和行动方向。人本主义心理学也被称为心理学的第三势力。20 世纪 60 年代强调个人主义和个人言论自由的时代背景，为人本主义的发展提供了基础。1967 年人本主义心理学的重要人物亚伯拉罕·马斯洛当选为美国心理学会主席，这说明心理学的人本主义思想已经被公众所接受。

（2）人本管理理念

【泰勒的人本管理】

西方古典管理学派存在人本管理理念倾向，泰勒在国会听证会上的阐述直接指出了其科学管理理论中的人本因素。泰勒指出："所谓科学管理，不是一套效率机构，不是一套计件给酬劳的制度，也不是奖金和红利制度的科学管理，而是工作于某一机构或产业的员工的一种完全的心理革命，它是一种关于管理层对同仁、对员工的责任的完全的心理革命。"[1]

任何制度都离不开人，在采用了最好的制度之后，成功与否取决于管理人员的能力、坚韧和权威。在雇主和员工之间，应该常保持良好的相互关系。上司应该找工人谈心，应当让每个工人都有自由发表意见的机会。泰勒从维护雇主与员工共同利益的角度，试图化解双方的冲突和矛盾，为人本管理思想的发展奠定了科学管理理论的基础。

【法约尔的人本管理】

法约尔强调：鼓励首创精神和责任感，对所做工作给予公平而适当的报酬，对过失和错误实行惩罚，使大家遵守纪律，使个人利益服从集体利益。以法约尔为首的组织理论学派从管理中人的特殊性角度，协调个人与组织的关系。

【巴纳德的人本管理】

巴纳德进一步将组织特性与人类特性相结合，在其《经理人员的职能》及《管理与工人》等著作中将人际关系学、社会学的概念融入对组织结构逻辑上的分析，从而将西方古典管理理论中的人本管理思

---

[1] 泰勒. 科学管理原理[M]. 北京：机械工业出版社，2021.

想推向了高点。

2. 人本管理理论

（1）突破效率为本

【管理理论的效率桎梏】

彼得·德鲁克指出："管理者的职责就是使工作高效率，高效和管理毕竟是密切相关的。"近百年来，管理学以其对人类活动中效率性的追求，发挥了一定的促进管理的作用。但片面化的追求效率性以及与之相关的经济性，导致管理学对人的物化及对人性的某种程度上的扼杀。在泰勒和法约尔之后的几十年里，管理学家们进一步阐释了他们对管理学理论和实践的认识，但从总体看来，都还没有突破泰勒和法约尔的效率为本的理论核心框架。如以梅奥、马斯洛、麦格雷戈等为代表的行为管理学派，虽然强调要重视企业中的人际关系，重视对员工心理与行为的研究，但其实质还是为企业提高生产效率创造条件。

【以人的全面发展打破桎梏】

马克思在《1857—1858年经济学手稿》中阐述了"三形态"理论，明确提出人的全面自由发展是历史的产物，阐明了人的发展过程与社会发展的统一经历"三形态"：前资本主义社会的人的依赖关系，资本主义社会的物的依赖关系，共产主义社会的自由个性。21世纪必然是人类挣脱对物的依赖性，在更高或更加自觉的层面上谋求自身全面发展的时期。作为人的存在方式之一的管理活动，其使命必然是把人类从管理链条的束缚中解脱出来。

（2）非理性主义的发展

【以人为核心】

20 世纪 80 年代初，出现了以汤姆·彼得斯为代表的管理的"非理性主义"思潮，他们认为必须进行一场"管理革命"，使管理重新回到以人为核心的基点上来。彼得斯等人把批判的矛头直接指向了传统管理中的理性面，并主张从管理的多样性、不确定性、不一致性方面研究管理。这就是"以人为本"的管理理念。

【冲击理性至上主义】

管理的"非理性主义"虽没能全面揭示出人的现实的完整本性，但却以人的感性或非理性的一面为依据，向传统的理性至上的管理学发起了冲击，并意在把管理学之本回归到人这个基点上来。以迈克尔·哈默和詹姆斯·钱皮为代表的"再造理论"，奠定了"流程或作业适应于人""管理服务于人"的人本管理思想；佛瑞斯特提出的"学习型组织"，虽不能像传统组织那样给人以清晰的或可操作的组织架构，但能让大家在组织内由工作中活出生命的意义。

（3）以人为本的内涵

复旦大学管理学院芮明杰教授认为，目前人们对人本管理的理解包括两个层面：第一个层面是"把人的因素当作管理中的事实上的首要因素和本质因素，即首先确立人在管理过程中的主导地位，继而围绕着调动企业中人的主动性、积极性和创造性去展开企业的一切管理活动"；第二个层面是"通过以人为本的企业管理活动和以尽可能多的产出的实践，来锻炼人的意志、脑力、智力和体力，通过竞争性的生产经营活动，达到完善人的意志和品格，提高人的智力，增强人的体力，使人获得超越受缚于生存需要的更为全面的自由发展"。

（4）以人为本的方向

人类在从事具体的生产活动和生活时，不断地克服各种各样的异化行为，逐步深化对自身本质的认识。管理活动是人类的一项基本的实践活动，与人类的政治、经济、文化、科学等活动密切相关，是人类特有的活动方式或存在方式。管理只有直指以人为本的方向，才有可能最终使人类摆脱其活动对自身的伤害。

3. 异化审视

（1）人类中心主义的误区

以人为本的管理理念虽然没有忽视人和环境的协调发展，但在具体应用过程中，出现了管理的最终目标与达到目标的手段没有很好地有机结合的问题，从而使人对周围社会环境及自然环境造成破坏，而环境又反过来伤害人类自身。

"将欲取天下而为之，吾见其不得已。天下神器，不可为也，不可执也。为者败之，执者失之。故物或行或随，或歔或吹，或强或羸，或挫或隳。是以圣人去甚，去奢，去泰。"（《道德经》第二十九章）这段话是说："想要治理天下并取得成功，我看他是不能够达到目的了。天下这个神圣的存在，不能够违背其规律强而为之。否则，用强力统治天下，就一定会失败；强力把持天下，就一定会失去天下。万事万物秉性不一，有的走在前面，有的跟在后面；有的气势恢宏，有的处境寒凉；有的势力强大，有的软弱无力；有的增益，有的损毁。因此，圣人要除去那种极端、奢侈、过度的东西。"

如果违背了规律，以人为本的管理目标是不能实现的。当人类过度关注自身，极易陷入人类中心主义的理念中，即把人类的利益作为价值原点和道德评价的依据，有且只有人类才是价值判断的主体，从而导致环境污染、气候异常、资源匮乏、生态危机。管理活动的"甚""奢""泰"，导致人类生存环境的不断恶化，从而威胁人类的生存，与人类造福自身及子孙后代的目标背道而驰，甚至连人类赖以生存的空气、饮用水、食品都不再安全。

（2）人本管理的二次污染

我国人口众多，人均资源相对短缺。近年来我国经济高速增长，是因为承袭了西方传统工业文明的发展模式，同时也得益于西方管理理论中合道的那部分因素。但同时也应看到，在经济高速增长、人民群众物质文化水平不断提高的同时，资源过度消耗，垃圾成堆，环境污染和生态破坏严重。这与以人为本的目标在实施过程中所采用的用以保障社会和谐发展的手段不健全存在直接关系，人们狭隘地理解"发展才是硬道理"，企业管理过度关注满足人眼前欲望的营利行为，错误地认为先污染后治理、先破坏后恢复是经济发展的必然规律。一些开发和建设活动不尊重客观规律，不考虑环境的承受能力。人们的头脑中缺乏科学的发展观，缺乏对忽视规律所造成的环境的"二次污染"的深刻认识，只满足人类自身不断增长的物质需求，忽视了社会和环境的和谐发展。

人本管理的企业管理理论的出现，是为了在管理过程中把人从传统的工具性管理方式的束缚中解脱出来，以避免管理过程中管理工具对人类自身的伤害，具有时代的进步性与科学价值。但实现目标所采用手段的根本立足点出现偏差，导致在实施以人为本的管理过程中不可避免地对外部环境造成破坏，环境污染又反过来伤害人类自身，造成"二次污染"，管理依然无法摆脱异化的困境。

第三节　管理异化的破局

一、走出管理异化的思考——管理归道

（一）两座房子的思考

【两座房子的故事】

第一座房子：建筑富丽堂皇，里面的人衣冠楚楚。在这里，有人给发工资、奖金，还有培训。离开这里，就无法生存。许多人在这里成就了自己的事业，展示了自己的人生价值。可是，这里没有人嫌钱多，很多人都在抱怨环境、抱怨工作、抱怨上司、抱怨……

没有工作时央求，有了工作又埋怨；能力低时烦人，能力高时傲人。等到有人求时，脾气就更大了。在俗人中，似乎随着人的能力增加，德性就会下降。一个人或者一个机构，若是花了很多精力和财力帮助别人而人家却不领情，这算怎么回事？

第二座房子：没有现代公司的金碧辉煌，古朴中透着一种威严和庄重。这里没有人给工资和奖金，相反，人们会自觉拿出钱来。这里没有培训、没有监督、没有考核，可人们的行为却很规矩，似乎进到这里来一切都无师自通了。

两座房子的比较：一个是给人钱财，另一个是拿人钱财，但结果却是相反的。给人钱财的，人们不满意；自愿拿出钱财的，却感到很高尚，人们在这里花了钱，却有那么多的感恩之心、感激之情，在这里的人养的都是和气，都成了天使。一个不断地加强管理，一个似乎没有管理。可没有管理的却达到了管理的目的，而一直在管理的却始终做不出满意的效果。不断加强管理的公司，人们的自觉性、主动

性和责任心一直令管理层不满意；没有什么管理的，人们却主动、自觉、有责任心。第一座房子里似乎养着的是魔鬼，第二座房子里住着的似乎是天使。是谁造了魔鬼？是谁造了天使？魔鬼，用科学管理能管好吗？天使，还需要什么管理吗！

亚当·斯密说："绝对需求之门打开如入魔窟；相对需求之门乃是创造之门，人如天使。"

"人是神的儿子"，人最无法拒绝的恰恰就是神圣性的召唤。企业有多少时候在召唤人的神圣性？现实中的管理，很多是在强化对人神圣性的伤害。

人心已经如此，如何能用金钱和制度做好管理？

老子教我们用"道"！

企业如同微缩之天下，治天下之道可以治企。

（二）以人为本的尝试

管理给人带来的结果是喜忧参半的。一方面，管理带给人类效率的提升，物质生产的增加，生活水平的提高；另一方面，管理使人逐渐失去主体性。人成为被操纵的工具，人力转变为可供买卖的商品。人开始以僵硬、孤立的形态面对机器林立的物质世界，原本生生不息的世界被物质化、凝固化。20世纪80年代初，管理界兴起了一种"非理性主义"思潮，这种思潮正是对管理异化现象的最初回应，认为必须进行一场"管理革命"使管理重新回到以人为核心的基点上。然而，这种以人为本的非理性主义极易使人陷入自我中心主义的误区，过度关注自身而忽视周遭事物，以致产生环境污染、资源枯竭等一系列问题。由此可见，以人为本的管理理念的提出，并没有使管理回归科学的价值导向。相反，却加深了人类对管理科学价值导向的困惑。因此，管理要从根本上解决对科学性背离的问题，需要为实践中一些新的现象、新的问题和新的挑战的解释和解决做些根源性的思考。

（三）中国管理学的探索

作为世界管理学的一部分，中国管理学也在试图寻找解决管理异化的路径，但是，立足点在文化方面的缺失，导致中国管理学始终未找到一套行之有效的管理思维与模式。自西方引进的管理理论和管理工具虽然为中国管理学研究和实践应用作出了不可磨灭的贡献，但也显示出与中国文化背景的不适应性，不能更好地为中国管理实践中出现的问题提供解决路径。反观现实，仍有很多人在利用西方理论进行"硬性嫁接"的研究与实践。这些研究者没有认识到西方社会结构和中国社会文化与人的心智结构及其运行模式存在本质的不同。这种只偏重技术操作而忽视人文基础的现象充分说明，对西方管理本源的探索存在结构性的缺失。

（四）文化的决定性作用

宗教意识和逻辑影响着西方社会的政治、经济和管理等方方面面。以基督教为核心的西方文化是当今西方社会的主流，从信仰者的数量上看，宗教以其广泛的基础，全方位渗透于西方社会各个领域。西方社会的道德教育从古至今就与宗教有着千丝万缕的联系。所以，借鉴西方优秀的科学管理经验绝对不能忽视对西方社会文化的整体认识。

我们需要深思中华民族该怎样依据固有的文化基础，进行科学管理创新，任何技术和管理方法必须扎根于相应的文化土壤中。中国的管理实践存在科学价值导向与管理实践文化基础双向背离的问题，中国的管理学必须立足于民族文化，寻找管理的发展之路。

（五）管理归道是唯一的途径

21 世纪是中华民族伟大复兴的世纪，从中国传统文化的智慧中寻找解决中国科学管理实践问题的解决方法，已经成为历史发展的一种必然趋势。企业，作为吸纳社会成员甚至影响社会生活方式的基本组织，应当而且必须承担起相应的社会责任，通过管理使员工遵守社会道德准则与行为规范，推动员工人之为人的不断进步。任何一种经典的管理理论的产生、运用和发展都有其历史的必然性和时代的进步意义。同时，理论本身及实践的运用都有其自身无法克服的弊端。要避免管理理论的弊端，真正实现以人为本等管理理论的目标，使个人、社会与自然和谐发展，就必须遵循自然万物的本源规律——道。

道在哪里？

东郭子向庄子请教道家所谓的道究竟存于何处，庄子简单而明确地告诉他："大道无处不在。"

东郭子似乎对这一回答并不满意，他希望庄子能具体指出道在何方。

庄子于是说："道就在蝼蛄和蚂蚁中间。"

东郭子不解地问："道怎么会在这么卑微的生物中间存在呢？"

庄子接着说："道还存在于农田的稻谷和稗草之中。"

东郭子更糊涂了："这不是越发低贱了吗？"

庄子仍然不紧不慢地说："怎么能说这是低贱呢？其实，道还存在于大小便里哩。"

东郭子以为庄子是在戏弄他，便满脸不高兴地闷坐在一旁，再也不作声了。

庄子知道东郭子产生了误会，便耐心地对他解释："您再三追问'道'存在于什么地方，但这个问题并不是道的本质，因为我们不可能在某一具体事物中去寻找道。大道无处不在，万事万物都蕴含着道的规则，并无贵贱之别。"

大道无限，人不可及！

大道无形，无处不在！

大道无情，公正无私！

大道至善，普及万物！

大道无言，功德天地！

大道无为，又无不为！

大道不争，达不可争！

大道微妙，至小至大！

大道自动，无不变化！

大道阴阳，此起彼伏！

大道反动，阴阳平衡！

大道虚空，天地翻覆！

大道静寂，灵动天地！

大道万变，永不离宗！

二、管理哲学的运用——以道为本

（一）管理哲学的内涵

管理哲学是对管理终极价值的追问，不断追问管理的意义，以不断趋近于最优的管理。"道，不可须臾离也，可离非道也。""管理的终极目标应当是为了提升人类的生活品质，促进人类社会的和谐与共同进步"①。

管理哲学继承已有研究的范式，不断通过"否定之否定"的追问方式寻找最优的管理方法。同时，它对管理理论中隐含的逻辑及哲学方法论特征进行系统分析，帮助人们了解每一种管理理念背后的研究思路和逻辑关系。通过揭示一种管理理论取代另一种管理理论的内在逻辑，理清管理知识之间的哲学线索，发现一种管理理论可能存在的内蕴性缺失或偏颇，为后继理论对其超越发展提供线索。

20世纪20年代，管理哲学作为学科概念由英国学者Sheldon首次提出②。目前，管理哲学还是一门非常年轻的学科，在定义和学科定位等问题上还没有达成十分一致的共识。管理哲学是"元管理学"（meta-management），即管理理论、管理学科的理论出发点，回答管理的一般性问题③。齐振海认为管理哲学不是一般的世界观、认识论和方法论，而是管理中的世界观、认识论和方法论，是从思维和存在关系的角度，对管理的本质及其发展规律所做的哲学概括④。总体而言，管理哲学在管理学体系中的定位应当是一门功能服务性的基础学科，即通过对现有管理思想与理论的反思，服务于管理学理论的发展与创新。

管理哲学就是研究管理领域中具有世界观和方法论意义的系统理论。从这个意义上说，管理哲学还具备或应当具备管理学前瞻性研究的功能，即通过梳理管理学理论发展的特点、趋势和热点问题，分析管理学理论要解决的根本矛盾和问题，关注管理学前沿领域问题，开

① 郭咸纲. 西方管理思想史：第3版[M]. 经济管理出版社，2004.
② Sheldon O. The Philosophy of Management [M]. London : Isaac Pitman & Sons，1923 : 14-15.
③ 黎红雷. 儒家管理哲学[M]. 广州：广东高等教育出版社，1993 : 4-9.
④ 齐振海. 管理哲学[M]. 北京：中国社会科学出版社，1988.

展前瞻性和探索性理论的研究。这些系统理论探讨从一般管理实践活动、管理科学中抽取出来的共同本质和一般规律，以及管理与自然和社会的本质关系等。

统观历史，管理理论的发展大致经历了"管理经验——管理科学——管理哲学"这样的动态交叉过程。管理经验阶段主要体现在人们在长期活动中，把一些成功的经验总结出来，直到上升为可以遵循的一般规律，形成习以为常的特定模式代代相传。管理科学阶段体现在随着社会的不断发展，分工越来越细，组织显得越来越重要，要求有更多的管理人员和更有效的管理，从而产生了专业化的管理领域。20世纪以来，科学技术突飞猛进，社会也日益成为组织化的社会。在这样的社会里，不断扩大和复杂化的组织行动时刻影响着我们的生活。人们愈来愈感到，今日的管理科学不能仅仅局限于论述一般的管理专业知识和传统管理技术，还必须从哲学的高度和深度探讨管理中的深层问题，用哲学的思维和方法对管理理论和管理实践进行反思。所以，自20世纪40年代，在管理科学日臻完善的基础上，逐渐产生了管理哲学。由此可见，管理哲学的形成是时代发展的要求，是管理科学发展到一定阶段的必然产物。新时期社会发展更为复杂多变，宏观上不只是商业组织的发展，整个社会自然都要协调发展，只有进行管理哲学的研究，管理科学才能不断完善发展。

（二）管理哲学的哲学——人类信仰的回归

管理作为人类的一项基本活动，不能缺少广义的信仰层面的内容，否则，人类自身将失去灵魂之所在。

一直善良下去，就会离幸福很近，你所给予的都会回到你身边。不论你伤害过谁，就长远来看，那都是伤害自己，或许现在并没有觉知，但它一定会返回。凡你对别人所做的，就是对自己所做的，这是历史的教诲。不管你对别人做了什么，那个真正接收的人，并不是别人，而是你自己；同理，当你给予他人，当你为别人付出，那个真正获利的也不是别人，而是你自己。你给别人的，其实是给自己的。古人说得好："施人与善，广种福田；施人与恶，报应连连。"都是自己种下的，当然也是自己收获的。你所给予的，都会回到你身上。如果你对人冷淡，别人也会回以冷淡；如果你经常批评别人，你也会接收许多批评；如果你总是摆一张臭脸，没错，别人也不会给你好脸色。所有你给予的，都会回到你的身上。我们需要做的是：感恩给你机会的人，感恩给你智慧的人，感恩一路上陪伴你的人。一直善良下去，就会离幸福更近。

管理中信仰的回归，离不开从东西方的宗教信仰中汲取有益的营养。

1. 中国古代的信仰

（1）上层信仰

远古时代，中国古人的信仰从对天地的认知开始。中国古人中能够感悟天地信息的圣人们发现有一种力量决定着天地的运转，也决定着万物和人间的一切。老子之前的圣人们认为这种力量的化身是一位有形的上帝，他居住在天的中央。对上帝的信仰就构成了中国原始信仰体系的核心。老子将这种力量命名为"大道"，从此，关于大道的哲学思想就成为高层统治集团及他们身边的高级助手和谋士们的核心思想。同时，对大道化身的上帝的信仰一直作为一种最高统治集团的特权在国家权力的核心阶层中传承，如今依然可见的北京天安门前的华表，以及天坛、地坛、日坛、月坛就是这种信仰体系的物质遗迹。

这是中国古代国家政权层面的信仰。

（2）民间信仰

以国家政权信仰体系为基础，儒生群体创立了民间的信仰体系。

"天地君亲师"，天就像一位严父，地就像一位慈母。"民为贵，社稷次之，君为轻。"对长辈要孝顺，对同辈要友好，对朋友要宽容，对晚辈要慈爱，夫妻之间要以礼相待。师道尊严，天下状元秀才，就连皇帝、总统也是老师教育过的。民谚曰："举头三尺有神明。"

"三纲五常五伦八德"的伦理信仰。"三纲五常"出自西汉董仲舒的《春秋繁露》一书，最早源于孔子。名教（名分与教化）观念是儒家政治思想的重要组成，即通过上定名分来教化天下，以维护社会的伦理纲常、政治制度。

"三纲五常"："三纲"即"君臣义""父子亲""夫妇顺"；"五常"是指"仁、义、礼、智、信"，是用以调整、规范君臣、父子、兄弟、夫妇、朋友等人伦关系的行为准则。"五常"又称"五典"，即五种行为规则。唐孔颖达疏云："五常即五典，谓父义、母慈、兄友、弟恭、子孝。""五常"也指五行所代表的五类事物，即木、火、土、金、水的正常运行。

"五伦八德"："五伦"即社会的五种人际关系，即君臣、父子、夫妇、兄弟、朋友；"八德"即"孝悌忠信礼义廉耻"。

（3）道教信仰

道教是在国家信仰体系的基础上，在"罢黜百家，独尊儒术"的大背景下，以老子的"道"哲学为核心教义，在民间形成的中国本土宗教。道教以道为信仰体系的核心，以《道德经》为主要经典，并从对道的探索中形成了悟道的法术系统。悟道之后的境界就是形神俱妙、与道合一，达到这种境界就是成仙。道教构建了庞大的神仙体系，以此给悟道之人指明修行的方向。

道教信仰与儒家信仰在民间并行发展，在唐代和明代等朝代，道教也曾上升为国教，成为国家信仰体系的一部分。道教传承了诸子百家当中的道家思想，融合了在儒家独大之后遭到罢黜的百家思想当中的一部分思想，如阴阳学、堪舆学、巫医学、部分的易学（另一部分在儒家中也有传承）等，让这些思想以道教为载体得到了继承和发展。道教是中国原始信仰体系区别于在国家层面传承的另一条传承路径。

2. 佛教信仰

佛教中的佛也指向宇宙那个终极力量——大道。佛教的基本教义主要是"三法印""四圣谛""八正道"等，被称为释迦牟尼的根本教法。

"三法印"：诸行无常、诸法无我、涅槃寂静等三项根本佛法。

"四圣谛"：苦、集、灭、道。苦谛，即现世人生充满痛苦。集谛，即痛苦产生的原因，苦恼源于人本能的欲望（财、色、名、食、睡五欲）。灭谛，即苦熄灭的果，苦恼的根源——"五欲"是可以完全消除的，因此，每个人都可以得到解脱而成佛。道谛，即灭苦的方法，相信有一条可以使人解脱的途径。

"八正道"又叫八圣道，包括正见、正思、正语、正业、正命、正精进、正念、正定，即按照佛教的教义来观察、思考、说话、行动和生活。

"五戒"：不杀生，不偷盗，不邪淫，不妄语，不饮酒。

"十善"：不杀生，不偷窃，不邪淫，不妄语，不两舌，不恶语，不绮语，不贪婪，不恼怒，不背离佛法。

3. 西方的宗教信仰

（1）古犹太教

古犹太教是基督教和伊斯兰教共同的源头，"摩西十诫"是古犹太教的核心信条。"十诫"传说是上帝在西奈山的山顶亲自传达给摩西的，是上帝对以色列人的告诫。上帝本人将这些话刻在石碑上，送给摩西。但是，后来摩西看到族人根本不听从这些戒条，一怒之下就将石碑毁了。上帝又命令摩西再制作新的石碑，完成后，放在约柜（Ark of the Covenant）里。"摩西十诫"作为《圣经》中的基本行为准则流传下来，影响深远。它是以色列人一切立法的基础，也是西方文明核心的道德观。

"摩西十诫"在《圣经》出现了两次，一次是在《出埃及记》（Exodus），另一次是在《申命记》（Deuteronomy）。两次语句有差异，但基本内容是一致的。第一条："我是耶和华——你的上帝，曾将你从埃及地为奴之家领出来，除了我之外，你不可有别的神。"第二条："不可为自己雕刻偶像，也不可做什么形象仿佛上天、下地、地底下、水中的百物。不可跪拜那些像，也不可事奉它，因为我耶和华——你的上帝是忌邪的上帝。恨我的，我必追讨他的罪，自父及子，直到三四代；爱我、守我戒命的，我必向他们发慈爱，直到千代。"第三条："不可妄称耶和华——你上帝的名；因为妄称耶和华名的，耶和华必不以他为无罪。"第四条："当记念安息日，守为圣日。六日要劳碌做你的工，但第七日是向耶和华——你上帝当守的安息日。这一日你和你的儿女、仆婢、牲畜，并你城里寄居的客旅，无论何工都不可做；因为六日之内，耶和华造天、地、海和其中的万物，第七日便安息，所以耶和华赐福与安息日，定为圣日。"第五条："当孝敬父母，使你的日子在耶和华——你上帝所赐你的土地上得以长久。"第六条："不可杀人。"第七条："不可奸淫。"第八条："不可偷盗。"第九条："不可做假见证陷害人。"第十条："不可贪恋他人的房屋；也不可贪恋他人的妻子、仆婢、牛驴，并他一切所有的。"

（2）基督教

基督教是在古犹太教基础上由耶稣以上帝的儿子的身份创立的，由耶稣和他的门徒们在西方世界进行了广泛传播。古犹太教和基督教所信奉的上帝，与中国古人所信仰的上帝，其背后代表的力量都指向那个宇宙的终极力量，就是老子所命名的"大道"。

"十诫"：除了我（上帝）以外你不可有别的神；不可为自己雕刻和敬拜偶像；不可妄称耶和华你上帝的名；当守安息日为圣日；当孝敬父母；不可杀人；不可奸淫；不可偷盗；不可做假证陷害人；不可贪恋别人的妻子和财物。

"三位一体"：这是基督教的基本信条之一。相信上帝唯一，但有三个"位格"，即圣父——天地万物的创造者和主宰；圣子——耶稣基督，上帝之子，受上帝之遣，通过童贞女玛利亚降生为人，道成肉身，并"受死""复活""升天"，为全人类做了救赎，必将再来审判世人；圣灵——上帝圣灵。三者是一个本体，却有三个不同的位格。

"信原罪"：这是基督教伦理道德观的基础，认为人类的祖先亚当和夏娃因偷食禁果犯的罪传给了后代子孙，成为人类一切罪恶的根源。人生来就有这种原罪，此外，还有违背上帝意志而犯种种"本罪"。人不能自我拯救，而要靠耶稣基督的救赎。因而，原罪说逐渐发展为西方的"罪感文化"，对欧美人的心理及价值观念影响深远。

"信救赎"：人类因有原罪和本罪而无法自救，要靠上帝派遣其独生子耶稣基督降世为人做牺牲，成为"赎价"，做了人类偿还上帝的债项，从而拯救全人类。

"因信称义"：人类凭信仰就可得救赎，而且这是在上帝面前成为义人的必要条件。

"信天国和永生"：人的生命是有限的，但人的灵魂会因信仰而重生，并可得上帝的拯救而获永生，在上帝的国——天国里得永福。

"信地狱和永罚"：人若不信或不思悔改，就会受到上帝的永罚，要在地狱里受煎熬。

"信末世"：相信在世界末日之时，人类包括死去的人都将在上帝面前接受最后的审判，无罪的人将进入天堂，而有罪者将下地狱。

（3）伊斯兰教

伊斯兰教的核心信仰也是源自古犹太教，阿拉伯人和犹太人的祖先是同一个人，犹太人称之为亚伯拉罕，阿拉伯人称之为易卜拉欣。伊斯兰教所信奉的真主所指向的力量与古犹太教和基督教信奉的上帝所指向的力量具有高度同一性，都指向那个宇宙终极力量即"大道"。

"信奉安拉是唯一的主宰"：伊斯兰教信仰安拉是宇宙万物的创造者、恩养者和唯一的主宰，是全能的、全知的、普慈特慈、无形无象、无所在又无所不在、不生育也不被生、无始无终、永生自存、独一无二的。

"信穆罕默德是安拉的使者"：《古兰经》教导穆斯林不仅要服从安拉，而且要服从安拉的使者穆罕默德。

"信天使"：天使是安拉所造，负有使命，各司其职。人的一言一行，一举一动，一切功过、善恶、祸福都有天使严密监察，记录在案。

"信《古兰经》"：《古兰经》是安拉启示给穆罕默德的经典。

"信世间一切事物均由安拉前定"：伊斯兰教认为安拉创造一切、主宰一切，一切自然现象和社会现象都是安拉预先安排好的，但人负有理性自由选择的责任。

"信'死后复活''末日审判'"：信人要经历今生和后世，认为将来有一天，世界上一切生命都会消亡，进行总的清算，即世界末日的来临。那时，所有曾在世界上生活过的人都将复活，接受安拉的裁判，行善者进天堂，作恶者下火狱。认为今世是暂时的，后世是永恒的，要人们两世兼顾。

"信主独一"：万物非主，唯有真主，穆罕默德是真主的使者。除以最优的方式外，你们不要与信奉天经的人辩论，他们中不义的人除外。

"信戒律"：禁止你们吃自死物、血液、猪肉，以及诵非真主之名而宰杀的、勒死的、捶死的、跌死的、抵死的、野兽吃剩的动物，但宰后才死的，仍然可吃；禁止你们吃在神石上宰杀的；禁止你们求签，那是罪恶。你们不要娶以物配主的妇女，直到她们信道。女人当看守好自己的羞体，不得故意显露或卖弄身体。你们不要违背真主的禁令而杀人，除非因为正义。你们不要借诈术而侵蚀别人的财产，唯借双方同意的交易而获得的除外。你们不要自杀，真主确是怜恤你们的。不要接近麻醉品。

4. 综论

如何才是认识宗教的正确方法？

这几乎是哲学家、科学家、宗教学家和许多信徒及非信徒都必须作出回答的问题。因为正确的回答会打开生命的天窗，而错误的回答会关闭生命的天窗。若是漠视这一问题，就如同既关上生命的天窗，又垒起一堵阻碍走向智慧的高墙。关键的是，对这一认知的危害，自己极可能一直处在盲区无感的状态。

因此，无论你是什么样的职业，无论你身处什么样的国度，无论你当前的境遇如何，认识宗教的前世、今生以及未来的方向，都具有难以想象的、极其重要的意义。

【宗教的前世】

在宗教出现之前，面对强大的自然和隐藏在自然背后的力量，人类既感觉到了自己的渺小，又感觉到了改变命运的无奈。那时的人们，试图通过原始崇拜和祭祀等方式来沟通人类与未知世界之间的关系，以图增强自身，把控命运，掌握改变命运的能力。对此，掌握了越来越多科学知识与技术的后人，也没有资格去嘲笑这些先辈。一方面是因为理解历史必须使用历史的逻辑；另一方面，直到今日，人类所掌握的科学，也还不足以主导或者主宰自己的命运。

【宗教的诞生】

在原始崇拜和一些原始祭祀方式的基础上，人类出现了一批先知式的人物。他们超越了众多陷入苦难中挣扎或者屈服的人所使用的世俗模式，开启了自己人生的灵性模式和修行模式，并成功地接通了天地人的关系，架通了人类可怜的已知和巨大而神秘的未知之间的关系，并为人类架起了一座座走出低级认知、走向高端智慧的桥梁。由此可见，宗教之诞生，也意味着人类中至善、上善之精英的苏醒，也确立了人类认知向着自我约束、自我突破的前进方向发展。也正是这样的方向确立，为人类科学的诞生与发展奠定了基础。由此可见，所有的宗教都源自人类最原始的理性：有限认知所决定的有限能力，必须与无限的未知建立起关系。这就是中国文化所说的"天地人""有与无"的关系。我们应该真诚地感谢这些先知，正是他们所做的灵性探索与指引，让人类拥有了获得高于已有认知的天道智慧的可能。

【宗教的异化】

看起来，宗教起源于一种神秘而原始的追求，实际上，也是人类至今没有改变的一个追求的方向。因为弱小的人类在自然和大道规律面前，唯一正确的理性就是：去主动寻求沟通，而不是等待，更不是对抗。

毫无疑问，宗教的诞生，源自放弃了个人全部利益、为人类命运探索出路的圣徒般的先知们，这是无可辩驳的历史事实。尽管这一过程也伴随着一些装神弄鬼的人，但这类人无法成为真正的人类文明的主流，也无法消减先知们那圣洁的光辉。

令人遗憾的是，随着岁月的消磨，随着人类科技的日益强大，自我膨胀的人和装神弄鬼的人，渐渐地跳了出来。于是，当今的人们已鲜能看到真正宗教的圣洁光辉。对此，一些人表达了自己的不屑甚至厌恶，另一些人也被卷入这样一场污浊的洪流中。一些人假借着人类科学知识的强大，加上在世俗中所获得的相对优势的强化，将"自私自利，唯我独尊，顺我者昌，逆我者亡"这样一些兽性的法则搬上人类的舞台。这就是宗教的异化，是对人类先知圣洁精神的诋毁和背叛。

【宗教的来生】

也许，人类文明的历史进化，就是残酷地用人类的愚昧献祭文明的历程。也正是基于对这一历史文明发展规律的认知，我们也坚信，不管狂妄让人类远离大道有多远，这种狂妄的力量依然是弱小的。我们也坚信，也许愚昧之人会用生命或者头破血流的方式来推动人类理性的回归。因为我们相信，蚍蜉焉能撼树？我们更加坚信，东西方各种宗教信仰和具备灵魂的科学，最终一定会回归宇宙和人间的终极力量，也就是中国的先圣老子所命名的那个宇宙中决定一切的终极力量——大道。这是人类文明历史的趋势，也是我们坚定不移的信仰。

【管理也在大道】

人类的管理思想与活动，是人类集合散乱的个体成为集体力量的学问，也是借此来避免人类生命能量的无序肆虐，以及化解和转化人类生命能量的积极努力，更是人类智者试图摆脱个体弱小的一种智慧的探索。

对于管理所进行的这样一项伟大的工程来说，方向在哪里？可借用的能量在哪里？不可逾越的规律法则在哪里？终极的归宿在哪里？

中国的至圣贤者，在几千年前就完成了这样的思想方向和规律原理逻辑的构建。老子发现了一切现象和神秘背后的秘密，就是"大道"。这是人类理解一切事物的总法门，也是集中于人的精神的宗教和探索客观规律的科学所共同尊崇的总法则。

让我们重新回归圣贤和先知们为人类开创的原始理性轨道，放下有限科学理性、红尘世俗优势和低维参照系下生出来的自我傲慢，重新回到对"大道"的信仰轨道上来。打破实力、权力、狭隘利益、自我认知的膨胀所带给我们的精神桎梏，把信仰的根基牢牢地扎根在大道之中，遵守大道的法则，遵循大道在管理上展现的客观规律，开创管理之道的新文明，这是打破管理异化困局所必需的哲学思想基础和勇气与决心。

三、冲破异化的典范——毛主席的"龙性"

毛泽东是中华民族千年一出的伟人，他运用中华优秀传统文化的核心智慧——"道"哲学，把马克思主义的基本原理与中国革命在各个时期的实际情况相结合。毛泽东思想的核心是实事求是，是在对实际情况的调查研究基础上作出的对客观规律的正确认知——让革命者、管理者的主观合于客观。这是做好革命和管理工作的核心要素。毛泽东思想的服务对象是广大人民群众，是为人民服务的，是以人民的解放、自由、民主、富强为发展动力的。毛泽东思想为中国共产党思想体系的发展奠定了基础，并使党的理论能够持续以螺旋式进化的方式不断发展。在实事求是的基础上，毛泽东思想根据客观环境的变化不断升级，持续对中国的革命和国家管理起到正确、有效的指导作用。

可以说，毛泽东思想产生、演进及实践的过程就是冲破异化的典型案例。

（一）毛泽东思想产生的背景

1. 时代背景

毛主席的青年时期，中国处于半殖民地半封建社会。中华民族一直面临着帝国主义国家的蚕食和侵略，中华民族的优秀儿女无不在寻找救国救民的道路。随着资本主义世界科技、文化、教育的快速发展，从国外留学回来的一批知识分子成为那个时代最早觉悟的一批人。他们把国外先进的科学与民主的思想带到了古老的中华大地，马克思主义也在这样的环境下进入中国。但是，这些最先觉悟的知识分子除了陈独秀、李大钊等早期的革命者之外，其他人大部分处于清谈学术的状态，没有与中国的具体实践相结合，即便是早期的革命者也只想把苏联的模式照搬到中国。

2. 个人背景

（1）龙的精神

中国人是龙的传人。龙的精神的核心是自强不息、对真理的不懈追求，以及把真理应用于实践的实干精神。龙最早源自中国古人对天象的解读。中国古人给天划分了区域，中央是上帝居住的区域，东西南北四个方向各有一种神兽代表。每个神兽由七个星宿组成，每一个星宿是月亮在一个月中每天居住的场所，这就是四象二十八星宿体系。在这个体系中，东方的七宿组成了龙星。龙星是中国古人最早发现并记录的星象，中国古人发现龙星周而复始的运动规律恰好与农业生产周期相符合，加上与北斗星的运转规律和立表测影的规律相互参照，形成了最早的历法体系。在那个时代，谁能掌握历法，谁能给民众准确的农时，民众就公认他为最高统治者。

中国古人通过对龙星长达数千年的持续观察，对天象规律进行总结，形成了对天地规律认知的思想体系，并逐步认识到天地规律的背后还有一种终极力量——老子所称的大道。将这些认知应用到国家和社会的管理上，形成了中国最早的哲学思想、人文制度和科学理论。这些认知创造了灿烂的中华文明，并传承至今，成为世界历史上唯一没有中断过的古代文明。

（2）龙的精神的传承者

毛主席是龙的精神的卓越传承者，龙的精神始终是毛泽东思想的精神内核。它赋予了毛主席对真理不懈追求的动力，以及把真理应用于实践的能力。

毛主席对龙的精神的传承，首先体现在他对中华核心哲学的传承上。对《易经》《道德经》《六祖坛经》等中华优秀传统文化中的哲学经典，毛主席早在青年时代就已有了深刻的领悟。在此基础上，毛主席构建了以"道"哲学为核心的基础认知程序。以这个基础认知程序为主要手段，毛主席吸收了马克思主义的核心原理，并很快发现了马克思主义与中华"道"哲学在核心世界观和方法论上的同源性。由此，毛主席把马克思主义与中华哲学思想建立了紧密的连接，这是马克思主义中国化的基础，也是毛泽东思想的哲学基础。

毛主席对龙的精神的传承，还体现在他的务实性思想和实践能力。他出身于农民家庭，做过工人，从事过商业，当过兵，与三教九流都有接触。他了解当时中国社会的百态，熟悉各种社会环境，能够迅速地与各个阶层打成一片。他是杨昌济的高徒，杨昌济则是谭嗣同的两位高徒之一。毛主席的学识不低于那个时代的文化精英，身上还具有谭嗣同为革命献身的精神，以及从曾国藩、左宗棠时代传承下来的近代湖南人的爱国和救国精神。

（3）毛主席的"龙性"

龙的精神体现在人性中就是龙性。龙的精神是自强不息、对真理的不懈追求和实践，真理就是人对宇宙终极决定力量"大道"的正确认知所形成的理论，龙性本质上就是对人性本体道性的回归，是人性的真性。毛主席就是具备龙性的人。

他是农民，有农民的质朴，却没有农民的狭隘。相反，却有了非同常人的豁达，以至于心中能装下世界。

他是个穷小子，无法讲究什么奢华，却没有穷人的卑微。相反，心中却富可敌国。

他年纪轻轻，拥有无限的青春活力，却没有幼稚放荡。相反，却有吞天之志。

他曾经参军，拥有无穷的战斗精神，却很少手中握枪。相反，却缔造了一支世界上独一无二的军队。

他也上学读书，他也接触留学精英，他也接触大学教授，他博览群书，才气滔天。然而，他却没有成为带着酸腐气的文人。相反，他用思想改变了无数人。

他原本善良，总想以善良的方式去解决问题。但在遇到血腥之后，他没有被吓倒、吓退。相反，却总结出"枪杆子里面出政权"。

他曾经带着队伍被围困在山上，缺衣少食，很多人丧失了信心，也看不见希望。他身处其中，却写出了名篇《星星之火，可以燎原》。

他带的队伍实力非常落后和弱小，强大的敌人总想将他包围并歼灭。不少人在这种困境中失去信心，甚至做了逃兵。然而，他却总能以小胜大，以弱胜强，总能化危为机。

他没有上过军校，却熟谙兵法，以至于那些正规军校的学生相形见绌，感到无比汗颜，甚至国外的军事将领都把他当成军神来崇拜。

他创建了一支军队，却没有当时其他军队常见的恶习，也让出身旧军队的高级将领衷心服膺"党指挥枪"的原则。他开创了世界军队建设的先例和独有的模式。

他的军队与人民的关系如鱼和水一般，从而使他获得了民众无穷的力量。他的军队官兵一致。他的军队，士兵参与管理。

他的军事思想和方法，堪称大师级的艺术。即使是一群投降起义的士兵到他手里，也会被他变成虎狼之师。

他不仅仅是军事天才，还是政治高手，善于确定正确的路线，让他自己的精神和灵魂始终站在高处进行俯视。他的魅力吸引了无数有志的人，甚至动摇了敌人的阵营。

他与他的同志们进行了思想上的无数次交锋，让那些错误的思想纷纷败下阵去，让正确的思想成为主流。他将世界文明与中华文明、马列主义和中国国情以及各个阶段的主要矛盾有机地结合在一起，形成了战无不胜的毛泽东思想。

在探索真理的路上，他是一名勇士，也是一名圣者。他在与错误思想斗争时没有任何犹豫和退缩。但他斗的是真理，而不是人。只要回归到真理的大道上，犯过错误的人，他都会去团结并给予机会。他的勇于斗争和善于团结是一般人学不会的法宝。

他心胸宽大，能够容下过去的仇敌。因为他心中早已超越了恩怨情仇，让他的对手们望尘莫及。

他还是建国的高手。虽然他在军事上取得了胜利，但他的对手一直等着看他建国时的笑话。可是，他不仅打烂了一个旧世界，而且还有能力建设一个新世界。

他的智慧远不限于自己的国家，他的智慧让他能够做世界格局的布局，一方面无偿地帮助那些贫困的兄弟，另一方面毫不犹豫地打击那些不可一世的对手。

他过着圣者般简朴的生活，从不为自己谋私利。

他活了83岁，但他活在很多人的心中，他的生命早已超越肉体，变成历史的永恒。

他是世界级的导师，连他的敌人都要认真研究他的著作，真正懂他的人都无法自制地崇拜他。

他是人，但他是充满神性的人！

（二）毛泽东思想的演进

1. 初始阶段

这一阶段从毛主席在湖南第一师范上学到大革命失败。这个时期是毛主席从一个具备中华"道"哲学思想的知识分子向一个中国化的马克思主义者转化的时期。毛主席在湖南第一师范上学时就已经开始接触马克思主义的相关思想，到五四时期，大量地吸收马克思主义的营养，丰富自己的思想世界，开始了理论体系的构建。从中国共产党成立到大革命失败，毛主席潜心于中国农村现状和农民运动的研究，以及对中国各阶级的分析，写出了《湖南农民运动考察报告》和《中国社会各阶级的分析》两篇重要文章，奠定了毛主席对中国革命正确道路认知的理论基础。

2. 发展阶段

这一阶段从第二次国内革命战争到抗日战争爆发。这一阶段涵盖了土地革命、红军长征、"西安事变"、抗战爆发等重大历史事件。在这一阶段，毛主席的思想基于其哲学基础的丰厚性和实践基础的牢固性，对中国革命从低潮、发展、挫折到重生的过程起到了至关重要的作用，若干次在关键时刻力挽狂澜。全党认识到了毛泽东思想的正确性和实践有效性，逐步确立了毛泽东思想作为中国共产党的核心指导思想的地位。

这一阶段毛主席提出了"星星之火，可以燎原"的思想，回答了中国的红色政权为什么能够存在、中国革命战争的战略问题等重大革命命题。通过把中华"道"哲学的对立统一的哲学思想与马克思主义的辩证唯物主义的思想进行系统性的结合，他写出了《矛盾论》；通过把理论与实践的关系进行系统性连接，他写出了《实践论》。这两个重要的理论奠定了毛泽东思想的哲学理论基础，为广大党员在工作中正确地分析问题，认识问题的主要矛盾，把握主要矛盾的主要方面，并以此为基础找到问题的解决方案，提供了重要的哲学方法论工具。同时，为理论与实践之间的转化提供了有效的思想指导。

3. 成熟阶段

这一阶段从抗日战争开始到党的七大确立毛泽东思想为党的指导思想。在这一时期，毛主席首先以矛盾论的思想为依托，发现了中国革命的敌人从封建主义和帝国主义群体，转移到日本帝国主义，中国社会的主要矛盾也从广大农民与封建土地制度、与帝国主义的剥削之间的矛盾转化为中华民族的自由、独立与日本帝国主义的全面侵略之间的矛盾。以此为基础，他改变了中国革命的策略，提出了团结包括地主阶级、民族资产阶级、亲英美等西方国家的买办资产阶级在内的一切抗日的力量，组成最广泛的民族统一战线的主张，提出了抗日救国的十大纲领。

毛主席运用实事求是的思想和辩证唯物主义的分析方法，从本质上剖析了中日之间力量对比的变量因素，帮助国人认清了日本强、我方弱，不可能迅速战胜日本的客观事实，驳斥了"速胜论"的观点；也驳斥了片面地、孤立地、静止地看待我方弱点，无限放大日方优势的"亡国论"的论调；充分地论证了中国必将战胜日本的道理；准确地划分了抗日战争的三个阶段；具体地提出了从政治、经济、军事、国际关系等方面提升我方力量的方法与途径，为抗日战争的胜利绘制出了一幅完整的思想蓝图。这一思想蓝图以一篇《论持久战》公开发表，不怕被我们的对手日本帝国主义看到。这就是毛主席的思想自信，因为他的思想是建立在对当时客观规律的认知基础上的，运用了中华"道"哲学与马克思主义哲学相结合的分析方法，形成了这一被称为"天下第一阳谋"的战略思想。抗日战争的发展进程与毛主席的预测高度一致，使我们的对手都十分佩服。有一些坚定的日本军国主义分子看了毛主席的《论持久战》，思想发生了彻底转变，认清了日本不可能战胜中国的事实，成为忠实的反战人士。

在这一阶段，毛主席不仅为解决当时的抗日战争问题绘制了战略思想蓝图，而且已经思考了抗战胜利以后中国革命方向的问题，提出了抗战以后的革命只能是新民主主义革命的观点，并为此专门进行了论证，形成了《新民主主义论》。《新民主主义论》分析了当时中国的社会状况，明确了在解决了民族灭亡危机之后，中国革命的任务是针对中国社会的客观事实，即半殖民地半封建社会，进行反帝反封建的革命，革命的性质是资产阶级的民主革命。但是，由于中国资产阶级本身的弱小和革命的不坚定性的客观事实，这场资产阶级的民主革命只能由无产阶级领导，以工农联盟为基础，进行新民主主义革命，占当时中国人口80%的贫雇农将是革命的主要力量。《新民主主义论》为抗战以后的中国革命指明了方向，制定了革命的战略，并对具体实施方案作出了指导，奠定了中国革命胜利的思想理论基础。

毛主席以他超越古今的哲学思想能力、扎实的实践功底、炉火纯青的分析问题和解决问题的思维能力、鞭辟入里的解析方法，为中国革命的关键问题找到了答案。他每每在关键时刻挽救党的命运、国家的命运、军队的命运，成为全党、全国绝大多数人民公认的领袖。在这样的大背景下，毛泽东思想在党的七大上被写入党章，正式成为党的指导思想，标志着毛泽东思想走向成熟。

（三）毛泽东思想的实践

毛主席不仅仅是思想的提出者，更是思想的实践者。毛主席在对中华"道"哲学的传承和对马克思主义核心思想的吸纳的共同作用下，形成了他思想的基础理性能力。毛主席在实践中运用他的基础理性能力，把实践中的问题进行梳理和抽象，形成了对实践的哲学层面的认知，并以此为基础形成了理论。在进一步的实践中对这些理论进行验证，并继续对实践进行梳理和抽象，形成对原有理论的修正和提升，并根据实践中新的问题，提出新的理论。毛主席就是这样在革命的实践中，运用抽象和具象的哲学方法，不断地提出具有指导性的理论，并亲自领导中国共产党人进行实践，又对实践进行抽象总结，持续地提升和丰富党的理论体系，使党的思想始终与客观规律保持一致。这是中国共产党在毛主席的领导下，其管理思想没有在实践中出现异化的根本原因。

【毛泽东思想在实践中的典型案例】

1. 土地革命时期的思想实践

毛主席通过对湖南农民运动的考察，了解到了农民对土地的需求和对封建土地制度的仇恨。北伐军叶挺独立团在北伐过程中，在各地农民武装的配合下以区区二千多人取得攻无不克、战无不胜的战绩，他发现了农民中蕴藏的巨大能量。由此，尽管在秋收起义和南昌起义都遭受了失败、革命处于低潮时，他却惊人地提出了"星星之火，可以燎原"的论断。他通过打土豪分田地，让广大贫雇农得到了土地，得到土地的农民为了保卫胜利果实积极地参加红军。他通过"三湾改编"和"古田会议"建立了新型人民军队，让红军的战斗力有了质的飞跃，成为保卫和扩大根据地的坚强力量。在短短的几年中，红色根据地迅速扩大，全国红军也由最初的几千人发展到几十万人。井冈山的星星之火真成了燎原之势。

2. 抗日战争中的思想实践

毛主席准确地把握了中国社会的主要矛盾在抗日战争中的变化，它已经由过去的阶级矛盾上升为民族矛盾，因此，要团结一切可以团结的力量，建立最广泛的民族统一战线，并强调中国共产党要保持在统一战线中的独立自主和领导地位，这才能构建并持续增强战胜日本帝国主义的正义性的力量。基于这一指导思想，党在抗日根据地果断地停止了"打土豪、分田地"的运动，提倡"地主减租减息，农民交租交息"，以此缓解地主阶级与农民阶级的矛盾，同时促进了根据地的经济发展，并提出了"三三制"的根据地政府组织原则，给予地主阶级一定的政治地位。这些措施缓解了农民的经济压力，团结了地主阶级等其他阶级的抗战力量。我党很多游击区的堡垒户都是当地的地主，他们出钱、出粮、出人帮助我党的游击队打击日本侵略者和汉奸，有力地支援了抗日。

3. 解放战争中的思想实践

抗战胜利后，民族矛盾已经解决，阶级矛盾又成为主要矛盾。根据《新民主主义论》，中国革命在这一时期进行的是新民主主义革命，革命的对象是帝国主义和封建主义。帝国主义在中国的代表就是买办资产阶级，他们也是国民党政府的经济支柱和维护的对象。所以，必须推翻国民党政府才能彻底地解决帝国主义在中国进行掠夺的问题。封建主义主要指向封建和半封建的土地制度，占当时全国人口80%的贫雇农是封建和半封建土地制度的最大受害者，他们同时也是中国革命的主要力量。

基于这一客观事实，在毛主席的领导下，1947年中共中央颁布了《中国土地法大纲》，主要内容：彻底废除封建性及半封建性剥削的土地制度；实行耕者有其田的土地制度；保护民族工商业的发展。土地改革废除了封建和半封建的土地制度，彻底地动摇了国民党政府的统治基础；农民分到了土地，在党的领导下组织了人民武装，建立了人民政权，农民的革命热情被激发出来，促进了社会生产力的发展；为了保护自己的革命果实，翻身的农民积极地参加人民解放军并组织支前运动。党实现了农民的利益诉求，把自己与广大农民的利益绑定在一起。同时，团结城市民族资产阶级等一切可以团结的力量，代表这些人利益的民主党派倒向了共产党，把国民党彻底地孤立了。因此，《中国土地法大纲》为中国革命的快速胜利奠定了坚实的经济和政治基础。

4. 国民经济建设时期的思想实践

在国民经济建设时期，毛泽东思想在企业管理中的重要实践就是著名的"鞍钢宪法"。"鞍钢宪法"是 20 世纪 60 年代由鞍山钢铁公司在实践中应用实事求是的思想总结出来的一套企业管理制度。"鞍钢宪法"的主要内容就是"两参一改三结合"：干部参加劳动，工人参加管理，改革不合理的规章制度，工人群众、领导干部和技术员三结合。这套管理制度被毛主席命名为"鞍钢宪法"，其核心就是民主管理，主要形式是建立党委领导下的职工代表大会制度；这一制度成为扩大企业民主，吸引工人参加管理、监督管理，克服官僚主义，并以此来提升企业管理水平的重要手段。"鞍钢宪法"符合当时企业管理的客观规律。基于"鞍钢宪法"的思想，1961 年制定了"工业七十条"，正式向全国工业企业推广。这在当时对我国企业管理水平的提升，进而促进经济的恢复与发展起到了重要作用。

（四）综论

毛主席基于"道"哲学与马克思主义哲学共同构建起来的理性哲学思想，在中国革命的实践中不断地通过抽象与具象的哲学方法建立的毛泽东思想的理论体系，有效地指导了中国革命和国家管理。毛泽东思想构建在对客观规律的认知基础上，传承了中华"道"哲学的主观与客观相合的哲学思想，并将其与马克思主义哲学的核心思想进行贯通，形成了一切合于客观的"实事求是"的核心哲学。以此为指导，毛泽东思想以及其后的中国共产党的理论体系持续保持着与客观规律相合的能力，党的理论始终保持螺旋进化的状态。毛泽东思想服务于广大人民群众，打破了历来的管理思想为操作者服务的格局。毛泽东思想是以人民群众的利益为管理的目的，颠覆了把人作为工具的管理思想和理论。基于这些原因，毛主席的管理思想彻底走出了管理的异化困局，建立了合"道"的管理思想的思维范式。道本管理继承了这一思维范式，坚持以"道"为本，坚持为所有人的利益服务，这是打破管理异化困局的最佳途径。

本章撰写者：乐国林、王毅久、曾昊

第一轮校稿人：马晓宇、滕海丽、布玉兰

第二轮校稿人：程江、王雅楠

第三章　管理的反思与发展

人类向着真理的接近，每一次都是来自彻底的自我超越。

管理思想持续的蓬勃而出，并不是真理的繁荣，而恰恰只是人类有限认知的彷徨。

科学是探索真理的学问，而真理就隐藏在万千变化的现象背后，我们把它叫作本质。

而透过现象看本质是一种科学中的哲学智慧，或者说是一种哲学能力。

穿透现象直达本质的能力，需要人对现有的知识与方法进行一次次的反思，来完成自我思维对现实知识体系、认知体系和经验体系的超越。

反思就是从现实回到历史去寻找一切认知和行动的初心。

作为人文与科学交叉的管理科学，自然需要沿着人文与科学的双轨，在历史中寻找人类认知与客观真理之间一次次的交错，从而发现我们主观认知与真理的擦肩而过，从而发现真理自身的自在的运行轨迹。

没有反思就没有自我认知的突破。没有反思就没有主观认知向着真理的接近。若是没有彻底的反思能力，人类就会与真理渐行渐远。但真理就在那里，无论人的主观挣扎到何处，都会在未来又一次与真理相遇。只要你静心去体悟人类的历史，就有可能发现人类与真理的这份不舍与不弃。

只是每一次人类的远行和回归，自身都要付出代价。

第一节　管理思想溯源

观乎天文，以察时变；观乎人文，以化成天下。

——《易经·贲·象传》

从宇宙外太空向银河系远远望去，会发现一颗闪闪发亮且充满灵性的星球。由远及近，在眺望者的视野中，它变得越来越清晰——它是一颗蔚蓝色的星球。在这个星球上，有大约70%的海洋和30%的陆地，各种各样的生物在这里繁衍生息。这颗星球，就是地球。

最初的地球如宇宙中其他所知的星球一样，并无生命存在。在漫长的演化中，在某一时刻，地球出现了生命产生的条件，生命又从最初级的单细胞形态逐渐演化为高级的形态。大约在500万—400万年前，动物中有一个种群从类人猿中分化出来，以直立行走为标志，并拥有了与其他类型动物不同的本质——精神与智慧。这个种群，就是原始人类。

人类从蒙昧走向开化。从狩猎采集到耕地种植；从耕地种植到手工生产；从手工生产到机器生产；从机器生产到生物人工合成；等等。人的生产能力以一种加速度的方式向前发展，其成果体现在被称为"物质文明"的形态之中，同时，人类文明进程中创造的精神性成果，则属于"精神文明"范畴。

人类从野蛮到文明的演进是由自身的活动和实践决定的，而人类的活动和实践又要受到种种环境和条件的影响。"文化是人类生活的总体，其中每一个民族都有其具体表现形式。"① 不同的民族、国家因地域、经济、生活习俗、语言等差异，走过了不同的发展路径，最终由形态各异的文化升华为人类的文明。

日本启蒙思想家福泽谕吉认为，文明是人类在生存发展过程中"摆脱野蛮状态而逐步前进的过程"②。这个过程中，文化的演变推动着文明的发展，文明的上升又推动了人类社会的进步。

"人类独具灵魂或思想，是属于与自然界其他事物完全不同的一类。在决定对待自然的方式时，人类的欲望及其满足才是唯一值得考量的东西。"③ "自然为人而存在，人凭借对自然过程的认识驾驭自然，使自然服务于人的目的。"④ 但人的欲望永远都无法满足。于是，在有限资源和无限欲望的对立之中，人与自身的冲突也加剧了。

若想扭转这种恶化的局面，人类首先要从狂妄自大中回归冷静和理性，在认识客观本体与自我主体的基础上，重新标定自己的角色和位置。也就是说，人要客观地认识自己、认识世界、认识规律。在这个基础上再谈自身的价值、发展的方向和目标，这才是人类寻求自身发展和推进社会发展的正确途径。

在原始社会阶段，人类还不能理解和掌握自然的规律和力量。面

---

① WEINTRAUB K. Visions of Culture[M]. Chicago, University of Chicago Press, 1966：170.
② 福泽谕吉. 文明论概略[M]. 北京：商务印书馆，1982：30.
③ 格里芬. 后现代精神[M]. 北京：中央编译出版社，1998：218.
④ 索珀. 人道主义与反人道主义[M]. 北京：华夏出版社，1999：20.

对天地强大而神秘的力量，出现了原始崇拜、图腾，以及发展到后来的宗教。这些意识产物，反映了人类对自然力量的恐惧和膜拜，但也正是这种敬畏，使人与自然在一定程度上达到了和谐统一。

人类发明使用工具后，不仅提高了自身的认知能力，也增强了对生存环境的改造能力。然而，随着在生产生活活动过程中财富积累的增加，对自身能力的盲目自信、自我膨胀和对物质欲望永无止境的追求也出现了。由于发展的不平衡，部分人占有财富和资源过多的事实又进一步导致对同类的奴役，连最原始的对天地敬畏的力量也被使用到对同类的精神控制中。中世纪，底层民众受到肉体和精神上的双重摧残，在人类文明史上留下了黑暗的一页。跌跌撞撞中，人类走过了原始社会、奴隶社会、封建社会，这也是人类为争取自身自由和解放而斗争的历程。

人类发展到现代化的今天，很多管理理论、方法还在以不同的方式奴役、限制着人的自由和发展，还在以一种简单的物质模式刺激着人的贪欲和需求、培养着人的兽性……这样的管理，已经远远地背离了人类文明发展的方向。

那么，这些失去了文明方向的管理该何去何从？

"文化是我们所有非生物属性的世代相传的特征的共同继承。它包括与人类行为有关的经济、社会和政治形式。""管理思想并不是从文化的真空中发展出来的，管理者们常常会发现，他们的工作受到既有文化的影响。研究现代管理，必须回顾过去，以了解我们共同传承的遗产是如何被创造的。"①

文化是因为生存的需要，在早期与自然的搏斗过程中，人类逐渐

---

① WREN D A, BEDEIAN A G. The evolution of management thought [M]. Seventh ed. NJ：John Wiley & Sons, 2017.

学会运用自然的规律，不断在成败中总结、提炼、积累而产生的非自然的东西。随着文化的发展，人类对文化产生了信心与动力，又进一步促使了文化发展。到了一定的阶段，人类积累的文化成果越来越多，于是，就出现了表面上的百花齐放和实质上的鱼目混珠现象。一些被称为文化的东西开始偏离文化的使命和方向。如果文化的过度发展或畸形发展没有得到及时纠正，则可能走向极端。人类的主观力量不断膨胀，人类与自然、人与人之间关系扭曲，在这种扭曲中又创造了扭曲的文化。这样的文化不可能造福人类，反而会毁灭人类。此时，为了拯救文化，文化只有回归，重新回到母体自然的怀抱，那种反自然、反人类的文化才能重新回归到正确的轨道上。

一、管理活动溯源

据历史学家考证，地球上最后一次大冰川时期约在公元前 10000 年到公元前 9000 年之间。冰川的北移使得大批身躯庞大的食草动物逐渐消失，而代之以一些较为分散和灵活的动物。相应地，人类进入石器时代，以狩猎、捕鱼和采集野果为生。人类组成氏族和部落，以便在狩猎中互相帮助并防御敌人。随着人类社会的进一步发展，出现了原始农业和家畜驯养业，人类有了定居生活并产生了村庄和部落联合。这时，原始的管理工作就出现了，如征税、分配资源、劳动分工、战争与和平的决策等。

昔太古尝无君矣，其民聚生群处，知母不知父，无亲戚、兄弟、夫妻、男女之别，无上下长幼之道，无进退揖让之礼。(《吕氏春秋·恃君览》)

这段文字扼要说明了原始社会和阶级社会的不同之处。在极为遥远的远古时期，没有国家，自然也不会有君主，人与人之间是平等的关系，自然也不存在"伦常"和"礼教"。但是，人类要在比较恶劣的自然环境中得以生存和发展，就需要群居在一起，需要萌芽状态的、基于人类生存本能的管理。

在漫长的远古时期，管理随着人类文明的进步而不断演化。

据《韩非子·五蠹》记载："上古之世，人民少而禽兽众，人民不胜禽兽虫蛇，有圣人作，构木为巢，以避群害，而民说之，使王天下，号之曰有巢氏。民食果蓏蚌蛤，腥臊恶臭，而伤害腹胃，民多疾病，有圣人作，钻燧取火，以化腥臊，而民说之，使王天下，号之曰燧人氏。"

另据古书记载，古代黄河流域分布着不少的部落，如姬姓黄帝部落、姜姓炎帝部落、九黎部落以及太昊氏和少昊氏等部落。炎、黄部落曾和九黎部落发生过激烈的军事冲突，黄帝战胜了九黎，蚩尤被杀。黄帝发明衣服、舟、车；炎帝又称为神农氏，"木为相，揉木为耒，耒耨之利，以教天下"；太昊氏又称为伏羲氏，发明网罟，又作八卦。八卦可能是一种比结绳进步的记事方法。据说，蚩尤以金作兵器，是金属冶炼的最早发明者。

上述记载表明，管理者是在与自然力量抗争的过程中，作为自然权威通过劳动自然产生的。其后，到了传说中的唐虞时代。随着经济的发展，各部落已结成部落联盟，产生了尧、舜这样的军事首长，他们的职务是军事统帅，同时担任主祭。尧、舜等远古帝王的产生也带着十分突出的自然权威的色彩。

据《史记》记载：尧、舜祭祀天地、山川、百神。当时，最高权力机关是四岳十二牧，也即部落酋长会议。唐尧时四岳举鲧治水，尧虽不同意，但仍服从四岳十二牧的决定。尧、舜时有"禅让"的故事，尧老传位于舜，舜老又传位于禹。

尧帝年纪大了，想找一个职位继承人。他考察了很多人，包括他的儿子，他都不满意。后来，大家一致推荐舜。尧经过详细调查了解到，舜的生母早死了，后母对他很坏，父亲瞽叟糊涂透顶，后母所生的弟弟象傲慢。尽管父母和弟弟数次试图害死舜，但舜却一如既往地善待他的这些亲人。由此，大家认为舜是个德行好的人。尧听了很高兴，把自己两个女儿娥皇、女英嫁给舜。后来，经过长期考察，就又把首领的位子让给了舜。舜继位后，像尧一样，也是又勤劳又俭朴，跟老百姓一样劳动，受到大家的信任。《尧典》所记关于舜的主要事迹有：命后稷按时播植百谷；挖沟开渠以利灌溉；疏通河道，治理洪水；公布五刑，除去四凶族。舜知人善任，选用能人，任命了许多官员：命禹作司空，主平水土；命弃作后稷，主管农业；命契作司徒，主管五教；命皋陶管理五刑；等等。舜为首领时，把各项工作都做得很好。这样，舜开创了上古时期政通人和的局面，成为中原最强大的盟主。

如是，管理在人类生存发展的过程中自然地出现了。

二、管理目标反思

3400 年前，古代犹太人的首领摩西带领民众逃离了埃及，他同时面临着两个巨大的困难：一是后有埃及法老的强悍追兵；二是他个人即使具有天才的领导才能，也难以有效地指挥上百万的民众。于是，摩西事必躬亲，整天从早忙到晚。据《圣经·出埃及记》记载：①

摩西坐着审判百姓，百姓从早到晚都站在摩西的左右。摩西的岳父看见他向百姓所做的一切事，就问："你对百姓做的是什么事啊？你

---

① 参见《圣经·出埃及记》第十八章第13—27节.

为什么独自坐着，众百姓从早到晚都站在你的左右呢？"

摩西对岳父说："这是因百姓到我这里来求问神。他们有事的时候就到我这里来，我便在两造之间施行审判，我又叫他们知道神的律例和法度。"

摩西的岳父说："你这样做不好。你和这些百姓必都疲惫，因为这事太重，你独自一人办理不了。现在你要听我的话。我为你出个主意，愿神与你同在。你要替百姓到神面前，将案件奏告神，又要将律例和法度教训他们，指示他们当行的道、当做的事，并要从百姓中拣选有才能的人，就是敬畏神、诚实无妄、恨不义之财的人，派他们做千夫长、百夫长、五十夫长、十夫长，管理百姓，叫他们随时审判百姓，大事都要呈到你这里，小事他们自己可以审判。这样，你就轻省些，他们也可以同当此任。你若这样行，神也这样吩咐你，你就能受得住，这些百姓也都能平平安安归回他们的住处。"

于是，摩西听从他岳父的话，按着他所说的去行。摩西从以色列人中拣选了有才能的人，立他们为百姓的首领，做千夫长、百夫长、五十夫长、十夫长。他们随时审判百姓，有难断的案件就呈到摩西那里，但各样小事他们自己审判。

结合上一节关于管理起源的描述，可以发现这则典故其实也是初期人类管理模式的一个缩影。显然，在人类社会中，管理是为了解决人与人之间的合作与协调问题而产生的。在漫长的原始社会，自然产生的权威成为群体的领导，管理的基本功能是服务于群体的生存与发展。这是管理演化的出发点。并且，管理的目的是解决组织中人群冲突和建构目标效率秩序。换言之，管理是解放人的，而不是增加人的痛苦的。

摩西和杰思罗（摩西的岳父）留给人类的管理模式已被后人广泛

接受。这是一种将一个人置于金字塔结构的最顶端，下面各层级分别由个人负责的管理模式，由此发展出几乎被现今所有组织机构——企业、政府、军队、大学以及各类社会团体——都沿袭的管理形式。沿袭这种模式的同时，人们似乎已经慢慢淡忘了：管理为什么出现。

于是，在管理学的理论与实践界，大家似乎达成了一个基本的共识：管理的核心就是管理人，就是对人的控制。管理者自己也知道，人都是不喜欢被控制的。但管理对人若是不进行控制，还能做什么呢？于是，在管理中就形成了这样一种尴尬局面：人所不喜欢的，又恰恰是管理一直在坚持的。

也正是因为上述坚持，管理中出现了许多匪夷所思的现象：没有人愿意被管理，管理却就是要管理别人；人人都想为自己的目标而努力，管理者却在不断地、固执地要求人们为上级和组织而奋斗；人人在乎眼前利益，组织却要求人们不要在乎眼前而要看重未来那无法把握和预期的利益；人人都有精神需求，但组织却一味地用物质与人们进行各种形式的交易和博弈；人人需要肯定和鼓励，但管理者更喜欢的似乎却是挑剔和责难……这些现象总结起来，好像只证明了一件事：管理，似乎是给人带来痛苦的。

实际上，同时也作为被管理者的管理者自己，又何尝不面临着同样的局面呢？但他们被赋予的传统管理角色如同一个魔咒，使得管理者失去了尊重人的自然规律的可能，走上不断与人心相对抗的道路，且发展出了一种自我强化模式：管理效果越是不佳（违背人心规律的管理肯定就是这样的结果），就越是为进一步加强这种管理提供了借口和理由。这就是管理的恶性循环。

走出管理的"魔咒"，需要在回归源头的基础上，重新反思管理的本质。爱因斯坦早就宣称："如果人类要生存下去，就需要一个崭新的思维方式。"管理也是如此。当我们对管理与管理思维所存在的问题进行深入追问时，当我们跳出狭隘的管理本身进行思考时，就需要管理哲学发挥作用了。

哲学作为知识的知识，对各种知识具有本源性。哲学思维能力是人的基本素质之一，对个体和社会发展具有重要的指导作用。

哲学是人类的理性系统和灵性系统，正是因为有了哲学，人类的精神才会不断进化，才不至于重复过去的错误，更好发现人生的意义。哲学，是人类智慧的眼睛。它帮助我们观察自己：人是什么？人在做什么？人为什么？哲学给人类提供了一个观察的模式：一是在关系中认识自己——人与宇宙，人与人；二是在行动和变化中认识自己——人在做什么；三是反观自己——依照人是什么、人在做什么来评价自身。

人作为一种生命形式，有一个肉体，但绝不仅仅是肉体的存在。生命还有另外一种存在的形态——心灵或者灵魂。即使是无神论者，也不敢宣称自己是没有灵魂的人。相反，他们也在呼吁人们要建设一个美好的心灵，要有一个高尚的灵魂。灵魂曾经被科学主义者用各种科学手段去检验，我们无法断然地驳斥这种充斥着美好向往的探索，但我们最起码应该知道，灵魂一定不是低级的感知手段所能感知的。因此也就知道，灵魂的存在肯定不是现在我们所熟悉的物质形态。

在中国的古老历史中，先人们对生命的本质提出了很多思想，其中"精、气、神"的思想最有代表性。精、气、神在中国古代哲学中是指形成宇宙万物的原始物质，含有元素的意思。中医认为，精、气、神是人生命活动的根本。在古代讲究养生的人，都把精、气、神称为人身上的"三宝"，如人们常说的："天有三宝日、月、星；地有三宝水、火、风；人有三宝精、气、神。"所以，保养精、气、神是健身、抗衰老的主要原则，尤其是当精、气、神逐渐衰退变化，人已步入老年的时候就更应该珍惜。荀子认为："养备而动时，则天不能病；……养略而动罕，则天不能使之全。"意思是人要注意精、气、神的物质补充，不可滥耗"三宝"。

在中国传统文化中，人的气和神显得很玄妙，而这正是人的精神世界中最了不起的力量。人不良的意识正是身体疾病和悲惨命运的真正祸首。很显然，精给了人生命的基础，气和神则给了人一把命运的钥匙。中国传统哲学关注宇宙间人类身上的气和神的问题，也就是人类的精神世界。如果一个人没有了气和神，也就如同行尸走肉，甚至已经死亡。如果一个人还活着，其气和神却无从观照，那他的生命质量又会如何呢？

如果一个人不会因为找不到人生意义而苦恼，就不需要哲学；如果一个人的精神不进化也不会危及生存，也不需要哲学。可是，世间有这样的人吗？

三、管理使命回归

天下之本在国，国之本在家，家之本在身。

——《孟子·离娄上》

关于管理的本质，至今依然没有达成共识。未来，这一共识可能也很难达成。不同的人从不同的角度理解管理的本质，往往得出不同的结论。如果以经济学为基础界定管理，那么管理的本质就是追求经济效益；如果以管理过程为基础界定管理，那么管理的本质就是控制；如果以管理要素为基础界定管理，那么管理就是以"人、财、物和信息"为管理要素的管理过程。这些对管理本质的看法，其问题在于仅关注管理过程中的技术与职能，而没有透过纷繁复杂的现象去追问管理的根本属性。因而，上述观点都不是管理的本质。只有找到管理的根本属性，才能更接近管理的本质。

管理的主体是人，管理的核心也是人。因此，管理的本质自然不能脱离人的存在。管理是属于人类的创造性活动，是人类主观意识的表现，是一群人对另一群人活动的有意识干预，目的是使活动秩序化，最终使群体活动效率最优地实现既定目标，并能够持续发展。但是，人和人是不同的，管理主体的心性状态决定了管理行为，管理主体自身的状态，对自己角色的把握，管理主体之间的关系，企业的社会定位、发展方向与使命目标，等等。于是，智者有智者的管理，愚者有愚者的管理，即不同心性状态的管理主体和不同的组合在实施管理行为后会导致不同的结果。

"管理就是解放生产力，提高劳动生产率，促进人的发展和提高人的尊严。仅有解放生产力是不够的，还要'解放思想'，更为重要的是要'解放和激发人的神圣性'。"[①] 在管理活动中，被管理者是目的而非工具。因此，管理的目的应是"造人"与"成圣"，通过管理活动改善人的心性，[②] 实现管理者与被管理者心灵和谐，进而促进组织系统的和谐。自人类为生存聚集成群落开始，就有了管理活动。经过几千年的发展，管理从满足于人类最基本的生存发展需要进化到服务于人的高层次目标的实现，人文精神和对人类发展进化的文明指导性成为管理的本质和使命。也就是说，管理不仅要从外在条件上解决人的生存发展问题，更要激发人的内在精神性，并引导人的心灵向着神圣

---

① 齐善鸿，孙继哲. 重新认识"科学管理"的本质——"道本管理"的视角[C]. 中国·实践·管理论坛，天津，2013.
② "心性"是中国哲学中的一对范畴，指"心"和"性"及其关系。孟子以为性在于心，为人之性的仁义礼智四端，都蕴藏于人的心中。荀子强调心的作用，认为心可以改变本性。北宋张载认为性是根本的，有性便有知觉，便成为心。"心"是包含着性及由感物（知觉）而起的情。明王守仁认为"心即性，性即理"，主张心与性无可区别。

性的方向进化，这才是人文性价值指引下的管理的使命。

若每个管理主体首先都能够从自身做起，主动积极地调整、提高自己，打造自己心灵与行为的和谐小环境，并帮助其他的主体共同成长进步，共建和谐工作环境，企业中的管理大环境就有了和谐发展的良好基础。正如《大学》所说："物格而后知至；知至而后意诚；意诚而后心正；心正而后身修；身修而后家齐；家齐而后国治；国治而后天下平。"①

企业组织是社会组织的一种，管理的本质不能脱离企业的社会角色而存在。企业的本质不能脱离社会而存在，更不能与企业的社会目标对立。企业组织是人类社会中人群的一种聚集模式，是一个微型的社会。企业中的人会受到企业氛围的影响，逐渐形成一套左右自己的意识和言行的认知行为模式。企业的这一影响继而会通过其社交渠道波及社会大环境。企业组织也是一个资源转换平台。生产型企业会从自然中获取发展的资源，一部分转化为供人们使用的产品，剩余部分就会被弃置回自然环境中。所以，企业不仅是社会环境的建设者和参与者，也是自然环境的重要影响者。明茨伯格明确提出了管理在组织中的重要作用以及与社会的不可分割性——"我们的组织，必须运用，反映人类最好的品质，依靠我们的能力、直觉、情感和分析，还有人类最基本的情操，为我们——工人、消费者和公民——服务。我们需要管理组织，以使我们的社会便于管理。"②

企业不只是经济组织，还通过其经济行为完成所承担的社会责任。哈佛大学多德教授认为："企业财产的运用是深受公共利益影响的，除股东利益外，法律和舆论在一定程度上正迫使商事企业同时承

① 胡平生，张萌译注. 礼记[M]. 北京：中华书局，2017.
② 明茨伯格. 明茨伯格论管理[M]. 闫佳译. 北京：机械工业出版社，2010.

认和尊重其他人的利益，企业管理者应因此树立起对雇员、消费者和广大公众的社会责任观。"① 企业不是少数人敛财获益的工具，而是社会财富的管理者，致力于为人的生存和发展服务，为人的自我价值的发挥和实现搭建平台。

追溯管理的源头，我们不难发现：管理的本质是服务。当人需要依托于群体的力量实现其生存和发展目标的时候，管理这种集合众人之力、服务众人发展的形式也就随之产生了。人群聚集的目的是相似的，人员的安排、培养，资源的分配、使用，都是为了保证其中个体的生存与发展。管理就是服务于这种目标——为了群体的发展，而群体发展的目标是保证其中所有人的利益。泰勒说："管理的首要目的，应该是保证雇主最大限度的富裕，以及每名工人最大限度的富裕。""人是一种区别于其他动物的具有精神属性的特殊存在，人性体现为一个从摆脱兽性向精神性进发的过程……管理，就是要服务于管理情景中的所有主体的人性成长。"也就是说，管理的本质就是服务于人，服务于人的生存和发展。因此，管理最终应回归到其服务于管理主体的社会角色，服务于管理主体的生存和发展中去。"管理的本质目的之一就是解决组织中人群冲突和构建目标秩序。换言之，管理是解放人的，而不是增加人的痛苦的。"

第二节　管理思维模型

人类行为的有效性总是来源于对思维的正确运用。目前人们对思维有各种不同的认识，如广义哲学定义、狭义哲学（认识论）定义、

---

① 卢代富. 企业社会责任的经济学与法学分析[M]. 北京：法律出版社，2002.

心理学定义、生理学定义、通俗化定义等类型[①]。

我们认为思维是人的认识活动过程的最高水平，其特征是概括地、间接地反映客观现实。[②]人每前进一步都是由其内在的思维方式牵引着，思维方式的变革与创新推动着人类的进步。可是，放眼管理的发展历史，人们一直都很重视管理行为、管理态度，却往往忽略了隐藏在管理行为、管理态度背后的思维模式。有什么样的思维，就会产生什么样的行为和态度。可以说，管理思维是管理系统中的根本性因素。现实中管理的诸多异化问题，从根本上不是源于管理思维吗?!因为管理思想与管理行为是管理思维的产物，所以，对管理的创新与拯救首先应从正确的管理思维入手。

我们将思维定义为人类在认识客观世界的主观活动过程中，对于客观事物和活动的要素、要素与要素之间的关系及其变化与发展规律的认识。思维的最高形式是哲学思维。管理哲学思维是对管理要素、要素和要素之间的关系及其发展规律的认识。在中国传统文化视域中，哲学思维即是一种逻辑，它是一种灵性——体现的是管理者的一份心境和一颗爱心。它的最终目的是化解人的痛苦，提高人的理性和解决现实的问题。

作为智慧生物，人类从未停止过对于生命价值和意义的探求与追问，人们试图借助哲学思维的翅膀让心灵飞得更高远。哲学是思辨的艺术，是拥有社会责任感而又爱智慧的人们对于终极价值的思索。亚里士多德把人类的知识分为三部分，并用大树做比喻：第一部分，最基础的部分，也就是树根，是形而上学，它是一切知识的奠基；第二

[①] 王续琨. 关于思维科学研究对象及若干基本概念的思索[J]. 延边大学学报（社会科学版），1990，（1）：26-34.
[②] 于光远. 自然辩证法百科全书[M]北京：中国大百科全书出版社，1995：512.

部分是物理学，好比树干；第三部分是其他自然科学，好比树枝。亚里士多德认为智慧不是上天赋予的，不是凭空出现的，而是经过严谨的思维获得的。

思维是心灵之路，是此岸（现实）通向彼岸（理想与目标）之桥，是贯通"道"和"器"的桥梁。人类至少通过两种思维方式来认识与把握世界，一是哲学思维，二是科学思维。从历史上看，科学思维是哲学思维在一定时空条件下的产物，但是当科学思维在近二三百年得到空前发展、受到空前推崇的同时，哲学思维却被人们淡忘了。但哲学思维并没有消失，当人们对科学主义的认识逐渐深入，便开始重新回归哲学思维。

虽然哲学思维所要思考与解答的总是宇宙人生中最高、最大、最真、最善的问题，但哲学思维是人人都能掌握的，是人们面对问题、解决问题时对真相和真理进行的彻底思考。哲学思维专注于对真相的彻底发问，而且是不断地拷问，竭尽所能地放下主观，依照事物本身的规律去思考问题，探究真相。事实上，人类的思维可能永远都达不到事物真相的终极，但是哲学思维比其他类型的思维对终极有着更执着的追求，表现出更卓越的思维能力。

恩格斯讲过："一个民族要想站在科学的最高峰，就一刻也不能没有理论思维。"南怀瑾也讲到，我们正在进入"新认知科学"的时代，必须对人类如何观察世界有新的理解，对观察结果所进一步产生的行为有新的理解。[①] 思维的高度决定思维的价值，怀着为人类做贡献的崇高信仰的管理者也会受到社会公众的支持和拥护。

康德说："有两样东西，我们愈经常愈持久地加以思索，它们就愈

---

① 圣吉. 第五项修炼：学习型组织的艺术与实践[M]. 北京：中信出版社，2009.

使心灵充满始终新鲜不断增长的景仰和敬畏：在我之上的星空和居我心中的道德法则。"

人类的思维很伟大，也有很多缺陷。它可以超越有限世界去探究未知世界，这是伟大之处。然而，人类的认识又很容易受经验、权威等限制，以至于很难突破，这是它的缺陷。正因如此，早在400多年前，英国哲学家培根提出了打破"四种假象"说，旨在超越人的思维局限以及由此形成的错误认识。人们对管理问题的认识也是如此，对管理问题认识的深化，同样需要在思维上返本归真。

在中华传统优秀哲学思想基础上，我们提出以道为本的思维方式——从事物发展的根本规律出发来进行思维，其特点和核心是用道（规律）的力量而不单单是人自身的力量进行思维。道本思维是对以往思维科学的深刻总结与超越，是解决当前管理思想异化的思维工具。道本管理思维模型主要包括辩证思维模型、融通思维模型和破局思维模型。

一、管理辩证思维模型

事物运行规律分为客观规律和主观规律。客观规律是无始无终的、具根本性的，而主观规律是人所能认识到的客观规律的一部分，主观规律向客观规律无限靠近。人类越是接近客观规律，越是遵从客观规律，就越能运用客观规律的力量。

（一）主体思维

主体思维是指人要做自己心灵的主人，不受外界的影响，保持一颗清净圣明的心。主体思维将一切事物都看作带着使命而来，帮助人们克服自身缺点和摆脱痛苦的机会。因此，无论面对什么人或事，都会心怀感激，主动接纳一切人和事带来的能量，从而让自己的心性得到成长。具有主体性思维的人面对常人认为不好的人或事时，会有不同甚至相反的看法，得出不同的结论，从而更容易接近客观真理。《新唐书》记载了唐朝名相娄师德的主体思维和做法。

娄师德做过唐朝宰相，他的处世哲学就是忍耐。娄师德身长八尺，嘴方，嘴唇很宽大。他为人深沉，有度量，有人触犯了他，他就谦虚退让以求得别人的原谅，不在脸上露出愤怒的颜色。他曾与李昭德一起走路，娄师德长得很胖，不能走快了，昭德嫌慢，生气地说："被乡巴佬拖累！"娄师德笑着说："我不做乡巴佬，又有谁做呢？"

他的弟弟被朝廷派去守代州，在上任前向他辞行，他教导弟弟遇事要忍耐。他弟弟说："有人把痰吐在我脸上，我自己把它擦干就是了。"娄师德说："还不行，你自己把它弄干净，是想躲避别人的怒气，应该让它自己干了。"这才算能忍耐。[1]

娄师德胸怀宽广，尤其以能够忍让而青史留名。

"唾面自干"的故事，不仅仅告诉我们遇事不反抗和尽力忍受，而且告诉我们要学会做自己的主人，不为外在的人和事影响而失去理智，时刻保持一颗清净、善良和智慧的心。如果管理者能够这样想，他不仅不会被他人伤害，也不会去伤害别人，同时还可能利益大家。这种思维能让人构筑起强大的能量接收与消化系统，能接收到外界传递来的一切能量并全部转化为积极正面的能量。

在生命的发展历程当中，主体性思维具有阶段性的特点。比如，在年少之时，处在有主体性的渴望却没有主体性能力的阶段。如果只是心中有愿望有想法，就多半与这个世界相割裂。只有人的能力、品

---

[1] 欧阳修等. 新唐书[M]. 北京：中华书局，1975.

性和心性皆趋于成熟并协调的时候，主体思维才会趋于成熟。

（二）客体思维

思维是一种分析、再认识，思考的过程也就是辨别真伪，透过现象看本质，透过过程看结果的心理运作机制。一般认为，思维是主体进行的思维。这里所讲的客体思维是一个隐喻，是指由思维主体进行的，努力朝着最接近于被思维对象的本质而进行的思维方式。简单来说，就是像客体那样思考与做事。比如，与人谈话，要像谈话对象一样来思考问题，而不是以我为中心来思考问题。

客体思维是主体思维的一种特殊形态，是认识了一般主体思维的局限之后的突破，是在主体的基础上尽可能地贴近对方的思维。这种思维最能代表和体现人的灵性。一个人受教育与未受教育、文明与不文明的区别，就是能否理解别人、能否像对方一样进行思考。

军事上，能算敌方所算才有胜利的把握，即所谓"知己知彼，百战不殆"。现实管理中，想别人心中所想，就容易与人沟通，也容易贯彻管理意图，取得管理绩效。这些都是客体思维。如果管理者只顾表达而不考虑后果，不考虑别人的感知，这种表达就失去了意义，甚至让人反感。

（三）中道思维

中道思维是中国文化传统所主张的典型思维法则，是中庸思想在思维上的具体体现。现实中普遍存在的是比较极端的思考方式：黑白、对错……中道思维反对非黑即白的对立思维方式。现实世界的复杂性和不确定性导致事物的多元化、多样性和趋中趋势，绝对的对立并不多见。

中道思维是对自己的心性进行管理的思维，对自己与周围各种人、各种环境等相关因素综合考量之后，找到的最恰当的方法和途径的思维。换言之，中道思维就是把各种不同于自己的变量、各种影响因素放在一起找到一个最佳点。中道之难就在于要有一个优良的心性和高超的计算能力，这种能力就是智慧。

中道最核心的一个字是"诚"。"诚"是解中道极致的钥匙，是打开智慧之门的钥匙，至诚可以通天。"诚"在何处？"诚"是一种客体思维，是最大限度的无我，最大限度地把别人放在自己心里。

二、管理融通思维模型

（一）交融思维

大树从来不拒绝鸟儿、虫子、风雨甚至砍柴人；水从来不排斥任何物体和地形；智者从来不排斥不同的观点；有大成就的领导从来不拒绝与自己不同的人或者观点。管理时时处处都存在矛盾、问题、异己和悖论，但管理的目的不是简单消除它们，而是要在正确认识它们的基础上，恰当地处理好与它们之间的关系，从而实现组织管理的目标。很多时候，正是因为这些问题、矛盾和不同力量的存在，组织才更有活力或更好地保持平衡。

阴阳互根，善恶相伴，福祸相依；走钢丝时，人只有在两种相反力量的作用下，才能保持平衡；真正的智者都是爱好悖论的……这些，都是交融思维的体现。

克尔恺郭尔称："悖论是思想者热情的源泉，没有悖论的思想者就像没有感觉的爱人，是毫无价值的平庸之人。"哲学的魅力也在于此，每一个悖论都是锻炼哲学思维的机会。斯科特·菲茨杰拉德可谓一语中的："对一流头脑的检验是看它在同时装载两种对立的思想时运转的能力。"运用交融思维处理管理中的问题与悖论，为很多有智慧的现代管理学家所倡导。

（二）柔性思维

"天下莫柔弱于水，而攻坚强者莫之能胜，以其无以易之。弱之胜强，柔之胜刚，天下莫不知，莫能行。"（《道德经》第七十八章）与水的柔性相类似，人的柔性思维是一种多视角、多层次、多模式的复杂性思维方式。人们在思考的过程中，一般的线性或刚性思维对于处理模仿性、静态性、简单性的问题还可以做到应付自如，但当遇到创造性、动态性、复杂性的问题时头脑就常常陷入思维空白的状态。究其根源，在于后者涉及更多的思维要素、更复杂的思维规则、更模糊的思维坐标、更动态的思维界面、更开放的思维交流。所有这一切，是简单性思维的狭小封闭空间无法包容的，也是静态单维的头脑无法处理的。这就像一个内存空间小、软件功能单一的电脑，如果面对大信息量、要求复杂的云计算时，即使投入的时间再长也无济于事，功能的局限性决定了有些东西是它无法处理和运算的。

柔性思维更关注找关键、取巧劲而达到四两拨千斤的效果。

（三）无我思维

"无我"也是中国文化传统中的基本思维法则。在佛学思想中，觉悟是对层层境界的突破，小觉觉自己，大觉觉究竟。所谓觉究竟就是察觉事物的本质和真相，而不再是人赋予境界什么概念与意义。此时，那些辩证、对立、统一等概念在事物的实相中并没有什么意义。而没有达到觉究竟的境界时，人的意志总是在主客观世界中发生某种扭曲作用。主观发生作用，客观真理的力量就受到削弱，人就会出现思维错误。

管理者如果没有意识到自己往往就是引发错误的变量，就没有办法形成心性思维、主体思维，也很难突破自己原有的思维惯性。

佛家主张放下"贪嗔痴慢"和"妄想、分别、执着"，其中最难放下的是执着。执着一破，其他问题就迎刃而解。执着就是执着于我，"这是我的道理、我的理想、我的精神、我的法！"这样的执着必定出现痴和愚的状态。所以，要破除执着，不再是"我认为、我以为"，而是讲客观的道理、讲他人的道理、把批判的东西当成道理来讲。

思维是人的思维，没有人就没有思维。传统的科学认为思维的主体是"我"，那么，无我谁来思维？回答这个问题，需要知道在"我"之外，还有一个更重要的力量——道理、规律。当人能达到无我的状态时，道就会进入人的头脑，帮助人完成更高水平的思维。在中国传统文化中，说有智慧的人"悟道"了，表达的往往就是其处于"无我"思维的状态。俄国化学家门捷列夫在睡梦中悟到了元素周期表的形态，正是无我思维的真实写照。在生命过程中，一个人如果没有机会体会"无我"的思维状态，那不能不说是一种遗憾。

三、管理破局思维模型

突破性思维是创造性思维的一种表现形式，如对自己已经形成的观点进行反驳和创新。

人的整个生命历程就是一个不断突破自我的过程。当我们认为明白了的时候，其实往往还没有明白。凡是进入带有情感色彩的自我肯定的时候，人的智力通常就开始下降了。因为对一个具体的人来说，明白是相对的，如果把明白变成绝对，就等于遏制了自己上升和成长的空间。进步的表现形态是不断变化的，明白之后的状态也是不断变化的，有了进步还要不停地突破才叫进步。这些都取决于是否有突破性思维，是否有永恒的突破性思维。如果没有，知识学得越多，反倒会制约自己。

面对终极真理，没有人是老师，也没有人能够成为老师。世界上唯一的老师就是规律和终极真理本身。永恒的突破性思维是一个管理者必备的思维模式。否则，做出点儿成绩就沾沾自喜，很难有更大的成长和突破。所谓"成功是失败之母"，就是管理者由于短暂的成功而自我构筑了坚硬的思维堡垒，并丧失了对这种堡垒的突破能力。

管理者要把突破自己当成快乐的源泉！要不断地问自己：你在拿着哪个时代的思维程序研究新的经营管理问题？在用什么层次的人的思维议论与思考管理问题？过去那些处理问题的方法有什么重大突破？对事情和问题的看法有什么大的转变？你的生命停滞了多少年？怎么证明自己的思维、自己的大脑还活着？

（一）动态思维

"水因地而制流，兵因敌而制胜。故兵无常势，水无常形，能因敌变化而取胜者，谓之神。"[1]

德波诺认为，"水可以装满一个碗或一个湖，水的逻辑就意味着根据条件和情况的改变而改变"[2]。水可以任意改变形态乃至状态，但其本质没有变。《易经》中的三易之一就是变易。王弼在《周易略例》中说："是故用无常道，事无轨度，动静屈伸，唯变所适。"

---

[1] 孙武. 孙子兵法[M]. 北京：中华书局，2019.
[2] 德波诺. 我对你错[M]. 太原：山西人民出版社，2008.

一位企业家讲道："经济发生结构性改变时，太阳可能不是早上而是晚上出来，也可能不是从东边而是从西边升起，过去的经验不能作为你现在的参考，你所面临的问题不是你过去的经验可以告诉你怎么来解决的。在全球经济结构酝酿大的变局的背景下，过去的、固有的思维已经不合时宜了，必须摒弃和改变。"

当今世界瞬息万变，只有随之变化才能生存和发展。与其在危机到来之时被迫改变，不如具有前瞻性的主动顺势而为。

（二）玄成思维

"江海所以能为百谷王者，以其善下之，故能为百谷王。"（《道德经》第六十六章）"不自见故明，不自是故彰，不自伐故有功，不自矜故长。夫唯不争，故天下莫能与之争。"（《道德经》第二十二章）是的，为什么表现得非常卑下的水却最后做了百谷王？为什么不争的人却谁也争不过他？就是老子自己也反问，难道是他们无私心吗？正是因为无私才成就了他们的大私！ [1]

在商业世界里，这种现象也不少见。例如，李嘉诚的一条经商秘诀就是，让所有跟他做生意的人能够占到便宜！正因为这样，他不用招商，世界上很多人争着抢着来跟他做生意。于是，让别人占便宜的人最终占了大便宜，李嘉诚一度成为华人首富！

这就是玄成思维的力量和效能。玄成思维也是中华传统文化中的高级竞争智慧——不争而达不可争之境界。其机理是：从目标上，不争俗（不争一城一池、不争小利）；从对象上，不与俗（人）争；从方式上，不俗争（不用俗常的方式来争）。这在平常人眼中就是不争、

---

[1] 原句为："非以其无私邪？故能成其私。"

无为，这样高明的管理者可以得清净心，可以思高远而道自动。在这个层面上，平常人根本无意来争。所以，此时争的成本最低，而资源、能量皆为他所用，成就不可争的优势。最后，俗人们明白了其中的玄妙，可是已经晚了。但至此，具有玄成思维的人依然不居功不骄傲，还可能功成身退，还利于天下，故无害而长久。

玄成思维的特点主要包括：

顺他而治：众人皆有他们自己的道理。人心不可逆，人情不可拂！

利他而治：上善若水，万物作焉！

罪己而治：行有不得，反求诸己。一切皆是自我的映射！

贱下而治：你能守下，众人向上！

无为而治：己无为众有为！

无欲而治：无欲可成大欲！

（三）心性思维

客观事物本身只是一种存在，其各种各样的意义都是人赋予的。因此，在不同的心性下，同样的事物就有了不同的意义。外部遇到的事情，以及事情对我们自身的意义，都是对自我心性的一种映射。

心性思维不是就事论事而是就事论我、就事论心。人生会遇到很多事情，能够感知到的事物也很多。一般而言，心中存有什么样的图画，人生就会遇到、感知到什么样的事物。人们选择感知的部分往往都是心中渴望的、需要的和重点强调的。还有一些事物虽然有意义，但是被人们忽视了。忽视也是一种选择，一种心理程式。比如，因为恐惧，人会有意识地忽视、排斥某些事物。所以，没被感知的不等于没有感知，而是以另外一种形态出现，透露的是另外一种信息。

在管理中，如果不掌握心性思维，就无法知道思考的主体是什么，就不知道为什么会有人和事出现在自己身边，不知道他们出现的意义是什么，也不知道思考者与正在思考的对象是一种什么样的关系，也从未真正思考过管理中究竟是谁在说话、做事。没有把自己与外部的关系作为对象来观察，也就孤立了自己。

第三节　管理使命与"道"

《淮南子·主术训》中说："遍知万物而不知人道，不可谓智；遍爱群生而不爱人类，不可谓仁。仁者，爱其类也；智者，不可惑也。"管理的使命是为全人类谋福祉，企业的使命并非只是创造利润，其真正目的应该是通过提供产品和服务而为社会做贡献，利润只是附带的价值。

人世间的一切皆受规律的制约。这个规律在中国文化中常被称为"道"。现实中的人千姿百态，欲望和诉求也各种各样，但不管如何变化，都离不开天下大道的制约。以道为本，才可能帮我们找到管理的正道。

在漫长的发展历程中，各个民族都经历了类似的过程，也发展出了各自的文化体系。虽然其名字各异（如慈悲、博爱、上善、仁、顺从等），但表达的基本内涵、逻辑均有相同之处。各大文化体系也都在反思文化发展的出路。比如西方社会的"反人类中心主义"与中国道家对人类文化的警惕与辩证分析等，就是其代表。

中华文化最核心、最崇高的概念是"道"。金岳霖说："每一文化区有它的中坚思想，每一中坚思想有它的最崇高的概念，最基本的原动力……中国思想中最崇高的概念似乎是道。所谓行道、修道、得道，都是以道为最终的目标。"① 可以说，道成为中华民族思想文化的核心，也成为社会各个阶层内心追求的最高境界。

"世界的几大古文明：苏美尔文明、古埃及文明、哈拉巴文明、华夏文明及爱琴文明，为人类的文明形成和发展提供了原型和母体。"② 而只有华夏文明一直延续到今天，形成了中华文明。历经五千年的沉淀，中国的文化、经济、科技都深刻地影响着世界文明的发展。尽管在这个过程中，有过朝代的更迭、外族的入侵，也面临过诸多磨难，强盛过、衰微过，但不论处在何种境地，最后都能够重新迸发盎然生机。中华文化在历史的更迭中逐渐形成了开放、吸纳、融合的特点，在与其他民族的接触中不仅没有消亡，反而在互动过程中不断浸透、融合、升级，最后生成一个能够影响并统御入侵民族文化的新文明。今天中国在世界上的地位与影响，也让世界见证了中华文明的力量。各种不同的文化在相互的碰撞中必然相互影响，而后的融合与升华才能够让不同的文化共同踏上一级文明的新台阶。由此看来，人类文明未来发展的出路应该是文化的共融与升华。真正的文明是能够延续的，她唤醒的是潜藏在人的精神和心灵深处的美好追求，这种力量将佑护人类的发展与进步。

中华文化是一个庞大的体系，既有儿女对父母的感情伦理定位，也有人类对自己的"父母"——天地的感激与敬畏。如果每个人对其父母的孝敬称为"小孝"，对天地的感激与敬畏则可谓"大孝"。这种文化的传承不仅体现在内在思想中，还体现在外在行为上。人们不仅仅要在专门的节日去叩拜父母、祭拜祖先，国家领导人还要去祭天。这个行为代表的就是中华文明对人类的父母——天地大道的态度。提

① 金岳霖. 金岳霖哲学三书：论道[M]. 北京：中国人民大学出版社，2010.
② 何顺果. 人类文明的历程[M]. 北京：高等教育出版社，2000：82.

156

及天地，如今的人们常常将其与神秘的神学和宗教崇拜联系在一起。但是，在五千年中华文明的思想体系中，这些问题已经得到了解决，而参透这一天机的就是中国的道文化。

中华之道文化，并非像那些不了解它的人所认知的是一种有神论或者迷信。中华之道文化是最原始的朴素唯物主义，是彻底的唯物主义，是自然主义哲学。即使在科技十分发达的今天，道家思想向人们展示的也绝不是什么神学，而是属于科学唯物主义的思想内涵。所以，遵道而行不是放弃人类所特有的能力，而是在遵循天地人所固有的客观规律的前提下进行改造世界的实践活动。"人类不是世界的上帝，不能为所欲为，只能不断地认识世界，认识自然规律，并不断否定自己前期的主观认知。更为重要的是，在认识自身认识局限性的同时，要使自己获得'理性的谦虚'———一种真正接近科学精神的理念和能力。"[①] 文明是人类智慧的结晶，是人类认识客观世界及其规律的结果。因此，任何一种文明的形态都应该是合于道的，现代文明也不例外。人是万千物种中的一部分，是自然天道的一部分，是"道"的产物，就像儿女携带着父母的基因一样，只有顺应其根本规律——"道"，才能够从中诞生和谐永续的发展模式。

中华之道是建立在以道文化为核心的中华文化的基础上的，传承了中华文化中优秀卓越的智慧与思想，同时也凝练了人类文明史中各门各派的思想精华与灵魂，顺应了人类发展的时代性需求。更为重要的是，在当今世界各种思想门派和宗教派别林立又互相排斥的局面之下，中华之道运用哲学的方法论，跃上一个哲学的高度，尝试着发展一种超越门派和教派争端的文明思想体系，是对迄今为止人类文明因

---

① 齐善鸿. 道本管理：精神管理学说与操作模式[M]. 北京：中国经济出版社，2007：71.

子的凝练和提纯。中华之道，不仅揭示了人与天地之间的关系，还为人类指出了如何顺应天地之道，构建人与自身、人与天地之间的和谐系统。中华之道，也同时是对几千年来不断与各种文明碰撞吸纳的中华文明的进一步概括。中华文明，正是因为有了吸纳和不断自我完善的能力，方能在各种文化交织的时空中成为一个生生不息的文明典范。

管理的使命和责任，需要在以道为本的哲学下，重新进行认识。

一、道之主宰

古往今来，无数有识之士将张载的名言"为天地立心，为生民立命，为往圣继绝学，为万世开太平"作为自己的座右铭。只有"先天下之忧而忧，后天下之乐而乐"的管理，才能得到大众的认同与尊重，在人类的发展进步中实现自身价值与意义。

有物混成，先天地生，寂兮寥兮，独立而不改，周行而不殆，可以为天下母。吾不知其名，强字之曰道。

——《道德经》第二十五章

如果管理归根结底是一种秩序的建立与掌控，天地自然的秩序就是最原始的管理面貌，掌控万物秩序与运行的"道"就是最原始的管理者。

在人类漫长的生存发展历史中，一直没有停止过对客观真理——"道"的认识和追求，没有停止过对真相、真知的探索。这个过程不仅促进了科技的发展，更造就了人类千姿百态的文化与文明，产生了众多思想和理论，帮助人类认识世界、发现世界的真相、揭示真实的客观世界。这也是科学发展的方向和目标。1888 年，达尔文给科学下了一个定义："科学就是整理事实，从中发现规律，作出结论。"这里所说的规律，在中华文化中也就是"道"，指的是客观事物之间内在的、本质的、必然的联系。所以，科学也不过是人类运用自己的智慧和科技发现去认识"道"。宗教也不乏对自然、世界的认知和探索。在原始社会，生产力低下，人类自身的生存发展受到自然的限制，对大自然的力量无法理解，从而在意识形态层面上生出了对大自然拟人化的描述，诞生了最早的神话和宗教。科学研究借助仪器和工具提升了人类的感官能力，但人类一味追求感官而忽视自我心性修养的局限性又决定了进一步认识世界的局限性。与此不同的是，宗教一直传承用空灵的心去感应和认识世界。当然，除去一些具有邪教性质的宗教，其他具有文明性质的思想、学派、宗教团体，都在用不同的方式、从不同的角度，承载着与科学一样的使命：追求真知与真理，让人类的主观世界不断地去接近"道"。已经发现的自然规律，也只是人类某个阶段对真相和真理的一种主观认识，依然还不能说是一种终极真理。

借助现代科技，人类已经认识到宇宙远超人类想象。在浩瀚的宇宙中，地球微不足道，人类更如同一粒尘埃。人类在地球上存在的时间，不说相对于宇宙，仅相对于地球来讲，"一瞬"都显得过长。至于宇宙的规律、人类生存的空间，即便是今天最先进的仪器也无法窥其全貌，更不用说去操控和改变。宇宙天地之间的规律不仅作用于人类生存的世界，更作用于人类。我们把这种规律称为"道"，"道"才是世界真正的主宰，是现象产生的根本实体，是万物的本源，不仅先于人类而存在，更是先天地就已经存在。"道"才是人类必须认识和顺应的天条。作为自诩为有灵性的人，更应该尊重自然、尊重人与自然的和谐规律、尊重人性的规律、尊重人类发展的科学规律，而不是妄想凌驾于客观世界、整个自然界的规律之上。18世纪唯物论的重要代表霍尔巴赫在《自然体系》中指出："人是自然的产物，他存在于自然中，受自然规律支配。"① 也就是说，人是自然的一部分，是规律的一部分，是"道"的一部分。

"不为尧存，不为桀亡。应之以治则吉，应之以乱则凶。强本而节用，则天不能贫；养备而动时，则天不能病；循道而不贰，则天不能祸。"（《荀子·天论》）这种不以人类意志为转移的法则就是自然大道，发现并顺应这种自然性，将之贯彻到管理中去，管理才能真正有效，企业才能长治久安。

二、道性博容

大自然有情感吗？道是无情却有情。老子讲："天道无亲，常与善人。"在老子看来，天道是至真至善的，是至高理性与至高情感的有机统一。情感所指向的是人与人、人与世界之间的关系。管理中，人的苦乐、事业的成败直接受到各种关系以及人们处理这些关系的质量的影响。自然之物不会发出人类的语言，但是时刻都在告诉人类最高的"道"。先贤指示我们："格物致知。"只有不断"格物"的人才能得到自然的启示。

管理大道是鲜活的、有机的、发展的，犹如一棵枝繁叶茂的大树。自然中的树木有着内在的、独特的运行机制，并与外界环境时刻进行着互动。如果将企业比作树木，树木的生存法则可以给管理以启示。

土壤：管理所处的社会文化、文明规则、历史、习俗、潜规则、法制政策、技术以及家庭背景等。

---

① 罗森塔尔等. 简明哲学辞典[M]上海：三联书店，1973：608-699.

根：管理主体的价值观、使命、责任感、知识结构和心性模式等。

干：高层领导。

枝：中基层管理者。

叶：员工。

花果：企业的产品与服务。

树心：各级员工的心理状态与价值追求。

虫：社会世俗中的风气对干部员工的熏染。

旁边的树木：争夺阳光、水分和土壤，这是竞争者。

阳光、空气：家庭、客户。

白天进行光合作用：企业的正常运作，生产产品与服务的过程。

夜晚休整与啄木鸟等动物：组织的反思、反观，有时需要专家的诊断与意见。

……

我们还可以对树进行更细致的解剖，还会发现更多的要素及其联系。但这并不重要，我们所看重的是这棵"管理之树"给我们带来的哲学与思维上的启示：

资源在管理系统的各个组成部分之间的分配问题；

各个部分或子系统的分工与协作问题；

对员工（枝叶）的管控与他们各自的发展追求的关系处理问题；

企业（树）的自身成长目标与对环境的贡献的关系处理问题；

对"虫"这类世俗熏染的处理问题；

整体成长与内功修炼的关系问题；

发展与质量的关系问题；

每一部门或员工（枝干、树叶）的成长与企业这棵大树整体成长的关系问题；

企业与企业（树与树）之间的竞争与合作关系问题；

利润目标与社会责任之间的关系；

管理控制与人心对抗之间的关系；

组织目标与个人目标之间的关系；

上下游合作者的目标与关系问题；

团队目标、工作目标与个人家属的目标的关系；

企业与竞争者的关系；

领导的权力与被监督的关系；

不同员工在组织中的个性、偏好不同，如何协调的问题；

管理者的德与能力的关系问题，员工道德品行与业务能力的关系

问题；

单一产业风险与多元化；

发展速度与发展质量的关系问题；

效率与公平的关系问题；

企业家做企业与个人人生归宿的关系问题；

企业发展与外部咨询诊断问题；

领导者的意志与心理契约；

治企与治家的关系；

家属的角色定位；

员工的薪酬与贡献的关系；

文化价值与管理技术的关系；

总部与分部、管理部门与业务部门的关系；

正式组织与非正式组织的关系；

各个管理职能与部门的横向协调；

领导的权力发挥与每个人日常工作的权力发挥的关系；

授权与集权、民主与集中的关系；

外部成败与内心态度调适的关系；

管理层级与干部发展的关系；

本土化与跨文化的关系；

不同时代员工的管理关系；

管人与管物、管事的关系；

……

人本来就是自然的一部分，我们还可以做进一步的遐想与类比。我们发现，即便是一棵很幼弱的树，它在涉及这些基本的要素关系问题时，也是那样丰富多彩，而处理好这些关系的人，彰显的则是"道"的卓越智慧。

丰富多彩的世界，每个人都有其独特鲜明的个性，但有些时候个性却像会伤人的刺，伤了别人，也伤了自己。"锥处囊中，其末立见"应该是一句赞扬人很聪明的话。聪明不是你的错，但是，因为你的聪明，让人自惭形秽，让人反感，就是你的错了。很多人认为自己很聪明，于是事事抢着表现，总怕人家不知道自己的聪明，却没看到身后一双双或斜视或怒视或藐视的眼睛。

所以，苏轼说"大勇若怯，大智若愚"。盛气凌人、喋喋不休、躁动不安、张扬个性不仅容易招来非议，最主要的是山外有山，人外有人，过于张扬、强势，只会给自己树立敌人。如此，还怎么入世？老子也说，"大巧若拙，大辩若讷……大音希声，大象无形""物壮则老，是谓不道，不道早已"……都在告诉我们同样的道理。

树木、花草以及各种动植物都在告诉我们，作为自然界的一分子，必须为自然界和其他物种作出贡献，这样自身和种族才能得到延

续与发展。可惜的是，人们常常忘记了这些基本的法则，为自己的贪
婪和狂妄所主宰。不但伤害了大自然，还在人类社会和组织内部造成
各种痛苦。

组织，就是人类的一个联合体！管理，我们所说的组织管理，只
有在联合体中存在。在我们的心灵世界中，所要管理的是与他人、与
自然的关系，在我们的心灵空间里构筑，在我们的行动中完成主客观
的最大统一。

三、道序太极

"天不变其常，地不易其则，春秋冬夏，不更其节，古今一
也。""毋先物动，以观其则。""彼道自来，可借与谋。"[1] 在管仲看来，
天地运行有其内在规律，而这个存在于客观世界的"道"（规律）是
自然而然起作用的。人们应该认识并利用规律，观察事物的规律，了
解事物的本质……如果能够认识它，就可以用它来指导自己的人生。

老子在《道德经》中深刻地论述了太极的大道文化。在讲到大道
运行的规律时，老子说："大曰逝，逝曰远，远曰反。"（《道德经》第
二十五章）"故有无相生、难易相成、长短相形、高下相倾、音声相
和、前后相随，恒也。"（《道德经》第二章）"天下万物生于有，有生
于无。"（《道德经》第二十五章）

太极在道家哲学中代表天地开辟前阴阳未分的宇宙状态，与太
易、太初、太始、太素并为"先天五太"，是无极过渡到天地诞生前
的五个阶段之一，也是"先天五太"之中第五个形态（阴阳未分的宇
宙状态）。

---

① 管仲. 管子[M]. 沈阳：沈阳出版社，1997：3.

中国的远古圣贤，通过"仰观天象，俯察地理"认识宇宙、人体与人生，不断总结、完善认识宇宙与自然的模式与方法。太极正是中国古人认识、思考宇宙规律的成果之一。"太极"一词始出于《庄子·大宗师》。"夫道，有情有信，无为无形；可传而不可受，可得而不可见……在太极之先而不为高，在六极之下而不为深，先天地生而不为久，长于上古而不为老。"①"渊兮似万物之宗"，都是对"先天地生"的大道的形容。

"太"字由"大"和"、"组成，本身也是一种阴阳合的表现，既包含大至极，也包含小至极。"太极"就是至于极限，无有相匹之意。既包括至极之理，也包括至大至小的时空极限，放之则弥六合，卷之则退藏于心。大而无外，小而无内。

太极之"道"包含对立的阴阳两面，但阴阳二气的互相激荡与矛盾运动最终成就了宇宙新的和谐体。无极生太极，太极生两仪，阴阳化合而生万物。"是故易有太极，是生两仪，两仪生四象，四象生八卦，八卦定吉凶，吉凶生大业。"②（《周易·系辞》）"无极太虚气中理，太极太虚理中气。乘气动静生阴阳，阴阳之分为天地。未有宇宙气生形，已有宇宙形寓气。从形究气曰阴阳，即气观理曰太极。"（《医宗金鉴》）太极、天地大道的概念逐步影响中国人生活的各个层面。

大道无形，但却真实不虚。《周易》中说："一阴一阳之谓道。"阴阳，是中国先哲对天地万物运动与存续形态的高度概括。首先，阴阳是相对应存在的。其次，阴阳又是统一的，阳中有阴，阴中有阳，阳

---

① 这段话的意思是：道是真实而又有信验的，但又是无为和无形的；可以心传却不可以口授，可以用心领悟却不可以用眼见到……它在太极之上却不算高，而在六合之下却不算深，先于天地存在却不算久，长于上古也不算老。

② 孔子认为"太极"不仅是宇宙之"本"，也是宇宙演变之大道。宇宙之"本"运行，使阴阳相分并产生天地两仪。阴阳不断相分，便产生春、夏、秋、冬四象与宇宙万物。

中再有阴，如此循环往复。正所谓孤阳不生，独阴不长。最后，阴阳又是处在不断运动变化中的，物极必反，阴极转阳，阳极转阴，阴阳是随时处于变动中的。正如老子在描述道的运动形态时所说的"大曰逝，逝曰远，远曰反"。

道无阴阳，则无所显。阴阳无道，万物皆废。离开阴阳万物，则无道可得。不离万物之相，则无道可见。道衍万物，万物之性非阴即阳，阴阳相生相克，互生互存，这是宇宙万物，也是整个人类历史运行的基本规律。然而，被赋予灵性和理性特征的人类似乎总是不理性，要么只是取阴，要么只是取阳，从而走向极端。当人类的行为或选择违背了阴阳（矛盾）规律时，规律总是会做出平衡，把人类的行为重新拉回到合乎规律的轨道上来。人类历史的"合久必分，分久必合"的规律，现代社会经济发展与环境恶化的矛盾，以及日益突出的各种自然和社会危机等，都是这一规律的体现。

太极来自中华先古圣贤对天地大道、对天人关系的深入观察和体悟，其价值体现在人生的方方面面。由太极文化折射出的管理思想，对管理同样具有重大的启示意义。

本章撰写者：孟奕爽

第一轮校稿人：滕海丽、王毅久、布玉兰

第二轮校稿人：程江

第四章　管理的道本法则与人性基础

也许，人类的管理，是人类笨拙的典型行为之一。

如果有一天，你能够静下心来观察人类之外的自然，有可能发现一种神奇的秩序和不竭的动力。

当你很幸运地能够这样做时，你会明白这样一个古老的道理："天垂象，圣人则之。"在这样的时刻，也许是我们距离圣人最近的时刻。

如果你的心神能够静到极致，也许就有希望遨游太虚，也许就能发现我们苦苦思索而不得的管理的真理大道之源头和运行的轨迹。

当我们始终平视的时候，后续就会制造出一系列貌似正确的错误。

当我们开始仰视的时候，也许只是希望的开始。

当我们真正站在了巅峰，也许就会获得一种俯视的视角和能力。

登高望远，一个人所能看到的世界，取决于生命达到的高度。

第一节　管理中的客观性法则

人法地，地法天，天法道，道法自然。

——《道德经》第二十五章

人效法地，地效法天，天效法道，道效法自身的驱动法则，这是人类对"道"的认知递进逻辑。"道"是宇宙终极的决定性力量，它以自身的自为性为基本驱动力。天道、地道、人道是人类认知的"道"在不同条件下的表现形式。天道法则、地道法则、人道法则是管理必须遵循的客观性法则。

一、天道法则

（一）天道法则的概念

中国古人发现，好像有一个大盖子罩在人类生活的区域上方，就将这个大盖子命名为天。白天，太阳从地平面升起，在天上按照一定的轨迹运动着；夜晚，太阳没入地平面，天上就有一些亮度不同的发光物体，古人称它们为星，以及和太阳一般大小的一个最大的发光体，古人称它为月。中国古人通过对太阳、星、月的长期观察，发现它们都呈现周期性变化。为了便于观察，中国古人对星进行了分区、分类，并通过投影绘图的方式，用线条把它们连起来，就形成了星象。中国古人通过对这些"天所垂的象"的长期观察、记录、分析、总结，找到了解读这些象的方式。通过解读，发现了天象与人的生存和发展相关的规律性的信息。通过对这些信息的梳理和集成，中国古人发现了天道法则。

天是在人之上的存在，天的力量好像决定人的一切行为，中国古人认为天上居住着一位决定万物的上帝，是人间的主宰，这形成了中国古人对天道的崇拜。老子在《道德经》中首次提出了在这个有形的上帝之前就存在的一种无形的力量，那才是决定宇宙万物的终极力量，老子给它命名为"大道"，简称"道"。这个"道"字是老子借用天象运动轨迹之"道"来描述那个终极力量的运动形态。

天道有其便于观察、不受干扰和周期性变化的性质，因此，老子借用天道来表述"道"的法则。例如，"天之道，损有余而补不足"（《道德经》第七十七章）。天道是最接近于"道"的自然本体的、"道"的法则的有形化的表现形式，天道法则是"道"所呈现的宇宙自然规律的有形化表述。

（二）天道的调节法则

天道是"道"的化身，"道"本身蕴含着道律，中国古人认为有一位上帝在天上代表"道"，运用道律控制和调节天下万物，这就是中国古人认知的天道调节法则。这一法则的基本逻辑就是"损有余而补不足"。这里的"有余"和"不足"不是人类所熟知的常识性概念，而是以道律为基准线的"有余"与"不足"。老子称"有余"为"雄"或"刚"，"不足"为"雌"或"柔"。骄傲、自满、自大、奢侈等思想，获取不合法的收入、获取灰色收入、偷税漏税、不足额缴纳员工社保、损人利己等行为，都属于"雄"和"刚"的类别，属于"有余"的范畴，是不合"道"的属性，是要被天道惩罚的对象。谦虚、处下、柔顺、简朴等思想，获取合法的收入、依法纳税、足额缴纳员工社保、爱心捐赠、无私奉献等行为，属于"雌"和"柔"的类别，属于"不足"的范畴，是合"道"的属性，是天道补助的对象。

得到天助是所有人都向往的成功之路，很多企业家为此对风水学推崇备至，他们认为找风水大师帮自己调整公司、家庭的风水布局，或者帮自己和公司改名字，就可以得天的助力。殊不知，真正的好风水恰恰取决于企业家自身是走在"有余"的路上，还是走在"不足"的路上。"天道无亲，常与善人"（《道德经》第七十九章），老子认为天道是"道"的化身，是最公正无私的，天道常常亲近"善人"，这个善人就是走"不足"之路的合道之人。这是管理必须遵行的天道法则。

（三）管理基础

天道是人类所认知的大道的有形化展现形式，也是道律的代表。万物源于大道，人类只是万物之一，人类的任何行为都要遵循大道的道律，即天道法则。管理行为是人类的行为之一，必然也要遵循天道法则。因此，天道法则是人类管理行为和对行为进行指导的管理理论的基础。

在天道法则的调节力量的引导下，让自己有限的主观合于客观大道，是管理者的基本认知逻辑。从以自己的主观意志和有限的知识经验为出发点的思维方式，转化为以遵循天道法则为基准，从"权力支配一切"的虚幻和恶性博弈的枷锁中解脱出来，就成为管理者必然的靶向性目标和唯一合理的选择。

二、地道法则

（一）地道法则的概念

"地"是中国古人对天以下的生存环境的命名，包括土地、山川、河流、湖泊等一切客观物质环境。中国古人对于地道的认知，几乎与对天道的认知同步。从认知的便捷性角度分析，中国古人更有可能先对地道进行认知，但由于天道蕴含大道的信息更丰富、更全面，所以中国古人后来以地道效法天道的方式认清了地道。

地道法则是"道"在物质世界和人类社会中所呈现的规律性的信息，这其中就包括人类所要面对的自然环境的规律和人类的社会性规律等人类生存和发展必须掌握的信息。地道法则是万物与生存环境、人类整体与生存环境，以及人类个体与群体之间和谐相处的基本法则。

地道法则是管理必须面对的自然环境和人文环境的法则。管理不是孤立存在的，它是在自然环境和人文环境中进行的人类行为。因此，不能孤立地谈管理，而要在人与自然环境和人文环境的关系规律中思考管理。衡量管理的水平，也要看其与自然的和谐程度、对社会准则的尊重程度、"管理公民"角色的扮演质量、对社会的贡献等。也就是说，管理要遵循自然与社会之道，即地道法则。

（二）地道法则的现实景象

在客观世界，万物各自都遵循一套完整而富含智慧的生存法则，它们或是分工协作以获取食物，或是迁徙洄游而求生繁衍，抑或是演化出超凡的适应本领而立于不败之地，等等。在万物与生存环境的和谐之道中，每一个生灵都在各自的生存环境中努力地延续着种群的繁衍生息。仔细想来，这种对生存、生命的渴求、争取的活动与我们要说的管理是那样相似！每个生灵对自身生命的管理、对种群的管理，为了所坚持的目标而不断前进……处处奏响着生命的动人乐章！

1. 蜂群、蚁群的案例

从下面关于蜂群与蚁群的描述中，我们是不是可以看到管理的影子呢？或者反过来看，我们是不是也可以从人类社会的管理行为中看到动物管理的蛛丝马迹？

【蜂群的"管理"】

蜜蜂是一种过群体生活的昆虫，一窝较大的蜂群，其蜜蜂数量多至几百万，相当于一座小城市人口的水平。蜂群通常包括一只蜂王、成千上万只工蜂和少量雄蜂。每个蜂群内部都有着严密的组织和细致的分工，每个成员各尽其职，互相配合，共同维持群体生活，所以又称"蜜蜂王国"。

蜂王是王国中唯一的一只发育完整的雌性蜂，它通过产卵和外激素分泌直接影响蜂群活动，起繁殖和调节的双重作用。工蜂是劳动能手，其实是发育不完整的一种雌性蜂，它们的生殖器官退化，不会生育，寿命比蜂王短得多。在蜂群中，工蜂的数量占绝对优势，它们担负着维持蜂群生活所必需的全部劳动的任务，其劳动分工细致而严密。一般年幼的工蜂从事内勤工作，如哺育幼虫、打扫卫生、酿制蜂蜜、建筑蜂巢，等等。稍大的工蜂出去采蜜、采粉等。工蜂听从蜂王指挥，蜂王通过分泌信息素向它们传达命令，蜂王能让所有的工蜂都围绕在它身旁。雄蜂体型粗壮，它唯一的工作是同女王交配，交配后因生殖器翻出，即自行死亡。

蜂王对蜂群是非常重要的。在自然条件下，蜂群产生蜂王的情况有三种：（1）自然分蜂。这是蜜蜂群体自然增殖的唯一形式。当外界蜜粉源丰富、气候温和、蜂群强盛时，工蜂往往就会筑造王台数个，甚至数十个，培育新王，进行分蜂。分蜂一般在春季发生。老蜂王率领蜂群 2/3 的成员迁移，将王位让给她的女儿——新王。（2）自然交替。当蜂王衰老或伤残时，工蜂一般仅造 1～3 个王台，培育新王进行交替，不进行分蜂。原来的老蜂王，有的在新王出台前后数日自然死亡，有的则与新蜂王一起，母女同巢产卵一段时间，但不久也会自然死亡。（3）紧急改造。当蜂王突然死亡时，工蜂就会紧急改造 3 日龄以内小幼虫的工蜂巢房为王台，将这些小幼虫培育成蜂王。这种改造台的数目常在 10 个以上，但当第一只蜂王出台后，其余的王台将全部遭到破坏，因而一般也不分蜂。

除自然交替以外，蜂王通常不能容忍蜂群内有其他蜂王存在。新王爬出王台后，第一件事就是寻找其他王台，把它咬破，工蜂们会帮它把里面的幼虫咬死，或把没发育成熟的另一只蜂王拖到蜂箱外边。

【蚁群的"管理"】

蚁群是一种非常完善的组织，由蚁王、工蚁、兵蚁组成。蚁王只负责生产后代，工蚁负责寻找食物及修建巢穴，兵蚁负责抵御外来入侵者。蚁群各职能部门功能完善，各司其职，相互配合，组织效率很高。蚂蚁组织有如下特点：分工明确，每只蚂蚁对蚁群忠贞不二，交流机制完善，蚁群勤于劳作，团结互助，组织运作高效，组织结构完善。

蚂蚁善于交流，它们利用触须和气味相互传递信息。哪里有食物？哪里有外敌入侵？蚁群都能有效地将这些信息传到每只蚂蚁。蚂蚁有非常强烈的互助精神，当一只蚂蚁感到饥饿的时候，它就会用触须拨动其他蚂蚁的触须，发出求助信号。当一只吃饱的蚂蚁知道饥饿的蚂蚁需要食物的时候，就会主动将自己肚子里的食物吐出来喂给它吃。不仅如此，当蚁群在迁移途中遇上河流之时，所有的蚂蚁会自动滚成一个蚁球向河面滚去。到达对岸时，蚁球外的蚂蚁全部淹死了，蚁球中心的蚂蚁却依然活着，它们将继续前进。

蚂蚁在集结的时候能够自我组织，不需要任何监督就可以形成一支很好的团队。更重要的是，它们能够根据环境的变动，迅速做出调整，找出解决问题的方案。蚂蚁总能找出最短的路径，把食物搬回家。当发现食物时，两只蚂蚁同时离开巢穴，分别走两条路线到食物处。较快回来的，会在其走过的路线上释放出较多的某种激素作为记号，这样，当其他同伴闻到较重的味道时，自然就会走较短的路线。

2. 蜂群和蚁群的"管理"

很多专家认为，蚂蚁的组织效率位居自然界生物之最，组织力度之大、组织构架之完善是其他生物所不具备的。有些时候，蚂蚁所到之处寸草不生，无论什么样的生物都不能与之抗衡，是自然界当之无愧的霸主。对于小小的蚂蚁来说，这是组织效率的成功，也是完善管理所催生的战斗力。

以上仅仅是蜂群和蚁群"组织管理"的几个简短的片段。人类直到目前为止，也没有掌握与身边的这些生命的对话技术，因而也无法确切了解它们到底是如何进行管理而获得极其漫长和最为广阔的生存空间的。我们不知道蜜蜂与蚂蚁是不是常常在用它们的语言笑话人类："看啊，这些庞然大物的管理水平真是差劲儿！"我们只是在用我们的眼光和思维、用我们所了解到的有限信息去分析它们。我们知道，人类对它们的了解越是深入，就越是对它们的管理、绩效和能力惊叹不已！

《哈佛商业评论》发表过著名管理顾问邦纳保（Eric Bonabeau）和梅耶（Christopher Meyer）的如是评论：蚂蚁与蜜蜂的一些活动其实可以教给人类很多管理学知识。蜂群的生存智慧至少有三个优势：其一是可以迅速根据环境变化进行调整，富有弹性；其二是即使少数个体失败，整个群体仍旧可以运作，组织强韧；其三是可以自我完成工作，无须过多自上而下的管理和控制，自主能动。

想必大家了解到这些一定会惊讶，这些不起眼的小生灵竟然这么富有管理智慧，而这些难道不是我们现在所处的复杂多变的环境下，谋求生存和发展的管理活动最迫切追求的特质，而且是极其缺少的特质吗？这些特质其实就是它们自觉地遵循地道法则的产物。

（三）地道法则与管理

不仅是昆虫的生存管理之道，我们还可以延伸追溯到植物群落的管理，还有鸟类、哺乳类、鱼类的一些管理现象，诸如候鸟的迁徙管理、狼群的捕猎管理、沙丁鱼群的群体生存管理，等等，这些客观世界中的管理现象和行为几乎每时每刻都在上演，我们会越来越多地发现关于管理的神来之笔，实在让人惊叹！

这些物种群落的高效管理就是它们自觉地遵循地道法则的结果。人类也具有自觉地遵循地道法则的本能，只是由于人类自诩为万物灵长，以为自身的主观能力可以超越本身具有的遵循地道法则的本能，这种认知导致人类的管理相比于其他物种的本能式管理的效果相形见绌。

总之，无论是万物的自然生态管理系统，还是现代人类社会这个看似高度有序但又充斥着 VUCA（即 volatility 易变性，uncertainty 不确定性，complexity 复杂性，ambiguity 模糊性）的世界，地道法则无时无刻不在发挥着作用。要想提升企业的管理水平，更有效地对人、财、物进行管理，就必须遵循地道法则。

三、人道法则

（一）人道法则的概念

当前人们常提到的所谓人道主义中的人道，指向的就是人类基本的生存权利，这是"道"赋予每个人的基本权利，这是狭义的人道。本书中的人道是广义的，是"道"所展现的客观规律性信息，是"道"给人类预装的基础程序，是人类的群体共性和个人的本质属性，其主要表现形式是人性规律和人心规律。

中国古人在认知天道之后，将其与人类自身进行对照，发现了天道与人道的同一性，由此产生了天人合一的思想，《易经》《黄帝内经》都是这种思想的成果。基于这种思想，中国古人提出了用天道法则来规范人们的行为的思路，以此为基础形成了中华文明奠基性的哲学思想、人文制度和科学思维。

（二）人道的自然逻辑

老子在《道德经》中使用的"自然"一词，如"人法地，地法天，天法道，道法自然"（《道德经》第二十五章）、"功成事遂，百姓皆谓我自然"（《道德经》第十七章）等，与普遍意义上的"自然"一词是有很大区别的（本书中，"自然"不属于道家哲学范畴的"自然"，是源自西方的自然环境的概念）。中国古文中的"然"字的本义是烧，引申为驱动之意，"自然"就是自我为之、自我驱动之意。"道法自然"是指"道"效法自身驱动法则，这一驱动法则就是道的法则，道是宇宙的终极力量，这一自然法则也就成为天、地、人的基本法则。人道是中国古人在对天道和地道认知的基础上，借用天道和地道的法则反观自身，以"推天道明人事"的思维程序，将天道和地道法则与人自身进行了连接，认清了人道法则。

"人法地，地法天，天法道，道法自然"的认知逻辑揭示出人道源自大道的自然法则，每个人身上都有"道"所赋予的道性，表现为人的质朴、纯素的本性，这是大道在人类主体中所蕴藏的法则的载体。人类只要回归自身的道性，让自己的行为与"道"所呈现的规律相合，就能让生存和发展顺利进行。这正是"功成事遂，百姓皆谓我自然"的缘由。

（三）人道化解文明危机

1. 生态危机

生态危机主要有两种成因：一是客观物质世界运动偶然促发的不良后果使生态面临危机，即天灾；二是人类不当的行为扰乱了生态系统的平衡，即人祸。在中心主义和唯利是图的思维模式引导下，人们逐渐将经济性与自私看作是理所当然的事情。只看到自己的利益，贪得无厌、不顾后果地攫取资源，诱发了危害人类生存的生态问题。

这些问题源自人类的贪欲，人类的贪欲是文明进步的大敌，是与人道的质朴、纯素的本性相背离的。"知足不辱"与"知止不殆"是人践行人道法则的重要智慧，是解决当前生态危机的对症良方。要想在合理的范围内利用资源，而不对环境产生破坏，必须遵照"知足"与"知止"两个原则。人要知道自己的行为哪些是合道的、哪些是不必要的贪欲和享受，也要知道利用资源的合适的度在哪里，既能享用资源，又为未来资源的使用留下空间。人要用心去认识世界万物相互联系、相互依存的统一性，维护它的和谐之美，这样人类才能逾远而弥存。①

2. 精神危机

以理性与科学为标志的科学精神促进了个人价值的膨胀与工具理性的扩张。法兰克福学派指出，工具理性的目的是控制，控制的对象包括自然界、社会和个人，最后连个人的生活方式和思维方式也要加以全面控制。而后现代主义哲学试图从工具理性中恢复个人意志与欲望，实际上这又偏向了矛盾的另一面。这两类思想都是对人道法则片面地、局部地、静态地认知。

除此之外，科学主义的方法和标准成为判断人类行为，包括宗教、伦理、审美活动的规范。这一切导致被异化的科技变成统治人、压抑人的一种异己性力量，人生的价值和意义被遮蔽，人、自然环境和社会的和谐关系结构被拆解。西方现代社会危机的根源在于科学理性之下的科技文明对人自身及心灵层面的关注出现偏差，社会危机的实质是精神危机。

老子的人道哲学与西方的哲学相比，是从根本上超越了个人意志与工具理性的矛盾——人的自由就在于约束不合理的贪欲以使生命复归朴素的自然本性。人道哲学充分地遵循了人道的自然本质，反对来源于其他任何主体的强制；主张人心恢复质朴与纯素，去除利己贪欲。

（四）人道法则与管理

人道是"道"在人类社会中所表现出来的规律，管理是人类的行为之一，管理的对象是人，管理中的价值创造者也是人，这就决定了

---

① 安乐哲. 道教与生态——宇宙景观的内在之道[M]. 南京：江苏教育出版社，2008：302.

管理必须遵循人道。要想做好管理，一定要根据人道法则，顺应人性规律和人心规律，改变对人的工具属性的认知。管理要落实到在遵循人道的基础上，促进人的全面发展与成长。管理者要以此为基础，协调人的成长目标与组织综合价值目标之间的关系，实现个人与组织的综合价值同步最大化。

第二节　管理的人性规律

人性是一面镜子，如果上面布满了灰尘，我们就无法看清它。那些灰尘可能是我们的有限理性、主观偏见、静态认知，也可能是我们的低级归纳。而当我们掸去这些浮尘的时候，我们便会领悟"天命之谓性"的哲理。而那时，所有的人性善恶争辩，都将被人性自然的圆通和超越世俗的神圣替代。

管理的主体是人。管理者是人，被管理者也是人，是人就有人的需要，有对生存、发展的渴望，对自由的渴望，对成功和幸福的渴望，人不可能犹如一件物品那样从属于某个人。

但几十年来，管理对人的认识一直未有实质性的突破，虽然理论上出现了不同的人性假说。在这些人性假说中，"经济人"人性似乎一直在人们的潜意识中占主导地位。一些人理所当然地，甚至是毫不质疑地把人的本质理解为"经济人"，把人看作追求物质利益的高级动物。结果，追求和满足物质欲望就成了企业和个人的基本定位，也成了企业在人性观上进行管理的基本指导思想。受这种思想的影响，物质利益至上、金钱至上、享乐至上等便成了社会的主流价值观，人和人的关系也成了赤裸裸的物质利益关系。结果，马克思在 100 多年前的预言，便悄然在现代社会实践中演绎："如果有 100% 的利润，资本家会铤而走险；如果有 200% 的利润，资本家就会藐视法律；如果有 300% 的利润，那么资本家便会践踏世间的一切。"

然而，人文社会科学的所有思想的展开都是从人性论开始的。一旦我们对人性的假设出了问题，那么管理思想、管理理论和管理方法等都会随之出问题。这么多年来，受西方经济学和管理思想的影响，在管理中我们把人理解为"经济人"，把满足物质利益当作企业发展和管理的目的和手段，结果出现了很多让人痛心的问题。这些问题的出现是值得我们反思的。所以，管理到底应该如何认识人性，依然是需要我们深入反思的核心命题。

一、人性初识

（一）众说纷纭

人是自然性与社会性的统一，人是能动性与受动性的统一，人是个性和共性的统一，我们还可以找到很多词语来描绘和说明人。在人类认知范围内，从诸如此类的概念限定中，我们试图找到人性的那部分内容，可是我们发现，对于人性我们很难精确定义，我们对人性究竟是什么的问题很难给出圆满的答案，我们很难有自知之明。

人性之善也，犹水之就下也。人无有不善，水无有不下。

——孟子

人之性恶，其善者伪也。

——《荀子·性恶》

人性有善有恶，举人之善性，养而致之则善长；性恶，养而致之则恶长。

——王充《论衡》

人之性也善恶混，修其善则为善人，修其恶则为恶人。

——扬雄

人有两个我，一个是"实我"，一个是"真我"。"真我"是理性主导的我，"实我"是情感主导的我，"真我"是因为善性的约束而高于恶性欲望的"实我"。

——康德

奥古斯丁、马基雅维利、霍布士、叔本华等西方哲学家认为人性是恶的，西方的一些宗教派别认为人一出生就有"七宗罪"。

古今中外，人性之说纷纭。古圣先哲们从各个角度给出了属于自己的人性观和人性概念。

古希腊哲学家柏拉图对人的灵魂和躯体的关系给予了关注，他认同不朽灵魂和凡人躯体的"二元论"，认为身体阻碍了灵魂的活动，只有善的意念能超越其他思想。他的学生亚里士多德利用婚姻性、政治性和爱好模仿三个特点总结了人性。东方哲学家孟子和荀子对人性本源的善恶则持完全不同的观点，而扬雄、告子等人又认为人性无善无恶，只能通过后天的修养来加以改变，正所谓"性相近，习相远也"。

宗教哲学方面，佛家哲学认为人性的本源是超越思维和自我意识的自性、佛性。道家哲学则用"婴儿"比喻原始自然的人性或者真性，强调唯有专气致柔、"复归于婴儿"，人才可能成为"真人"。基督教则认为，人类本来就是有罪的，只有接受上帝的恩典才能得到解脱。

近现代哲学仍不乏对人性的探索者，如大卫·休谟著有《人性论》，皇皇五十万字。但即使是这样的巨著，恐怕也难以完全将这个永恒的话题探索清楚。正如王海明所言："然而很遗憾，全书恐怕只有一章'论爱与恨'讲的是人性论的东西；而其余都是人性论之外的哲学、认识论和伦理学——能说这样的《人性论》建立了什么人性论体系吗？"康德创立了道德人性论，他认为"人的本性其实并不是人的自然天性，而是关于人在一切经验活动中，实际的自由运用的先天自由、自决和自我创造能力"。

同样，心理学家们也为解读人性作出探索。20世纪心理学的三大思潮——行为主义、精神分析、人本主义——研究的根本皆是探索"人性为何"。弗洛伊德受达尔文自然选择的进化论的影响很大，他关于人性的思想是：所有的现象都是由物理和化学原理决定的，人类是这些现象中的一个，是进化中的产物，同样遵从适应于宇宙中所有事物的法则。根据他的观点，人类的思想存在于无意识状态，人的很多行为及病症都与童年经历和性本能的压抑与释放有关。荣格则在弗洛伊德的基础上，提出了内外向人格的概念和集体无意识。心理学家阿尔弗雷德·阿德勒的代表作即是《理解人性》，他提出"自卑与超越""社会情感"是性格发展的动力源泉，这一观点为我们更好地理解人性提供了较为独特的视角。社会心理学家马斯洛较为系统地探讨了人性与激励的理论，他提出的五阶需要层次结构被人称为"关于人性问题的辉煌思想"。

（二）混乱之源

人性规律之道，说起来复杂，历史上学说学派众多，各执其言、各持其理，且均能在现实中找到佐证，这也是对人性认识出现多元化和混乱局面的一个外部原因。但在本质上，这样的混乱是因为把人类行为变动的现象当作本质，把人类个体中不成熟的行为简单地概括成了人性。很显然，从科学方法论的角度讲，这是犯了一个简单归纳的低级错误。透过现象看本质，在千变万化的人类行为现象背后是人心的稳定本质。

德国哲学家恩斯特·卡西尔在《人论》中说："认识自我是哲学探究的最高目标。"古希腊德尔斐神庙上刻有五个字："认识你自己。"苏格拉底说："我只知道自己一无所知。"布莱士·帕斯卡说："人是一根会思考的芦苇。"这些富含哲理的言语，从一个方面告诉我们人性的可贵以及人性的复杂。能够认识自我，觉知人性，同时也认识到人类的局限性，这就是自知之明；人性所包含的色彩很多，不是单一的色调，而是绚丽如彩虹。

人性，生长在我们的身体中，蕴含在我们的灵魂里，你很难区分它，但是又时刻能感受到，因为它是"你我"的一部分。

二、精神本质

（一）精神性是人的本质属性

大道生养万物，万物中都有"道"的因子，即道性。人是万物之一，也具有道性，道性是人性的本体。同时，人是"道"创造的区别于其他生物的特殊生命体，具有独立的主观思维能力。在这一能力基础上，"道"赋予了人区别于其他生物的精神属性，这是人的道性中的特殊因子，也是人区别于其他生物的本质属性。

现在的生物遗传学成果表明，只要是存在于地球上的生命形式，都有着或高或低的相似度。人与狗的基因相似度高达95%，与大猩猩的基因相似度甚至超过了98%，人与人之间的基因相似度就更高了，可以达到99.9%以上。显然，人与动物、个人与他人的本质性区别不在物质存在层面，而只能是精神存在层面。精神性，无疑才是人区别于其他生物的本质属性。

今天的社会，物质条件给人的约束越来越小，当基本生存需求满足之后，人就会开始关注精神层面的需求。即使是对财富和权力的追求，其背后也都是寻求一种人生价值的被认同，和被认同之后精神上的满足。吃苦不苦，是因为有希望；困难不难，是因为有目标；劳累不累，是因为有使命。如果没有这些精神上的动力，即使坐拥金山、锦衣玉食，仍旧百无聊赖，觉得生命就是一种煎熬。

也许有人会质疑：既然说精神性决定人的本质属性，动物尤其是大猩猩等灵长类哺乳动物就完全没有精神、不会思考吗？这就涉及对"精神"这个名词的界定。瑞士心理学家丹尼什将肉体、心理、精神看作是一个整体包含的三个层面。"人与动物在本质上的不同，正是在于人有其特别的精神本质这一天赋。"[1] 在这个界定前提下，大猩猩等动物展现的诸如使用简单工具、群落"政治"等高级举动，我们更可以视为心理现象的延展，而不能完全冠以和人类无差别的精神活动之名。

总之，人的行为是受人特有的精神活动支配的，任何外界的刺激（即使是那些一直被管理者们称之为激励的因素，充其量也只能叫作刺激），必须经过每个人各不相同的精神体系来进行意义的确定，并把这种意义转变成决定行动的内在力量。

（二）精神追问

那么，精神到底是什么呢？我们可以通过"感动中国2020年度人物"文学家叶嘉莹的例子来一窥究竟。

---

① 丹尼什. 精神心理学[M]. 北京：社会科学文献出版社，1996：4.

把一切建立在小家、小我之上，不是一个人终极的追求与理想。人的精神品格能够提升，提升以后，他就有他自己内心的一份快乐。他不会每天总是为追求现实的那一点金钱之类的东西而丢掉人生最宝贵的价值。

——叶嘉莹

叶嘉莹的一生如诗似歌，她终生践行了追求个人精神品质提升的价值选择。在那个动荡的年代，从大陆随夫迁居台湾的叶嘉莹受尽了生活的磨难，但她始终没有放弃诗词写作，创作了大量的诗词，这为她后来成为大学文学教授奠定了基础。20 世纪 70 年代，已是多所名牌大学教授的叶嘉莹，完全可以过上一种无忧无虑且富足的生活，但她本人却选择了不要任何报酬，回国教书。90 多岁高龄的她仍然坚持讲学，并无私地捐出 3500 多万元财产支持中华优秀传统文化研究。

可以说，叶嘉莹用自己有限的一生彻底地实践了师者精神，培养了大批中国传统文化和古典文学人才，深刻地诠释了何谓真正的人类精神性。

卡西尔的这段话也可以为叶嘉莹精神世界的选择做一个动机性的诠释——"人的本质不依赖于外部的环境，而只依赖于人给予他自身的价值。财富、地位、社会差别甚至健康和智慧的天资——所有这些都成了无关紧要的。唯一要紧的就是灵魂的意向、灵魂的内在态度；这种内在本性是不容扰乱的。"[1]"不竞繁华日，秋深放最迟。群芳凋落尽，独有傲霜枝。""人生最重要的是保持自己的真心性，心灵的一片清净洁白。"叶嘉莹的这些话极为恰当地表达了她自己的"灵魂的意向""内在态度"。人类社会中许多精英、英雄人物往往都有这种崇尚

---

[1] 卡西尔. 人论[M]. 上海：上海译文出版社，1985：10.

精神的内在态度，而外在表现为对物质追求的淡漠。

也许有人根本无法理解这样看似吃亏的选择，但是我们要反问：为了所谓的个人舒适和物质条件，远离祖国，远离父母，远离生养自己的土地，真的就会幸福吗？新冠疫情期间，许多归国留学生和侨胞都感叹："能够回到祖国，心里总算踏实了。"这就是一个强大的祖国给游子们带来的心理慰藉，而这种慰藉同样也在几十年前的叶嘉莹心中。

看看我们周围的世界吧，虽然生活条件距离20世纪已有了很大的提升，但深陷于物质旋涡当中的人们总是身心疲累。"郁闷""纠结""内卷""累觉不爱"等日常用语的流行，既是这个时代人们焦虑的反映，也是我们常人在高速生活环境下的一面背景墙。在这个围城当中，有的年轻人把网络游戏、追星或电视剧当成了生活的全部，有的人则成了"佛系"、躺平的代表，追求一种所谓无欲无求的虚无主义价值观。

时代变化了，这看似优渥的物质条件似乎并没有给人们带来精神生活的同步提升，反而重新引出了一个让人迷惑的"恺撒之悲"式疑问：这一切原来是如此空虚与无聊！幸福为什么总是那么近，又那么远？

（三）幸福与精神

有人认为，幸福是一种持续的心灵满足。如果想达到这种幸福，归根到底，还得从历代圣贤典籍和古今中外伟人的传记中寻找答案。古希腊哲学家德谟克利特说，使人幸福的不是体力，也不是金钱，而是正义和多才；修昔底德强调了人的勇气在获取幸福和自由时的作用；法国作家左拉则认为，幸福的根源在于知识。

除了正义、才能、知识、勇气等外在人格或能力的呈现，更多的先贤则直指人类崇高精神的内核——行善与利他。"水善利万物而不争，处众人之所恶，故几于道。"与其说"人的尊严在于人的创造性，在于人能够'精神地生活'，在于人的心灵所享有的那种无边无垠的自由"①是一种远超常人的洞见，不如说那种关于洞见的洞见才是一种终极的存在。这种"关于洞见的洞见"，即那种使人幸福的自由、创造性与精神生活，只有在为他人、为社会服务和谋利的行为过程当中，超越了本能自我及私欲，充分发挥人性中最为闪光的精神性一面，才能真正地拥有和维持。

在这个意义上，人要想"成为人""成为幸福的人"，必须充分发挥其精神性，否则，"人形之动物""身体健康的病人"就可能是我们无法摘掉的标签。"人之所以能与天、地并称三才（三种能量），就是因为人有一颗能觉解万物的心。如果连这颗心都不用，那还叫人吗？那就与禽兽无异了。"

由于肉体的限制，外界的物质世界总是给人类带来各种约束性条件，如果不理解精神性这一人类本质属性，找到"关于洞见的洞见"，我们面对的终将是一片荆棘丛林。主持人白岩松在著作里指出："物质是幸福的基础，情感是幸福的依靠，精神则是幸福的支柱。"也许，我们可以换一种表述方式——物质过多或过少可能都会让人找不到幸福，情感过多或过少也会让人的幸福无从谈起，在追求幸福的过程中，唯有精神才是支柱，人的精神性的意义是无法用数量的多少来度量、用价值的大小来计算的。"心外求法，无有是处。"

---

① 何清涟. 我们仍然在仰望星空[M]. 桂林：漓江出版社，2001.

三、人性超越

每个人的内心似乎都有一场战争：善恶之战！如同天使与魔鬼争斗不休！现在的关键是，谁是最后的胜者？恶是贪婪、嫉妒、恐惧、哀伤、傲慢、怨恨、自卑、谎言、自私和不忠。善是喜悦、和平、希望、爱、责任、奉献、谦逊、宁静、宽容、慷慨和忠贞！几乎每个人都知道，以恶生存，最终身败名裂！以善生存，最终生命光大！

答案其实很简单：你给谁喂食？善被喂食，善就大了，恶自然就小了！恶被喂食，恶就大了，善也就小了！何谓喂食？你给谁能量？你看重谁？你总关照谁？你总喜欢谁？命运，无非如此！你希望把握自己的命运，也就应该知道如何选择了。人生也是一样，如果释放善良，你就会收获善良；如果释放邪恶，你最终也会自食其果。只有觉悟的眼睛，才会看穿人性表现背后之人性的真相！只有觉悟的心，才会越过现实人性的表现而直达人性那神圣的本源！

（一）社会性对生物性的超越

人人都要吃喝拉撒，都有生老病死，这种生物性和动物没有什么不同。作为一个人，也必须首先满足生理和安全等基本的需要才能够相对健康地保持生命的活力。但是，正常情况下，不可能有精神正常的成年人会像动物一样，敢于持续无视社会道德和治安条例等的约束，在公共场所或人群中肆意排泄。所以，在所有生命体都具有的生物学意义或生物性之上，人必然还有更高级的一种属性——社会性。

若人类只是限于生命的物质层面，是不可能创造出文明的，这种纯粹生物性意义上的生存也将是非常局限的。人出生之时，在母亲和周围亲友的拥抱和关怀下，决定人特殊种属的社会性就已经具备。随后，在人成长和成熟的过程当中，人的社会性更是持续作用，成为人生存必须依赖的基本属性。人不同于动物的特别之处，即在于社会性对于生物性的超越。在这种意义上，人才不只是物质的存在和堆砌，而成为"一切社会关系的总和"。

（二）精神性对物质性的超越

在我国改革开放之初的关键时刻，陈云同志提出"两个文明要一起抓"。这里的"两个文明"指的就是物质文明和精神文明。回归到人自身的建设当中，也存在"两个文明要一起抓"的问题。物质文明的丰富，经济的发展，生活水平的提高，常常伴随着精神文明的暂时性退化。

一味地使用汽车等交通工具而不走路，会使人直立行走的能力退化；一味地使用电脑和手机，会使人的计算和书写能力退化，部分人对获取知识的迫切性甚至会产生退化；一味地沉溺在声色官感、追求新奇刺激的欲望当中，就会如老子所说的"五色令人目盲，五音令人耳聋，五味令人口爽，驰骋畋猎令人心发狂，难得之货令人行妨"。这些统统都是人类社会在发展过程当中"进化悖论"式的体现。

所谓退化，当然不是真的发生了人类进化在物质层面的倒退，这种倒退主要是指精神性的倒退。如果不能克服生命的物质惰性，不能完成精神性对物质性的超越，一个人越富有、越成功，反而可能越危险。有多少人费尽心机爬到了权力的高位，却因金钱美色而触碰红线，锒铛入狱？又有多少富家弟子丧失了对唾手可得的权势的兴趣，转而肆意挥霍甚至吸毒赌博？这些现象不能不使我们警惕。进化不是物质文明成果的展现，而是人的生命向精神层面的迈进，使生命进入一种超常稳定的正能量状态。如此，人的创造性和真正的自由才能得以实现。

终究，人生的本质，不是物质的饕餮盛宴，而是精神对物质的胜利。

（三）理性对感性的超越

美剧《生活大爆炸》里，谢尔顿是理性人代表。他如卡西尔所言，"是一个对理性问题能给予理性回答的存在物"。但是，由于谢尔顿只是一味地用理性思考，很难换位思考，从情感的角度理解他人，这种机器人思维和现实世界的格格不入，制造了许多令人啼笑皆非的著名桥段。在遭受他人质疑时，他那句"我不是疯子，我妈妈带我去检查过"恰恰成为其人性残缺的佐证。

理性或是感性，本来就是人性的一体两面。虽然在分析时人们常常认为生物本能或感性冲动代表着缺乏自觉，比理性更加低级，但事实上真正的理性不但代表着自我约束、逻辑与思考，同时也代表着对自身或他人感性系统的包容，对低级生命的理解与对差异性的接纳。若非如此，无法称之为真正的理性。

梁晓声认为，文化可以用四句话表达：植根于内的修养，无须提醒的自觉，以约束为前提的自由，为别人着想的善良。具有这种文化的人可以说是真正完成了理性对感性的超越，使理性绽放出了应有的光辉。

（四）利他对利己的超越

前些年，一些爱狗人士的行为引起人们的热议。他们会长途跋涉到广西玉林等地，花费数十万巨款去购买狗猫宠物，将这些等待着被屠宰的小动物们救出，甚至专门建造养殖基地来安置它们。有人认为，这些所谓的爱心人士具有"动物囤积症"，虽然形式不同，但也是为了一己私欲；也有人认为，在这些爱狗人士的身上，具有常人难以理解的善良，这是一种超越了种族的利他行为，值得效仿。

事实上，考虑到人类行为的复杂性，我们可以从手段、目的、结果等方面来分析一下这些爱狗人士的行为。如果爱狗人士救助动物确实是发自内心的一种自觉，从目的上可以看作是完全利他。但是，这种不考虑自己经济承受力的利他行为有可能让自己的家庭关系不和睦，让自己面临着巨大的经济压力，从结果上来看，所谓完全利他就转化为利他害己。如果在这个过程中，再与狗贩或反对者发生冲突，引起小动物的更多伤亡，则连利他似乎都难以算得上了。

可以看出，人的行为，所谓利他与利己的区别很难用同一个标准、角度来界定。如果一个人想要真正地利他，超越私欲，完成利他对利己的超越，必须充分认识到两者相互转化、运动的规律。否则，看似利他的行为背后往往隐藏着"既不利己，亦不利他"的结果，反而得不偿失。

（五）神性对人性的超越

"三十三天天外天，九霄云外有神仙；神仙本是凡人做，只怕凡人心不坚。"中国传统道教文化乃至每个人内心深处隐藏的渴望当中，都有着对神性异乎寻常的热情与追求，但正如上面的诗文所说，自古以来，向往的人多，但成道得道的人少，皆因人们无法完成人性中神性对人性的超越。

只有在人的精神性的本质充分发挥后，人才算成为人。但是，人的精神追求又不等同于人的神性。神性，可以被看作是人性当中引导人不断积极向上、提升自我、升华自我的正向力量；它在人性当中本来就存在，源于精神性，但是又超越精神性。精神性是人类对物质性超越的结果，人还必须完成对一般精神性的超越，才能真正完成由人性到神性的升华。

在信仰体系当中，神祇不但超越了人类肉体小我的约束，更是一心利他、执掌人间善恶赏罚的化身。这就要求神祇不仅做出牺牲自我、利益社会的神圣性行为，还必须拥有超越常人的智慧、寿命、精力与能力。只有这样，他们才能明辨是非，不为外界纷扰、他人的表象行为所左右。

在普通人的生命当中，神圣性的高峰体验、崇高的神圣性行为已属难得，遑论神圣性的能力或力量。这在某种程度上甚至已经超越了唯物主义的范畴。无论是我国神话当中"射日"的后羿、"开天辟地"的盘古，还是西方电影当中的超人、蜘蛛侠等，无不带有一些魔幻、超现实的色彩。

回归到现实环境当中，人性当中神性的一面首先还是应当体现为精神性的特征。在具备了精神性的高度与基础之后，人性中纯粹自私利己的一面才会逐渐减少，关爱、包容、智慧等正向的因素才会逐渐增加。在这个意义上，神性可以说是人类群体的一种终极追求和目标，必须持之以恒地坚持自我反省与修行，具有七情六欲的人类才能脱胎换骨，彰显神性的光辉。

四、人心圣道

（一）价值起点

人类个体的现实状态，往往是在神圣与禽兽之间游荡，时而倾向于神圣，时而又倾向于禽兽；有些人日益神圣，有些人退化成了禽兽。管理，如果抓住神圣性这把钥匙，就会为人类打开通向自由世界的大门。

人类生存之初，面对恶劣的自然环境和各种危险，自由受到了很大的限制。这种限制不仅体现在肉体上，更体现在精神上。也正是在突破这些限制，为自己争取自由的历程中，人类发展出了与其他生物的本质区别。"皮之不存，毛将焉附？"在残酷的自然环境中，人类不懈地谋求自身的生存和发展之路，个体无法自给自足，必然依赖于其他人的劳动来获取生存的条件和发展的契机。在这个过程中，人类发现了群体、他人对自己生存发展的重要性，并最终明确了自身存在与发展价值的起点——利他，并将其演化为人类社会价值归属与基本道德规范的核心，也成为个体与集体的互动价值准则。

大家都是利益共生的，要通过帮助他人来获取自身的发展，损害他人的利益就会影响自己的利益。通过这种利他性，人类社会构筑了一种最大可能地保障大多数人生存、发展的模式。而在这种模式下，出现的任何逆反趋势、违背道德、伤害他人甚至整体的行为，最终都会遭到反噬或制裁。所以，个体若想谋求自身稳定健康的发展，提升自己的生命价值，就要顺应这个规律。

（二）回顾思索

一些人在发展个体自身，在人与人之间、个体与外在世界的和谐中认识到自己的本质，找到了自己的角色和使命。他们将自己的人生目标与实现其他人的利益联系起来，用自己的能力服务于他人的发展，通过帮助别人成功来实现自己的价值，这种行为背后的精神性已经接近于神圣。

纵观人类发展的历史，各个时期都出现了很多英雄和圣人，他们为了众人的福祉奉献自己生命的同时，个人存在的价值也升华到了极致。这种神圣的精神自古以来一直被赞美、崇拜、弘扬，也体现了人类对这种神圣境界的向往与追求。所以，人性中的神圣性是精神性的升华和精神发展的终极目标。

每天忙碌地生活为了什么？如果所追求的真的是心之所向，不仅结果会让人欣喜神往，整个过程也会处处充满幸福与喜悦。但为什么现今人们的追求和忙碌带给自身的是疲惫、烦恼，甚至还有痛苦？很多人在心中都已经问过自己不止一次，难道我追求的东西错了吗？但是，没有几个人敢真正面对这个问题。于是，人们带着茫然的心，只是看着前人的脚后跟，继续往前不要命地追逐。前面的人走向何方，在前面引导方向的人是什么样的人？那些目标是依据什么设定的？就是因为前面有人在走？只看到了前面有人在走，却没有看前面的人是谁，也不知道这条路通往何方，一旦前面的人坠入深渊，自己还收得住追逐的脚步吗？挡得住蜂拥而至的后来者吗？

（三）应然之路

如何摆脱这样的自杀之路？很简单，只要找到人的生命应走的路。求死的路有千千万万条，但是真正的生路只有一条。老子在《道德经》中说，"死而不亡者寿"，这才是一条真正的生命得生之路。而这条路的引导者就是那些神圣的人，有使命和信仰的英雄，那些把自己的生命与千千万万人连接在一起，全心全意为众人的未来和幸福去披荆斩棘的人。他们已经活在千千万万人的心里，他们的精神因为感动人而一代代地传承，永不消亡。

其实，这份神圣性藏在每个人的心中，我们每个人做事不都是在为别人做吗？为了家人，为了孩子，为了管理中那么多的员工……只要我们能够静下来坦然面对自己的问题，认识自己，加上前方圣人的指引，生命必定活出应有的精彩。

人人追求发展，这是人心的一个基本的趋向，只是对如何发展、需要自己作出哪些努力、以什么样的起点作为开始、不具备的条件如何解决、相应的资源如何整合等一系列问题，缺乏相应的知识和经验。此时，在生存压力的逼迫之下，在社会不完善的制度及其运行和社会不良现象的刺激之下，很多人会感到发展无门或者屡屡遭受挫折，因而可能走向反面。管理的责任，就是为每个人找到一条健康的发展道路，把管理作为人发展的平台，而不是将人作为管理发展的工具。

（四）心性管理

管理者所面对的部下都是平常人，而不是圣人。部下看重眼前利益，是因为对未来预期感到难以把控；部下注重小利，不是不想要大利，而是难以预知大利是否有保障。甚至对于很多管理者来说，内心也是这样想的。这本身也是人之常情，也就是人心规律。在我们以一种平和的心态接受了这一人心规律之后，新的管理智慧也就随之诞生了。管理的规则若是保证让牺牲小利的人得到大利，让牺牲眼前小利的人的未来大利都有保障，又有谁会拒绝大利呢？人同此心，管理者在另外的一层管理关系中又是被管理者，只要能够坦诚地面对自己的心，也差不多就懂得了别人的心。但如果管理者一直将重视眼前小利的部下视为斥责的对象，就只能不断地激起部下的反抗和厌恶，并把部下的智慧引向与管理者恶性博弈的方向。正如西方有句话所说的那样："人类一思考，上帝就发笑。"

管理，就是服务于管理情境中的所有主体的人性成长，这就是人性发展规律与管理的基本结合点。管理要将人、文化、技术等置于客观规律之下进行思考，以"道"作为管理的基础，尊道爱人，破除管理自以为是的强势，激活众人人性中神圣的力量，使管理从外部制约转化为以内律为核心的服务式成长支持模式。在此基础上，实现人人健康发展，同时完成管理者内心的解放。这样，才能真正实现用管理文明推动社会文明进步的目的。

第三节　管理正道

面对管理中的很多问题，人们在实践中已经形成了各种各样的管理思想和方法，但问题却似乎没有得到真正的解决。这是因为，管理制度等能够暂时从问题的表象约束一下，但是不能从问题的根本之源——人的心灵去解决问题。而中华传统文化中的一些思想恰巧能从这个层面去解决这些问题。

一、真爱至力，合众之心

只为自己好算是动物般的本能，为家人好也最多算是本分，为朋友好可以算是够义气，为利益相关者好则是交易。只有没有分别心地为众生好才算是真爱、慈爱。

慈，《说文》中释义"爱也"。慈者，爱出于心，恩被于物也。老子在《道德经》中所说的"三宝"，首先就是慈："一曰慈……慈故能勇……天将救之，以慈卫之。"《增韵》中对慈的释义为"柔也，善也，仁也"。将慈、悲摄于四无量心中，分别称为慈无量与悲无量。慈爱众生并给予乐，称为慈；同感其苦，怜悯众生并拔苦，称为悲。二者合称为慈悲。与众人乐，这种乐需要滋生的土壤、需要长大的条件，有了力量之后慢慢地发散、普及，最后才能达到"众人乐"的效果。

"与众人乐，拔世间苦"，有这样的发心需要一份广博的胸怀。这种爱不是世俗中的挟私之情，而是不忍众生在苦海中挣扎，愿意将自己无偿奉献给众生，尽己之力助众生脱离苦海的一种大爱精神。

这种爱，如水一样，浇在万物之根上，默默地滋养万物、成就众生。"上善若水，水善利万物而不争，处众人之所恶，故几于道""滋养万物而不为主"。帮助了别人，没有高高在上的施舍的姿态，没有成就别人之后那种盛气凌人的气势，反而处下、谦和、包容，用更强大有力的方式继续帮助对方的成长。

很多人会问："人为何要有这种不可思议的大爱呢？"我们知道，天道慈悲，"天之道，利而不害""天之无恩而大恩生"。人为天地之子，众生一体，众生也是自己，看同类受苦，感同身受，心中生出悲悯之心。当我们对别人的痛苦冷漠时，痛苦就会很快降临到我们身上。当我们看起来没有缘由地去帮助所遇到的人脱离痛苦时，自己也就脱离了痛苦。从心理的角度讲，人是一种无法从自我的追求中得到幸福的高级动物，只有帮助同类摆脱了痛苦，自己才会真正地得到幸福，这就是人世间幸福的真谛。简单来说，人无法独享幸福，人无法在自己的挣扎中摆脱痛苦，人只能在对别人的奉献中同时得到幸福和摆脱痛苦。

"此慈悲诸善中王，一切众生所归依处，如日照昼，如月照夜，为人眼目，为人导师，为人父母，为人兄弟，同归道场，为真知识，慈悲之亲，重于血肉，世世相随，虽死不离。"然后，发慈悲之心，愿意用自己的生命托起众生苦难，"受国之垢，是为社稷主；受国不祥，是为天下王"。慈悲发心不仅将拯救之心停留在意识层面，更会将这种发心付诸真正的行动。甘心为众生奉献自己，心中无我，何有自身之苦、之伤？老子说："何谓贵大患若身？吾所以有大患者，为吾有身，及吾无身，吾有何患？故贵以身为天下，若可寄天下；爱以身为天下，若可托天下。"

人性是自由的，这就决定了人们不喜欢被管理、被控制。如果管理者不明白这一点，就会努力去做违背人心自由规律的事情，就会遭人厌恶。虽然没人喜欢被管理和控制，但也没有人能够真正地拒绝一种真心的帮助和爱护，这就为管理打开了另一扇门。

当管理者用自己的知识和经验去帮助下级成功时，又有几个人会固执地拒绝和对抗呢？当管理者醉心于自己权力感的满足时，人们不对抗就一定是管理的成功吗？管理者对部下的爱护，来自对管理职能的重新认识。这就是要从传统的控制转化成为现代的服务，把个人做英雄的情结让位于把部下培养成为英雄的教练角色，把只注重培养业务能手的偏差调整成培养健康、积极向上的人这样一种模式上来。

真爱慈悲，是管理的第一准则。当我们发自内心地愿意给予他人关爱，当我们看到他人幸福而真心地祝福他们，当我们能发自内心地除人之痛苦、给人以快乐之时，我们便进入了更高的境界。用这种内在的力量去做事，我们获得的是自由和快乐。相反，迫于外在的压力做事，我们将被困惑和烦恼所包围。

每个生命都在追求幸福和快乐，慈悲之心恰恰能够帮助世人找到脱苦得乐之法。作为企业家，创业和做事业也是脱苦得乐的历程，是一种自我的修炼。若想真正彻底地拔除自己的苦根和得到自己的幸福，就必须将自己的脱苦得福建立在帮助企业员工从痛苦的心智模式中走出来的基础上。这样，就能够共同缔造一个幸福的企业小社会。

二、王者圣道，成己度人

古往今来，一个人不管是经商、从政还是做学问，能成大事者，都离不开心性的修养，无不具备内圣方面的修为。

心中有神圣，心中有世界，眼中有百姓。言行于世，安身立命皆是天下，众心归属，心自诚服，王者自成。

"'圣有所生，王有所成，皆原于一。'不离于宗，谓之天人；不离于精，谓之神人；不离于真，谓之至人。以天为宗，以德为本，以道为门，兆于变化，谓之圣人；以仁为恩，以义为理，以礼为行，以乐为和，熏然慈仁，谓之君子。"（《庄子·天下》）本来，人的生命有限，生命所需有限，生命所能承载更是有限，过多的物质和名利就变成考验心性觉悟的一道道考题。在奋斗中得到超出这些需求的部分，随着生命的消逝必然还要还回世间，不能永久拥有。所以，如何用超出的部分去滋养更多的生命，让更多的生命因此成长，实现所拥有价值的不断升值，考验的就是本体心性的力量。

"内圣外王"，内圣者，合于天地大道而自胜者也。当人的心性不再受外物的羁绊，当人的观念中不再有你我他的分别，能将客观世界的天地之律、人世间的规律、人心的状态都放进自己的心中，摒除自己的主观意愿和想法，顺应事情的规律和人心的规律去做事，才能够与天地大道相连接，才能够具备感受真正的世界、感受万物的能力。若能真正认识、理解并践行这一切，一个人就完成了其生命本质上的蜕变与升级，智慧和心性必会达到至高境界。

古希腊德尔斐神庙上有句箴言："认识你自己。"有句俗语说："笨人读书，聪明人读社会，智慧人读自己。"人生意义实现的关键就是在这个过程中借事物和社会实践来认识自己，修炼自己；人的生命价值的提升就是不仅能够管理好自己，还能够帮助更多的人成长发展。古往今来的所有圣贤，几乎都遵循着这样的基本路径修炼着自己。若领导者、管理者能够把自己当作一切结果的决定性始因，把改变自己作为改变局势的支点，让自己首先启动改变的程序，就一定会体验到"万物皆备于我""所遇皆是礼物"的惊喜。所谓"知人者知，自知者明。胜人者有力，自胜者强"。

王者，载天地之道，纳众生之苦，自得人心所归。作为企业的领导者，不仅要了解"真人性"、人性中的神圣性，还要在认识过程中根据这些规律重新调整、设定企业的使命、方向、目标、价值观……帮助更多的人，从"狼人"回到"真人"，并通过建立神圣性的管理，使企业也成为自我心性修炼的场所，激发人心中的正能量，让人成长为"圣人"。当企业中都是一个个有道德感、有责任心、有主人翁精神、积极主动的员工，还需要什么规章制度吗？

三、义利相生，德者自得

在管理者最常抱怨的问题中，摆在首位的就是部下的道德性问题。但是，在管理的教科书和实践中却很少能够见到如何去运用管理的资源培育部下的道德与业务能力共同成长的内容。于是，在现实中就出现了"给钱越多，人越贪婪""能力越强，就越是缺乏忠诚度"之类的问题。

但是，将这样的问题简单视为道德问题是非常肤浅的。从科学的角度上说，这不能简单地归为道德性薄弱，其本质是人心的感受规律问题。也就是说，给钱多了，人的期望就越多，而管理给予的金钱数量却又总是赶不上人心期望的数量。实际上，管理给钱一说，本身就是荒谬的。这是因为，价值是大家创造的，创造不出那么多，又有谁有能耐去发那么多的钱呢?

把金钱增长与创造价值的增长同步，人们服这个理，就会有效地遏制恶性期望。同时，管理中对待道德性问题，必须走出"损己即道德"的错误心理逻辑。把道德变成对人们增益的一种价值启动，才与人心规律的方向一致。也就是说，让表现出道德性的行为获得发展机会的酬赏，让成果再反过来证明道德性的价值。当然，道德性本身也是人的一种特殊的精神收益。

值得注意的是，传统管理者更多地把道德性理解成一种单向的牺牲。也就是说，个人为集体和管理而牺牲个人利益才是道德的。这是对道德性理解的一种误区，是对和平时期、生活常态下人们行为的一种极端性的要求，并与人心的趋利避害本能相冲突。明白了这一点，也就找到了最佳管理的钥匙：既将道德性作为一种特殊的收益单独处理，又将道德性与经济收益和个人发展联系在一起，进行互相证明和连续的循环互动。

对处在极度贫穷状态的人来说，金钱的增加似乎能够带来幸福，但物质丰富的今天则不然，因为人们生存的基本条件已得到了满足，甚至有相当一部分人已经达到了相当富裕的程度。对于衣食无忧的现代人来说，如果无法处理好经济物质与精神心灵的关系，定位不清经济物质在生命中的正确位置，财富的获取越多，就意味着越大的人生危机。

孟子曰："居天下之广居，立天下之正位，行天下之大道。得志，与民由之；不得志，独行其道。富贵不能淫，贫贱不能移，威武不能屈，此之谓大丈夫。"现实中充斥着"富而不贵""富不过三代"的魔咒，如何在富裕起来之后走向人生的高贵，已经成为摆在很多社会精英面前的重要课题。此课题不解，经济发展的成就与价值就会大打折扣。

在管理建设中，如何实现儒家的理想价值逻辑"义利相生"是一个很值得企业家们思考的问题。子曰："富与贵，是人之所欲也……饭疏食，饮水，曲肱而枕之，乐亦在其中矣。不义而富且贵，于我如浮云……富与贵，不以其道得之，不处也……见利思义，见危授命，久要不忘平生之言，亦可以为成人矣。"

孔子在《论语》中所说的富贵关系，可以归结到是否合道上来。企业伦理学也告诉我们，以不义的方式盈利，无异于自杀。而以"义"——服务大众作为起点，当是企业思考盈利的逻辑出发点；同时，企业盈利之后，又如何落实"利"的"义"处，也是更为困难的一个关键点。通常，在企业内部，管理者通过奖优罚劣来分配一部分经济价值，但在"优"的标准上，又常常局限在业务绩效上，而忽视了业绩优秀的人在"义"方面的考核。在"德""能"这两个标准上，管理者对"德"说得多而在管理措施上落实得少，这就形成了"虚说德，实做能"这样一种德能不合的局面。如此下去，很多能人渐渐地在"德"的方面出现问题——对企业的忠诚度降低，跳槽心不断加强，甚至为了高绩效而不择手段。

孔子说："道之以政，齐之以刑，民免而无耻。道之以德，齐之以礼，有耻且格……为政以德，譬如北辰，居其所而众星共之。"（《论语·为政》）明白了问题所在，解决办法也是显而易见的。具体方法有：一是将"德能"作为企业立于社会的旗帜和信念，通过宣传和员工的演讲比赛等灵活多样的形式，令其深入人心；二是在设计考核指标时"德能"并举，不容许非德绩效行为出现；三是对绩效不是最优的人员，设立专项"德优奖"，让优秀德行的人得到应有的尊重和认可；四是领导带头，抓住各种机会实践和弘扬美德；五是反复宣讲

"德能"相互促进、相互保障的基本原理和典型事例，让大家从"德能对立""德能割裂"的思维困局中解脱出来。

四、心灵为源，心斋识己

颜回欲出仕卫国，孔子与弟子有一番对话。回曰："敢问心斋。"仲尼曰："若一志，无听之以耳而听之以心，无听之以心而听之以气。听止于耳，心止于符。气也者，虚而待物者也。唯道集虚。虚者，心斋也。"

人之灵在识，人之愚同出于此！"境风吹识浪"，也即外界的风一来，人的心波就开始摇荡，心中的清静也就全无。依靠感官的知识，实则是天下大道的虚幻。而天下大道的虚幻，才是真正的真实！修炼内心虚灵的境界，达到内心意识不动，心灵凝定，耳不听外，目不视外，观自在于心，即是真正的心斋！

中华道学证得了"天地一指、万物一马""万物刍狗、百姓刍狗""乘物以游心"的自在心灵和逍遥，儒家入世很深，却也懂得"心斋"的境界。

关注什么，就会让什么成长。人的日常认知具有主观选择性，一般都会选择自己熟悉或关注的部分。由此，选择的结果同时反映了认知者的内心状态，这是心灵的规律。如果一个管理者总看到员工消极、恶劣的一面，多半说明他自己的内心也被这样的力量充斥着。若总能发现员工积极、高尚的一面，这样的管理者的内心也是积极和阳光的。也只有这样的管理者，才能够发掘人心积极向上的品质，承继众人的能量和智慧，打造一个和谐而积极的管理模式。如果管理者整天只关注缺点、问题，以为批评、惩罚就可以改变他人的不足，这种管理方式不仅让自己的心态不好，也会影响所有相关主体的积极性。

人是社会性动物，很难离开群体而独立生存。个人的价值需要得到他人的认可，成功也离不开他人的帮助。个体与他人、群体的和谐，不仅影响管理中方方面面的关系，也直接影响组织目标的实现。那么，如何才能看到自己的不和谐状态呢？其实，周围的人和事就像是一面面镜子，反照了管理主体的思维系统和能动模式。同样的世界，同样的事情，在不同的处理系统中加工后就会出现不同的反应。通过周围的镜子，管理主体可以了解到自己的真实状态。人认识自己是最难的，通常人们更容易看到别人身上的问题，总想去改变别人。其实，这是将自身的问题转嫁或者投射到他人身上，不仅改变不了别人，还会恶化局势。

"致虚极，守静笃，万物并作，吾以观复。夫物芸芸，各复归其根。归根曰静，是谓复命。"（《道德经》第十六章）正所谓大悟自在心静中！想不明白自己状态的人，最多是人间苦痛的一个玩偶、人间愚钝的一个练习对象！试想一下，人间的哪一种真正的成功不是来自对自我的超越？人间的哪一种失败不是来自对自我愚昧心性的外部复制？

世事无常，瞬息万变。如果没有一颗安静的心，是感受不到这种变化的。无法随变而变，就更无法应机而动。而且世间诱惑甚多，一颗如如不动之心，才能够真正阻止妖魔鬼怪的侵身近体。

五、太上之道，不言之教

没有人愿意庸庸碌碌、如蝼蚁般度过自己的一生，但人生方向的价值选择又造就了众多生命最终不同的结果。"天之道，损有余而补不足。"（《道德经》第七十七章）当管理者的主观价值选择践行"天道"，锁定了"补不足"这个目标之后，管理者自己的心性就会提高，然后就有力量去帮助被管理者遵行"人道"顺道成长，共同进步。当被管理者有了业绩和成长之后，管理者要帮助被管理者在遵循"人道"的前提下重新定位自己的角色与位置。"生而不有，为而不恃，长而不宰，功成而弗居"，这是道家给管理者指出的光明之路。

当管理者能够关注被管理主体的心性品格的成长，而不仅仅是关注能力与技术的成长时，管理者就是在物质经济和精神这两方面帮助被管理主体慢慢达成一种平衡。一个拥有平衡心态的人，不管做事还是说话，自然就会有一种平和的影响力。如此，就会在企业中渐渐地建构一种和谐的企业文化。当企业的这种无形之力越来越强大的时候，还会影响周围的利益相关者，将良好的氛围普及社会，不知不觉打造企业与社会的和谐系统。这时，企业所拥有的合"天道"的价值就可以"有余以奉天下"（《道德经》第七十七章），企业自然而然地就履行了其社会责任。

当然，每个人都希望能做正确的事、能做好事、能做为自己好的事，但并不是所有的方法都能导向预期的目标。很多好心却办了坏事的案例，就说明在做事过程中方法的重要性。在万变的环境中，如何保证方法的正确性呢？一个最简单的标准就是，只要结果不如意，就一定是"我错了"。不附加自己的主观情绪判断，只客观理性地分析自己在其中的影响和责任，把自己当作唯一和永恒的调整支点。这样，管理者就拥有了非常理性与客观的头脑。

比如，建立了全方位的制度考核体系后，管理者能否将被管理者的考核结果作为衡量自己管理水平的重要指标？能否在出现问题时首先反思自己管理中的不足？能否对那些考核结果不好的被管理者全心全意地做出自己的检讨？能否对那些考核结果很好的被管理者诚心诚意地感激，感谢他们在工作中的奉献和支持？

松下幸之助说："当我的企业只有 10 个人时，我最能干；当我的企业有 100 个人时，我和他们一起干；而当我的企业有 1000 人时，我只能站在后面感谢他们。"一个拥有感恩文化的企业，其管理者虚怀若谷，对大家充满感激和关怀。在这样的氛围中，人心中那些美好的能量会被激发出来。人是有灵性的生命，这种灵性的力量蕴藏在精神心灵层面。灵性一旦被激发，其力量是惊人的也是无穷的，所谓"赴汤蹈火，在所不辞"。人的精神不仅可以超越物质，更可以超越生命。而能够调动这种能量的就是真情——企业真心为员工着想，管理者真心培养属下，管理者真心做好服务。

也许，管理者经常会有这样的困惑：我真的是为属下好，也为他们做了很多，但他们就是不领情，怎么办？随着管理者的心性不断得到锻炼和成长，其主体性的成熟度越来越高，这时候管理者也自然会面临一个问题：一个成熟的主体面对的是周围不成熟的主体，怎么办？其实，当我们的所得与预期不符而感到不高兴时，正反映了一种心性状态和模式：不平衡的心态和交易的模式。也就是说，我们是在用自己的标准要求对方。对方的主体性不成熟，达不到预期是正常的，自己没有意识到这点，还怀有如此预期，反证了自己心性的问题。而怀有这种预期，本身也说明我们并不是全心全意地去做这件事。

当对这类事情进行自我反思时，管理者要意识到，在实践"管理就是服务"这一准则的过程中，不仅要排除主观追求回报的意识，还要在遭遇非对称的反馈时依然不改初衷，在调整所采用方法的基础上继续强化正确的方向。在这个过程中，需要管理者有良好的心态，接纳各种与自己预设不符的结果；需要坚定的意志，一次次只做自我反省寻找调整之道；需要足够的信念，在一次次失败后仍旧不改初衷；需要强大的心灵力量，随时察觉、调整出现的负面情绪和力量。不管结果如何，人首先会从这一系列行为中收获心灵和精神上的成长与壮大，每个阶段的突破都会带来满足与幸福，这种无形价值的收获是其他收益无法替代的，而自我价值的提升也会在这个过程中自然实现。正如俗语所说："付出本身就是真正的富有，奉献本身就是最大的收获。"

当管理者的自我管理能力和心性水平达到了较高的水平，管理游刃有余、周围的一切井井有条、身边几无匹敌之人、难有困惑之事的时候，极容易沉湎于美好的自我感觉中，忘记了心性修炼是无止之途。所以，管理者还要提醒自己时刻保持理性和清醒，察觉自己的被困与执着，持续突破，向更高的无限迈进。

不论管理者的自我心性管理水平有多高，还是没有脱离一个"我"字。只要有"我"的主体意识存在，就必然产生与客体的对抗与冲突。"我有、我执、我痴"都会给人带来无尽的烦恼和痛苦。只要是以成就自己为目的的事情，一定会培养出对手；成就越高，反对的力量就会越大。当一个人成功了，高高在上，周围却充满敌人和随时准备拆台的人，这种成就反而会成为索命的力量。有的管理者、企业家想明白了这个道理，改变了原有的想法，不再总想着为自己谋取什么，而是放空自己的需求，全心全意去帮助别人。

人间事，"祸兮福之所倚，福兮祸之所伏"（《道德经》第五十八章）。一个有觉悟的人，即使成功在身也会"功成而弗居"；不仅不居功，还要将其他人的贡献摆在自己前面；如果成功的背后有些许败笔，更要揽在自己身上。"受国之垢，是为社稷主；受国不祥，是为天下王。"（《道德经》第七十八章）一个管理者做到了这些，即使什么都不说，他的气度、境界和品格也已深入人心，其威信和形象自然就树立起来，人心自然臣服，这就是道家的"不言之教"。

心性开悟的人一定会有与一般人不同的心灵感受：工作就是家庭之外的生活，同事就是这种生活中的生命伙伴；工作中遇到的困难都是自己进步的阶梯；让自己难受、不舒服的人都是自己的老师；每一次发生的挫折和事故都是磨砺自己心性韧性的磨刀石。心性开悟的人能体会到：不管何种事情和人，不管自己是否喜欢，都可以转化成让自己心性成长的营养和基石。管理主体的心性能够达成这样的状态，就已经拥有了随时观照、调整、管理自己心性的能力。

六、无为道顺，天下至治

在"有为"的追逐下，用对世界有限的知识、有限的经验生活，人的思考会变得僵化，人也会越来越固执。唯有解除心中有限所造成的枷锁，以"无为"来矫正世俗之弊，人才能回到心灵的桃花源，回到一切合于道的境界。

有人问抱朴子（《抱朴子》一书作者葛洪，自号抱朴子），儒家和道家谁在先谁在后？抱朴子答道："道是儒的根本，儒是道的枝末。先前的阴阳家提倡阴阳术数，为大家所忌讳，让人感到拘束而惧怕。儒家的学说虽然博大，但没有抓住根本，耗费很多而功效却不明显；墨家的学说过于主张节俭，难以遵循，不能够普遍推行；法家的学说太过严厉，缺少人情，伤害和破坏仁义。只有道家的教义，使人的精神专注于'一'，使人的行为符合于道，包容了儒、墨两家涵盖面广的优点，总括了名、法两家要领突出的长处，与时俱进，适应自然，要旨简洁而明了，做得少而收效多，目的完全在于保全事物本质的淳朴，守卫真正的本原。"

据《庄子·在宥》记载，黄帝治理天下有十九年的时间，遇到很多问题需要解决，于是就去崆峒山向广成子问道。第一次，广成子没有告诉他答案，因为他问了一些如何管理别人的问题。后来，黄帝放弃了治理天下的权力，在一间小屋中静坐三个月，又去问广成子，这次他问的是如何修身才能长久。广成子见他问到了根本，于是告诉他："治理天下必须先治理好自己""智巧太多必将衰败""天地都有自己的主宰，阴和阳都有自己的居所，你只要谨慎地守护好自己的身体，万物自然就会壮大"。

尧舜禹时期，也主张以"道"治理天下。有一天，舜问尧："天子，您治理天下的用心之处是什么呢？"尧说："我尊重百姓，即使是顽愚之辈；我不抛弃百姓，即使是穷困之人；我悲悯死者，爱护孩童，怜惜好人。这就是我用心的地方。"舜说："好是好，就是还不够伟大。与天地合德，而不去有意地做什么，就像日月照耀，像四季运行一样强健，像昼夜更替一样恒常，这才是治理天下的最高境界。"尧说："你与天道相合，我与人事相合。"

庄子据此给出了如下评论：天地是古人所推崇的，黄帝、尧、舜共同赞美它。所以，古代治理天下的人都做些什么呢？德合天地而已。什么是德呢？庄子说："顺其自然去做就叫作德。"因此，古代圣明的君主，没有建功的欲望而天下自足，不去作为而万物自行变化，境内清静而百姓安宁。

无论是老子还是庄子，都主张人道要随顺自然。例如，老子的"人法地，地法天，天法道，道法自然"的思想，庄子的"知天之所为，知人之所为，至矣"的思想，《阴符经》讲的"观天之道，执天之行，尽矣"等。单老子《道德经》一书，就讲了大量随顺自然、"无为而治"的思想，如"我无为，而民自化"（第五十七章）、"不尚贤，使民不争"（第三章）、"圣人无常心，以百姓心为心"（第四十九章）、"以道佐人者，不以兵强天下"（第三十章），这些思想为后来的帝王治理国家所用。

刘邦取天下之后，儒生陆贾劝告他说："居马上得之，宁可以马上治之乎？"①刘邦深以为然，借鉴秦灭国的教训，改革不符合当时"道"所呈现的客观规律的法律和制度，采用无为而治、因道生法的黄老之学，形成了王霸兼用的治国方针。以后帝王将相治理国家多采用"内用黄老，外示儒术"的策略。

历史上也有很多名臣、名将，都因为符合天道而名垂青史。汉代张良辅佐刘邦建功立业，自己却功成身退；郭子仪平定"安史之乱"，联合回纥吓跑吐蕃，功盖天下而主不疑，位极人臣而众不疾。还有很多商人，如陶朱公范蠡，三次聚财三次散财，功成名就。

"道常无为而无不为。侯王若能守之，万物将自化。化而欲作，吾将镇之以无名之朴。无名之朴，夫亦将无欲，不欲以静，天下将自定。"（《道德经》第三十七章）"是以圣人之治，虚其心，实其腹，弱其志，强其骨，常使民无知无欲，使夫智者不敢为也。为无为，则无不治。"（《道德经》第三章）

无为而治，遵循管理的对象——人和物中"道"所呈现的规律进行管理。而有为而治，则是出于管理者的个人意志和主观偏见，因此容易违背管理对象的客观规律，从而犯主观错误。"无为"并非是不作为之意，更非无政府主义，而是去掉人为的自作聪明，去掉贪、嗔、痴等不良习性，是无"自己的为"，是依据"道"所呈现的规律去作为。

"无为"是不敢为，即不敢强以人为而伤天道、地道、人道。"无

---

① 司马迁. 史记[M]. 湖南：岳麓书社. 2004：787.

为"是克制住自己的欲念，减少一己私欲，服从于客观大道，因此又是功夫、是境界。重视"为"的功夫，是"辅万物之自然"的不敢为，是"生而不有，为而不恃"的无以为，最后，借此以完成其"无不为"的境界。因此，"无为"更是一种谋略，其目的在达成最低代价的"有为"。经由这种"无为"，天地万物各归其本位，各随自然而生，这就是"无为"的效果，也是"无为而无不为"的含义。

管理在于以道为本，按照事物的规律进行管理。道本管理，强调尊重人心之道，管理的基本方略是顺而治之。《道德经》中的"无为而治"，也正是让管理者首先放弃那些与大道相对抗的念头，顺应"道"所呈现的规律，达到不妄为、顺心而治。人心的力量，本就是追求发展的，没有人把自己的人生目标锁定在落后和堕落上，管理只需引导这种力量，达到利人与利己、近期与远期、精神与物质的平衡，最终达成"太上，不知有之"的境界。

本章撰写者：马晓宇、王毅久

第一轮校稿人：王毅久、乐国林

第二轮校稿人：王毅久、王雅楠

第五章 道本管理理论基础

步行的人，是没有办法和骑自行车的人比赛速度的。

同样，骑自行车的人，是没有办法跟开汽车的人比赛速度的。

当然，开汽车的人，也没有办法与坐飞机的人比赛速度。

这几种现象的比较，告诉我们的是工具的力量。

人类科学史上任何一次重大突破，都是一次新理论的诞生。

而理论，既是我们思考的工具，也是我们思考的成果。

但要想获得新的理论突破，当然就需要在它之前的那个理论工具上的突破。

说到底，真正的管理理论体系的建构，离不开人性，离不开人性的本质，离不开资本，离不开价值，离不开工具与目的。

若是离开了这一切，去探索所谓的新的理论，得出来的可能就是一个念头，或者只是一种做法。

第一节 新人性论

管理是人类基于规律干预外部世界的典型活动。管理的二重性——科学性与艺术性——表明管理既要遵循客观的自然科学规律，又要依照人性的规律去实施管理的各项活动。道本管理正是以新人性论作为管理的前提和理论基础。

任何一种理论都是特定历史条件下人们对自身或客观事物认识的阶段性总结。西方管理学发展历程中提出的每一种人性理论假设，均可在不同的历史时期与社会现实中找到依据，同时也难以回避其历史局限性。

一、人性认识的典型误区

对人性的假设，是各种管理范式的基石，有其特定的适用范围。而令人惊讶的是，当今管理学科对人性的认识和应用却往往忽略其适用范围的局限性。

（一）西方管理史中的人性假设

在管理学100多年的发展历程中，得到大家公认的人性假设主要有以下四种，而每一种人性理论在当时的环境下都是一种有效的分析和解决问题的认识角度。

1."理性经济人"假设

"理性经济人"（Rational-Economic Man）假设产生于早期科学管理时期，其理论来源是亚当·斯密（Adam Smith）的劳动交换的经济理论。该理论认为，大多数人的本性都是贪图享乐、唯利是图的，不愿承担任何责任，并且懒惰自私，干工作大多是为了获取经济报酬。这一假设激发了一些管理者的灵感，他们开始陆续开发出一系列通过资源条件引导、制约被管理者的激励、惩戒的工具方法，以最终服务于管理者自身的预期目标。当被管理者在管理者的束缚下达到预期目标时，就能获得相应奖励；反之，则受到惩戒。这种假设条件下的管理模式中，管理者与被管理者处于对立的两极状态。

2. "社会人"假设

"社会人"（Social Man）假设是由梅奥（Elton Mayo）提出的，其主要内容是人工作的主要动机是满足社会需要，并发现了人的社会心理需求。这种心理需求肯定了人的思想和行动更多地是由情感而非逻辑来引导的特性，以及组织中人际关系的重要性。因而，以梅奥为代表的管理学家们设计出了一种新的管理模式，试图通过投以关注、关心以满足人的需要，建立比较和谐的人群关系，培养和形成被管理者对所属组织的归属感和整体感，提倡集体奖励制度，从一定程度上体现了被管理者对组织的民主、平等的要求。

3. "自我实现人"假设

"自我实现人"（Self-Actualizing Man）的概念是由心理学家马斯洛（Abraham H. Maslow）提出来的，该假设认识到了人的动机可归结为由多种动机组成的一个需求层次系统。这个层次系统内有高低之别，低层次动机有晋升到更高一级的清晰通道，而更高层次则是人都有爱的需要、受到尊重的需要和自我发展、自我实现潜能的动机需求。据此，以行为科学家麦格雷戈为代表的管理学家们设计出了一种新的管理模式，即调动被管理者的工作积极性，力图使人增长才干，发挥潜力，充分实现自我，达到自己所希望的成就，管理者与被管理者相互信任、相互关爱。

4."复杂人"假设

"复杂人"（Complicated Man）假设认识到了人是复杂人，因此，以威廉·大内（William Ouchi）为代表的管理学家们设计出了一种根据具体情况采取相应管理措施，既能突出管理方式的灵活性，又能体现被管理者个性差异性的权变管理模式，即"Z 理论"。

综上，人性假设是管理过程中的一个极其重要的变量。现实社会生产力发展水平和个体成长文化背景影响人们对人性基本假设的选择，管理者会自觉或不自觉地以各自的人性假设为前提去设计管理模式。社会的发展进步促成相应文化背景中有关人性的理论逐步丰富完善，完善后的人性理论将会以一种新的人性假设的形式来影响管理理论和管理实践。

（二）中国古代的人性观

中国古代思想家大多以善恶为据来讨论人性，仅在先秦时期，就有孟子的"性善论"、荀子的"性恶论"、告子的"性无善无不善论"以及世硕的"性有善有恶论"等观点。他们从不同角度触及现代管理学中"X 理论""Y 理论"和"超 Y 理论"所提出的管理人性问题，而又带有自己的立场和风格。

1.性善论

"性善论"是中国古代的一种主张人性本善的理论，由战国时的孟子首先提出。孟子认为："人之性善也，犹水之就下也。人无有不善，水无有不下。"（《孟子·告子上》）在孟子看来，性善的根源在于人有善心，"仁义礼智"是人之所以为人的根本标志。"无恻隐之心，非人也；无羞恶之心，非人也；无辞让之心，非人也；无是非之心，非人也。恻隐之心，仁之端也；羞恶之心，义之端也；辞让之心，礼之端也；是非之心，智之端也。人之有四端，犹其有四体也。"（《孟子·公孙丑上》）"四心"即"四端"，是仁、义、礼、智的萌芽，而仁、义、礼、智乃道德上的善。人之具有"四心"，就像具有手足四肢一样，是自然而然的。所以，人的本性是善的。

2. 性恶论

"性恶论"是中国古代的一种主张人性本恶的理论。战国时的荀子是其代表。荀子认为："人之性恶，其善者伪也。"（《荀子·性恶》）他将人生下来就有的本能当作人性。他举例说，人生下来眼睛就喜欢看好看的，耳朵喜欢听好听的，嘴巴喜欢吃好吃的，心好贪图利益，身体喜欢安逸舒服，顺着这些本能发展下去，就会生出争夺、残贼、淫乱等丑恶行为。所以，荀子认为人性本能是一切恶的根源，并得出结论：善不是人的自然属性，而是人的社会属性，是人在后天习得的。所以，荀子强调后天教化的重要作用。

3. 性无善恶论

"性无善恶论"是战国时告子的人性观。他从"生之谓性"立论，认为人的自然属性本不具道德意义，善恶的产生乃后天习俗所致。"性犹湍水也，决诸东方则东流，决诸西方则西流。人性之无分于善不善也，犹水之无分于东西也。"（《孟子·告子上》）他反对孟子把善当成人性的观点，认为人性与善是两个迥然不同的概念。

4. 性亦善亦恶论

"性亦善亦恶论"的观点始于战国时的儒家世硕，发展于汉儒董仲舒，至汉朝扬雄提出"善恶混杂"的著名论断："人之性也善恶混，修其善则为善人，修其恶则为恶人。"这种观点指出，善人、恶人之分决定于后天的修养，发扬善的因素则为善人，发扬恶的因素则为恶人。人的气质，就是向善或向恶的依凭。

（三）人性认识的误区

其实，中国古代的人性观远不止以上这四种，比如：老庄学派的人性观被有的学者称为"性超善恶论"，还有王充的"性三品论"、朱熹的"性二元论"、戴震的"性一元论"等。总体来看，上述四种观点在当时的社会影响面上是比较有代表性的。结合现实的现象层面观察，应该说每一派对于人性的认识都有其合理的一面，因为他们发现并强调了人性的某个方面。但随后每一派将其观点不断放大，以至于犯了以偏概全、一叶障目地以单一人性观来审视真实人性世界的错误。这种错误，归根究底，是因为人性研究方法出了错而导致的。这些人性研究方法方面的错误可以归为以下几种类型。

1. 低级归纳错误

归纳是人类认识事物的基本方法之一。归纳的质量取决于归纳所依据的现象之代表性、典型性和体现本质的程度。不管是近代西方管理思想中的"经济人""社会人""自我实现人"和"复杂人"人性假设，还是中国古代传统管理思想中的"性善论""性恶论"等道德命题，都可以概括为简单归纳的错误。简单归纳的错误，在于没有搞清楚这些现象背后的原因和真正的动机，只是就现象说现象而已。上述西方人性假设的错误，基本上都是由提出者根据自己所观察到的有限事实得出结论：人穷时，主要追求金钱，于是就是"经济人"；生活好些了，就会寻求交往和尊重，于是就变成"社会人"了；等到再进一步发展，人的需求多了，还会不断地变化，就成为"复杂人"了。看到一些人做善事，人性就是善的；看到一些人做坏事，人性就是恶的。如果一个人既做善事也做坏事，就难以说清楚了。

2. 静态认知错误

人类在漫长的发展历程中，既要始终不渝地向着一个目标前进，也不应忽视持续更新自己的状态。传统人性认知的错误，关键在于把发展历程中的一种状态静止化、绝对化。或者说，只是基于当时的社会现实所作出的结论，忽略了人类社会从物质到精神成长与发展的动态性。因此，当社会进步了，作为"类"的人整体进步了，又出现了许许多多的状态，已有的假说就变得不合时宜了。

3. 现实反推错误

现实是人的本性的一种表现方式，但表现方式常常因为一些条件的制约而出现一些假象。因此，简单地通过现实去反推人性，就易于造成以假象作为判断依据而得出荒谬的假说。日常话语系统中，人们常说"人性使然"，其实很多时候是滥用了。比如，一个强奸犯的所作所为绝对不是人性使然，并非人的本质规定性所致，而是兽性发挥了作用。

4. 不可知论的错误

当研究者看到人的行为复杂多变而无法找到一个标准答案时，就会从低级而武断的认知错误走向另外一个极端——实在太复杂，实在说不清，干脆不说了。于是，不少人文社会科学的研究都忽视了"人性"这个根本性的问题。这种认识论上的"不可知论"倾向，是与科学精神相违背的。

5. 过度推论错误

以个别现象作为推导人性的根据，常常会犯"过度推论错误"。不管是基于道德价值的"善恶论"，还是基于现实需求特点的"需求论"，所犯逻辑错误都是雷同的。所以，针对人性问题的研究，我们须尽力避免这些典型的错误，升级运用哲学思维，有利于对人性的认识更接近客观真实。

（四）由误区发展出的人性认识模式

人文社会科学的任何研究，都离不开研究者对人性的认知探索。因此，若是对人性的认知及其认知模式出现了偏差，后续的思考和结论注定会出现貌似正确的错误。而这种貌似正确的错误极具迷惑性而难以被人发现，却易于被逐渐强化乃至发展出颇具普遍性影响的人性认识模式。

而上节五种常见的人性认识误区，源自僵化运用了三类认知模式：现象级概括模式、内容型结构模式、宗教型神秘模式。不难发现，历史中对于人性的思考往往在"善恶"二维平面价值维度上徘徊。从逻辑方法上，通常局限于从自己所熟悉的部分现实现象来进行概括。悟道的圣人，往往又以"无善无恶"这样一种超越善恶的高维度来向世人讲解人性的本质。与此同时，在西方哲学中，有人将人性内涵要素直接罗列等同于人性本质（如休谟），也有人武断地将人性界定为自私的或者生理本能的。而宗教，也基本上默认了这一点，并建构了不可证之神秘。

囿于上述认知模式的僵化运用，大众似乎难以超脱社会层面常见的人性认识偏差，直到马克思关于人性的新论断出现。马克思关于人性的认识，突破了以上人性认识模式的限制，完成了对人性认识的突破。这是因为，他看到了人性的现实性与理想性的统一性，甄别了现实态的错误，强调了人的社会性的本质，也指出了人唯一的出路是全面发展，如此才能获得真正的精神自由。与之相应，我们在中国本土传统思想智慧之树上发现了"道本人性论"这一贯通了时空维度通道的理论成果，我们又称之为"新人性论"。

二、新人性论的三大突破与人性管理

新人性论完成了三个突破，运用人性之"天道规定性""现实底线性"和"神圣理想性"的进化逻辑，为个体人性的进化指明了一个方向。

这是打通时空维度通道的密钥，契合了人类进化趋势。人类进化的历史，正是人类逐步摆脱"现实底线性"的兽性而向往"神圣理想性"的神圣性的发展过程。而"天道规定性"则指人与生俱来的，拥有随着社会实践逐步发展而升级的可能性的人性本质。通过对人性内涵的分析，我们更倾向于这样一种观点：人是"成为人"的动态过程，而非一种静止状态，而这个动态过程的起点，即是人的初始状态。虽然人看似只是一个具备发展成为人的可能性的生物个体，但并不能就此否定人的初始状态即具备全息信息——演进动态人性所需的一切条件，这是人的本质。当然，人的本质在后天的社会实践中有机会不断实现。这是因为，在社会化过程中，随着社会系统开放性作用于主体意识，人的精神也从萌芽状态不断发展成长起来。

值得注意的是，人朝着心目中的理想人性不断接近的过程并非一蹴而就的。如果把现实中人的本质在社会系统发展中表现出的阶段性缺点当作人的本性，则有失公允。同样，忽而用理想中人性的标准，忽而用现实中人性的标准，又违背了人性科学研究的评价标准一致性的科学性原则。新人性论对两种错误趋势进行了纠偏，进而将人性分为"自然的人性""现实的人性"和"理想的人性"。自然的人性是指，人性的本质不是与兽性的比较，是其先天的规定性，也就是源自天道，符合天道的"道性"，也是"自性""神圣性"。现实的人性，是指社会和个人的发育成熟水平达到理想要求前所呈现的状态。这种人性，不是人性的本质，也不能成为概括人性本质的证据，这只是人性进化过程中的一种阶段性的暂时性状态。而理想的人性，则指社会发育和人的心性都达到了完全成熟的水平。此时，人性是自由的、自然的。人性的出路，正体现在从现实向理想的进化过程中。

（一）人性成长突破的阶段性

人性的成长突破需要一个过程，我们可以从以下三个阶段做进一步的分析。

1. 人性成长突破的初级阶段

从人的生理意义上来说，进化为人内在要求精神的成长。因此，这可以从生物科学的角度解释，人为什么在出生以后的婴儿时期显得非常虚弱，而不像牛犊、羊羔那样，出生后不久就能站起来，并通过自然的本能去寻找母亲的乳房。这是由于人的精神成长需要漫长的过程，这符合大自然的平衡律要求。因为人必须经过一个很长的过程，才能从本能行为进化为有意识的行为，进而继续在精神方面获得成长。人的意识在最初的婴儿时期并不完全，在之后的社会化过程中才逐渐完善起来。因此，新生儿的行为是天然的，没有造作，没有智巧，没有主见，更没有成见，一切是自然而然，这时候的小孩子还没有发展出因母亲劳累而同情母亲这样的意识。

处于此阶段的人，在实际生活中，集中表现为对人的依赖的"依附性"人格特质。此时的人并未获得人的本质，但蕴含了人性成长的无限可能。此阶段的人除了处于低水平的"自然而然"状态之外，没有发展出理性，因此，也没产生完全自主的精神，处于一种混沌状态，而期待更为成熟人群的庇佑。此阶段的人拥有更多的生物属性，社会属性则处于刚刚萌芽的阶段，自然的人性未得到发展，更多反映为现实的人性的初级阶段，还没有成长为真正意义上的人。

2. 人性成长突破的中级阶段

从人类大历史来看，这个阶段大致经历了毫无人权的奴隶社会、拥有部分人权的封建社会、人权至上的资本主义社会。在这个过程中，人类理性在逐渐增长，人类社会形态通过不断地自我否定，而逐渐呈现出一种上升趋势。生产力提高了，但同时人类幸福感并未相应地提升，人类在与自然的对立中，既感到快乐，又感到痛苦。于是，发展的悖论出现了。简言之，这个阶段的人性集中表现为对物的依赖的"异化人性"人格特质。

从个体来看，人的意识的产生自有其规律，人性的萌芽必然会随着时间的推移而逐渐生发。社会化过程中，个体的自我意识发展了，其行为表现开始体现出自主自为的精神内容，从小孩子的小智慧、小聪明，直到成人以后的大智巧、大聪明。在环境及各种教育的影响下，人获得了理性精神并不断成长。

理性的运用是双刃剑，人既可以因其理性而增强其求真、求善、求美的能力，也可能因理性的有限性导致对大自然、社会、他人及对自己的伤害。因对名与利的过度追求，人对物的依赖性导致人的精神产生了异化，多数人的人性成长也常常滞留在这个现实人性的相对高级阶段。但这个阶段反映出来的，既非自然的人性，亦非理想的人性。

3. 人性成长突破的高级阶段

这个阶段类似于人类社会进入共产主义社会。在这个社会，没有剥削，没有阶级对立，人从必然王国进入自由王国。在这样的社会，人彻底解放了。这是马克思给我们描绘的理想国。尽管人类还没有完全进入这样的大同社会，只是可能偶然踩到门槛，但我们不应就此放弃这种理想人性阶段的追求。

人因其成长的理性、生活的阅历、接受的教育加上某种神秘的慧根等因素，从前一个异化人性成长阶段超越出来，通过对自身的不断否定，心智逐渐成熟。这个阶段的人性集中表现为人消除了人性的异化，具备了自由自觉的"智慧"人格特质。在这一现实人性的相对成熟阶段，人的自然人性得到进一步释放。

由此，个体开始意识到，人并不完全属于自己，人类不是独立的存在，而是与社会、大自然的规律之道相应和，也就是人之行为应与天地自然、社会之道相符合。这个阶段的人性表现为能够自觉地处理和协调好自我与他人、社会、自然的关系，由个人主体性至上转化为关注主体间性关系，科学智巧思维回归于辩证灵性的智慧，以自身心灵的和谐促进与周围世界的和谐，最终达到中国古人所崇尚的"天人合一"的境界，从心所欲不逾矩，其视听言动都能体现出人间的真、善、美，获得真正的快乐与幸福，在物质上、精神上达到了真正的自由。

此阶段的人不为外物所奴役，所遇的人与事物，都成了他修身成己的机遇和能量，并用这些收获去度人、救人。此时的人已成了自然中的一个破除了世俗杂念的高级动物，以纯阳之体、纯净之心归于天道。此阶段的人性无限趋近于理想的人性状态。

（二）新人性论与人性化管理

作为人类重要的实践活动之一，管理离不开对人性的探讨。在管理实践的诸多因素中，人的因素是最复杂的因素，只有基于对人性的正确认识，才有可能实现对人的正确管理。

1. 管理的本质是人性管理

人性的本质是人所特有的超越其物质（生理）存在、心理存在而获得的完全属于人的特殊属性。主要体现为：对意义的追求，对主体性的积极发挥，对本能自我、物种界限及私欲的超越，通过运用理性思维又超越有限理性，不断追求且无限趋近于神圣性。归根结底，人要想成为人，就必须发挥其精神性，释放自然的人性，不局限于现实的人性，坚定走向理想的人性。总而言之，需要坚定信心，持续运用人性之"天道规定性""现实底线性"和"神圣理想性"的进化逻辑引领人性进化。否则，就不能称其为人，而只能是"人形之动物"。

人性的本质属性是精神属性，具有无限潜能，且能持续升级，这是人的"天道规定性"（即自然的人性）。这是管理中的新人性论的基本假设，是所有管理者思考管理问题的正确出发点。人的因素相对于管理中的其他因素而言，是最能动的、最核心的力量。管理中能够真正成为战略层面的问题就是人的问题，这也是管理的哲学定位。企业的发展，企业的战略，本质上都是为了人的发展。

人是管理中唯一的目的，其他一切都服务于人。管理的目的是促进人的全面发展，这实际上就蕴含了这样的人性假设：人是区别于其他动物的具有"天道规定性"本质精神属性的特殊存在，人性体现为一个成长过程，是一个逐渐摆脱兽性并向精神性进发的过程。在这个过程中，人从不自由逐渐走向自由。管理就是服务于管理情境里所有主体的人性成长，并通过管理的过程促进人走向真正的自由。

2. 管理的使命是帮助人性进化

对人的管理始终是管理的核心内容。如何有效地管理人，使人的行为在企业中产生良好的综合效用，这是任何一种管理的目标诉求。而几乎每一种管理理论的出现，都源自对人的本质属性、人在企业发展中的作用和地位的认识的变化。企业要将人的本质属性（人性）的进化作为企业发展的重要目标之一，并据此来实现人和企业的共同发展。

管理实践中，必须遵循人性发展规律。这主要体现在三个方面：第一，将人的"天道规定性"作为人性管理认识的前提与基础，把促进人性进化作为组织中管理者的核心与基础职能和使命；第二，把人放在主动、积极的位置上，承认人的主观能动性，把组织内部全体成员作为管理主体，进行人性化管理，在此基础上，持续推进和最大限度地实现人性进化与组织发展的共同目标；第三，解决"非道管理"问题，主要指避免利用和控制人性欲望的弱点这一核心错误，避免管理者利用诱导人性在低级的欲望模式下不断膨胀和扭曲的制度、机制、管理方法，避免管理的低效与失效和因人性停止进化而只追逐个人与经济利益的错误。通过推进这三个方面的管理实践，持续不断地向着人性进化的方向挺进，就可能走上解放人的生产力以及促进人的全面发展的正确道路。

第二节　主体性理论

主体性理论是道本管理理论的重要理论基础。

如今，许多组织的管理常出现这样一种奇怪的结果：管理措施越多，制造的问题也越多。原因在于，管理制度的出台可能违背了系统中各个主体自身运行的规律，没有充分让员工自动发挥其积极的主体性。对于管理活动而言，主体性的发挥具有至关重要的作用。

一、人的主体性

人能够成为万物之灵，关键在于可以能动地认识外部世界和自身的规律，并且按照规律指导自己的行为和思想，并在这种不断认识和行动的过程中，持续完善自己的主体性内涵。

（一）人的主体性的构成

1. 人的自在本性

作为一种生命形态，和所有生命一样，人是自在存在的。早在人类萌芽的远古时期，人类为了保护自己，或构木为巢，栖身树上，以避风雨和野兽，或选择干燥、向阳和背风的天然洞穴作为栖息之所。当人的生命还处在婴儿阶段的时候，虽然没接受过任何培训，但是饿了、身体不舒服时就会啼哭，当有东西送到嘴边时便会吮吸，吃饱了就继续睡觉，所有这些行为都是自然而然的。随着人渐渐长大，这种自在性依然存在。但在成长过程中，自主意识也在不断增强，社会和群体的约束也来到了生活中（由于阶段文明的局限性，很多是压抑人性的），因此，自在性不再只是生命的本能，而更多地表现为对自主权利的追求。

2. 人的自主权利

（1）行为的自主决策性

事实上，在每个人的内心，没有谁会真正愿意放弃自主决策的权利。即使是在被迫的情况下，某个行为的自主权利被剥夺，人们也会自主启动下一个行为来夺回失去的自由。无论表面是服从、妥协还是对抗，那种捍卫自主权利的本质从未消失，只是变换了表现方式而已。

（2）目标的自我驱动性

在社会生活中，每个人的行为都不是无意识的，都有着某种目标指向，这已为社会心理学的众多研究所证实。不管一个人的行为多么离奇古怪、不合常理，也不管在别人看来他的行为是如何荒唐可笑、不可理解，所有行为都是受行为人自己的目标驱动的。只不过这种目标有时容易察觉，多数时候却不易被察觉。

（3）目标的自我实现性

《马克思恩格斯全集》第三卷指出："无论利己主义还是自我牺牲，都是一定条件下自我实现的一种必要形式。"从行为的自主决策，到行为的目标驱动，再到目标的自我实现，原来，每个人的行为都有着不以他人意志为转移、渴望能够完全支配自己的自主性。

人的行为是自由的、有意识的、自觉的活动，不是单纯地维持肉体生存的适应自然的活动，而是具有自主独立性和自觉目的性的对自然的创造性活动。人能够把对象、活动以及人本身都作为对象来看待。同时，作为一种客观的规律、天赋的能力，人的自主性始终存在并且相对外界处于一种自我保护的状态。纵观人类历史，无论自主性所接受的能量是正面的顺应还是负面的对立，人的自主性都不曾消失，而是根据所接受的能量的性质、大小表现了不同的形式。

当自主性被尊重和激励，也就是自主性接受了正面的能量时，人的自主性也会反馈以正面的意识与行为，与所接受的外界能量相合，融合为更大的能动性。如解放战争时期，农民的自主性得到了共产党的尊重，农民因而表现出对共产党极大的拥护和支援，从而奠定了解放战争胜利的基石。当自主性感受到了对立（例如责骂、批判、强制等）时，也就是自主性接受了负面的能量时，出于直觉的自我保护，人的自主性会产生相当的或者更强的对抗性，排斥这种与之相对的负面的能量。例如：奴隶反抗奴隶主的暴戾统治；农民反抗地主的压迫；工人反抗资本家的剥削；孩子反抗父母的专制。

3. 人的自由追求

（1）当自主性碰到自然——是放任幻想还是了解真相

正如恩格斯所言，"我们不要过分陶醉于我们对自然界的胜利，对于每一次这样的胜利，自然界都报复了我们。每一次胜利，在第一步都确实取得了我们预期的结果，但是在第二步和第三步却有了完全不同的、出乎预料的影响，常常把第一个结果又取消了"。为什么在自然规律面前，人类自身的特性却给人类带来了伤害？到底是自主性欺骗了我们，还是我们误解了自主性？

自然是客观的存在，有其内在的客观存在的规律，人的自主性来源于人的本质属性，即人的精神性，其直接表现为主观的能动性、对神圣性的追求和对真相的探求。人的自主性也是自然系统中的一部分，与自然有着必然的联系和相互作用。

由于人类自身认知的有限性，也就造就了理性的有限性。在有限理性的影响下，客观自然在每个主体身上就会有不同的意义与影响。如果人类认识不到这种局限，片面地将自己的主观意识无限放大，就会与客观产生严重的冲突，不仅无法认识客观真相，还可能产生种种幻觉和臆想。如果人能够明白自己的有限和客观的无限，就会秉承一颗谦卑的心去认识周围，了解发生，探索未知，并遵从客观自然的种种规律（也包含人本体自主性的规律）。这样，才能寻得一条和谐的发展之路。也只有这样，人的主体性才能在规律的引导下找到真正的自由之路。

（2）当自主性碰到自主性——是复制自己还是关注他人

个人无法脱离自然环境与社会关系而生存，而且个人实践活动的对象都是现实的客观存在。因此，虽然主体性权利是天赋的，但是如果将这种权利凌驾于自然环境的规律和其他个人的主体性权利之上，无异于掩耳盗铃。铃声并不会因为捂住耳朵而停止，自然的客观规律、他人的主体性并不会因为某个人的忽略而消失；相反，它们会因为被无视而作出反抗，而这是背离人的主体性初衷的。

每个人都有自主性，它并不是某个人的特权。但是，在社会关系中，人们往往以自己为主体，把行为的对象当作受动的客体，希望自由地任意发挥自己的自主权利。但事实上，这种主客体的归位只是这个所谓主体的自我感知，对于相应的那个被定位为客体的人来说，他也有自己的自主性，他很难因对方的需要变成丧失自主性的受动的客体，甚或相反，他可能也会把对方视作受动的客体。因此，只有在每一个认识和实践活动中的相对的主客体角色之分，而没有绝对的主客体地位之分，每个人都应该是主体与客体的统一。

如果社会中每个人只有自己的自主性，而无法在自己身上实现主体和客体的统一，那就意味着，在这个社会，每个人都在强调自己的想法，都希望将自己的想法强加于人，而不去思考自己作为他人的上级（或下级）、作为他人的儿女（或父母）、作为他人的朋友，对方有什么样的需求，自己应该去做些什么，更不会去思考除了自己的意愿之外，在哪些方面应该服从于他人、去和他人保持一致。结果，他人会因为自主性被排斥而进行反抗，自己的自主性也遭遇了对立，捍卫自主性权利却最终丧失了自主性权利，追求自由却最终被永久禁锢。于是，自主性因为自己的主观认识偏差和基于此的不懈努力而异化了。

在面对他人时，要懂得放下自己，用心关注他人，学会欣赏他人，在自己身上实现主体与客体的统一，从而在自己与他人之间实现个人自主性权利与他人自主性权利的统一，在人与人交往的社会中创造和谐，获得自由生活。

（3）当自由成为现实——全面感知人的主体性

人类发展至今，自然所赋予生命的自在性似乎只存在于婴孩时期。从起初被人类的其他意志所影响、左右的阶段开始，人的自主性就在不停地给自己构建的精神牢笼添砖加瓦。在这种自主性的驱使下，其他生命阶段的人类所能享受到的似乎只有无尽的冲突。因为在现实生活中，人的自主性的发挥往往不是自言自语式的独角戏，而总是会直接或间接地指向其他客观存在，包括人和人之外的一切客观存在。

当某个人（甲）的自主性与其他人（乙）的自主性相冲突时，乙的自主性就会启动自我保护程序，进而与甲的自主性发生冲突，又会启动甲的自我保护程序。结果也不难预见，甲乙进入冲突加剧的循环中，不仅二者的自主性被破坏，而且二者都陷入了自己与其他客观存在的人为冲突中。甲乙的初衷都是捍卫自主性，结果却使自主性不断被破坏，这不正是自主性的异化吗？难道自主性是不可实现的吗？

"自由是对必然的认识和世界的改造"，必然建立在对存在于客观世界的规律的认识和遵循基础之上。人类只有在认识、认可主观意识之外世界的客观性，了解到人类认知的有限性，并能依照客观规律的作用不断突破自我的局限性，才能慢慢走向自由的世界。

对于个体来说，只有在实践的过程中认识到他人、他物不以自身意志为转移的客观性以及自身对他人、他物客观规律认识的有限性，才能够在客观世界体会到主观精神的自由境界。因为这份自由，异化的自主性得以解脱，也因为这份自由，在追逐自主性的过程中又会感受到婴儿所拥有的那份滋养生命的自在。

可见，人的自在性、自主性需要自由性的呵护才能被彻底释放，三性合一才能使以人自己为主体去观察、认识、改造世界的实践活动不断趋近世界万物的运行规律，使人与人之间、人与非人世界之间得以和谐相处。因此，人的自在性、自主性、自由性是主体性的三要素，共同构成了人的主体性。如图 5.1 所示。

主体性的本质就是通过不断认识以我为中心的有限性和外在的客观性，通过不断突破已有的认识，使我与非我不断趋近统一。

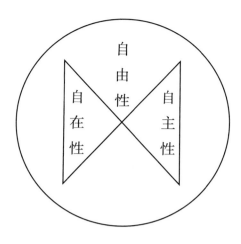

图5.1　主体性三要素

（二）主体性的成长过程

人的主体性是随着人的进化而发展出来的一种精神品质，使得人从自然界脱颖而出。人的主体性的发展成熟经历了如下几个阶段。

1. 主体萌芽

从当初通过采集和狩猎等来获取简单的生存资源，发展到利用自然界的规律（如种植和饲养）发展强大自己的种族，人类在大自然面前脆弱的状况得以改观。

但是，人类的这种主体性仍旧处在原始和低级的萌芽状态。面对自然界那些强大的、震撼的、神秘的现象，人类无法了解其背后推动的力量，因而出现了关于神和上帝以及一切对超自然力量的人为解释。原始社会的崇拜与图腾，反映的就是人类对自然力量的恐惧和膜拜。也正是这种敬畏，使人有意识地遵从这些规律，并在一定程度上达到了和谐的状态。

同时，在原始社会体系中，不存在专门管理社会的特殊权力机关，"公共联系、社会本身、纪律以及劳动规则全靠习惯和传统的力量来维持，全靠族长或妇女享有的威信或尊敬（当时妇女不仅与男子处于平等地位，而且往往占有更高地位）来维持，没有专门从事管理的人的特殊等级"①，在部落之内实现了人与人的和谐相处。

2. 主体膨胀及异化

随着劳动工具的发明和对世界认识的不断深化，人类的智慧成果不断涌现。人类的自我膨胀也开始出现，最典型的就是"唯灵论"与"人类中心主义"诞生。

随着人类对自身智慧的证明，"人类是独具灵魂或思想，因而被认为属于与自然界其他事物完全不同的一类"的思想开始出现。自然界被视为依据人的意志可以被任意改造的世界，所有自然界的其他生物都被看成满足人类意志、为人类生存而存在的工具。于是，也就自然而然地衍生了"人类中心主义伦理学"：在决定对待自然的方式时，人类的欲望及其满足是唯一的标准。同时，伴随着科学和技术的发展，人类在增强对自然的能动能力的同时，也不断强化着工具理性主义。科学与理性成了人类价值的中心，人类否定了那曾经代表自然界超然力量的上帝，进一步导致人在自然面前的狂妄，也导致对自己的狂妄。人类不仅仅试图奴役自然，也经常性地奴役自己的同类。结果，这种自以为是的强权意志，违背了人的主体性的规律，最终也因为滥用自己的主体性而异化了自己，制造了人与人之间的不和谐。在奴隶社会，这种奴役是赤裸裸的；到了近代社会，许多奴役观念转型

---

① 列宁. 列宁选集：第4卷[M]. 中共中央马克思恩格斯列宁斯大林著作编译局编译. 北京：人民出版社，1995.

为科学理念，甚至成为某种科学理论，其隐蔽性和欺骗性进一步加强了。

3. 主体的反思和重构

人类在近代兴起的以反现代性而闻名的后现代主义思潮影响下，对人类发展的进程做了较为深刻的反思。人们开始对科技带来的现代化的生存模式所导致的各种问题进行无情的批判，反对"那种体现统治关系的占有性的主体和以自我为中心的专横性主体"，以及在这个过程中被工具异化的主体。后现代主义给人类主体性现状敲响了警钟，虽然没有找到积极的出路，却昭示着人类对真正主体性的呼唤，即回归天地人自然规律的超主体性。

4. 主体性的超越

超主体性不是放弃人类所持有的精神与意志，而是在遵循天地人所固有的客观规律的前提下去实践。人类不是世界的上帝，不能为所欲为，只能不断地认识规律，认识自然的规律，也包括对自己前期认识的否定。更为重要的是，在认识人类自身认知局限性的同时，使自己获得"理性的谦虚"——这才是一种更接近科学精神的理念和能力。

人类主体性是在人类历史发展的过程中不断演变的，个人主体性也是在个体的成长中不断发展的。一方面，个体在不同的发展阶段，其主体性会呈现出不同的成长状态；另一方面，即使在同一个历史阶段，其主体性也会呈现出不同的成长状态。

主体性权利是每个人的天赋权利，权利本身在个体之间没有等级差别。但是，由于每个人的先天禀赋和后天给养不同，个体之间对于这种权利的运用存在差异。既然主体性权利体现在人的一切行为中，那么对于以人为中心的管理来说，首先必须正视和尊重这种先天性的主体性权利，并将这种权利的行使和组织目标协同起来。其次，要认可不同主体之间能力的差异，帮助不同的主体发挥其自有的优势，促进其成长并融入组织目标的实现。依循这种途径，不仅可以协调主体间的个性差异，而且也解决了主体性发展和组织成长之间的矛盾。在对规律的遵从和对主体正确的帮助、引导下，和谐的管理必定悄然而至。否则，主体能力的差异只会在组织中制造越来越多的矛盾，管理又会重新走向压制—反抗—更强的压制—更强的反抗的恶性循环中，痛苦的阴霾将始终笼罩管理世界，管理永远走不出鹿死谁手的无谓较量。

二、管理中的五个主体

人有天赋的主体性权利，可管理却往往忽视人的主体性权利，给人以"非人"的假设；人的主体性发展存在差异，可管理却很少分析差异背后的能量互动，忽视由主体性本身焕发出的管理力量。在对主体性的深入分析过程中，主体性的面纱被层层揭开，它在管理中的能量得以逐步释放。

从社会系统视角来看，企业和企业中的人，都是客观自然环境和社会环境的产物，都是"被管理者"，都必须遵从外部环境规律，承认客观规律的主体地位和自己的"被管理者"客体身份，这是企业的第一类管理主体。

人具有主体性，有自我管理的意愿和能力。企业中的人都具有自我管理、自我发展的权利和义务，是自我管理的主体和对象，任何企业忽视企业内的个人的自我管理是不可取的，这是企业的第二管理主体。

管理中不再有主体与客体在个体之间的绝对分隔，每个人都是自己的管理主体，组织中的管理就是为了发展和服务于这一主体力量。为了保证这一主体力量得以发展，组织又形成了第三管理主体和第四管理主体。

这四个主体共同组成了组织内部的管理循环。同时，为了避免组织自身的封闭性，第五管理主体出现，从而保证组织拥有一个开放的管理系统。

（一）第一管理主体：承认自己是客观规律的"被管理者"

无论是从自然人视角还是社会人视角来看，无论是在社会大系统还是企业组织，每个人都受外部宏观环境因素影响，都受到其所在企业的约束。人具有主体性，具有发现、认识、遵循规律的认知能力和实践能力。人又是环境的产物，必然为环境规律左右。因此，必须认识到个体之于宏观环境客观规律、之于企业管理实践规律的"被管理者"客体对象角色，规律才是化而无形的"管理者"。在借助主体认知能力和实践能力的基础上，认识并遵循自身在规律关系中的客体角色，是认识和运用规律做好管理的基础。要承认自身的"被管理者"角色，承认规律是第一管理主体。

（二）第二管理主体：自己管理自己

每个人首先是自己的管理主体，同时也是自己的管理对象。

1. 每个人是自己持续工作动力的来源

人的主体性决定了人很难在他人的监控下持久而稳定地发挥积极性和创造性，只有认同了工作的意义和价值，工作和工作的过程与目标能够满足自己的需求，才能够激励人的主体性，个体的主动性和创造性才可能得到发挥。此时，工作只是个人自身需求的一部分，工作的动力来源于自己而不是外部，人是自己激励着自己而不是出于对外部威逼利诱的恐惧而被迫工作。可见，只有进入这样的状态，人才会获得提高工作积极性和创造性的动力。

2. 每个人是自己行为的责任人

每个人都要认识到：自己是自己行为的主人，即使是在企业或其他组织中，这也是每个人的第一角色。每个人首先要为自己负责，并依此做出自己的选择。虽然进入组织工作时，要按照社会化分工协作的原则听从管理者的指挥，但这只是一种临时的分工，而不是人格的划等。在工作中，必须接受这样一种分工并努力把自己的责任完成，否则，就不能分享与他人共同劳动的成果。尤其是当自己没有完成组织的分工而给组织中的其他人带来损失时，自己必须承担责任。

3. 每个人都需要发展自我管理能力

人的主体性赋予了每个人自我管理的义务，也构建了每个人的内在动力系统。由于个体的差异和主体性的成熟度不同，每个人的自我管理意识和自我管理能力也不同，因此在工作中会有不同的表现。从外部管理角度来讲，想通过外部机制来提升人的工作表现本身是合情合理的，但如果这种外部机制是以替代人自我管理的内在动力机制，另立动力门户为目标的话，管理注定是要失败的，因为它违背了人的主体性，将管理置于人的对立面。相反，如果外部机制是以启发人的自我管理意识、提升人的自我管理能力作为工作目标，通过启示、引导和激发人的内在动力机制，帮助人很好地利用自己的内在动力系统实现自我管理，那么管理将是真正符合发展规律、与人的主体性诉求相一致的。

管理，首先是自我管理，每个人都是自我管理的主体。帮助组织中每个人实现自我管理、让众人学会管理自己是组织管理者的责任，也是组织管理的本质。

（三）第三管理主体：上级服务下级

追本溯源，管理产生于众人的委托，被委托人所承担的实质上是一种对委托人的服务。随着人类文明的发展和社会的变迁，管理也走过了漫长的历史并发展出了自己的系统，但在这个过程中也产生了越来越多的问题和矛盾，甚至对抗和冲突。于是，我们不得不再次回溯那段和谐的管理时光，思索其中的规律。结果，人的主体性帮我们找到了问题的根源。原来，每个人都是自己的主人，无论能力大小，都有不可为外界剥夺的主体性权利，很难接受自己在组织中成为别人的客体、成为受人控制的对象。管理的服务目标是要满足部下的需求，给他们带去利益，而且不会伤害他们的主体性权利。同时，从现代组织管理的目标来看，也要帮助组织中的每个人实现自我管理，这个目标的实现恰恰要求组织管理成为一种面向组织成员的服务。可见，管理也是服务，管理者也是服务者，管理者是服务的主体，这个主体是在自我管理的基础上以促进自我管理提升和成熟为目标的。

在一个组织中，每个人的家庭情况、受教育程度、人生经历和年龄都不同，因此，每个人的成熟度也是有差异的。于是，组织选择出一部分成熟度高的人组成第三管理主体，也就是现在组织中所谓的"管理者"，来帮助第二管理主体唤醒其主体性，促进其主体性的成长和正确发挥。

1. 协助自我管理寻找方向

一个正常人的基本标志就是能够管理自己。我们每个人在平常的生活中也一直在管理自己。每个人都有自我管理的巨大潜力，只是可能没有找到开发的正确方法。但是，现代组织中的情景却不是那么让人满意：多数人都像木偶一样被工作和任务驱动着前行，个人的人生发展之路很难与组织的发展之路相融合，更难体会实现企业的目标对自己人生发展的意义。带着这种被迫与无奈，工作根本无法启动他们自我奋斗的内在动力机制。在这种心理模式下，企业所有正当的规范和要求都可能被他们视为对自己主体性的剥夺。面对这种局面，企业的管理者有责任用心地去为每个成员谋划发展方向，并通过正确的启示和引导来帮助员工洞悉和理解这一方向，从而开启内在的工作动力系统，使工作成为员工积极生活的一部分，使工作的意义和价值成为其人生意义的一种表现，以此激发员工产生自我管理的动力。

2. 打造自我管理舞台

动力和方向可以点燃人们心中的热情，但如果没有释放的舞台，被压抑的热情就会通过另外的渠道释放。管理者要懂得根据被管理者的需求和能力为他们搭建适宜其表现的舞台，他们在舞台的喜悦中启动自我激励的内在机制。

鲍尔默在担任微软 CEO 之前像个果断的老板，凡事喜欢一手抓，而且总是在最前台鼓舞士气。但是做了 CEO 后，他放权给公司七大部门的负责人，不再做每件大事的最后决定人，而是更支持七个部门负责人的成长。他不再做一个最有煽动力的啦啦队队员，而是成为一名幕后的教练。他把自己对竞争对手的研究转换成对人才的研究。①

————————

① 于成龙. 比尔·盖茨全传[M]. 北京：新世界出版社，2008.

鲍尔默是聪明的，他知道部门负责人与部门成员的不同舞台需求，因此，他为被管理者创造了适宜的舞台；鲍尔默也是成熟的，他舍得将舞台让给被管理者，自己甘愿做一个幕后教练。管理者们应该向鲍尔默学习，学习如何为别人创造舞台，同时也为自己开辟新的舞台。当然，舞台的表演不是随意的，那不符合企业的初衷，也不符合被管理者的工作目标。于是，管理者要与被管理者签订一份契约，一份被管理者自愿执行、无碍于甚至更有利于被管理者舞台表演的契约。

3. 定制自我管理成长服务

并不是每个人都喜欢舞台炫目的灯光，也并不是每个人都有能力驾驭舞台随机的变化。尤其对于那些初登舞台的人来说，舞台在给他们带去兴奋的同时也有不安和紧张。管理者不仅要为被管理者搭建舞台，还要帮助他们树立信心，锻炼在舞台上掌控现场的能力。其实，组织中处处都是舞台，但是为适宜的人找到适宜的舞台则很不容易。管理者提供服务，不仅要满足被管理者的需求，而且要引导这种需求与组织的目标相促进、相融合，不能简单地为了服务而服务，否则，就会走向另一个极端。更不能让服务成为侵害被管理者主体性的工具，管理者要真正帮助被管理者找到他们能够发挥的舞台，并为他们提供需要的道具和老师，使他们成为舞台的明星。

4. 营造自我管理正向发展氛围

台上的众星们竭尽全力地演出，如果没有认可的赞美与掌声，慢慢地，他们就会失去前进的激情和动力。所以，管理者不仅要搭建这种展示的平台，还要不吝于喝彩与掌声，而权威的公开认可更可以让明星们倍感欣慰与受到鼓舞。管理者的威信在被管理者心中往往投下的都是阴影与恐惧，如果管理者能够使用更多的赞美与肯定，就会慢慢扫除负面影响，给被管理者以更多的信心和激励。这一切，对于构建一个管理者与被管理者和谐发展的环境、提高组织目标的完成效率来说，都是非常有意义的。所以，管理者要不吝惜自己的溢美之词，在关键时刻给予被管理者由衷的赞美和鼓励。

5.感恩被管理者创造的价值

现代的管理体制没有绝对、完全的管理者，组织中最多的角色就是被管理者。之所以要给予被管理者由衷的赞美与感谢，不仅是因为管理者的工作离不开被管理者出色的工作业绩，还因为那是表示对自己部分角色的肯定。虽然管理者的服务给予了被管理者帮助，但服务是管理者的工作职责所在，管理者不能因此而要求被管理者感激自己；相反，管理者由于被管理者的努力工作而顺利地完成了自己服务工作以外的其他业务工作，而且耀眼的荣誉很多时候都被冠于管理者，使他们得到企业的嘉奖，因此，管理者要对被管理者表示最真诚的感激，同时也要使被管理者感到分工差异之外的人格平等。

组织中人与人之间的关系是相互依赖的，人们应该是彼此人生和事业上的伙伴，应该互促互进共同发展，为实现人生的价值而共同努力。

（四）第四管理主体：委托人监督受委托人

在异化的管理实践中，大部分第二管理主体被认为是没有自我管理能力的人，因此，在对人性不信任的基础上，监督与控制是管理的工作重点。然而，人的主体性否定了这个前提，人天生具有自我管理能力，只是在主体性被压抑或者欠成熟时会将这种能力扭曲，引向伤害自己甚至伤害他人的方向。这就需要组织帮助第一管理主体唤醒其主体性，促进其主体性的正确发挥，引导其主体性不断成长。于是，组织首先选择了一部分优异的人组成第三管理主体，也就是现在组织中所谓的"管理者"，来帮助第二管理主体。由于管理者是组织中众人的受委托者，而众人是受委托的管理者的监督者，组织中的管理者会分成很多层级，于是，委托人监督受委托人就成了下级监督上级的法理基础。

可见，在管理这个舞台上，组织中的每个人既是管理者，也是被管理者，既是监督者，也是被监督者。每个人首先要做好自我管理，在自我管理的同时完成自己对别人的责任；同时，为了弥补自我管理的有限性，众人的监督就成为必要。因此，众人作为委托人，形成了第四管理主体。他们依据组织内成员共同签订的保证组织中所有成员利益的集体性契约对受委托人进行监督。该契约是在尊重组织成员主体性的前提下订立并得到大家认可的，而且契约的内容有益于每个人主体性的成长，是每个人利益的保障。

（五）第五管理主体：外部滋养内部

每个人的身体就是一个医生，能够对自身进行调节和呵护。但是，如果这种机能的发挥出现了问题，就需要求助于医院和医生。同理，第五管理主体就是独立于组织之外的监督群体，是由组织外部专业的或有关的个人、机构、非正式团体、专门委员会等组成的一个管理主体，如受聘专家顾问的定期指导、顾客制度化的监督、政府相关部门的监督、公众的监督、专业机构的定期"体检"和指导等。一方面，由于具有相对独立性，因此，第五管理主体对组织内部各环节的评价与指导更为公正和客观。另一方面，由于并不局限于某个组织本身，而且在各自领域有较强的专业性和权威性，因此，第五管理主体能够给组织内部带来更专业、全面、开放的滋养。当然，设置第五管理主体的用意还基于一个基本的常识：当局者迷，旁观者清！即使他们提供的意见不够准确或者全面，但最起码是来自外部的评价，是对组织信息输出部分的感受。对于一个组织来说，这恰恰是极其宝贵的！

综上所述，如果把管理比作一辆自动挡汽车，自我管理就是发动机，管理服务是油门和刹车，内部监督是方向盘，外部监督是汽车修理厂。离开任何一个部分，这辆汽车都无法驶向理想的目的地。

第三节　精神制导论

在人类历史上，物质支撑着人的生存，精神决定着人生存的质量。

纵观古今，人类文明的进步或者退化，往往都是以物质为载体，以精神为内核。物质与精神在文明的进化过程中，成为两个核心因子，相互转化，相互映衬。不管是幸福或灾难，背后无不是这两个因子在相互作用。

对于生命个体来说，当对物质的追求超过了对精神的追求时，人心就会生出贪婪和焦躁，精神就会陷入不同程度的混乱。这就会大大降低物质对人生的功效。那些阅尽人间繁华而真正进入精神思考的人往往会感叹：人生不是物质的盛宴，而是精神对物质的胜利！

在谈论精神作用时，必须澄清哲学中的世界本体论和人生认识论的区别。毫无疑问，在世界的本体和本源上，世界的第一性是物质，而不是精神。但在人生哲学的层面，不管世人是如何认知的，人的精神永恒地决定着物质对人生的价值与意义。

当人的精神力偏弱时，人的行为容易受到外界环境因素的影响，这就无意中开启了中国古人所说的"小人模式"，如孔子所说"小人役于物"。当人的精神力比较强大时，就会开启中国古人所说的"君子模式"，如孔子所说"君子役物"。

然而在现象层面上，人们的精神常常被外界物质奴役的事实，往往被许多人忽视。在本质层面上，人的精神被物质奴役的现象背后，却依然始终是自身的精神强化着精神被物质奴役的事实。但这样一个事实，常常被人们忽略。

这样的现象，在组织中也极为常见。当一个组织致力于激活人的高效自我管理动力时，往往忽略了个人行为背后的精神导向。处在当前复杂环境下的个人，其精神难免受到诸多干扰，由此麻痹了精神。组织如果对这样的人的精神力量缺乏理性认识和正确引领，最终将很难逃脱预期目标实践失败的命运。

可见，人的精神性之于行为活动的根本性和决定性毋庸置疑。尽管组织中人的精神制导力量存在差异，但如果加以疏通调理，汇聚精神力量，构筑组织精神势能，无疑有助于推动组织人格行为实践。因此，组织要游刃有余地高效推进人的管理实践，需要保持持续反思的理性，升级对人的精神特性的认知能力和认识水平，适度释放人的精神性的本质属性，以人的精神制导力量达成正向良性循环的实践目标。

一、精神的内涵及其特性

毫无疑问，人的精神是先天的本能和后天的学习与人生实践，借助于外部物质、内在思维、实施的行为与作用的对象等载体，经过不断地丰富和修正，沉积在人的精神世界中，以信念和信仰的方式，以自认为合乎道理的逻辑存在并运行着。

明确这样一个过程，有助于我们避免落入"唯精神论"或者"唯心主义"陷阱。同时，也有助于我们在人生的实践中不断优化自己的精神体系，避免精神过早僵化。更为重要的是，有助于我们在人生哲学层面上理解这样一个真理：属于我们每一个人现实和未来的世界，都是自己的精神能够触及或者覆盖的领域。

（一）精神的内涵

1. 精神是可以实现自我认知系统升级的动力

"精神，是在人类实践中通过意识与物质的反复作用逐渐形成并发展出来的、高于一般意识和相对独立于有形物质并决定我们价值选择与行动方向的、驱动行动指向目标的内在力量。"[1]"精神存在，是指一个相对于物质存在而言的人的主观意识存在，是对生命意义和价值的主观理解、感受、向往与追求。精神存在是人不同于物的根本标志，也是人超越物质世界、超越自身的动力因素。"[2]

精神是一个包含信仰、理想、实践目标及其行动选择，可以自我认知与自我调整的动态系统。随着人本身的条件发生变化，这个系统又通过个体成长过程中各种事件经历和教育等外在刺激源交替作用，催化并加剧个体精神的差异性。在这一系列个体精神系统变化历程中，人们通过模仿与学习、因果判断、回忆与想象等一系列精神意识方面的作用机制，最终形成一套对现实世界的判别、判断机制和价值评估体系。

---

① 齐善鸿. 道本管理：精神管理学说与操作模式[M]. 北京：中国经济出版社，2007：81.
② 王坤庆. 精神与教育[M]. 上海：上海教育出版社，2002：19.

现实生活中，人们往往将人的精神与心理活动相混同。实质上，精神和心理活动虽然都可反映为人的一种意识和思维活动，但二者有本质不同。简言之，精神是人的一种高级意识、一种超越物质决定的意识，也可以说是一种决定行动方向的动力力量，是人的心理活动产生的能量积累到临界点，从量变到质变，进而引发决定性意识力量的质变，即无形的意识实现外在实体化的决定性动力。

2. 精神是感知客观世界的主观标尺

精神首先是人的内在价值判断评估体系，负责对现实中遇到的各类事件和各类事物的状态进行意义判定或价值赋予，从而决定行动的方向和强度。

人的行为是一系列连续过程，当第一次有意识行为发生时，人的精神即为自身行为方向选择的依据和动力。行为产生结果的全过程，都在与作为价值判断体系的精神发生着不同程度的相互作用，并演化出一种不同于前的新精神，即使这一过程和结果未必能为人全然清晰地意识到。而演化出的新精神，又将成为新发起行为的动力。如此逻辑循环往复，直至作为人精神的物质载体的生命的终结。

概括来说，精神一般发挥以下两种作用：一是作为人感知世界的主观标尺，任何外在的信息都会先通过感官进入人的精神体系接受分析和判断，不管意识或潜意识是否能清晰识别并捕获这一过程；二是逐步替代置换成为决定人们客观实践行动的价值标准，因为人们做事都要先确定所做事情的意义及价值大小，否则会陷入迷茫混乱。而正是精神的存在，让我们每个人在行动之前就对行动本身和结果有了主观认知或者预期，于是，人的行为就获得了内在的合理性动力。

（二）精神的特性

作为一种能量，精神无时无刻不在影响着我们的思维和行动。但精神又是一种不竭的特殊能量，有其鲜明特性。

1. 主体前置性

在人对某一事物进行思考或者采取行动之前，精神已经存在，并且无意识占据了思维与行动的心灵前提，具有主体前置性。只要进行思考或行动，即启动了每个人前置的主体精神。同时，不管何种情况下，不管是主动或被动去思考或行动，人都会在头脑中进行快速计算、决策、选择，然后再行动。人的这种主体前置性，是任何力量也剥夺不了的，也是人显著区别于其他生物的本质属性。为什么我这样想？这样做？我为自己！

2. 价值打造活性常态

精神时刻处于一种活性状态，我们称之为"活性常态"。任何时候，只要意识存在，就会随时处理我们所感受到的各种刺激及其意义，并决定与行动之间的关系。并且，与现实生活中多为外在事物诱发的物质欲望不同，精神具有自发的正向价值创造功能。当放大物质欲望以牵引行动时，容易把人引向消耗性价值活动，而精神却具备始终自发生成具有建设性、生产性价值的导向功能，这种导向功能对利于价值发展的规律会主动进行调节。

3. 能量自续升级性

精神作为一种特殊的能量，一直伴随着生命而存在，并且不会像其他能量那样因消耗而枯竭或衰减，而会在使用中完成能量自续和平衡。同时，精神能够识别自我精神之于行动中的规律偏差或经验错误，当努力和行动没有取得预期效果时，人的灵性可以帮助人进行自我反思、自我调整和自我纠错，其精神及精神能量呈现螺旋上升趋势，从而帮助实现行为价值优化。

4. 自我超越内求性

我做的一切是为了自己快乐而非痛苦，对我有好处吗？对我有危险吗？快乐就想要，痛苦就想躲，这是趋利避害的本能，只是本能判断标准存在差异。可见，精神作为一种特殊的能量，在精神能量自续升级的过程中，会推动人的精神系统、人的行动发展趋向综合价值发展方向。人的欲望需求和精神价值追求都会随着外在环境的变化而变化，同时，人又不会仅仅满足于被动为外界单向驱动，人的精神价值追求具有自我精神及其价值的超越性需求，差异化的精神主观价值尺度是个体独一无二的判断依据和标准。据此，个体有望超越外界环境趋势牵引，以及复杂因素的刺激，呈现自我超越需求的内求性特质。

二、精神制导的科学逻辑

（一）精神制导是遵循精神规律的科学管理方法

企业组织是人的集合，可持续发展要依靠人来实现，而人是有精神的。作为具有精神的主体，人的一切行为皆受自我精神驱动和掣肘，并非简单由外界刺激决定。企业管理目标实现的本原动力来自有灵性的人，来自人的精神。激发人内心深处的神圣性精神力量，就是企业组织打开神奇管理奇迹大门的钥匙！管理实践活动过程涉及各类具有差异化精神力量的人，能否围绕既定组织管理目标达成企业组织内精神力量关系的一种平衡，形成组织的精神合力，则很大程度上决定着管理实践活动的过程和结果。

正因如此，任何组织的管理不能脱离对人的精神力量的认知和管理。要想实现对人的行为的影响，必须先从人的神圣性精神入手，这样才能在服务于人进步的目标的同时，达成组织管理目标。而忽略人的进步，只聚焦于目标的机械式发展模式，即便在一定阶段取得了有限效果，最终难免组织系统价值受损的风险。因为组织中人的精神能量差异、匹配错位关系，都可能导致组织管理效能和目标价值的隐性消耗。可见，组织精神体系的健康程度，对组织中个体、组织整体的意义深远。因此，组织中管理者的首要任务就是完成和不断优化对组织精神健康建设，并帮助下属建立健康的、神圣的精神体系，让健康的、神圣的精神指导正确行为，实现自我进步和发展，最终形成对健康精神的自我强化，让每个人都成为自己行为的主人。这种管理模式重视打造精神制导力为核心的文化软实力。

精神制导论是一种发展于科学研究成果基础上的科学的管理思潮和逐渐完善的思维方法论。精神制导论所强调的方向性、决定性力量，来自组织、管理情境中每个人的内心，而不是僵化价值观的单点传输、单向灌输。组织要把精神制导的规律和价值意义说给组织中每一个有心的人听，为组织树立新的管理旗帜，引导并提示组织中的人意识到自身所具有的精神力量和能量积蓄潜质，激发其启动精神制导机制，与组织发展形成精神合力，构筑组织的精神。

综上，精神制导论是基于人的精神规律研究推导出的新的管理思想。其科学逻辑是，在尊重人的主体性的前提下，激活个体精神自主性，帮助其精神不断完善，不断追求精神的至善至美，从而释放巨大的精神潜力，实现人的精神完善，从而与组织工作、个体生活质量提高的实践活动协同发展，建立起精神活动和实践行为活动之间的良性互动关系。精神制导论作为一种新的管理思想，除了通过组织宣贯进行推广的常态做法，还应同时配合一套具体的实操方法，通过见诸行动来落地应用其理论价值。

（二）每个人可依照精神制导规律行动

必须承认，精神活动不同于一般行为活动，似乎难以直接使用科学实验方法论来研究精神问题，这也是精神主题难以成为科学研究主题的重要原因之一。即便精神活动存在于每个人大脑内，每个人都可以感受到自己的精神活动，人们却往往将精神概念和其他相关内容混同研究，这是对人的精神作为一种特殊存在的客观事实的尊重。但这并不意味着精神无迹可寻、无从学习以及无法用来为我们的学习、生活和工作服务。

精神本身也是一种客观存在，具有其特性化规律，因此需要寻找适当的方法去探索研究。而精神制导论正是建构在精神规律之上的、围绕个体精神规律进行识别、学习，进而对自身精神行动及相关外显化实践活动进行管理的科学方法。精神不同于外在有形事物，但在人的精神意识、心理意念方面留有痕迹，亦有对外表现为各种具体行为的载体和形式，对其进行观察、省察，则可以对人的精神活动进行研究。

在精神研究方面，精神分析大师弗洛伊德就用"内省法"进行精神活动的科学研究，并取得了一系列举世公认的成果。这种内省法除了适用于专业精神学科领域的研究，对个体日常精神实践管理方面也具有相当重要的参考价值。当我们无法一下子知道别人的精神活动规律时，可以先收回目光观察自己的精神活动，把自己作为研究的对象。当精神进行活动时，我们可以像一个独立的研究者那样，静下心来，围绕精神活动及其后续行为回顾自己的精神活动历程，记录下来并进行分析,对我们行为背后的精神动力规律进行推断。

古往今来,许多成功人士的修养提高,几乎都离不开这样一个基本方法。虽然个人经验不能代替大众普遍规律,但个体也是群体的一分子,在进行科学提炼与比较之后,提炼出高度相通的基本共性,亦不失为一种科学研究思路。因此,当把自己作为第一对象进行研究,我们可以把自己的经验放在别人身上进行检验,并对差异和问题进行重新思考。如此往复,可以帮助我们了解别人的精神活动规律。[①]

正确地使用科学方法,可以帮助我们对人的精神活动规律有越来越多的了解。因为人的精神活动脱离不开他的环境、已有经验和价值追求,而人的行为又是精神活动的外化,他的言行可以表露出他的价值观和精神状况。与此同时,精神对行动发挥着或明显或潜在的主动反馈影响作用,此即精神制导论的核心逻辑,其运行规律有章可循,对常人都有价值。

(三)组织中精神制导方法实操原则

精神制导论以尊重人的精神之于行动、组织中精神契约之于众人的一致行动的内在规律为前提,以改变传统管理控制悖论冲突为使命,重新建构组织中的管理关系模式和组织中个体成长模式,即回归每个人的主体性权利与义务,重新确定管理者的教练和辅导员角色,服务个体树立"自己是自身成长发展第一责任人"的角色,最大限度地发挥每个人的潜能,促进每个人主体性的健康成长,形成个人精神健康成长与组织发展间的良性互动关系。其公理、理念、操作方法如下:

---

① 齐善鸿. 道本管理:精神管理学说与操作模式[M]. 北京:中国经济出版社,2007:134.

【精神公理】

1. 人都是有精神的。人的精神追求自由、成长和超越。

2. 精神自由是将人的意志与自然之道合而为一，是对自然中人的规律的认知和遵循。

3. 人的行为都是受到自我精神驱动的，外部刺激只能通过人的精神中介介质作用影响人的行为。

4. 现实中人的精神、组织中人的精神和组织整体人格的精神是不完善的，文明的人表现出对完善精神、崇高价值信仰的追求，并致力于帮助他人实现精神完善，这也是组织的责任。

【组织理念】

1. 没有相通的、趋向共同方向的主流文明精神的组织，很难成长为一个健康的组织。

2. 保有并升级健康精神的组织，才是一个有战斗力的集体。

3. 组织通过精神整合每个人的灵魂，精神具有制导作用。

4. 组织管理是为人的健康成长发展服务，不是把人变成劳动工具或是物质的奴隶。

5. 把一点点微不足道的健康文明精神放大，并精益求精，是企业组织运行的基础。

【操作方法】

1. 信仰：帮助个人清晰认识、确立以及坚持信仰、理想、做人原则和价值追求方向。

2. 正面力量：让大家把光明正大地做人做事和幸福的具体感受表达出来。

3. 反面力量：引导大家发现如何做事才不致背叛自己和伤害自己。

4. 原则：把做事的原则公开，形成对大家和自己的承诺。

5. 机制：定期用自己的事实向大家展示对大家和对自己的忠诚。

6. 精进：继续提出自己下一步的想法和做法。

7. 发展：让优秀的人带几个徒弟，徒弟间再进行比赛。

8. 生态：让人们自愿组成小组，进行正义的比赛。

第四节　新资本论

在传统经济理论中，资本是利润的主要来源。资本是组织或个体所持有的金钱货币、劳动力、土地等诸多形式的资源要素总和。尽管这些资源要素形式载体不同，创造价值的方式标准各异，但无一例外被视为价值工具。在这些构成资本内涵载体的资源要素中，人们往往将劳动力这种具有独立自主意识、个体价值存在普遍性差异的资源要素与其他资本形式混同对待，其真正价值并未得到资本持有者和投资者的足够重视。

这种传统资本认识进入现代组织管理实践后，也被一贯遵循。管理实践重视理论的应用和发展，却始终未触及传统经济理论中资本之所以成为资本的本质规律。彼时，因社会经济发展处于初始阶段，拥有稀缺性和必要性资源要素的竞争者能轻易赢得市场，而这种稀缺性和必要性资源要素即构成资本。在过去，稀缺性和必要性资源要素通常集中反映在金钱货币、劳动力、土地等要素的数量差异上，人们对资本本质的稀缺性和必要性规律认识不足，特别是对劳动力——人，缺乏对其作为特殊资本资源要素的本质规律的系统挖掘和重塑。

围绕人这类资本力量，我们探索挖掘了资本本质规律，据此重塑资本内涵，实现了资本的核心理论突破。我们把人作为资本主体，将超越资本控制地位而构成新的稀缺性和必要性的力量称为"新资本"。不论是在重视资源要素数量的传统经济社会，还是在不断升级转型、要求高质量发挥资本稀缺性和必要性效应的现代管理实践中，亦无论各类资本要素资源持有者、投入者是否意识到，劳动力这类资本都会在各类资本力量关系中发挥其主体作用，并最终处于资本之和之上的控制地位，以此消除传统资本的嗜血性。

持有新资本的每个个体，都拥有稀缺而有无限发展可能（自然的人性）的自有资本。然而，因为人对个体差异性资本力量的差异化识别和运用，当组织中的个体和组织整体忽视人的主体决定性作用来运用这种资本力量时，往往延续了传统管理对组织资本池的错误认知和错配实践，双重资本识别盲区交织，致使组织偏离预期发展目标，进入管理异化发展轨道，甚或给组织及个体带来灾难。

在当前经济社会中，企业作为在价值流动系统中创造、获取价值的主要组织，也成为汇聚社会系统中不同形式资本力量的新资本发展平台。当社会中的人带着自有的差异性资本进入企业，每个人因投入资本的形式不同而表现为市场价值投入差异，这些价值汇聚到企业组织中，构成了企业的资本性本质，塑造着企业的资本池形态。同时，社会系统亦在不断升级发展资本所代表的价值主体、价值载体及其相关各类价值要素，个体、组织对其持有、可使用的资本力量的认知愈发丰富、成熟，新资本力量的发展空间也不断扩展。是时，集聚大量能调动人的决定性主体力量的新资本的组织，将会成为未来企业持续收获综合价值的根本来源。由此可知，人是资本的资本，是资本之母。

一、资本的根源

（一）自有资本

1. 每个人都是自有资本的主人

随着社会认知系统逐渐开放，凡是能够用来创造价值的要素，皆可成为资本。知识时代的到来，逐步打破了货币资本为唯一资本形式的局面。这是因为相较于传统经济时代，社会普遍存在的将人所独具的知识、智慧视为可增殖资本的工具属性的认知，逐渐为人的主体性始终处于凌驾于各类资本之上的控制地位的本质规律所打破。诸如人的主体性对其所投入的品德、人际关系、人的影响力等主体差异化特质价值起着决定性作用，决定了其自有资本和其他各类资本总和的投入产出效率。将人视为工具劳动力投入价值利润创造活动，并不必然产出预期价值，甚或出现相反的异化背离轨道。这正是强调必须将人置于资本之上的控制地位的新资本理论所揭示的管理的真相。关注劳动力资本的价值主体和价值运行规律，更能凸显资本根本性、持久性特征。

基于人是新资本的理念，我们发现：尽管人与人之间不容忽视的个体差异会导致自有资本的实际价值产出的差异，但不可否认的是，每个人在品德、智慧与才能等个体方面先天都具备可不断升级的、可创造价值的自有资本。因此，企业组织中的每个人都是自有资本的主人。作为自有资本主人的每个人，都能且应为他所能支配的自有资本找到最有利的用途和场所，以生成社会所需价值，获取自身所需的各类价值，这构成社会系统中价值流动的基础。社会系统中，当带着不同形式资本、能不同程度发挥其主体性的人进入组织，组织得以成为不同资本主体联合劳动的天然平台。

在更广泛的意义上，企业的所有活动都是一种价值联合劳动。因为每个人都是自有资本的主人，所以每个人都是资本拥有者，也是资本本身，决定着资本的运作效率。组织中的联合劳动也是不同资本主体的联合，本质上也是人这类资本的联合。因此，企业是汇聚、联合人这类新资本的劳动组织。

2. 个体自有资本差异构成差异化价值

在组织中，不同资本主体在人格上是平等的，但每个企业组织中新资本结构及其构成要素呈现复杂性和丰富性的差异化特征。在不同的企业中，个体和组织整体对新资本的认知和实际的新资本结构差异导致产出效率的差异，而个体拥有和投入企业中的新资本单位价值和数量存在差异，这些差异组合构成了个体总体新资本的市场价值差异。因此，每个人在组织中投入新资本不同，所创造的价值不同，不同资本主体最终获得的收益也就出现了差异。这就是公平！这也是每个资本主体需要认清的基本事实。这与原来的内核标准趋近的资本有显著不同。

这种新资本投入差异与价值收益差异构成的巨大价值沟壑，常常引起组织中提供新资本组合质量处在低位的个体的困惑，他们认为社会、组织是不公平的。这是因为他们既没有看到自有资本组合和其他自有资本组合价值投入的差异，也未看到彼此之间价值收益组合的差异。诸如，穷人，尽管财富不多，可也活得清闲自在。但是，穷且安于懒惰，则大概率继续受穷。富人，尽管拥有的财富很多，可戴的是金铐银镣。投入自有资本越多，期望正向收益越多，收益越多，越要持续加大投入，陷入资本价值旋涡中心难以自拔；当然，如果变成众人的事业，自己也可潇洒。

企业中的人承担着不同的角色：投资者、决策者、管理者、执行者、普通员工。谁更重要呢？企业缺了谁会难以为继呢？或许，企业离开谁都不行——这个"谁"不是指个人，而是特指一种角色。因此，既然企业所有活动都是一种联合劳动，那么，每个人提供新资本组合所获得的最终收益的判定标准，都应依据其对企业整体的利益贡献，这也是自身资源在市场中价值稀缺性和必要性的直接市场反馈。当然，那些已经给自己的人格做了定位、定价，自甘落后、自甘堕落的人，自身只能提供随时可被替换淘汰的有限价值，就很难获得理想的价值回馈。而一个企业组织中的正常人，要想获得持续的、可以不断积累增值的价值收益，就需要瞄准需求，提升自有资本的新资本组合效率，在市场供求关系中不断供给稀缺性和必要性价值，这无疑是自我价值实现的最佳途径。

（二）分工协作中的新资本组合

组织财富的创造，需要不同资本主体分工协作以聚合差异性、稀缺性、必要性资本，形成协同优势。所以，企业作为不同资本主体联合行动的组织，要想获得成功，则需依赖于不同资本主体合作、组合资本的成功。

企业是将不同资源组合起来的"组合桥"实体。任何一种单一资源，不管多么重要，都不足以成为企业的全部，不论是金融资本还是新资本，也不论是投资者、决策者、管理者还是普通执行员工。缺少任何一方角色参与联合行动，企业都不能成立。所以，企业须成为组合不同资源、实现融合创新的桥梁。

虽然企业具有众多要素，但人是掌控其他非生命要素的主体，所以，企业的本质是以新资本为主导力量的各类资本的有效集成。人既是一个生命体，又是企业的关键，企业由此也具备了许多生命体的特征。组织的分工和制度形成了企业组织基本的骨架，而灵魂处所永远在每个人心中。所以，企业灵魂也就是集成了不同资本形式的新资本持有者的坚定信仰和共同愿望。企业里的个人可能会消失，但企业中新资本力量的特征却会继续存在，持续影响企业组织资本创造价值的活动。

二、资本主体之间的契约关系

人类文明进步的一个标志就是：人类可以缔结契约关系。社会系统中，组织间、组织与社会上的人之间、组织内人与人之间的关系，本质上是一种资本价值关系契约。

（一）契约制度管理

1. 制度的本源

管理理论与现实实践的适配程度和现实价值的大小，往往取决于我们对管理基本规律的认知水平，取决于理论和实务结合的层次和程度。而人的关系决定了这两类管理活动。因此，企业中人的关系正成为人们重新认识和解读管理问题的新方向、新热点。在传统管理理论中，制度用于规范管理企业的实践活动和人的关系。而在企业管理实务中，制度往往主要体现少数精英的意志，这与理论中理想的制度构念起源——集体契约发生了背离。只有当企业中每个与制度有关系的人都成为参与制度制定的主体时，制度才有可能反映企业全员意志。只有当每个人都成为制度这种集体契约的平等缔约方并发挥其主体作用的时候，人们才可能成为制度的真正主体而不仅仅是受影响的对象。当企业全员参与制定，反映企业全员意志的集体契约一旦形成制度，每个人就有可能快速适应企业内制度所要求的角色。这也进一步佐证了新资本力量长期以不同价值形态呈现的事实。

非全员参与缔约却要求全员遵守制度，违背了制度的集体契约本质。集体契约，是由所有员工认可并承诺在日后遵循的行为规范。在这种契约的形成过程中，每个人都是主体，契约中的规定相当于对组织全体人员的承诺，这样的自主承诺是每个人愿意遵守并严格执行的——这样的制度才具有合理性，才能得到支持和贯彻；否则，必将受到抵制与排斥。特别是关乎员工切身利益的劳动规章制度，尤其需要全员参与缔约。

2. 集体的契约

在理想的组织管理活动中，大家共同作出各自的承诺，形成相互制约、相互服务、共创共享价值的集体契约。管理的本质是对企业组织中人的集体心理契约的管理，而外在的管理制度是心理契约的条文化形式。

企业组织以大家共同认可的集体心理契约作为其存在和发展的先决条件，集体的契约要求每个人对集体全员作出承诺。这个契约是由大家充分酝酿、共同制定的，它来自每个人，也属于每个人，并服务于每个人。每个人在契约下的行动相当于履约行动。在订立契约前，每个人都是各自的主人，在订立契约之后，每个人都受到契约的约束。人人为自己的约定负责，你中有我，我中有你，人我无异，这相当于为自己工作——这是组织积极性动力源泉。

集体契约是企业组织管理的基础，我们提倡：企业组织要服务大众，达成集体契约。当组织集体契约达成后，管理者需要做的只是帮助和服务被管理者自身的成长和进步。因为每个人会受其主体性指引作出个体的新资本组合价值的最优选择，其后续个体知行模式都将受到这种选择的先决引导。因此，管理者应该做的是引导大家并和大家一起制定共同遵守的集体契约，保障和维护契约的实施，在契约约定下服务于被管理者的成长，守护被管理者主体性的不断成长和完善，而不是控制被管理者。实际制约被管理者的是大家共同制定的、自发遵守履责的集体契约。契约会随着条件的变化不断完善，以适应各种新情况的出现。因此，被管理者实际是在契约条件下进行自我管理。

（二）企业组织人格

新资本是企业组织最重要的资本，决定了其他资本创造价值的过程和结果。不同于有形物质条件的资本要素，这种资本的价值量取决于资本天然持有者的意愿及其实际投入的资本差异组合。要发挥新资本力量，这种资本必须先发展为企业"自己人"，否则，不能视为企业组织的资本。而要想成为企业"自己人"，需要塑造整体主体人格，即组织人格。

每个人作为独立主体，都具有自己的人格，人格决定人的行动方向、行动过程和最终效果，由人组成的组织也相应具备组织人格（法人实体中即法人人格）。而人格是新资本力量不容忽视的影响因素，组织整体人格塑造，亦离不开对个体、组织新资本力量的识别评估。同时，组织中的新资本力量持续反向塑造着个体、组织人格。系统学派的创始人巴纳德在阐述其组织要素论时认为，每个组织成员都至少具有组织人格和个人人格两重角色，因而必须对组织目标和成员个人目标加以区别和融合。成员的个人人格更易倾向于满足个人目的而采取合理行动；组织人格则指个人倾向于实现组织共同目标而采取合理行动。

组织人格决定组织的存在本质、发展动力和发展前景。没有组织人格，组织中的人就是一群乌合之众，这种组织也更趋近于群体团伙。只有组织有了组织人格，实现组织中人的健康发展才有基础保障。具有健康人格的组织才是有前途的组织。所以，组织要有意识地塑造健康的组织集体人格。

组织人格化首先需要一套共有的精神价值体系，其核心是共同价值观，即汇聚融合具有组织人格的企业价值观。企业价值观应是组织对其成员进行组织化的组织人格标准依据，也是组织促使外部社会系统中利益相关主体形成对组织的积极认知并对其进行印象管理的基础，是价值流动的前提和动力。其目标、原则和组织理念如下：

【目标】

将人们离散度很高的思想与行为整合、融合、化合、聚合成为组织人格。

【原则】

1. 个人有人格，集体组织需要有组织人格。

2. 有组织人格的组织才会造就一支能战斗的队伍。

3. 我们不仅仅需要人，而且需要"自己人"，志同道合的同行伙伴。

4. 组织如果不花精力"造人"，组织就是一支杂牌军。

5. 任何外来人才，都是其他环境的产物，最大的问题是构建适用性。

6. 为成就一项事业专门"造人"，是任何一个寻求发展的组织的必由之路。

【组织理念】

1. 几乎任何一个教育机构都不可能为一个特定组织培养定制式的

人员（专门设计亦很难实现）。因而，具体企业若想培养适配的个性化人才，须激活组织内部培养、内部员工自我管理的主人翁意识。

2. 仅仅选人是不够的，必须用自己特殊的文化"造人"，建立休戚与共的价值关系，只有这样的人才属于本组织。仅仅有人也是不够的，必须用自己特殊的文化"助人"，让人真正参与到组织发展中，帮助组织发展就是帮助自己成长。

3. 从其他组织进入一个企业组织的外来人员，尽管可能在业务知识技能方面已经很有经验，但也会把原来组织的文化带到新的组织中。不管它是先进的还是落后的，总会与现有组织文化发生错配性或适配性冲突。因此，必须进行再次整合。任何个人，只要加入一个新组织，就需要融入这个组织的文化：积极学习先进的，巧妙应对消极的。

4. 只有融入了，才可能悄悄地改变，因为人们不会接受外人的改变：当真正融入了，缔结了契约，实际上改变也就发生了。任何个人，只有自觉接受组织的约束，全身心在组织中尽力去做到"从心所欲，不逾矩"，才是成熟的表现。

5. 用本组织的人格去造就人，才会成就事业。企业组织只有具备了创造产品价值和人才价值两条生产线，才能保证正常、持续、健康的发展。

第五节　综合价值论

企业是由所有者和其他利益相关者组成的契约组织。任何企业都处于一定的社会环境和自然环境中，企业通过与人、组织和大自然发生各种联系并进行资源的交换才得以存在和发展。因此，可以说企业是一个综合属性的契约组织。企业的运营过程实际上就是它与其他团体、组织、顾客等进行物质交换和价值补偿的过程。这种物质交换及价值补偿过程，不仅具有经济学意义，而且具有管理学、社会学意义。企业的价值是企业通过以价值为核心的管理，使所有者与利益相关者均能获得满意回报的能力，它是对价值主体需要的满足，也是为了自身发展和利益相关者福利所创造的最大化长期价值。显然，企业为社会贡献越多，得到社会回报的能力越强——这就是企业的价值定律。当然，企业单纯追求经济价值就很难实现永续发展，企业价值导向应以经济价值、社会价值和精神价值等综合价值为企业发展目标，这样能实现企业的长期可持续发展。

一、企业的经济价值

（一）价值的内涵

价值反映了客体与主体之间的关系，意味着客体要满足评价它的主体的某种需要。"价值"最早是哲学范畴的概念，是由人这一主体塑造、构建出来的主观内涵。价值是主体与客体相互作用后形成的客观的统一性存在。随着现代科学学科的发展，价值被诸多学科引入其特定领域进行研究演绎。

价值意味着客体对主体的有用性，即当一个客体可以满足主体的需要时，就认为它是有价值的。从价值的承担者角度分析，物的价值是相对于人的价值，只具有使用属性，即物作为客体，具有满足人的需要的有用性属性。而人的价值与物的价值不同，它相应体现在主客体之间的关系价值。人的价值是指人的主客体合一的价值关系，即人通过客体实现价值。在这个实现过程中，人与客体之间的关系及人自身也都是价值。

（二）企业价值

"企业价值"这一概念，至少关涉到管理学和经济学两大学科内涵。企业价值或者说企业存在于社会的价值，本质上是指企业社会责任的大小。国内外关于企业社会责任的研究，兴起于 20 世纪 60 年代。关于企业价值的研究，主要集中在企业社会责任边界（企业价值观）的研究。

在西方企业发展进程中，企业价值观发展主要经历最大利润价值观、满意价值观和社会互利价值观三个阶段。最大利润价值观指企业站在自我为核心的立场上，以企业利润最大化为价值导向。20 世纪 20 年代的满意价值观，除了企业之外，兼顾了职工、供应商等多方利益主体。20 世纪 70 年代后，从利益相关者视角，把社会利益与企业利益相统一，关于企业社会责任的内涵和边界扩展也逐渐清晰。

（三）企业的经济价值

中西方学者均认同企业应当承担经济责任。阿奇·卡罗尔认为，"企业社会责任意指某一特定时期社会对组织所寄托的经济、法律、伦理和自由决定（慈善）的期望"。企业责任包括环境责任、经济责任和社会责任三重底线。

经济责任主要体现在企业对利润最大化的追求。也就是说，追求利润是企业生存发展的原动力和生命线，企业依靠承担经济责任和提高经济效率维持企业的持续经营，实现企业发展中利润最大化，为企业利益相关者创造经济价值的目标。企业正是凭借这一动力机制，激发员工及利益相关者的积极性和创造性，不断提高经济效率，促进企业经济效益。经济效率指资源配置效率，是产出与投入的对比关系。一般而言，在给定技术和稀缺资源的条件下，投入越小、产出越多，表明效率越高，企业利润越高；反之亦然。效率的提高则意味着降低了成本，提高了生产力，从而增加了企业利润。因此，利润与效率存在内在的逻辑正相关关系。

经济责任的履行是企业与不同社会主体合作创造综合经济价值，实现与利益相关方和社会共享价值的目标。企业的经济效益构成了企业的经济价值，直接影响企业利益相关者，包括企业投资者、员工、管理层、供应商、社区、政府等。企业在实现经济价值的同时，所关联的利益方无形中为企业增加了相关的社会责任。因此，经济价值是企业价值的重要组成部分，经济价值指标作为价值创造的目标依据和评价标准，具有相当的合理性。

在以经济价值为主要价值导向的情况下，如果企业的绩效、利润等经济指标不理想，企业在市场中往往容易陷入不利的竞争地位，甚至影响企业的生存根基。在外部竞争压力和内部各主体对价值增长诉求的双重作用力下，企业急于摆脱资源局限，提升利润和创造经济价值，往往更倾向于追求快速、高效的经济增长方式，强化了单维经济价值对企业价值的内涵意义，客观上造成了只关注经济价值而漠视其应承担的社会价值的思想和行为倾向：生产假冒伪劣甚至危害消费者生命安全的产品，损害消费者利益；对员工剥削和压榨，漠视员工的劳动保护和个人发展等，导致员工身心受到严重异化，把企业当作赚钱的工具；片面追求利润最大化，漠视环境污染等问题；为了谋求私利，管理者实施"内部人控制"，损害投资者的利益；等等。因此，如果企业单方面追求经济价值而缺失社会价值，就背离了企业社会性与经济性的统一。

二、企业的社会价值

（一）顾客价值

企业存在的目的是创造并满足顾客的需求。满足社会需求，解决社会问题是企业价值创造的源泉。企业实现社会价值的同时，将更有利于企业个体价值的实现。企业是社会责任的承担者。

企业作为社会系统的重要组成部分，其价值不能仅由企业自身来评判，还应由社会来评判。德鲁克认为，企业的目的必须超越其本身，因为它是社会的一部分，所以，它存在的目的也必须在社会中寻找。只有在企业家采取行动满足了顾客的需求之后，顾客才真的存在，市场也才真的诞生。所以，顾客的需求是企业目的的本源，是顾客决定了企业是什么，企业生产什么或服务什么以及企业是否会存续和发展。

企业价值是经济价值与社会价值的有机结合，是一个权责匹配的新型价值体系。建立企业与社会其他个体和谐一致的价值追求，才是解决企业行为负外部性问题、避免企业掠夺式经营的一个重要路径。

（二）公益价值

在现代市场经济条件下，随着企业规模的不断扩大，员工数量不断增加，企业可以在全球范围内配置资源，企业逐渐成为社会经济中最重要的经济力量。同时，企业也给社会经济生活带来各种负面影响。企业私利与社会公共利益的矛盾日益显露，如消费者权益问题、失业问题、环境污染问题等。

随着企业与社会的关联度日益紧密，积极履行社会责任成为现代社会对企业的普遍期望和要求。企业社会责任运动使得企业从追求企业利润最大化的单一功利性价值观向追求多元的义利并举的价值观发展。企业价值的内容得到了前所未有的拓展，企业的社会功能也更加凸显，企业的社会价值理念也不断得到强化，一些先进的企业就把企业的目标确立为追求社会整体利益的最大化，积极从事包括各类公益捐助在内的各类公益活动。

企业的社会价值实际上是企业对公共利益所涉主体需要的满足。利益相关者理论认为，企业是由股东、员工、消费者、债权人、政府和供应商等利益相关者共同组成的契约体，企业的存在是利益相关者共同治理的结果，仅仅保护股东利益，忽视对其他利益相关者权益的保护，不合社会正义，而且也破坏了社会生产力的有效组合，企业应向所有利益相关者负责。

企业从彰显个体价值到重视社会价值的转变，反映出企业主动或被动地感知到社会的要求和期望。企业社会功能反映在其对社会、经济、环境等多目标和多方位的影响。企业主动承担社会责任的目的也体现在将追求利润最大化的传统一元化目标转化为多元目标，将企业行为向社会公共利益内在要求的方向发展，客观上推动社会经济发展。

（三）伦理价值

传统的企业价值观侧重于对经济价值的追求，往往忽视伦理价值，可能导致企业追求短期的经济利益，损害企业的长远利益。

企业伦理是人类社会伦理准则在企业经营活动中的表现。其核心价值是重视人、尊重人和服务人，它规范了企业内部的各种关系，是企业发展的一种内生变量，目的在于促进企业承担起应有的社会责任，促进人类经济文明的有序发展。一方面，企业伦理价值与所有者和管理者的道德观念密切相关。例如，在人才观念方面，企业管理者重视吸引、保留和开发人才资源，把人才资源作为企业价值的真正来源。在尊重人和服务人方面，关心员工的利益，重视改善和提高员工的工作环境和生活条件，尊重员工的主体地位和民主权利，通过人性化的管理帮助员工主体性的成长，帮助员工提升自身素质和业务能力，使员工感到自己被尊重和有价值，有利于激发员工的主动性和创造性。另一方面，企业伦理价值重点关注企业的道德责任。企业在经营过程中，积极履行社会责任和落实 SA8000 标准，有利于提高企业自身在国际市场上的竞争力。目前，几乎所有的欧美企业都对其全球供应商实施社会责任评估和 SA8000 标准审核，如沃尔玛、迪士尼、耐克、麦当劳等跨国公司，都实施以劳工标准检查为内容的社会责任运动，只有通过检查与审核的企业才能成为其合作伙伴。在未来的国际市场竞争中，企业伦理将是继价格、质量、技术之后的又一重要竞争因素。

（四）生态价值

企业的价值表现在企业对人的意义以及对与人密切相关的生态环境的影响上，即企业对人类社会和自然生态的有用性。近年来，由于企业行为引起的外部性问题，"保护环境""生态价值"纳入了企业价值观体系。

生态经济学、环境伦理学等学科将生态价值概念从传统的经济价值进一步上升为哲学意义上的价值。程宝良等认为生态价值的实质是满足人类社会系统对自然生态系统服务功能客观需要的主观价值反映，反映了人类社会系统和自然生态系统两个整体之间的关系。

在三重底线理论中，环境责任是企业社会责任的重要组成部分。

企业的环境责任要求企业的发展不能以牺牲生态和自然环境为代价，企业的发展应以提高人的生活质量为目标，以自然资源为基础，同环境承载力相协调。长期以来，我国部分企业由于实行高消耗、高污染的粗放型发展模式，导致大气、水土等污染较为严重。同时，自然资源的有限和稀缺的根本性约束，造成我国目前各种资源紧缺的问题越来越突出。这就要求企业必须承担起生态环境方面的社会责任，走资源节约型、环境友好型的发展路径。

党的十八大报告明确提出"生态价值"概念，要求"深化资源性产品价格和税费改革，建立反映市场供求和资源稀缺程度、体现生态价值和代际补偿的资源有偿使用制度和生态补偿制度"。这一理念的转变，促成了企业创造和获取价值的新路径和新模式，有效化解了经济发展与环境保护之间的矛盾。保护生态能够实现价值这种新理念，也将激发员工资源意识和环保意识的提高。在有关制度和政策的支持下，企业资源意识、环保意识和生态价值理念将进一步增强，有利于实现资源的永续利用和生态环境的可持续发展，实现企业自身、企业之间及其与自然生态的共同协调发展。

随着企业实践深入推进，企业对环境责任的认知也得以持续升级。企业不再将环境责任局限于对企业经营直接相关环境进行保护的社会责任，而是逐渐认识到自然生态对全人类生存发展、对社会组织存在的先天意义，逐渐将自然环境生态保护发展纳入企业新的责任范畴，即自然生态保护发展的责任。由此，发展了逐渐成为全社会热点的"ESG（环境、社会、治理）理论"，并提出"碳达峰""碳中和"等目标。

三、企业的精神价值

企业是由人组成的契约集合体。企业除了重视经济价值、社会价值之外，还应重视企业的精神价值，尤其是应重视管理者和员工心性的提升。企业的物质资源、技术资源、信息资源等能给企业带来竞争优势，为企业的发展奠定基础，企业中人的心性提升能为企业带来精神财富，使员工的积极性、创造性、主体意识、敬业度、道德素养等方面得到提升。这种由人的心性提升所带来的员工软性素养的提升，有利于企业经济价值、社会价值、精神价值和品牌价值的提升。

（一）品牌价值

品牌是一个市场化的概念，它是指人们对一个企业、一种产品及其文化价值的整体评价和认知。企业的活动会影响消费者及其他利益相关者对品牌价值的感知。当一个企业的品牌被社会群体广泛认可并接受，品牌才产生各类价值。

品牌是企业的无形资产，具有稀缺性、价值性和难以模仿性，是企业的核心竞争力之一。企业品牌的塑造与企业利益相关者密切相关，它是主体与客体、主体与社会，企业与包含消费者在内的利益相关者相互作用的结果。

学者衣凤鹏从利益相关者视角论述企业社会责任和品牌价值的关系，认为企业内外部利益相关者（员工、消费者、政府、供应商等）均会影响企业的品牌价值。王秋红研究了管理者和品牌价值的关系，发现管理者所具备的能力明显正向提升企业的品牌价值。

研究发现，企业承担社会责任能够提升企业的品牌价值。从利益相关者角度分析，企业承担社会责任，有利于提高自身声誉，有助于赢得服务溢价，吸引投资者，减少负面形象，提升其社会美誉度。

（二）文化价值

企业价值创造依靠人，企业最终目的也是为了人的生存和发展服务。但在现代企业管理中，存在把人工具化的倾向，为达到获得经济价值的目的而将人作为价值实现的手段，而遗忘了把发展人作为企业的本质目的。

人是自然界进化的产物，同时又是后天社会化塑造的对象，因而既具有自然属性也具有社会特性。人具有主体性和精神性，能认知自然社会，并能通过主体的能动性与外部环境协调适应，从而在发展自身的同时，推动外部环境的变化、发展和自我认知的发展。而传统管理思想忽视了人的主体性能力和需求，将企业中的人同其他资源要素工具化对待，即使是近些年受到关注的"以人为本"，也因为"人"的焦点模糊和游离而失去了应用意义。正因为管理者认知现代企业管理理论时既违背了人性规律，也忽视了自然规律的客观性，所以企业很难保障人性的和谐健康发展，从而影响企业健康发展及其价值目标的实现。

传统管理理念一般都在关注企业的经济价值，较少关注企业的精神价值蕴含的和可创造的综合价值。企业价值管理要打破以往单维价值的模式，从根源上解决企业价值不均衡发展导致的管理问题，需要突破唯利是图的单一经济价值和"经济价值为核心，其他价值是附加品"等认知盲区。

企业的精神价值体现在企业文化中，是企业可以传承的核心资产之一。精神价值的提升，对企业经济价值、社会价值等的实现有着巨大的促进作用。企业中每个人都拥有主体性和精神性，最好能够在企业文化的价值引领下，按照契约的约定，以饱满的热情和良好的精神面貌，积极投入工作中，不断实现自我价值的提升，促进企业持续发展，增强企业的品牌价值和文化内涵。同时，企业的文化价值具有社会嵌入性属性，企业的价值离不开履行各类社会责任。

四、企业的综合价值

企业曾一度以牺牲社会嵌入性价值来换取经济价值最大化。由此，引发了一系列诸如出现唯利是图的社会风气、生态环境遭到破坏等社会问题，经济价值和社会价值也因此受到影响。这反映出一些企业背离了价值的系统性规律，以至于引发社会问题。

企业片面强调经济价值，则可能导致管理中刺激经济价值的倾向，而对其他非经济价值认知不足，割裂企业"经济与社会、物质与精神"等多维价值的统一性。企业背离价值系统规律发展价值，是企业带来社会问题、危害企业社会价值和品牌价值良性发展的根源。这意味着企业必须回归价值系统规律，塑造综合价值体系，以推进均衡价值创造机制落地，实现企业的综合价值。

由于企业从成立之初就是各利益相关者组成的契约集合，这个集合是基于国家法律、公众、社会、自然等资源的利益和谐互动而形成的组织。因此，任何一个企业都不可能单纯追求经济价值而存活，都需要承担社会责任和生态责任等；任何一个企业所获得的经济价值都来自其内在的精神价值；任何一个企业所获得的外部价值都来自其对社会和顾客价值的贡献；任何一个企业若只追求眼前的价值，必将丧失未来的价值；任何一个内在价值不断被掏空的企业，未来必将没有价值；任何一个所提供的价值具有极强的可替代性的企业，未来必将被淘汰；任何一个只看重片面价值的企业，若只用片面的经济价值来诱惑众人，就会把企业引到错误的方向。当人性变成狼性的时候，企业和管理者就会成为猎物。

若片面追求经济价值，企业能够暂时存活，但不可能活得长久。唯有运用综合价值来指引人性方向的企业和管理者，才有可能将众人引向综合价值进入良性互动和连续不断增值的未来。

企业只有在经济价值、社会价值和精神价值等综合价值共同构成的驱动力的推动下，才能实现可持续发展！

第六节 道本博弈论

传统管理中的博弈主体是管理者与被管理者，双方博弈的目的是各自利益的最大化。这种博弈是由管理者利用自己强势地位，把被管理者当作实现自身利益的工具，压榨被管理者的利益所形成。这种博弈关系导致企业内耗不断，被管理者不能心甘情愿地为企业付出自己的智慧和力量，从而使企业的管理目标难以实现。用西方的平面博弈思想是难以找到这种博弈问题的最优化的解决方案的，只有用中华"道"哲学中的玄之又玄的"螺旋式思维模式"才能找到解决问题的最佳方案。

一、平面博弈的思想

（一）现有博弈论概述

博弈论自古有之，中国古人对围棋、六博等游戏早就有相关的策略论述。博弈论早期也主要研究棋牌类活动以及相关赌博游戏的胜负问题，但对于这些游戏的胜负局势的把握仍停留在经验层面，没有向理论化方向发展。1928年，约翰·冯·诺依曼证明了博弈论的基本原理，宣告博弈论正式诞生。

博弈论主要研究具有公式化特征的游戏策略的相互作用关系，是关于具有斗争或竞争性质的行为现象的数学理论和研究方法。它关注博弈中的个体策略和具体行为，研究最优策略。这个最优策略就是让博弈中各个要素的相关量达到一个稳定值，也就是达到一种均衡。

现有博弈论的格局限制在了平面思维空间，博弈的源动力是"我赢你输"的"零和价值模式"。这种模式的本质是在利益总量固定的情况下，各个利益主体之间的分配方式。这样的模式必然造成各个利益主体总想侵占其他主体的利益，特别是那些在博弈中占有相对优势的主体，容易侵占非优势主体的利益份额。这种模式在现实中也是"内卷"的内涵模式。这其中的利益主体就是博弈的参与方，博弈的参与方都想让己方获得最大利益，让其他参与方损失利益，博弈的各方都有打破这种均衡的欲望，在这种欲望的牵引下不断地进行新的博弈。所以，平面的零和博弈的格局下是找不到长期稳定的均衡模式的，只能处于长期博弈和短暂均衡交织的局面。

（二）博弈的基本要素①

1. 决策人：博弈中率先作出选择的一方。

2. 对抗者：博弈中选择滞后的那一方，需要作出与决策人相反的选择。

3. 生物亲序：人和所有生物体一样都有在未知环境中发挥主动寻找规律和有序环境的本能。这项本能在博弈中就表现为所有参与者都

---

① 诺依曼. 博弈论[M]. 沈阳：沈阳出版社，2020.

会自发地产生寻找或者等待有序的行为。

4. 局中人：博弈中所有具有决策权力的参与者都是博弈的局中人，包括上述决策者和对抗者。

5. 策略：任何一个局中人能够贯穿整个博弈局的可行计划被称为一个局中人的策略。

6. 得失：博弈局中的胜负结果就是博弈中的得失。

7. 次序：不同局中人决策先后的顺序就是博弈次序，决策顺序不同，博弈的结果也不相同。

（三）博弈的类型

1. 根据博弈中参与者是否达成一个具有约束力的协议来划分：合作博弈和非合作博弈。

2. 根据局中人行为的时间序列性来划分：静态博弈和动态博弈。其主要区别在于局中人是否同时知道对方选择的行动，比如著名的"囚徒困境"就是博弈过程中后选择的局中人不能同步知道先选择的局中人的行为，这就是静态博弈；反之，是动态博弈。

3. 根据局中人对彼此的了解程度来划分：完全信息博弈和不完全信息博弈。

（四）管理中的博弈问题

管理者与被管理者之间的博弈，看似是合作博弈，理由是他们之间有企业制度约束。其实不然，这种制度往往是管理者一方自己制定，利用强权加在被管理者头上，被管理者只有被动接受的资格，没有参与制定的权利。因此，从本质上看，还是一个非合作博弈。正是这种貌似合作、实际不合作的博弈，导致企业虽然有制度，但管理者和被管理者还是在制度内和制度外进行着静态的、不完全信息的博弈。这些博弈行为，难以在企业内找到一个恰当的均衡点。即便达到了短暂的均衡，由于管理者想要更多地侵占被管理者的利益，也很快会被打破。这样的过程就是企业内矛盾不断积累和升级的过程，在平面思维下的博弈是找不到长久均衡策略的，只能向超越了平面思维局限的中华"道"哲学寻找答案。

二、道本博弈论

中华"道"哲学提出了玄之又玄的哲学法则，也因此诞生了"螺旋式思维模式"，简称"玄升模式"。这种玄升思维模式不是在一个平面上思考和解决问题，而是在高维的思维空间解决低维平面的问题。这一思维模式在当代的典型代表就是毛泽东的《矛盾论》，在《矛盾论》中毛泽东强调，要在高一级的矛盾中找到低一级矛盾的解决办法。这是毛泽东对中华"道"哲学的传承，通过中华"道"哲学把马克思主义的基本原理与中国的革命实践相结合。"矛盾论"其实就是升级了的"玄升博弈论"。以道为本思维下的博弈论继承了毛泽东的这一思维范式，运用中华"道"哲学升级博弈论，并将升级了的博弈论与管理实践相结合，从而找到解决管理中博弈问题的最佳方案。

（一）博弈论升级

1. 博弈主体

传统博弈论一直在讨论人与其他人之间的博弈。道本博弈论追求自我内在博弈的独到价值均衡。

"道"哲学强调人之外的一切都是客观，都是由"道"这个终极力量决定的。人要完成的是自身内在的博弈，形成自己独有的内在价值均衡，不再以与对方达成同样的价值均衡为目标。要做到这一点，就要在自己当前资源与价值的基础上，确定自己的独特目标，引入新的价值变量，形成新的价值均衡关系。这就是"自胜论"。正如老子在《道德经》中所讲的"胜人者有力，自胜者强"。

2. 长短利益

传统博弈论一直强调对眼前的利益分配进行博弈。道本博弈论追求时间序列中的独特的价值均衡。

"道"哲学认为眼前的利益可以作为投入，鼓励人们从事在别人看来是不赚钱的或者吃亏的行为，由此带来的长期利益比眼前利益要大得多。

概而言之，传统博弈论将焦点集中在短期利益的博弈上，而道本博弈论则将焦点集中在长期战略的布局上。

3. 利益内涵

传统博弈论只研究人和人之间的物质利益博弈，道本博弈论则追求多维综合价值的有机良性互动。

"道"哲学关注多维综合价值的有机良性互动，这既包括精神和物质、思想和行动、长期与短期、投入与收益，也包括对所有存在的价值性的提取和它们自身固有的"价值群落"的呈现。在这些方面，几乎每个人都是不同的，因此，只有每个人找到自己的多维综合价值均衡，才能形成博弈中各得其所的满意结局。若是离开了这种多维综合价值均衡去进行单项的博弈或者极其类似的博弈，就很难得到双方各自满意的最优解，因为最优解是双方各自不同的价值均衡模式所产生的。追求完全相同的价值最优解的均衡，会构成现实中的恶性博弈。

概而言之，传统博弈论强调单项价值，尤其是物质经济价值的博弈，追求的是双方相同的价值均衡，但这是无法实现的。而道本博弈论则追求每个博弈参与者基于各自的现有资源和可以调用的其他资源，形成互不相同的多维综合价值均衡。

4. 博弈维度

传统博弈论，运用平面思维在既有存量上讨论博弈的均衡。道本博弈论，则运用维度上升后的高维思维，将存量与增量、各种不同价值放置在一起，让每个人寻找自己独有的综合价值均衡。

中华哲学是玄之又玄的螺旋式上升的思维，基于这种思维形成了螺旋式上升博弈，包括两种形式：一种是通过博弈维度的升级，打破平面博弈的格局，在更高维度上实现平面维度博弈的最优化均衡；另一种是高维思维与低维思维之间的维差博弈，当然，这种博弈是不公平的博弈，高维对低维形成了碾压式的优势。但要注意的是，这与传统博弈论有一个本质的区别，这一切都是由个人的综合资源、资本和价值来决定的，而不是世俗意义上的欺凌或者霸权。老子在《道德经》中讲的"以其不争，故天下莫能与之争"，正是博弈维度升级后的格局。

概而言之，传统博弈论是在平面思维和既有存量基础上展开博弈，而道本博弈论则是在维度提升外加增量的基础上展开博弈。

（二）道本博弈思维

管理者与被管理者之间的博弈问题是管理必须解决的基础问题，基于"道"哲学的道本博弈论对传统博弈论进行了升级：自胜博弈，多维综合价值博弈，维度上升和螺旋式升级博弈。如此这般，管理者与被管理者的博弈，就可以在新的博弈思想与格局下找到各自的、独有的、多维综合的价值均衡。

1. 超越竞争

把人与人之间的竞争博弈，转化为追求自我提升的自我博弈。打破了企业内人与人之间的内卷局面，形成了人人关注自身价值的提升，人人潜心于形成和不断更新与优化自己的多维综合价值均衡的局面。这样的博弈新模式，也可以把组织与组织之间的竞争博弈转化为追求组织自身综合价值提升的自我博弈，并以自己可以主导的稳定的生存模式为基础，再运用自我优势与其他组织优势对接与组合的方式，产生"1+1>2"的战略耦合模式，以此来促进多方共同的发展。

2. 管理契约

管理契约，打破了组织内现有的基于非契约制基础上的制度博弈关系。契约由所有局中人共同参与制定，加上外部独立监督，使得所有相关博弈实现最优平衡。这是通过提升博弈维度，打破过去由少部分人制定制度让大部分人遵守的困局，真正让博弈各方形成一个共同价值的统一体。这样，就可以解决非契约制模式下的无休止的恶性博弈。

3. 管理服务

放弃管理者的管控意识，转为服务下属的责任，改变两方博弈中的一方的角色定位和相应的行为模式，把管理与被管理的博弈行为，转化为服务与被服务的合作行为，并以此形成契约化制度。如此，就能达成一个最优化的合作模式。这是通过优化管理者角色定位与责任，改变过去的管理与被管理的关系，用新的关系确立博弈的合作性质，从而彻底改变低级维度和传统关系下的无解博弈局面。

4. 综合价值

综合价值论的核心思想是在多维综合价值维度上寻求自我的动态价值均衡，并以对个人独有的终极价值的贡献来进行评判与选择。有了每个人独有的多维综合价值的价值思维新格局，有了这个对终极价值的锁定，每个人的重心就会转到个人价值均衡的个性模式的建立上，就可以避免在同样一种价值模式中追求自己价值最优的无解模式。于是，每个人都有自己的模式，都在为集体价值增值做贡献的前提下完成自我的价值均衡。当然，这也要形成组织的契约化制度，如此才能保障这一模式的实施和效果。

5. 螺旋进化

把企业发展过程中与竞争对手的平面博弈，升级到了企业发展的螺旋式上升博弈。把企业的综合价值升级到比竞争对手高一维度的空间，由此形成维差博弈。企业持续保持这种维差博弈，就实现了"以其不争，故天下莫能与之争"这种合于"道"的竞争新格局。

综上所述，博弈是管理中客观存在的现象，传统的平面博弈思想无法彻底解决管理中的博弈问题。面对平面博弈无解困局，我们通过运用"道"的哲学思想，对传统的平面博弈思想进行升级，形成了新的道本博弈论，以此就能够为传统管理模式下的传统无解博弈找到最佳的解决方案。

第七节 螺旋进化论

一、螺旋进化的原因

（一）"道"的自在轨迹

中国古人很早就发现了"道"玄之又玄的螺旋式上升的运动轨迹。在汉墓中出土了伏羲女娲图，其中的伏羲和女娲的上半身是人下半身是蛇，蛇形的下半身以螺旋的方式缠绕在一起，与现代科学发现的 DNA 的双螺旋结构十分相似。虽然图画是汉代的作品，但它是在传承远古时代中国人的认知成果，远古时代的中国人可能是借这种相互缠绕的方式来表达他们对人体基础结构的认知：人体的基础结构就是"道"在人体运动轨迹的具象化表现形式。

中国古人还通过《易经》表达了他们对玄之又玄的螺旋式结构的运动模式的认知。中国古老的太极文化所阐释的"阴阳互动"的动态模式，也揭示了阴阳两种力量互动所形成的螺旋式上升的动力模式；而阴阳又是由道而生，"道"给予了阴阳初始的动能。基于这些认知，老子总结出来"道"的基本运动轨迹：玄之又玄而且周行而不殆，也就是持续的、螺旋式上升的运动轨迹。

现代科学对宇宙天体运转轨迹的探知证明了这一点。研究发现，地球等天体围绕太阳，以及太阳系整体在银河系中，甚至银河系在宇宙中都是围绕中心的一种力量做着持续的、螺旋式上升的运动。

（二）管理之道：不进则退

大道无处不在，大道主宰一切。管理，也必须合于大道的运行规律。管理智慧，也必须在"道"的这种持续的、螺旋式上升的运动模式中寻找自己的价值。这也就意味着，人类的任何思想都不能停留在原地，思想只要停止了升级，就意味着与"道"相背离。管理也是如此，如果不随着"道"的轨迹变化，而是停滞不前，就会被"道"强大的螺旋力量向深渊推去。也就是说，管理停止升级，就只能被动运动，背离了"道"的运动轨迹的管理，必然会被淘汰。

二、螺旋进化的模式

道本管理的基础是以"道"为本，跟随"道"的持续的、螺旋式上升的运动轨迹进行升级，是道本管理的内在要求。因此，道本管理必然包含自动与"道"相匹配的升级机制，以保证能够及时对管理与客观规律之间的关系进行审视。如果出现了不相符的情况，及时进行修复，使之与客观规律保持一致；当客观规律出现重大变化的时候，及时进行整个管理系统的升级。

（一）全息系统

1. 全员信息提供

所谓全息系统，就是管理系统当中的每个人都是一个信息收集、反馈的触点，而且通过每个人都可以看到管理系统的全貌。在螺旋进化的管理系统中，全员主体性被尊重，每个人的积极性、主动性、创造性被激发，自我管理能力被提升，员工从过去的管理客体变为管理主体，每个人的利益与整个系统的利益通过契约的方式进行绑定，整个系统是自我利益实现的平台，每个人都是在为自己的利益而奋斗。因此，每个人都是这个系统的主人，都自觉地为这个系统的持续提升作出自己的贡献。基于这个逻辑，每个人都是管理系统的升级单元，都能及时向系统提供系统运行中的问题信息和解决建议。

2. 专人收集

在螺旋进化的管理系统内，各级管理人员要及时把每个自我管理主体提供的信息进行收集整理，及时上报给高层管理团队。各级管理人员本身也是自我管理主体，看待问题的视野比普通员工开阔，角度也不一样，所以他们的建议更有建设性。因此，他们不仅要收集下属的信息，也要把自己发现的问题和解决建议及时提交给高层管理团队。

3. 综合研判

高层管理团队对所收集的信息进行分类：如果属于日常性的问题，交由执行机构负责处理；如果是对于管理系统有修补作用的，提请相关部门给出修改意见，交由全员讨论通过；如果是系统性的问题，就要认真研判，对相关的问题进行重点调研，组织专门团队对客观规律进行认知，判断客观规律是否发生了变化。如果是规律变化所导致的问题，就要对整个系统进行升级。

（二）系统修复

管理系统运行过程中出现问题，一个是管理系统本身有缺陷，另一个是企业管理所面临的客观规律发生变化。面对这两个方面的问题，高层管理团队应该起到神经中枢的作用，各级管理人员和各个岗位的员工应起到传感器的作用，从不同的渠道发现问题。这些传感器不断地把问题汇总到高层管理团队，他们一方面要及时处理临时性问题，对管理系统进行局部修复，另一方面要组织人员对客观规律进行认知，根据变化了的客观规律对管理系统进行系统升级。

（三）及时升级

"道"的螺旋式上升轨迹，决定了任何管理制度都需要跟随"道"运动的变化进行升级。就像孔子一心要恢复周礼，老子教育他：周礼所产生的客观环境已经过去了，没有了周礼生存的土壤，即便恢复了周礼又有何用？世界上没有一种一劳永逸的管理制度可以一直运用。商鞅变法之后的秦国也是在商鞅所制定法律和所奠定的法治精神的基础上，不断进行管理体系的完善，才最终一统天下。统一之后，很大程度上是因为没有继续对管理体系进行因时而变的提升，加上赵高、李斯等对秦法权威的僭越和破坏，才导致秦二世而亡。同样的秦国模式的管理体系，被汉朝全方位地继承，只是根据客观规律的改变，做了一些适应性的修改，就造就了"文景之治"。

管理系统持续地对企业综合价值的实现起到促进和保障作用，就要及时根据客观规律的变化进行升级。持续进行企业内外部信息的收集工作，认知新的客观规律，以此为基础对管理系统进行升级。

综上所述，"天下大势，浩浩荡荡，顺之者昌，逆之者亡"。这个大势，其实就是"道"持续的、螺旋式上升运动所形成的动能。管理要顺应这个大势，在对"道"所展现的客观规律认知的基础上，进行及时升级，并把这种升级作为常态化的管理机制，以保证管理时时刻刻与道相合。

本章撰写者：徐楠、王鉴忠、李培林

第一轮校稿人：邢宝学、刘明、孟令标

第二轮校稿人：王雅楠

第六章　道本管理理论体系

2500 年前，东方有一位老人，发现了世间万物生成的源头与本质。

这个老人，给它起了个名字，叫大道。

这个老人，就是老子李耳。

他的著作《道德经》，一直是名列世界名著排行榜前茅的存在，老人家也因此成了世界思想史上经久不衰的世界级名人。

世界上著名的哲学家和思想界的翘楚，都将他的思想作为理解世界和人生的百科全书。

大道衍生了一切，包括世间的万物，也包括人类，也包括人类的所有思想与行动。

很多人感叹老子思想的霸道，但在学习和应用当中又会发现老子思想的神妙。

大道是一切存在的源头与本质，自然也包括人类和人类的管理。

在人世间，那些走到科学巅峰的人和积累了无数人生阅历的老年人，他们都会有一个共同的发现：一切思想智慧和真理最终都是悟道和得道。

幸运一点儿的人，在没有走到巅峰和老年的时候，就会寻着万事万物的大道，去探索真理的轨迹。

一个学者如果足够幸运，就会知道一切以道为本，而不是以个人的认知与经验作为连接这个世界的界面。

管理的学问与智慧就是管理之道，但唯有相信一切背后都是大道的运行，我们才有可能发现管理的大道。我们所能发现的真正的管理智慧，都是以道为本。

第一节 道本管理的概念

一、道本管理的定义和特征

（一）定义

"道本管理是将人、文化、技术等置于客观规律之下进行思考，主张以'道'作为管理的基础，尊道爱人，破除管理强势控制的枷锁，激活人性神圣的力量，是管理从外部制约转化为以内律为核心的服务，是成长支持。在此基础上实现人人健康发展，同时完成管理者自身的解放，真正实现用管理文明推动社会文明进步的目的。"[1]

可见，道本管理的核心是一个"道"字。"道"是世间一切规律的总和，是人类必须遵守的客观规律。中国古代圣贤最早提出"道"

---

[1] 齐善鸿. 新管理哲学：道本管理[M]. 大连：东北财经大学出版社，2011：189.

的思想，就是教导人们不要试图以个人意志取代客观规律。"以道为本"的管理思想是一种本质的回归，顺应天道，超越对立，返璞归真，是企业文化的人性根基。道本管理就是提倡管理应该以尊重客观规律、尊重人的主体性为前提。

（二）特征

1. 主观服从客观

"道"是生养和决定宇宙一切事物的终极力量，它是客观自然的存在，不以人的意志为转移。道生万物，人也是万物之一，"道"是人的本体，人的主观思维能力也是"道"在人身体上赋予的一种功能。人的主观之外皆是客观，包括可见与不可见的事物，以及人的主观已经形成的思维意识。这些客观具体事物之间是有关系的，这些关系呈现规律性，这些规律背后的操控力量就是"道"。人的一切主观思维活动都要以服从客观规律以及规律背后的"道"为基准。

人的主观思维要接受"道"的管理，不论人的主观认不认可，这一点都客观地存在。管理是人的主观思维所指导的行为，因此，管理首先要做到的就是让管理主体的主观服从客观大道，因循"道"在管理对象上所展现的客观规律，运用适合的管理方式，实现组织的管理目标，这是管理的本质。道本管理以"道"为本的管理思想就是对这种本质的回归，是主观对客观大道服从的具体表现。

2. 反思式的内归因

内因是决定性因素，外因是辅助性因素，内因的作用以合道为基础，只有合道的内因才能促进事物的进化，内在合道的因素的持续增长才能撬动外因的辅助提升作用，这是"道"赋予万物的基本进化逻辑。

人是万物之一，也要遵循这一基本逻辑。"行有不得，反求诸己"，遇到任何问题首先要反思自身的原因，找出自身的不足是自我提升的基础。"胜人者有力，自胜者强"，自胜就是不断地发现自身的问题，找到提升的路径；不断地突破自身思维维度的天花板，让自己的思维持续螺旋式地提升维度；以不断地自我提升形成强大的虹吸效应，吸引诸多外部因素到自己身边提供辅助的提升力量。

道本管理就是强调每个管理主体的"自胜"，在管理过程中不断地反思自我，遇到任何问题首先找自己的问题，而不是推诿责任、为自己辩护。人人以这种反思的精神为基础，通过内因的不断提升激活外部辅助力量，实现持续的自我超越，以此促进管理的不断提升。

3. 从工具到目的

西方式管理的异化已经是不争的事实，由异化所造成的管理困局已经成为当前很多企业共同面临的问题。而异化的根源就是被管理者的工具化。广大被管理者一直被当作实现资本利润的工具，一切西方管理理论都是以此为立足点，它们都选择性地忽略被管理者作为人的主体属性，这是现实中企业管理遇到困境的根本原因。

在现实管理中，很多企业管理的目的是更好地提高被管理者作为工具的使用效率，甚至企业文化也成为这种目的的帮凶。殊不知，人心是不能被控制的，每个人都是具有主体性的个体，他们都不愿意被当作实现利润的木偶般的工具，都不愿意接受把人当作工具的标准化管理。这就形成了管理的标准化与人的主体性之间的矛盾，这一矛盾成为当前管理的主要矛盾。

道本管理就是要解决这一主要矛盾，从改变人的工具化入手，改变人被物质化的异化思维，以尊重人的主体性为基础，让人从工具属性回归人的属性，把人从实现资本利润的工具变为管理的目的。道本管理遵循"道"在人身上所体现的人性规律，以实现每个人的综合价值成长为目的，把管理者的职责从领导和控制被管理者以实现资本的利润，转变为通过服务被管理者的综合价值的增长，通过组织综合价值平台，有效地集成每个人的综合价值增长的成果，实现个人与组织的综合价值同步最大化的目标。

4. 从单一到综合

企业不仅仅是经济组织，因为经济活动只是企业的一种活动，企业还需要政治、社会、文化、技术等活动与经济活动相配合，这样才能生存和发展。因此，企业应该是一个综合属性的组织。单纯追求经济价值的企业不可能很好地生存和发展，企业管理应该以追求经济价值、精神价值和社会价值等构成的综合价值为企业发展的目标，这是管理要面对的客观规律之一。道本管理遵循这一客观规律，要求管理者关注长期发展、注重物质和精神的满足、加强企业有形和无形方面的提升以及个体和集体的有机融合。如此，才能提升企业从内部到外部、从硬件到软件的综合价值，以此来实现企业可持续发展。

5. 从现实到使命

企业需要不断创造经济价值，为企业的长久发展壮大提供物质基础。但是，企业还具有综合属性，还要承担社会责任、环境责任、政治责任等综合使命。企业发展的最高境界不仅在于利润最大化，更在于充分履行其综合使命，更多地为社会作出贡献，造福人类。企业只有肩负起人类进步的使命，才能在人类发展的洪流中顺势壮大。

道本管理不仅仅服务于企业的发展，还要实现用管理文明推动社会文明进步这一目的。道本管理是基于信仰的管理，企业信仰是企业对自身价值的认可，具有强烈的驱动力，对企业发展具有长期影响力[1]，是企业最深层的发展动力源[2]。企业要建立基于大家共同价值观、共同利益的信仰体系。工作即修行，企业即道场，要将企业打造成践行信仰、提升个人修行的道场，实现管理从达成现实目标向履行长期使命的提升。

6. 共同富裕

传统的管理思想都是关注管理者的利益，认为被管理者只是实现管理者利益的工具。在这一逻辑基础上，被管理者的利益与他们的工具化属性的效能挂钩。

道本管理关注组织内外所有管理主体的综合价值最大化，这里有两层含义。一层含义是由过去的管理者、被管理者、外部机构形成物质价值的共同体，把各自的利益与集体的利益进行紧密的捆绑，特别是激活了过去被管理者的积极性，他们自愿地、自动地、积极地把自己的智慧和力量奉献给组织，形成组织真正的发展源动力。对这种动力进行合"道"的引导就能让组织的经济利益实现加速增长，其结果是被管理者的个人利益目标得以实现，管理者的利益也比过去实现了大幅增长，外部机构的利益也同步增长，实现了集体的物质利益的共同富裕。另一层含义是，这个共同体不仅仅是物质价值的共同体，还包括精神价值和社会价值等共同构成的综合价值的共同体，在实现物质利益共同富裕的同时，也实现精神利益的共同富裕，并与社会形成互相促进的和谐生态关系。

---

① 李敏. 论企业信仰的形成与构建机制[J]. 当代财经，2009，（6）：78.
② 汤明，裴劲松. 论信仰在企业成长中的作用[J]. 技术经济，2005（5）：65-68.

二、道本管理的核心规律

（一）人性规律

历史上人们对人性的思考往往都在"善恶"二维平面价值维度上徘徊；从逻辑方法上来看，大多是从自己熟悉的部分现实现象中进行概括。悟道的圣人，往往又站在"无善无恶"这样一种超越善恶的高维度来向世人讲解人性的本质。西方哲学中，有将人性内涵要素直接罗列等同于人性本质的（如休谟），也有武断地将人性界定为自私或者生理本能的。

道本管理从"道"哲学的角度对人性进行了系统的反思，道生万物，万物的本体是道，万物都是道的基因在不同条件下形成的"道"的有形的载体。人是万物之一，人的本体也同样来自道。人性的本质，不是与兽性的比较，而是其先天的规定性，也就是源自"道"，符合"道"的道性，即"自性""天性"和"神圣性"。

（二）主体性规律

人的主体性是人性中重要的组成部分，是管理要面对的最关键的人性特质。主体性包含自由性、自主性和自在性，在管理中表现为没有人愿意被别人管理，都想自己做主。同时，每个人都有"道"所赋予的先天灵智。道本管理发现了这一规律，提出管理者要在尊重人的主体性的前提下，服务和激发每个人的先天灵智，从而唤醒集体的灵智，通过集体契约的方式将这些灵智引导到组织发展最需要的环节，从而实现个人与组织的利益同步最大化。

（三）多资本联合的规律

资本的规律是管理首先要面对的规律。关于资本的本质，马克思在《资本论》中有着明确的说明："资本不是任何物，只是一定的社会的属于一定历史社会形态的生产关系，它表现在一物上，并给此物以一种特殊的社会的性质。"①

马克思明确指出，资本是属于一定社会形态的生产关系，在当前的社会形态当中，出资人、管理团队、技术团队、普通劳动者都是这种生产关系当中的重要组成部分，他们各自的物化价值都代表了一定的社会性质，都可以作为资本投入企业当中。由此，形成了货币资本、管理资本、技术资本和劳动资本联合的局面。

关于资本的本质，马克思还指出：资本的物化形态必须是能够驱动人的劳动创造价值的一种力量。货币、管理、技术都是人们已经发现的具有这种性质的资本物化形态，但是，普通劳动的资本性质却经常被忽略。首先，普通劳动是价值创造的关键力量，其他资本形态也都要通过普通劳动来实现价值的创造；其次，普通劳动者本身具有自我驱动能力，表现为在自我管理前提下的积极性、主观能动性和创造性，而且这种自我驱动能力在道本管理中占有重要的地位，是组织综合价值提升的基础性力量。由此，普通劳动作为一种资本是当之无愧的。

这是管理必须面对的资本规律，道本管理就是要回归"道"在资本上所呈现的规律，推动企业实现资本结构的改造。企业的资本结构不应该只有一个或几个出资人作为资本方，而应将普通劳动者纳入其中；企业不应该只是少数出资人利益的载体，而应该转变为多资本主

---

① 马克思. 资本论：第三卷[M]. 上海：上海三联书店. 1938年出版，2009年再版：609.

体联合的利益载体。

（四）多管理主体的规律

传统管理中只有一种管理主体，即管理者，其他人都是管理客体，但这是不符合"道"的法则的。"道"是万物的本体，也是万物运行的决定性力量，人是万物之一，管理是人的行为之一，因此，人的管理行为首先要接受"道"的管理，"道"才是管理的第一主体。组织内所有人在接受第一管理主体管理的基础上，基于人的主体性和自律本能，都能成为自我的管理主体，都要担负对自身的管理责任，这就形成了管理中的第二管理主体。第二管理主体优选出来一批具有更强思维能力、更高的格局、更多经验的人，成为为其他人服务的第三管理主体。第二管理主体中被第三管理主体服务的人，同时承担对第三管理主体的监督，形成第四管理主体。组织的外部监督和合作的机构成为对组织有影响的第五管理主体。这是道本管理基于对"道"的认知，解读出来的"道"在组织管理上的多管理主体的规律。

（五）自我管理的规律

人的主体性决定了人都想自己做主，不想被别人管理。在现实中，人们因为自身资源和能力的限制不能自己做老板，为了生活只能到企业中被迫接受别人的管理，但每个人都有自我管理的愿望。人的主体性包含自由性、自主性和自在性，当这些因素得到尊重、被激活，就能转化为工作上的积极性、主动性和创造性，这是自我管理的效能。同时，人性中的道性还蕴含了"道"的调节性功能即道律，道律在人性方面的表现就是人的自律性，这是自我管理能力的根源。因此，人既有自我管理的欲望，又有自我管理的能力，自我管理还能创造出积极的效能，这是管理必须面对的客观规律。

但是，传统管理对人的主体性缺少尊重，对自我管理的效能缺少认知，对每个人自我管理的能力严重质疑。由此，传统管理总是想通过由管理者个人意志所制定的管理制度，运用强力的压迫和控制的手段，形成管理的标准化形式，以此来压制被管理者的主体性，以实现管理者的目的。这就形成了管理的主要矛盾，即管理的标准化与人的主体性之间的矛盾，这一矛盾是管理问题的根源。

道本管理因循"道"在人性上所展现的主体性规律和自律规律，充分激发每个人的自我管理能力，激活自我管理的效能；通过集体契约的方式补充和提升自我管理能力，约束每个人走捷径、好逸恶劳、钻营世故等离"道"的行为，让人们的自律性逐步向道律本体回归。当组织中每个人都回归了道律，组织就实现了完全在"道"上的管理。

（六）服务成长的规律

道本管理基于对人的主体性规律和自律性规律的认知，提出了激发每个人自我管理能力的思想，这是对每个人主体性的尊重，其中既包括原先的被管理者的主体性，也包括原先的管理者的主体性。管理者也要对自身进行自我管理，管控自己的主体性对管理行为的影响。道本管理是以自我管理为基础，原先的上级对下级的控制和压迫式的管理不再适用，必须对原有的管理职能进行转变，这种转变要以集体契约为依托。

在道本管理中这种转变表现为：过去的最高管理者转变为集体意志达成的组织者，一般管理者的管理角色转化为服务角色；过去的计划、组织、领导、控制的职能转化为服务部下成长的职能；管理职能的实现由过去的上级命令的模式，转变为全员协商的模式。

被管理者的自我管理能力的激活与提升是他们的主体性合于"道"的表现，管理者要做的就是顺势而为，管控自身主体性对管理的影响。这样，双方就能在一个频道上实现主体性的融合，让双方的主体性在"道"的频率上共同发挥作用。

（七）闭合回路式的管理规律

管理通常被理解为管理者是管理职能的实施者，被管理者则是管理者指令的执行者，也就是管理属于管理者的独有权力。这种单向的管理是对被管理者主体性的压制，在现实中就出现了各种对抗管理的行为，出现了"上有政策，下有对策"的局面。

道本管理是以尊重每个人的主体性为前提，以自我管理为基础，以上级对下级的服务为辅助的管理模式。上下级之间既有服务与被服务的关系，也有监督与被监督的关系，上下级都遵守共同制定的管理契约。在契约的约束下，在以"服务每个人的综合价值提升，进而实现个人与组织的综合价值最大化"为管理目标的前提下，形成上下级之间的双向贯通的管理闭合回路，打破了管理者与被管理者之间因管与被管而形成的猫捉老鼠式的管理局面。

（八）制度的本质规律

制度的本质应该是所有人共同参与制定的集体契约，道本管理就是要回归制度的本质，在每个人自我管理的基础上，通过自我管理主体的主体性联合，形成所有人共同遵守的集体契约，作为具有道律因子的他律化的手段来约束自我管理主体的离道性的行为，补充自我管理能力的不足。

企业的所有人都要充分参与到集体契约的缔结过程中，每个人的参与程度与其最终的履行程度是强关联的关系，不是自己积极参与制定的契约，在执行中就会出现对集体契约选择性逃逸的现象。当每个人都积极参与了契约的制定，经过充分的讨论协商，形成了所有人共同认可的契约文本，每个人都要通过参加契约承诺与签署的仪式，完成自身与契约的精神融合。签字并承诺遵守契约之后，每个人都要把自己的主体性权利让渡给集体契约，每个人都将成为契约的客体，要严格遵守和执行契约。只有这样的企业管理制度，才能真正地与每个人的主体性实现融合，才能对自我管理主体形成绝对的约束，每个人才能自觉地遵守集体契约，而不是像传统管理那样被管理者与管理制度之间永远存在对抗行为。

集体契约的缔结，建立在对企业所面对的客观规律进行认知的基础上，在契约的执行过程中要随时发现契约的漏洞和问题，及时进行修补和完善。同时，契约在运行一段时间之后，客观规律的应用情况有可能发生变化，这就要求企业中有专门的团队负责收集内外部的各种信息，对信息进行分析、提炼，从中发现可能的变化，以此为基础及时对集体契约进行升级。

集体契约是合道的管理制度，也是符合企业所有人利益的约束性机制。集体契约去除每个自我管理主体不合"道"的投机性和走捷径的行为，让每个人踏实地通过不断地提升自身综合价值并把价值奉献在企业需要的地方，实现个人与企业同步的综合价值最大化的目标。

（九）综合价值驱动规律

传统管理一般都在关注企业的经济价值，较少关注企业的精神价值和社会价值等综合价值。企业价值管理要打破以往单维价值的模式，从根源上解决企业价值不均衡发展导致的管理问题，这就需要打破"单一的经济价值就是企业价值的全部"的认知盲区。

企业的精神价值体现在企业文化中，是企业可以传承的核心资产之一，精神价值的提升对企业经济价值的实现有着巨大的促进作用。企业中每个人都拥有对"道"的精神信仰，自觉地遵守企业遵循"道"在企业管理中所展现的客观规律所制定的集体契约，按照契约约定，以饱满的遵行正道的精神，全身心地投入工作中，没人偷奸耍滑，人人为企业着想，每个人都在各个环节上主动地减少浪费，提升工作效率。在这种情况下，企业才能形成经济价值持续增长的内生性动力。

同时，企业价值管理还要遵循"道"在社会中所展现的客观规律，企业具有社会嵌入属性，企业的价值离不开履行社会责任。企业的社会责任受到社会网络化发展趋势的影响，企业个体履行社会责任并实现价值，离不开与网络中诸多利益相关者主体的互动关系，而各主体的价值亦因社会网络资源流动变化而呈现复杂性特征。企业要与社会网络中的各种资源形成良性互动的关系，持续企业良好的社会形象和市场口碑。这是企业最重要的社会价值，反过来可以促进企业经济价值的持续提升。

因此，企业只有在经济价值、精神价值和社会价值共同构成的驱动力的推动下才能实现可持续发展，这是企业管理必须面对的"道"所展现的客观规律。

（十）以人为目的的系统和谐规律

传统的管理将人当作工具，即员工是实现资本利润的工具。所有的西方管理理论都是在这个基础上研究如何提升工具的使用效率，它们从不同的角度对这一问题提出了解决方案，但无论哪种解决方案都离不开管理的标准化，也就是人作为工具在工作中行为的标准化。这种标准化是管理者出于自身主观性目的而制定的标准化，没有征求被管理者的意见，这就造成了在实践中，即便是标准化程度最高的酒店管理行业，要实现完全的标准化也是做不到的。这是因为管理的标准化与人的主体性之间存在巨大的矛盾，这一矛盾也是当前管理中所有问题背后的主要矛盾。正是这一主要矛盾的存在，导致管理者与被管理者之间持续不断的恶性博弈关系。这种关系是组织中存在的关键的不和谐因素，造成了当前组织管理系统普遍存在的表面和谐，实际不和谐的现象。

道本管理是以尊重每个人的主体性为前提，以提升每个人的综合价值为管理目的，以每个人的综合价值的提升为基础，通过组织的系统化集成把每个人的综合价值与企业的综合价值的实现进行连接，实现组织与个人综合价值同步最大化的目标。其中，契约起到了系统化集成的作用，这种作用也是通过标准化的工作流程来实现的。但是，这种标准化的工作流程由所有人共同参与制定，是在每个人发挥了各自主体性中的积极性、创造性和主观能动性，以及通过与他人的良性互动形成最大公约数的基础上完成的，是所有人主体性的有机联合。每个人通过签署契约与作出承诺的行为，主动把自己的主体性权利让渡给标准化的工作流程。只有这样的标准化工作流程才能让每个人积极地、主动地、自觉地遵守，才能真正地通过实现管理的标准化来提升企业整体的工作效率。在以人为目的的道本管理模式下，彻底解决管理的主要矛盾，组织中的关键不和谐的因素被去除，组织才能真正实现系统的和谐。

（十一）无边界组织的规律

组织不是独立存在的，而是在一定的社会关系中生存和发展的。组织的外部呈现出多层次拓展的关系圈层，比如：客户、合作者、潜在消费者、社会、行业、政府、政府相关的产业政策、国际形势的变化、技术革命以及其他对行业变化具有影响作用的要素变量。这些变量在不同时间和不同空间的组合逻辑所呈现的要素组合画面，就是"道"在那个时刻和那个空间所呈现的组织的外部环境规律。

道本管理基于对组织外部环境规律的认知，提出要打破组织边界的限制，让组织的发展既合于内在人性规律和物性规律，也合于外部环境的规律。在此基础上，一切以对组织的价值贡献为标准，只要符合这一标准的要素都应纳入组织的管理范围。组织通过与组织外部环境要素之间的良性互动，积累组织的利益相关资源和良好的社会形象。包括客户在内的丰富的组织利益相关资源和良好的社会形象，能够反过来促进组织的发展，由此可形成组织与外部环境协同发展的生态圈。

（十二）道本博弈的规律

博弈无处不在，博弈的目的一般都是在既有存量资源中，让自身利益最大化。这必然导致四大困境：这样的博弈，是在资本和权力优势的博弈方主导下进行的，弱势方只能任人宰割；这样的博弈，极大地削弱了促生增量的动力和智力；这样的博弈，极大地恶化了人与人之间的关系；这样的博弈，永远无法找到最优解！

道本博弈是突破现实博弈困境的最佳模式。道本博弈是优势升级的博弈模式，博弈的优势方以宏大的格局错开世俗的博弈，他们开始缩小眼前、物质、个人的利益份额，将其变成未来、战略、优势、创新动力、社会成就、历史地位、个人精神气象和境界的投入以及动力的加强；道本博弈是以优势方引领博弈方向，将人们引向对长远、综合、多维价值的追求，并将此放置在制度和机制的保障中；道本博弈是以优势消化组织熵，没有竞争，都是资源，只有学习，只有提高；道本博弈是优势方将博弈对象从对方转换为自己，追求永远的自胜；道本博弈制造空间优势，以其不争，故天下莫能与之争！

（十三）螺旋进化的规律

真正的管理不单纯是书本上的理论，也不单纯是个人的经验，否则，管理就会变成教条主义和经验主义。管理的思想与方法只可参考借鉴，不可机械照搬。管理的经验可以参照，但必须结合实际进行超越和创新。任何一个组织的管理，都是在借用理论和经验的同时，进行不断创造、印证、完善和超越。任何一个组织的管理都必须在上述过程中，建立自己不断进化的理论。管理，不能仅仅是一种学术或者实践理论，而应该上升为一种不断进化和促进发展的文明力量！

管理的思想与理论也唯有在动态发展中，不断证明自己的价值和更新自己的价值，才能在本质上进化成一种促进人类不断进步和健康发展的文明力量。管理必须立足于以思想引领为核心，完成创新、印证和自我超越。企业不能仅把管理作为工具，而是要把自身管理思想、理论的建设与创新作为企业的价值产出与贡献。

第二节　道本管理的使命

"管理就是控制"在管理理论界和管理实践界广为流传。然而，人们又有着另外一种基本共识，即人们不喜欢被控制。这种悖论式的管理被异化为"科学的法西斯"，其结果必然降低管理的效率。如果说管理的目的是实现组织的效益和效率，那么，是否有一种比传统管理层次更高的管理方法来帮助人们走出管理困境？在此背景下，道本管理作为一种新的管理哲学体系和管理实践体系，遵循管理的演进规律，承担起了如下历史使命。

一、以道为本，回归管理本源

管理不能脱离企业的社会角色而独立存在。企业组织是社会组织的一部分，它从属于人类社会，而人类社会的出现也是为了保障人的生存和发展。所以，企业的本质不能脱离这个大原则而存在，更不能与之对立而存在。毫无疑问，管理作为企业经营与发展的重要手段之一，也要服从这个原则，即管理要保障人的生存和发展。企业不仅是一个经济组织，更重要的是通过其经济行为完成所承担的社会角色的责任。企业不是少数人敛财获益的工具，而是社会财富的管理者，致力于为人的生存和发展服务，致力于成为人的自我价值发挥和实现的平台。

追溯管理的源头，我们不难发现，管理的本质就是服务。当人需要依托于群体的力量实现其生存和发展目标时，管理这种集合众人之力，服务众人发展的形式也就随之产生了。人群聚集的目的是相似的，人员的安排、培养，资源的分配和使用，都是为了保证其中个体的生存与发展。管理就是服务于这种目标：为了群体的发展。而群体发展的目标是为了保证其中所有人的利益。管理，就是服务于管理情景中的所有主体的人性成长。也就是说，管理的本质就是服务于人，服务于人的生存和发展。所以，管理最终也要回归到其服务于管理主体的社会角色中去，回归到服务于管理主体的生存和发展中去。管理是解放人的，而不是增加人的痛苦的。

二、和谐自然，实现管理文明

道本管理是站在人类文明的高度思考管理，重在使管理者从权力意志与个人意志的羁绊中解脱出来，把被管理者从被控制甚至受压抑的状态中解放出来，破除了时限性和国别差异，促使管理向人类文明的高度发展。道本管理站在人类文明的高度，从中华传统文化中提取了"道"这一核心概念。在"道"中进行思考，促使管理向人类文明的高度发展的同时，让管理走向人与自然和谐的发展方向。此外，在尊重人性和客观规律的基础上，培养人的主体性，激发每个人的积极性、创造性以及对神圣性的追求，让每个人内在的精神力量得到发挥。这些都是道本管理的价值追求所在。

三、去意近道，破解管理异化

新人性观下的管理思想逻辑出发点是以人性观为基础的。现代管理的核心观点认为人是企业的核心与主体，人是管理的出发点和归宿，是管理的目的而不是手段①。因此，对人性的认识及掌握是企业实现管理目的的前提。人性的核心规律是主体性，遵循这种核心规律的管理才是真正的管理。管理要尊重的客观规律，既包含人性规律，也包含自然规律和社会规律。这是"以道为本"管理理论的基本逻辑。由此可见，既然人是管理的核心，也是企业的根本目的，那么，人性规律则应当成为企业管理遵循的基本规律之一。道本管理的提出，正

---

① 齐善鸿，孟奕爽，曹振杰. 管理异化的消解：基于新人性观的道本管理理论价值解读[J]. 现代管理科学，2011（7）：15-17.

顺应了人性的基本规律，充分尊重了人的主体性。用自我管理代替被动控制，让人们从自我意识的主观世界中回到客观规律上来，既完成了对人的提高，也促进了企业的经济发展，并建立了以人的发展保障经济的发展，以经济的发展服务人的发展的良性循环。这是消除管理异化问题的根本途径之一。

四、道本思维，实现生命价值

"以道为本"的管理思维不是一种巧妙的管理控制工具，不是一种精神麻醉剂。它是对传统的企业管理模式的重新思考、理性超越和辩证扬弃，是人性化管理的最高层次，是人类对传统管理的一次反思，是对经济万能论的一种否定。其重点是强调管理应尊重人的精神性、主体性、社会性和自利性，其目的是帮助人们重新找到健康的精神，提升自我管理的能力。通过人的精神性需要、主体性需要、社会性需要和自利性需要来实现人的发展，从不成熟一步步走向成熟，帮助人们向更加完善的人转变。通过人的综合价值的实现与发展，实现企业组织的可持续发展。这是"道"的逻辑在道本管理中的具体体现。

第三节　道本管理理论

一、道本管理理论体系逻辑框架

道本管理的理论体系（如图 6.1 所示）的基本内容从纵向角度，可划为宏观、中观、微观三个层面，即企业外部管理、企业内部管理及自我管理。从横向角度，可划分为理论基础、面向对象以及相应的解决方法三个层面。

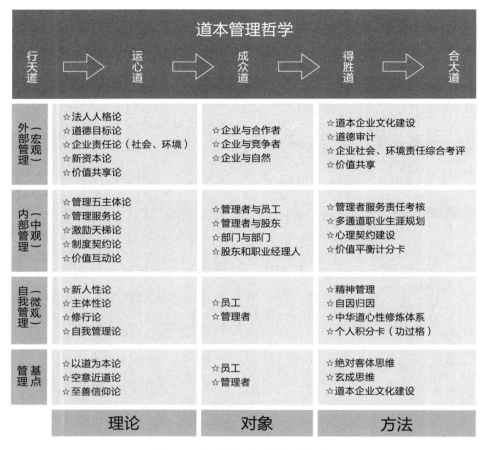

图6.1　道本管理理论体系框架

二、道本管理哲学思想

（一）行天道：企业与自然的和谐发展之道

企业天道：与自然的和谐，成为负责任的社会公民。从人与社会和自然系统的关系来看，个体价值膨胀以及人类中心主义导致的社会系统的异化，使得个人或者企业为了一己私利可以牺牲社会和自然的利益。事实上，企业从成立之初就不只是企业自身经济利益的集合，而是基于公众、国家、社会、自然等资源的利益和谐互动而形成的组织。在传统管理的管理目标中，企业对经济利益的追求往往多于对社会利益的追求。企业为了经济利益而进行的社会公关行为，尽管给社会公众带来了一定的利益，但其目的依然是实现企业对自身经济利益的追求。正是这种原因，以伤害社会公众和自然利益为结果的公司丑闻、商业道德堕落、环境污染等现实案例屡见不鲜。传统管理以经济效益的追求来提升管理效用无可厚非，其问题在于如何定位企业与社会和自然的关系。以道为本的企业文化认为，未来时代的管理是在人、自然、社会的更广泛关系中，从被技术和变革打破的系统中找回人恰当的位置，找回人的社会责任。

（二）运心道：企业的人心归服之道

人心规律是企业健康发展的基础。传统企业管理建设由于较多地体现了管理者的个人意志以及企业的需求，使得管理成为老板控制下属的工具。老板对管理的认识以及企业实际工作的需要成为企业管理制度建设的基础。"得人心者得天下""人心如水，制度如篮子"，传统管理试图用制度的篮子网住如水的人心，结果是竹篮打水一场空。以道为本的管理思想认为，在管理中，首先应在心理契约这个层面上认识管理，从构建心理契约入手进行企业文化建设和管理。在充分确立和尊重员工主体地位的基础上，通过多种形式进行广泛的沟通与培训，增进企业和员工之间相互期望与义务的了解，不断提高双方的认同度和满意度。同时，充分开发和利用各种传播媒介和宣传手段，加强企业对外沟通与传播，提高企业的社会认同度、满意度和影响力。唯有如此，企业才可能具有文明性，从而显现出先进性。同时，转换管理模式，由"管理者个人表演型"转变为"导演型"，充分体现每个人的主体性，尊重每个人个人利益的合理性，设计能够让人们实现梦想的"激励天梯"，人心，就将成为管理用之不竭的巨大动力。

（三）成众道：企业的内部管理之道

企业是大家的企业，企业中的管理制度应该是集体的契约。由于领导在企业管理实践中的地位和作用十分重要，因此往往导致实践中对领导的作用和地位的认可常常走向极端，最终演化为过分夸大领导人的作用，片面倡导精英文化，甚至将领导文化等同于企业文化。一旦企业文化被认为就是领导文化，组织中的其他成员就自然丧失了在企业管理实践中的主体地位，成为领导文化被动的接受者，从而无法生成与主体角色相关的积极性。这样，就会造成企业只有个别领导人在领导，在发号施令，其他绝大多数人只能成为被动的执行者和接受者的局面。企业的众道思维本质上是企业管理的新文明，它改变了传统管理中的主客体分离和对立的状况，帮助每个人首先成为自己的主人，从而极大地激发了每个主体的积极性。企业对个人利益合理性的认识，员工对不同付出者报酬差异的理解，投资者和管理者对员工综合利益体系的重新设计，都将使企业中人感到更加温暖。众道思维使得先进的思想与行为准则得到大家肯定并自愿执行。

（四）得胜道：企业生存发展的长盛不衰之道

企业有两种产出，一种是物质产品的产出，一种是产品背后文化的产出。对企业物质产品的产出来说，随着技术的标准化以及科技传播速度的加快，不同企业的产品日益趋同，竞争日趋激烈。对企业的文化产出来说，每个企业独特的成长历程与环境使其具备了其他企业无法复制的文化基因。当这种独特的企业文化传播进入公众的头脑，便使得公众对这一独特的企业文化产生特殊的好感，进而影响公众对该企业产品的认知，这是人的认知协调性规律决定的。企业也因此赢得了属于自己的尊严，我们称之为文化营销。传统的企业文化理论，注重企业识别系统和基于产品的文化建设，这种企业文化的产出仅仅是文化营销的一部分。

新企业文化理论将企业文化营销分为三个层次：第一个层次是基于企业和产品的文化营销；第二个层次是与企业产品没有关系，而能服务于时代文化战略和社会文化责任的文化产出与营销，如公益活动、慈善活动、满足国家需求等方面的文化产出；第三个层次是人类共同文明追求的文化产出与营销，如博物馆、国际化非营利组织的建设等。只卖产品的企业属于三流企业，只进行企业和产品文化营销的属于二流企业，进行服务于时代文化战略和社会文化责任的产品营销的企业属于一流企业，进行有关人类共同文明追求的文化产品营销的企业属于超一流的企业。

（五）合大道：企业以道为本的永续发展之道

对人的管理始终是管理理论的一个重要内容，而每一种管理理论的出现都是基于对人的本性、人在企业发展中的作用和地位的认识的变化。因此，管理的发展必须以人为出发点并以促进人的全面发展为最终归宿，管理的一切内容必须适应对人性认知的进步，管理必须适应生产力发展水平并持续解放生产力，管理必须承担社会责任并且服务于其目的性。而人类的管理活动和诸多管理理论经常偏离这一目标，比如，管理理论过多的工具性暗示，管理实践中对人性问题的忽略乃至压制，等等。这些现象，实际上是人类管理异化的结果，是人们把主观意志强加于客观规律之上的结果。这种异化是人类对管理主体的自我否定，而大量管理问题的产生也源于这样一个基本问题。解决该问题的核心方法，就是企业中的管理者不再以个人的主观意志为导向，对被管理者实施简单的控制，而是应当充分尊重每一个体的主体性。所谓"空意才能近道"，只有放下主观才能接近管理的客观之道。

"以道为本"管理理论的提出，在很大程度上是对人在管理中异化问题的反思和矫正，反映了现代企业管理的着眼点已经从对物的管理转变为对人的关注。人类的发展是在充分研究和遵循自然和人类社会发展规律基础上进行的，而企业是社会的一个单位，企业的发展必然遵循自然与社会发展的基本规律。这些规律中最为显著的自然是尊重人性的规律。所谓道本管理，就是倡导在管理中运用规律自身的力量，充分体现人在管理中的主体性，专注于规律而不是服从于人的有限理性。

道本管理的核心，是对人性的演进和人的主体性问题的关注。管理活动是人的活动，管理的核心也就是人的管理，管理的目标就是人的发展。而对人的管理，首先要从尊重基本的人性规律、从人性和人类精神发生发展的基本规律开始，沿着这一客观存在的自然规律，追寻管理的基本价值取向。人类精神的存在，正是人类主体性存在与发挥的前提。企业也只有在充分尊重员工主体性的前提下，才能符合客观发展的规律，达到"天人合一"之大道，才可以生存发展下去。

三、自我管理（微观层面）

自我管理是道本管理的核心命题，其主要面向的对象是员工及管理者本人。从自身的角度出发，通过修行自身心性得以提高，从而能够去意近道，使主观不断接近客观真相，不断合于客观规律。其理论基础包括新人性理论、主体论、修行论与自我管理论等四个方面，相应的提升方法包括精神管理法、自因归因法、中华道修炼体系以及个人积分等。

（一）理论支撑

1. 新人性论与主体论

如本书第五章所述，新人性理论与主体性理论是道本管理理论与实践的核心命题。从本质上看，这二者是密切相关的，因为新人性论的核心内容就是基于对社会性的人的主体性的高度认同和深层挖掘，而主体性是对新人性理论的哲学解读。人的主体性是人类在长期劳动过程中发展起来的最有价值、最能体现人类本质力量的特性，它是人区别与超越其他动物的标志，也是人类继续向前发展、不断超越自身所获得的社会成就、满怀憧憬奔向未来的条件和力量。

新人性论认为，人性可以概括为人的社会本能与理性，新人性就是"以社会本能为基础，用理性和不断修正的理性寻找有效的方法，不断追求自由、满足自身不断提升的物质和精神需求，不断认识自己、改造自己、发展自己和超越自己，不断追求生存优越和快乐，使自己人生逐渐达到至善境地而接近理想人性品格，具有主体性和自我驱动性的社会性动物的一种属性"[①]。新人性观将人的主体性置于人性的中心，把神圣性以及对神圣性的向往和追求当作人的本质特征；主体性理论则认为人的主体性具有"行动自主性""意义赋予自主性""独立权力"这三个内在因素。基于社会性的神圣性与主体性

[①] 齐善鸿，孟奕爽，曹振杰. 管理异化的消解：基于新人性观的道本管理理论价值解读[J]. 现代管理科学，2011（7）：15-17.

共同构成了人心之道。因此，以道为本的管理理论把新人性论和主体性放到了核心位置上。

2. 精神管理

基于对新人性观以及人的主体性的认识，我们提出精神管理法的解决之道。在第五章中，我们可以看出精神是人的行为动力的源泉。德国哲学家威廉·狄尔泰（Wilhelm Dilthey）认为，精神对人类世界特别重要，只有世界充满了精神，才是真正的人的世界。精神首先是一门科学，精神科学来自社会生活本身，是对真实生命的反映和抽象，精神科学应立足于社会实践，应用于人的实际需要，在生活实际中对人们的行为产生指导作用。

从哲学视角来看，精神的巨大作用与独特性主要体现在人的作用与物质要素的对比上。精神的作用是无限循环的，是生产性的而不是消耗性的，并最终决定物质发展对人的意义和价值。因此，对管理中人的行为问题的解决应首先从精神入手。

由此，精神概念可以理解为"人类特有的，由原初无自觉的自我，经过自我反思、自我否定，经过自我外化、自我思维博弈而达自觉的主体"。精神管理指"在管理中充分尊重人的主体性并顺应人性发展的规律，引导和启迪人们对自身行为进行自我调节、自我管理，从不自觉的行为发展成为自觉性的精神的一种管理方式，其目的在于提升人的价值，以实现人的全面发展及人与自然的和谐发展"[①]。

由以上定义可以看出，与传统管理中对人的行为进行较多的外部控制相比，精神管理侧重人的主体性作用，将自我管理以及自觉行动

---

① 齐善鸿，李培林. 管理中人性思想的演变与精神管理的导出[J]. 科技管理研究，2007（04）：203-206.

提升到一个新的高度，重视人的精神需求与外部行动的内在联系问题，使外部监督与自我管理处于一个良性的互动状态。其主要逻辑体现在如下几个方面：

（1）精神来源于物质，物质决定精神；

（2）人的精神是物质与意识长期反复作用形成的结果；

（3）人的精神的形成和发展是在意识基础上的一个由量变到质变的过程；

（4）精神是判断外部环境的标准，是人的行为的最终驱动力；

（5）管理是人类文明成果的积淀，对人的管理就应尊重人的主体性，建设顺应人性规律、以自我管理为基础、以组织引导为辅助的新型管理方式；

（6）企业中的管理者与被管理者都是自我管理的主体，只有分工不同，不存在等级差别，管理的目标只有通过人的主体性的发挥才能得以实现，人的一切价值和目的都蕴含在精神世界中。

3. 操作模式

（1）尊重主体性

如何在企业管理中通过精神管理来突出人的主体性，并最终实现自我管理呢？首先应当充分尊重人的主体性。每个人都是自己行为的决定者和发出者。在管理实践中，人们对上级领导指令的服从、妥协甚至对抗都是其自主性的体现，无论外部给出的信息是怎样的，人们都会运用自己的经验和主观意识进行判断，并最终根据自己的判断结果作出反应。这是人类与生俱来的天然权利，不可能被任何人剥夺。主体性在人类行为走向中的作用是非常重要的，主体性是人类最宝贵的特征，因为主体性正是自由的表现，而自由来自主体性。"在客观世界中，只有人具有能动性，在组织管理中，人无论是作为主体还是客体，其能动性的本质仍然保存着。任何作为管理客体的人，在他所从事的社会活动的领域内，仍然是认识和实践的主体。"[1]

企业管理中对人的主体性的尊重，首先，应体现在不应把人当作机器或者实现目标的工具看待，要使企业员工能够自主支配和掌握自己的命运。其次，激励的手段既要考虑个体的全面发展需求，又要兼顾组织发展的最终目标，在组织发展过程中不断调整个人发展的方向，寻求企业与个人共同发展的双赢之路。最后，激励结果的考核必须考虑是否有助于提升员工的智慧、知识水平等综合能力，且有助于使企业成为员工生命和生活的载体，成为员工实现自我价值的舞台。

（2）正确引导自律性

每个人都有在社会规则允许下追求自身幸福快乐的需求，这是一种本能思维。"凡是有某种关系存在的地方，这种关系都是为我而存在的。"[2] 关键就在于如何界定"己"字的内涵和外延。人类的生存不应以牺牲别人的生存机会为代价。事实上，在社会环境下，个人的发展离不开集体的力量，每个人的发展都应当以满足别人的需求为前提。在社会规则下的趋利避害，主要是指人的行为具有一定意义和符合作为"人"的规则的趋利避害[3]。

"追求快乐，摆脱痛苦"已经成了人的情感本能，只是人的快乐与痛苦的内涵要比一般动物丰富得多[4]。人们的追求大多是为了一种快乐，痛苦绝非人们追求的情感。人们通常会赋予自己所追求的事物一

---

① 许激. 效率管理——现代管理理论的统一[M]. 北京：经济管理出版社，2004：114.
② 马克思，恩格斯. 马克思恩格斯选集：第三卷[M]. 北京：人民出版社，1960：34.
③ 齐善鸿，李培林. 管理中人性思想的演变与精神管理的导出[J]. 科技管理研究，2007（04）：203—206.
④ 陈根法，汪堂家. 人生哲学[M]. 上海：复旦大学出版社，2004：118.

种特殊的含义，这是由人的本能所致。本能指向快乐，而理性负责提醒人们快乐行动的代价与风险。精神激励就是通过一定的方法正确引导人们的自利性，在给人们带来快乐的同时，用理性不断寻找有效的方法，最终实现二者的和谐统一，使个人综合收益最大化、持久化。

（3）设立切实可行的具体目标

著名管理思想大师彼得·德鲁克倡导"权威非人格化思想"："管理人员应该由所要达到的目标而不是由他的上级来指挥和控制。"[①] 要用"目标管理"来代替"驱使管理"，用"自我控制"来代替"上级控制"。实现这一目标的方式是将目标管理和自我控制相结合，将外部控制转化为更有效的内部控制。这种激励方式使人们不再因为外部指令而从事某种工作，而是将外部命令和指标转化为自身的工作目标。

目标作为一种导向力量应该做到具体明确，并保持适当的灵活度，以便及时作出调整。同时，企业为员工制定目标时，应有员工本人的参与，这样才能有说服力和号召力，充分调动员工积极性。最后，企业目标与个人目标应保持一致，才能实现双赢的健康发展的结果。

（二）修行模式

1. 修行论

所谓修行，就是管理者要"以道为本"，转化自己的思维方式。也就是说，把自己拥有的那种以主观意志和有限的知识经验为出发点的思维方式，转化成以自然界和人类社会中的客观规律为根本的思维

---

① 德鲁克. 管理实践[M]. 纽约：哈铂-罗出版社，1954：8.

方式，把自己从"权力支配一切"的虚幻中解救出来。尊重客观规律，尊重他人的主体性，这也是员工与管理者自我心性修炼的基础[①]。

在当今管理现实中，由于管理思想的偏差，使得员工的主体性丧失，管理者的权力被夸大，管理成为少数人领导多数人的控制工具。导致这一现象的主要原因就是管理群体中主体性的弱化和缺失。如前所述，主体性是每个人与生俱来的根本属性，每个人都有自己的主观价值判断标准。当不同的价值判断标准相遇的时候，如果继续固执己见，强调自己的正确性，排斥、否定他人标准的合理性，冲突和矛盾自然在所难免。管理的本职工作就是化解这些矛盾，平衡各种价值判断标准，使冲突各方最终达到共同生存、和谐发展的理想状态。在理想状态下，各个主体都承认对方主观存在的客观必然性，在大的目标方向指引下，主动调整自己，接受差异，相互学习，互相促进提高。在整体发展的同时，个体也随之得到相应的提高。

作为管理的主体（包括管理者和员工），如不能认识到其他管理主体的存在是一种客观事实，在管理方法的选择上就会出现偏差。如管理者因手中握有权力和资源，生傲慢之心，高高在上，对下属发号施令，必将增加管理成本，降低管理效率。因此，管理者在实际管理活动中，应当充分尊重人的主体性，放弃自己的主观偏见，在企业中营造出一种平等的文化，这样才能得到被管理者的认可。

2. 心性修炼

在现实生活中，如何进行有效的、系统的心性修炼呢？历经五千年的积累和沉淀的中华文明中的"道"文化为我们提供了解决之道。

---

① 齐善鸿，肖华. 管理的科学本源性回归——自我与心性的管理[J]. 管理学报，2013，10（3）：326-335+352.

（1）归本求真

人们通常只相信自己所看到的，认为那就是事实，这一主观论断使人们很难自我突破。"归本求真"就是要求人们认识到自己所看到的主观世界的局限性，客观地认知自己是客观世界的一部分，自己有限的主观认知在无限的客观世界面前十分渺小。只有让自己的主观思维回归到客观大道的轨迹中，一切行事遵循大道所展现的规律，才能实现自我真正的发展。这才是主观合于客观的真正的科学精神，才是人类回归"道"的本体上探寻真理的正确途径。

（2）探索因果

事物都是相互紧密联系并不断发展变化的。在这个不断变化的体系中，事物的运动和变化永远被相互之间因果链的力量推动着，任何一个阶段的"果"都是未来"果"的"因"。每个事实背后都有真相，即因果关系。探索事物的因果关系，发现并掌握其背后的客观规律是人的主观接近客观真相的途径和方法。人在日常生活中所遇到的人、事、物都是和自己的生命状态紧密联系的，不因自己主观的好恶而改变。也就是说，一切都是应因而得的果报，都是因果力量使然。理解了这一点，就要尽最大的力量客服主观障碍，不断地接近真相。

（3）自省内因

人的主观性决定了人对客观事物的价值判断标准。当客观世界呈现在人的主观世界里时，内因是决定性的，外因是辅助性的。"行有不得，反求诸己"，每个人都是自己的内因，任何时候遇到问题，都首先要反思自我的内因，任何外因都是通过内因起作用。因此，"我"才是决定一切因果关系的核心。所以，不管遇到什么客观情况，始终牢牢把握"我"这个内因，把自己放到客观局势中，内省、自观，寻求解决和提高的关键节点。只有这样，才能使自己避免形成一套自辩体系以致失去成长的机会。

（4）道义向善

人的发展离不开集体的力量。与恶劣自然条件的斗争使人发现了群体、他人对自己生存发展的重要性，并最终明确了自身存在与发展价值的起点——利他，并将其演化为人类社会价值归属与基本道德规范的核心，也成为个体与集体的互动价值准则。尽管不同的国家和组织存在不同的价值观和行为方式，在文字表述方面也有一定差异，但"善"与"爱"几乎成了所有人类群体最优的价值选择。所以，个体若想谋求自身稳定健康的发展、提升自己的生命价值，就要顺应这个规律。

（5）度变善法

正确的方法是实现价值目标的有力保障。从哲学原理中的行为逻辑来看，愿望、动机、方法最终都要在效果中体现，而效果须积极正面地服务于目标、利于目标的实现。这样的有机统一要依赖正确有效的方法，否则，一切心理的内在力量都如同空中楼阁。有效而正确的方法必须能够指引主体行为向着目标方向前行，当偏离目标方向时，就要调整方法。这就是"善法"，也是哲学上的"方法论"。如果方法出现了问题，行为主体就无法实现价值目标，也就无法证明其价值方向选择的正确性，甚至质疑最初的目标的正确性，从而作出偏离正确方向的错误决定，最终离自己的目标越来越远。

决定宇宙一切的终极力量——道，玄之又玄，其运动是螺旋式上升的，世间万物都随着"道"的这种运动轨迹不断变化。但是，"道"是永恒的存在，"道"的运动轨迹也是永恒的存在。人要及时调整做事的方法，才能紧密地与"道"的运动轨迹同步变化。做事的方法可以遵循"道"的运动轨迹进行调整，但是一切循"道"的做事的方向是不可改变的，这才是符合辩证唯物主义的方法论。这种方法论在道家被称为"中道"，在儒家被称为"中庸"。

（6）静磐定力

在实现目标的过程中，随着成就的积累，人内心的欲望会膨胀。当人被欲望控制时，人的生命轨迹会随之受到影响，从而偏离方向。此时，人应当主动采取措施应对这一变化，把控局势，使自己始终不偏离方向和目标。在这个主动应变的过程中，主体的能力将从内到外得到本质的提升，这也是主体性成长、成熟的关键时刻。在这个阶段，人对自己的控制力就成为能否顺利实现既定目标的关键。这种自我控制力就是定力。

定力是一种能够始终坚守自己的目标和准则并能反观和调整自己的能力，是一种能够预见、判断并及时作出反应的能力，是一种在纷繁的外境变化中时刻保持心态平和与内心安静状态的能力。无论是面对挫折还是高光时刻，都能保持从容淡定，不论周围发生什么样的变故，始终保持与"道"相合的初心不变，这才是真正富贵的生命。

（7）破执精进

有些人在实现目标之后，往往会骄傲自满，不思进取，之前取得的成绩最终毁于一旦，被社会淘汰；也有另外一些人，在取得一个阶段性成果之后，为自己设定了一个更高的目标，走向心灵的进一步成长与升华。决定这一走向的就是人内心是否拥有了精进的力量，也就是是否追求提高自己，创造更新、更高级的生命形态，不断提升生命的价值。

"道"的运动轨迹是螺旋式上升的，人在取得了一定成就后，如果停在原地，不思进取，就已经与"道"的运动轨迹脱离了。"道"的螺旋式上升的力量，相对于停在某一位置不再进取的人或事物而言，就变成螺旋式向下的力量。因此，停下来并不是真的停在成就上不动了，而是进入被"道"加速淘汰的模式。人如果不想被"道"淘汰，就要破除对已有成就和成功经验的执念，冲破由这些执念为自己设置的思维天花板，持续提升自我的思维维度，始终与"道"的螺旋式上升的运动轨迹相合，以自强不息的精神、一往无前的奋斗姿态向终极真理迈进。

（8）空无归零

随着成就积累和不断地自我突破，人的生命状态会达到一个空前的超级状态。这个时候，如果不能再次让心性提高到超越一切的高度，人就会被成就所累，成为自身成就的奴隶，再难突破。所以，在主体追求自我价值的活动中，要不断意识到客观主体的存在和力量，在自我成长过程中不断与客观世界相融合。成就可以积累，但心性永远做到"空无"。时刻保持归零的状态，心无挂碍，回归生命的本源。

（9）天人合一

当人的心性不再受外物的羁绊，当人的观念中不再有你我他的分别，当人的主观思考让位于客观世界永恒大道时，人的内执与外有的负累就消失了；自我与他人就实现了共通，内我与外在也就没有了边界；自己的小主体回归到天地主体中，个人身心合一，与众生一体，与万物一体，与天地一体。这就是圣贤们所描述的"天人合一"的境界。此时，个体的心灵如同回到生命本源，实现了自我生命彻底的回归。

从对本体和真相的求索，到对出自本体的因果系统的认识，到反思自身寻找生命动力支点——内因，到调整价值标准，重新设定人生目标。在这些前提下，不断根据效果改进方法，坚持前进方向不为外力所动，不断精进超越自己，最后放下所有心灵的负累回归到天地大道中。这是一个人以其自身为主体，在存在的本体中，寻求对客体的纯粹认知，寻求真理、真相，并实现自我主观意识的绝对客体化的过程。人生意义实现的关键就是在这个过程中借事物和社会实践来认识自己，修炼自己；生命价值的提升就是不仅能够管理好自己，还能够帮助更多人的成长发展。

（三）自我管理

每一个人都是自己的主人，因而都承担着自我管理的责任。这首先不是一种工作，而是每个人的人生必须完成的自我修养的使命。人的主体性决定了每个人都只是自己的主人，都要为自己负责，这样，每个人都必须承担起自我管理的责任①。所谓自我管理，就是个体管理自己的行为，从而减少外界管理控制的一种学习技术②。

组织对人的管理始终是管理的核心。在某种程度上可以说，管理效果实际上是对人的管理效果的综合体现③。西方管理理论的演变过程就是围绕着如何挖掘人自身内部的巨大潜力进行的不断探索的过程。一个多世纪前的泰勒强调："科学管理在实质上包含着要求在任何一个具体机构或工业中工作的工人进行一场全面的心理革命，要求他们在对待工作、同伴和雇主的义务上进行一种全面的心理革命。"尽管他强调，他所提出的一系列方法"都不是科学管理"，不过"是科学管理的有益的辅助手段"④，但在管理实践中，科学管理不仅被简化为一套获得效率的标准化的方法，而且这套方法被当作科学管理的精髓，而泰勒所期望的"心理革命"却被搁置一旁。

---

① 黎红雷. 人类管理之道[M]. 北京：商务印书馆，2000；505.
② 齐善鸿，刘明，吕波. 精神激励的内在逻辑及操作模式[J]. 科技管理研究，2007（07）：137-139.
③ 齐善鸿，贺立. 组织主导型管理模式向自我管理模式的转变[J]. 青海社会科学，2007（02）：14-17.
④ 雷恩. 管理思想的演变[M]. 北京：中国社会科学出版社，2000.

以梅奥为代表的行为科学学派依据霍桑实验的结果提出，生产效率的高低主要取决于工人的士气，而影响工人士气的最重要因素不是物质待遇和工作条件，而是工作中的人际关系。霍桑实验提示管理者将关注焦点从人的外在物质因素转向人自身的心理和情感方面，是一次管理思想的飞跃。然而，在当时的历史背景下，工人的社会性需要的满足主要取决于管理者对待他们的方式，人仍然是被动地接受管理，是管理的对象。因此，人的主动性、积极性、创造性的发挥是有限的。

在第二次世界大战之后产生的管理理论丛林学派，一些学者对人的社会性需要进行了进一步的探索，并取得了一些有价值的成果。例如，约翰·科特认为，控制机制所起的推动作用无法激发出人的内在力量，也就无法实现远大的目标。只有满足人们的成就感、归属感、自尊感，让他们感到自己能够掌握自己的命运、实现自己的理想，才能激发出强大的动力。因此，他提出企业应当要求相关人员参与制定目标，给他们一种操纵感；此外，积极支持他们为实现远期目标作出努力，并辅之以指导等领导激励的基本要素。彼得·圣吉在倡导创建学习型组织时指出，自主管理是学习型组织具有的特征。通过自主管理，可以由组织成员自己发现工作中的问题，自己选择工作伙伴组成团队，自己选定改革目标，进行现状调查、分析原因、制定对策、组织实施、检查效果、评定总结等。

总之，从泰勒的科学管理产生至今，西方管理理论的历史演变过程是对人自身的认识不断深化、趋于全面的过程。然而，当今主流的管理思想仍然把企业中的人作为管理的客体，把人当成达到目标的工具和手段。人没有被当作组织管理目的来看待，也就自然没有被放在管理的主体位置来研究。由于上述原因，尽管新的管理思想、管理名词不断涌现，对组织中人的激励方法不断丰富，但在管理实践中，人工作的主动性、积极性和创造性却始终未能得到有效的开发。

1. 基本模式

（1）主体性基础

只有人才能够成为主体。主体性是人的根本属性之一，是人在自觉活动中发展起来的自主性、目的性、能动性和创造性[①]。也就是说，"人类不仅是智人，而且也是创造者，是制造者，也是有所作为的人；他们是积极的，而不是被动的，是有创造力的，而不是无所事事的；他们想改善自己和人类生活的要求是无止境的"[②]。可见，人的生存和发展的需要是人的主体性生成的根本动力，主体性决定了人的价值取向和行为走向，也决定了人的思想意识和行为是不能被外部力量强制的。

自我管理是人的主体性的内在要求。人们对自我管理的认识是从知识经济时代开始的，主要是由于随着社会经济文化的发展，人们的物质生活得到了极大的改善，人们受教育程度提高了，主体意识逐步增强了、觉醒了。此外，在知识经济时代，经济的发展对人的主动性和创造性要求更高，从而凸显了对人的自我管理要求。再者，知识经济时代的特点决定了知识成为经济发展的最根本源动力，是社会最重要的资源和财富。人是知识的创造者，也是知识的来源。离开了人的创造性活动，知识的功能和价值将无从谈起。因此，提升人创造和运用知识的能力是知识经济时代经济增长的重要因素。而提升人的这种能力的根本方法就是确立人的主体地位，使人能够自己支配自己，进

[①] 齐善鸿，贺立. 组织主导型管理模式向自我管理模式的转变[J]. 青海社会科学，2007（02）：14-17.

[②] 雷恩. 管理思想的演变[M]. 北京：中国社会科学出版社，2000.

而激发人的创造力。可见，从某种意义上来说，正是当今的知识经济时代使自我管理的条件趋于成熟，使组织中自我管理模式的构建成为管理理论和实践中迫切需要解决的问题。

（2）基本架构

传统的管理理念将组织中的人划分为管理者和被管理者。管理者是管理的主体，是管理行为的发出者；而被管理者作为管理的客体是管理行为的接受者，他们在管理者的教导、激励和控制下，完成组织赋予的工作任务。显然，这种认识将管理的主体（管理者）与管理的客体（被管理者）割裂看待，甚至将二者置于相互对立的位置上。受传统管理理念所限，自我管理概念的内涵在理论上是无法得到合理解释的。因为在自我管理概念中，管理的主体与客体是统一的，管理者既是管理行为的发出者，也是管理行为的接受者。所以，要在现有的管理理论框架中拓展自我管理的空间，必须首先突破现有的管理概念中管理者与被管理者的划分界限，使管理的主体与客体实现统一。

因此，组织框架中的自我管理，就是组织在承认和确立组织成员的管理主体地位的基础上，依据他们在组织中承担的工作，将管理权返还到每个人手中，使他们在协调自身需要和组织目标的基础上，自行设定工作目标、设计工作方案、制订工作计划，并在工作全过程中自我激励、自我控制、自我评价，为自己的工作承担全部责任，从而在实现自身目标和个人全面发展的基础上，推动组织目标的实现和组织的发展。而组织管理的职能，也将由此转变为对自我管理的支持、辅导和激励机制的建构。

（3）基本特征

自我管理具有以下主要特征：1.管理主客体的统一。"每一管理主体，为了确立和加强自己的主体地位，实现和发展自己的主体能力，都必须经常地把自己当作客体加以对待"①，对自己的价值观念、行为方式等进行评价和反思。自我管理中的管理者，既是制定目标的人，也是制订计划的人，同时也是目标和计划的执行人。既是管理行为的发出者，也是管理行为的接受者。2.个人与组织目标的统一。自我管理既要满足个人发展的需要，也要兼顾组织目标的实现。因此，在实施过程中，组织要启发和引导管理主体（包括管理者和被管理者）通过自身的主动协调使得个人目标与组织目标保持一致，最终实现双赢的结果。3.管理的权利责任的统一。既然自我管理的主体拥有确定自己目标和行为的权利，那么也就必须为自己在工作中实施的所有行为所产生的后果承担责任。也就是说，"全体成员必须把自己看作管理人员"②。4.管理职能的统一。传统的管理将管理职能分散到各个职能部门，而自我管理则将这些分散的，由不同人员承担的职能重新统一到每一位员工自身上来。因此，有效的自我管理除了培养员工的主体意识外，还将提升其管理能力。

由上述自我管理概念的内涵和特征的分析可以看出，自我管理模式的构建，需要从组织管理的理念、管理者角色和工作内容三个方面作出全方位的变革，将以往的组织管理建立在组织成员的自我管理基础之上，使自我管理成为传统管理的根基。正如彼得·德鲁克所说："组织在很大程度上就是一种克服个人局限性的手段。"③从组织的本源上看，"组织的管理实质上是一种集体的委托，被委托人所承担的实质上是一种对委托人的服务"④。组织的目标是用集体的力量来保证每

① 齐振海等. 管理哲学[M]. 北京：中国社会科学出版社，1988.
② 德鲁克. 后资本主义社会[M]. 上海：上海译文出版社，1998.
③ 德鲁克. 个人的管理[M]. 上海：上海财经大学出版社，2003.
④ 齐善鸿. 一个重要的发现：企业精神管理[J]. 信息空间，2004，（4）：104-109

个人的生存发展①。自我管理正是对这种本源的一种回归，是对"管理就是服务"这一理念的重新强调。组织为成员目标的实现提供了平台，在保证成员利益的前提下，实现自身的生存与发展。

当然，我们也应看到，自我管理的前提就是管理主体具有自我管理意识和管理能力。因此，在组织成员的自我管理意识和管理能力尚未发展到与实现自我管理相适应的程度时，组织管理的基本任务就是确立组织成员的管理主体地位，启发他们的主体意识，提升他们的自我管理能力，帮助他们成长与自立，使他们在自我管理的实践中不断接近自我激励、自我控制的理想状态，为他们施展才能创造条件。在自我管理中，传统意义上的管理者转变为导师和教练，成为帮助他人实现自我管理的服务者。管理中权力的含义也随之发生了变化，不再是对他人的一种支配权，而应该是一种服务的责任。与此同时，传统意义上的上下级关系也随之转变为伙伴关系。管理的目标则是使被管理者和管理者共同成为自我管理的主体，逐渐降低组织成员对管理者的依赖，最终形成以组织全体成员的自我管理为主、组织管理的支撑为辅的管理格局②。在具体操作上，个人积分是自我管理的有效辅助工具。每个人都可以根据自己不同的积分来得到不同的奖励，而不是只奖励少数人。激励就是帮助每个人奔向自己的理想。总之，组织要想激发潜藏于组织成员心中的主动性和积极性，必须通过实施自我管理，在每个人身上实现管理的主体与客体的统一，在管理的目的与手段的统一中寻找出路。只有这样，组织才能借助个人追求自身目标所产生的强大动力，实现组织的目标。

---

① 齐善鸿. 精神管理：第1册[M]. 北京：中国经济出版社，2002.
② 齐善鸿，贺立. 组织主导型管理模式向自我管理模式的转变[J]. 青海社会科学，2007（02）：14-17.

2. 个人积分

（1）积分意义

积分是对自我管理的内在因素和外在表现的数据化衡量，分值是自我价值提升的数字化标识。个人积分的体系就是通过日常积分的方式记录每个人在工作岗位、自身的学习提升和生活质量提升上的效果，并定期对这些积分进行汇总，采用与自我过去对标和与他人对标相结合的方式，考评每个人的价值提升效能，并以积分结果为依据进行奖惩的体系。

个人积分是把对人的考核，从结果考核前移到了原因的考核；从绩效考核转变为自我管理因素的考核；从对业绩结果的重视，转变为对个人价值提升的重视。积分就是要让每个人在每天的自我管理行为中追求自我提升，以此来提升个人的综合价值。通过积分为个人的提升蓄力，为企业综合价值的实现提供持续增长、源源不断的强大动力。

（2）积分模式

积分模式主要包括积分架构和打分规则两个方面。

积分架构主要包含三个方面：工作、学习和生活，三个方面的比例可以根据不同情况进行设置。工作包括工作态度、工作效率、工作效能三个方面，不同级别的员工侧重点不同，基层侧重考察工作态度，中层侧重考察工作效率，高层侧重考察工作效能。学习也主要包括三点：个人技能的学习、自我修养的提升和对他人的帮助。生活主要包括家庭和睦、敬老爱老和子女教育等方面。

打分规则是遵循自我管理为主、上级服务和指导为辅的原则。以自我积分为主，直接上级负责核查，间接上级负责复核，两级管理者的职责就是核查积分的客观性、有效性和公正性。每天打分，每周计算一次平均分，每月对每周的平均分再进行加权平均计算。具体权重设置要根据不同企业的情况，基本原则是参见每周工作的任务、进度、完成状况等指标进行调整。

（3）积分保障

信用机制是个人积分体系得以顺利运行的保障，是积分的反向中和力量，起到堵塞打分当中的不诚信行为的作用。信用机制默认每个人的信用都是好的，但是只要有一次发现某人自我打分出现不客观、故意提升分值、虚假评分等行为，则认为此人之前所有的打分均为失信行为，之前的积分归零。因积分所获得的所有待遇取消，视情节轻重进一步采取降薪、降职甚至辞退的处罚。

积分的客观性是信用机制对每个人的基本要求，自我评分和上级核查的客观程度都计入每个人的信用记录。直接上级的非客观性、偏向性行为需要严肃处理。如果直接上级与被核查人串通致使积分虚高，这样的行为就触及了企业的处罚红线，要受到最严厉的处罚。因为这样做不仅起不到提升个人价值的实质作用，还危及企业综合价值的实现，是对契约权威的蔑视，也是对所有人利益的损害。如果间接上级在复核过程中没有发现这些失信行为，这就是严重的渎职，也将受到契约处罚红线所约定的最严厉的处罚。

四、企业内部管理（中观层面）

道本管理体系在中观层面的企业内部管理中，主要解决管理者与员工、管理者与股东、部门与部门以及股东与职业经理人等四对关系的和谐发展问题。在这一层面，企业中的管理者与被管理者之间的关系被调适到了一种合理的状态，即管理者是导师和教练，而不再是令人讨厌的外部强制者，传统的管理者与被管理者关系转变为管理伙伴关系。部门之间简单的竞争关系，被一种和谐互利、共同发展的新型关系所取代。企业内部管理的理论基础包括管理的五主体论、管理服务论、激励天梯论、制度契约论及价值互动论。相应的操作方法则包含建立管理者服务责任考核机制、制定多通道职业生涯规划、建设心理契约及用价值"平衡计分卡"进行考核等内容。

（一）管理服务

1. 五主体理论

如本书第五章所提到的，在完整的管理活动中，同时存在五类管理主体。以道为本的管理思想认为：管理活动中的主体不是单一的、绝对的、静止的，而是多重的、动态的。只有在系统中从动态的视角，才能正确认识管理中的主客体关系[①]。

第一管理主体是"道"，管理要遵循"道"在管理对象上所呈现出的自然规律和人性规律。第一管理主体是其他管理主体的决定性力量，其他四个管理主体都要遵循第一管理主体的管理，这是管理上的绝对客体思维，即所有人都是"道"的客体。

第二管理主体是企业内的每个人（包括管理者和被管理者）。每个人都有自我管理的责任，既是自我管理的主体，又是自我管理的客体。由此所决定的组织管理职能是帮助别人更好地实现自我管理[②]。

第三管理主体是在自我管理的基础上，在群体成员认可的情况下，组织中部分经验较为丰富、心智成熟度较高的人被委托和授权成为管理者。他们的主要任务是帮助、支持、服务于在某些方面暂时不

---

① 齐善鸿，程江，焦彦. 道本管理"四主体论"：对管理主体与方式的系统反思——管理从控制到服务的转变[J]. 管理学报，2011，8（09）：1298-1305.
② 齐善鸿. 新人力资源管理原理[M]. 深圳：海天出版社，1999：48-49.

如自己的其他组织成员。这一类人便形成了管理中的第三主体。第三主体中的个体必须是充分做好自我管理的人。

第四管理主体。如上所述，第三管理主体是为大家的进步来服务的。既然如此，他们为大家服务的效果如何？如何对第三管理主体实行有效的监督，以避免犯错误？最好的办法是由他们的服务对象来对其进行评价和监督。从这个角度来讲，这些被第三主体服务的自我管理主体，成为第三管理主体的管理者。他们所形成的整体构成了第四管理主体。第四管理主体是由传统管理中的被管理者所组成的群体，和第三管理主体一样，第四主体中的每个个体也必须首先是第二管理主体，即自我管理者，同时又都是第一管理主体——道——的客体，接受第一管理主体的管理。

第五管理主体。企业是一个开放的系统，目标是向外部输出产品或服务。这个目标的实现者就是上面提到的第二、第三、第四管理主体。对他们的工作效率及工作成果的监督应该由组织外部的群体进行，如消费者、利益相关者（政府、社区、专家或专业机构）等。这些构成了管理中的第五主体。在管理活动中，管理的五类主体同时存在，相互作用。上述五类管理主体及其关系见图6.2。

"五主体论"以自我管理为基础，尊重每个人的主体性，自己是管理自己的主体，同时，自己也是自我管理的客体。通过自省和反思或者借用别人的力量发现自身的不足和问题，帮助自己改进和完善，从而克服传统管理中的很多弊病。在该理论框架下，管理的主客体、管理方式与管理目的都与传统管理有了很大的不同。

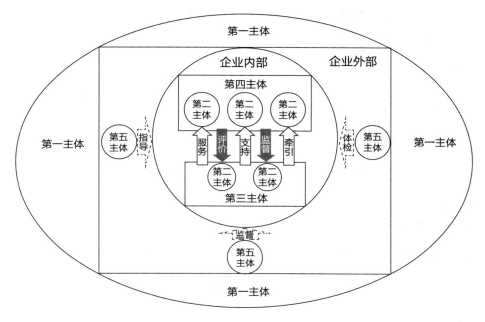

图6.2 道本管理"五主体论"示意

对于组织内第二管理主体中自我管理较为完善的人员，第三管理主体的主要管理工作就是帮助这些人更好地提升和优化自我管理水平；对于第二管理主体中那些因某种能力不足而无法实现自我管理目标的人，第三管理主体将通过扮演导师的角色，把自己的经验和知识传授给他们，或者通过提供培训、学习机会等方式帮助其提高能力；对于主观上没有意愿做好自我管理的第二主体，第三主体可以通过正向鼓励的奖励手段和反向中和的处罚手段并用来确保其工作的投入程度；对于非主观原因导致的自我管理效率低下的第二主体，第三主体应充分了解原因，对症下药，做好后续帮扶工作。此时的第三管理主体成了服务者，实现了从控制向服务的转变。管理者与被管理者的主体性都得到了充分的尊重和体现。

对于组织中的第三管理主体在工作中可能出现的判断失误或者行

为错误，第四管理主体将对其进行监督和补救。第四管理主体多数情况下是以群体的形式发挥作用，通过对第三管理主体工作的定期评价来实施有效监督。有时，还可以通过集体力量来影响第三主体的行为或决策。这既是第四主体的主体性体现，也是对第三管理主体管理有效性的有益补充。

在某些情况下，当管理的第二、第三、第四主体在组织内部无法形成良性的动态平衡时，如某一主体占主导，形成了不均衡的局面，企业很有可能出现利益受损的情况。第五管理主体就是为了防止这种情况的出现而产生的。政府、行业协会、专家或者专业的咨询管理机构是保证企业主体性的最后屏障。当第二、第三、第四主体偏离正确轨道时，第五主体可以借助政府权威和专业的强制影响力帮助企业恢复平衡，使企业主体性回归到正确的轨道上来。

在"五主体论"框架下，管理不再是管理者对被管理者的控制，而是在遵循第一管理主体管理的前提下，其他四个管理主体相互服务与监督。人的主体性使得每个人都明白自己必须承担的责任，并主动为之努力和奋斗。在此基础上，管理者要做的就是服务于每一个被管理者的成长，在帮助他们实现目标的同时实现自己的目标。此时，管理没有了控制和主体性的异化，取而代之的是服务和每个人主体性的充分体现。管理实现了从控制向服务的转向。

2. 管理服务论

"管理的本质是服务，是上级服务于部下的心智与能力的成长。管理者是教练，是培养和造就英雄的人。"[①] 由此可以得出：管理就是服务。组织中管理的目的是服务于人的全面发展，通过提升组织中每

[①] 齐善鸿 面向实践的管理核心命题的重新思考[J]. 管理学报，2012，9（1）：32-38.

一个人的自我管理能力，使之成为自己的主体；通过人的发展促进组织效率和效益的提升，最终实现人的发展和组织发展的良性循环[①]。因此，管理必须将人作为管理过程的核心内容来研究，兼顾个人目标与组织目标，使人从被奴役的角色中解脱出来，消除异化，实现人的全面发展和不断完善，提升人的主体性的地位，这是管理最基本的目的。

在管理服务论下，管理者与被管理者的关系得到了重新界定。传统管理思想架构下的管理，把人看作是管理的基本对象之一，与财、物一起被管理者置于一个被开发、控制、使用的客体位置。这种做法否定了人的主体性规律，导致管理者与被管理者之间的矛盾对立。在实际的管理活动中，虽然人可以成为情境下的管理对象，但这不意味着人可以被当作被控制的客体。人的主体性规律决定其对工作的积极性来自对自身利益的认识，而不是管理者的控制和强制。道本管理下的管理者与被管理者之间的关系应该是这样的：首先，组织中所有的人都是自己的管理主体，是自己行为的决定者和行动者，具有自我管理的权利和义务；其次，管理者应该成为帮助者而不是强制者，管理者与被管理者的关系是导师与学生、教练和队员的关系，管理者最终的目的是协助人们完成自我管理，而不是强制人们执行外部指令。

3. 服务考核模式

传统管理注重制度，强调以管理制度为基础的控制，这是对人的主体性规律的漠视。这种强制性的制度管理必将在管理实践中处处碰壁，使管理者与被管理者形成对立，出现"上有政策，下有对策"的恶性博弈局面，给个人和组织带来极大的危害，既不利于个人与组织

[①] 齐善鸿，李育霞. 企业管理文明复兴的内在机制[J]. 探索与争鸣，2007（02）：54-56.

目标的实现，也违背了管理主体性思想的基本准则。在道本管理思想的引领下，管理者必须把以控制为手段的管理方式逐步转化成以愿景和价值观为中心的管理方式，最大程度地彰显人在管理中的主体性，实现管理方式的革命①。

由此，在实际操作层面，应充分利用管理者的经验优势，把管理者变成服务众人发展的服务者，从而帮助众人实现自我管理。在传统管理实践对管理者考核内容的基础上，加入提升员工主体性意识以及打造学习型组织等考核因素，建立管理者综合服务考核体系，即管理者通过"分权与授权""扩大工作范围""参与制与协商式管理""鼓励员工对自己的工作成绩进行评价"等方法来不断鼓励组织成员自觉自愿地发挥其知识和技能优势，充分发挥人自身的主体性，从而在工作中寻求自身价值的实现。

（二）激励天梯

1. 激励天梯论

传统管理思维下的激励理论，大多从职位提升、薪酬和福利设计等方面入手，其结果往往导致组织中的少数人获得了激励，而大多数员工被排斥在该激励系统之外，无法得到应有的激励，最终导致激励方案失效，整体的激励效果不理想。面对这种情况，道本管理主张"激励天梯"的设计方案②，即通过个人积分体系，使每个人都能看到自己的日常行为正在决定着自己的未来。与此同时，任何人的进步都不会影响其他人进步的机会。组织中的每个人都有发展的通路和成长

---

① 齐善鸿，李育霞. 企业管理文明复兴的内在机制[J]. 探索与争鸣，2007（02）：54-56.
② 齐善鸿，邢宝学. 解析"道本管理"的价值逻辑——管理技术与文化融合的视角[J]. 管理学报，2010. 7（11）：1584-1590.

的空间，都可以看到属于自己未来的发展希望。这就解决了只有少数人能获得激励，而多数人受到打击的管理激励问题。同时，"激励天梯"也有效地避免了人与人之间的嫉妒和相互削弱，从而减轻了管理的内耗，实现人人都可以进步的理想激励模式。

2. 综合提升路径

以往的职业生涯规划中，员工升职的通道相对单一，几乎所有的晋升都以"员工—主管—经理"这种模式为基础，其结果是让那些有能力的业务骨干最终远离工作第一线，待在办公室里发号施令。尽管这种晋升模式可以使一些有经验的人员抽出更多的时间来培养更多的人成为优秀员工，但是不可否认，由于长时间远离一线工作，这些曾经的骨干不能与时俱进地及时了解最新的市场动态和客户信息。或许他们一时可以帮到员工，但长远来看，必将落后于市场的变化，甚至成为外行人，进而失去员工的拥戴和信任。加之传统管理中"只能上，不能下"的思想，那些落伍的管理者只能依靠行政手段来控制员工，从而维护其作为领导的地位和尊严，管理的异化和悖论也由此发端。而那些技术型的优秀员工在被提拔为领导以后，远离生产服务第一线，不仅业务荒废，而且由于缺乏相应的领导才能，在新的工作岗位上无法正常发挥，最终导致不得不离开单位的结局。

综上所述，以道为本的管理思维要求组织对员工职业生涯的规划须尊重人的主体性规律，既要考虑其业务能力，又要考虑其主观的意愿和客观的管理能力，更要设计多通道的适合不同岗位、不同人群的职位晋升路径，如大学中的行政与职称并存的晋升体系、军队中的行政级别与技术级别并存的晋升体系。传统的金字塔式的晋升路径与积分所对应的岗位专业化的晋升路径并存，让很多优秀的一线员工安心地在本职岗位上做贡献也能取得相应的地位、荣誉和物质待遇。让合适的人在合适的岗位，这是组织持续保持核心竞争力的制度化保障。

（三）集体契约

1. 制度契约论

在多数情况下，传统管理制度体现的是管理者的意志，是管理者对被管理者进行控制的工具。道本管理认为，制度应该是集体的契约，是组织中每一个人对众人的承诺，需要每一个人主动遵守，而不是少数人对多数人强制实施[①]，主张将传统管理中体现管理者意志的制度变成众人的契约，并通过授权、参与管理等形式达成这一目标。制度契约的形成，有利于解决传统管理的控制性与人的主体性的冲突问题。

2. 心理契约建设

心理契约建设是达成制度契约的有效方法。心理契约是指组织与组织成员之间的一系列相互的心理期望，包括双方权利与义务的期待、愿望以及精神激励和物质奖赏等[②]。心理契约属于员工主观认知范畴，与客观的雇佣契约不同，个体对心理契约的理解和解释有可能不一致。心理契约是员工个体对于个体与组织之间相互责任和义务的信念系统。员工对自己承担的责任以及对组织承担的责任非常明确，并不断地把双方履行契约的程度进行对比，从而导致个体对组织产生不同的承诺方式和履约程度。传统的管理，运行的是刚性契约制度，然而，随着企业竞争的不断加剧，这一传统的刚性管理制度受到了挑

---

① 齐善鸿，邢宝学. 中国企业的"精神管理"实践模式研究[J]. 管理学报，2011，8（04）：480-485.

② 齐善鸿，周桂荣. 心理契约重构：达成企业组织管理制度有效性研究[J]. 现代财经（天津财经大学学报），2006（10）：3-6.

战，主要体现在以下三个方面。

【问题】

（1）人心难以管住

企业为了留住人才常要求员工与其签订劳动合同，规范双方的权利义务，并确定工作的年限。如果员工违约离职，就要赔付一笔违约金。类似这种强制式的管理制度，虽然对员工起到了一定的约束作用，但也使得企业制度的制定者与员工处于零和博弈当中。究其原因，还是互惠性失衡。也就是说，心理契约中的一方为履行承诺所付出的努力大于因另一方履约而得到的收益。这种付出与收益的落差超出缔约者的心理承受能力，因此，人才流失的现象也就不可避免。

（2）制度难以落实

在管理实践中，越是详尽的管理制度，越是难以落实。这是由事务管理的多变性决定的。一旦制度无法落实，员工就会对组织产生不信任感，虽然制度契约还有效，但是心理上的情感契约不存在了。在这种情况下，传统管理常常通过进一步加强管理和监督来实现对员工的控制。然而，这种权利和义务的不对等终将导致管理的失效，使制度的执行流于形式。

（3）思想难以约束

组织管理制度可以约束员工的行为，却不能约束其思想活动和道德修养。为了体现组织管理制度的严肃性，大多数企业的制度都具有强制性的特征，而非众人的契约。这也是管理制度的局限性之一。例如，大多数的组织管理制度中都规定有激励制度，然而现实的情况是，激励多以经济指标为核心，很少考虑人的道德素养，结果导致员工为了实现经济利益而不择手段，不在乎行为是否符合道德标准，最终伤害的是企业的长远利益。

【办法】

鉴于以上传统管理制度的局限性和不完备性，组织需要建立心理契约体系，以期缓解管理者与被管理者、组织与个人之间的矛盾，消除不信任感和心理压力，将组织成员精力、时间和才能引导到组织的战略目标上来。重建适合于新的组织管理的心理契约，要注意以下几个环节的内容[①]。

（1）目标明确

首先，组织目标的设定要体现公平、公正的原则。组织目标的具体执行者是员工，因此，员工有充分的知情权。目标只有在员工的参与下制定，才能得到员工的支持。其次，组织目标必须是具体的、可操作的。要确立具体的、明确的责任和权利标准，确立明确的绩效考核指标，避免由于目标不明确而导致的责权不清。最后，在组织目标的执行过程中，要关注员工的精神要求，重视心理荣誉感和满足感，尊重人的个性展现。

（2）关系和谐

组织中的管理者要重视沟通的作用，并积极营造沟通的氛围，使员工及时了解组织的目标并与其个人的目标相结合。只有在相互认识了解的基础上，不断地调整双方的认知行为和利益，实施相互满足对方需求、步调一致的行为，才能使双方的期望愿景达到协调的状态。员工的积极参与以及有发言权，可以增加其成就感和自豪感，体现组织对成员的尊重，有利于成员对组织目标的认同。这种良性的沟通与信任不仅可以减少误解，消除冲突，更有利于增加员工对组织的忠诚度、提高工作效率。

---

① 齐善鸿，周桂荣. 心理契约重构：达成企业组织管理制度有效性研究[J]. 现代财经（天津财经大学学报），2006（10）：3-6.

（3）机制合理

合理的评价与激励机制是管理制度的核心内容之一，也是管理者与员工契约精神能否长久维持的关键。评价标准要具有可控性、公平性和可行性。一套合理的评估标准不仅要权责分明、对等，同时还要与员工的个人努力相结合。在合理的评价标准的基础上，建立激励机制，以奖酬的方式回报员工为组织作出的贡献。只有在满足了员工心理需求的情况下，才能实现组织与员工的共同发展。

（四）价值互动

1. 价值互动论

传统的企业价值观偏重对经济价值的追求，将创造经济价值的多少作为优秀员工的衡量标准。这种忽视道德价值重要性的思维方式，将有可能导致员工为了短期的经济利益不惜伤害企业的长远利益。道本管理认为，企业应注重培养员工的经济价值和精神价值，即在培养员工技术能力的同时，重视员工心性的提升。技术能力给企业带来物质财富，为企业的发展提供了经济基础；心性的提升为企业带来精神财富，使员工的主体意识、敬业度、道德素养等方面得到了提升。这种由心性提升所带来的软性素养的提升，会为企业赢得更多的非经济价值，如市场口碑、大众的美誉度等社会价值。这种社会价值的提升使得人们对该企业的认可度大大提高，对其提供的产品和服务更加信赖，从而大量购买，为企业带来直接的经济利益。也就是说，物质与精神的良性互动为企业的发展提供了有力保障。

2. 价值平衡计分卡

平衡计分卡（BSC，Balanced Score Card）是美国哈佛商学院罗伯特·卡普兰（Robert Kaplan）教授和美国复兴全球战略集团总裁大卫·诺顿于1992年提出的一种绩效管理模式。它的设计思想是从企业战略与绩效指标相结合的角度出发，打破传统的只注重财务指标的管理方法，以一种多维管理体系，通过财务、客户、内部经营、学习成长四个角度来衡量企业业绩[①]。其中，财务是基础指标，体现企业获益和经营风险等情况，是其他三个层面的前提和依据；顾客层面是指通过对目标客户满意度等指标的测量，发现并围绕顾客所关心的问题制定企业的差异化战略，从而在市场竞争中取得优势地位；内部经营是通过对生产、销售、服务等环节的优化改良，实现业务流程的创新，从而提高业务水平；成长学习是为其他三个方面提供动力和源泉，是组织成长的形式之一。

由此可见，传统的平衡计分卡偏重经济指标，尽管考虑了内部经营和学习成长，但最终还是为企业的经济指标而非人性提升服务。因此，管理的主要矛盾并没有得到根本解决。根据道本管理的核心思维，企业内部价值平衡计分卡在传统的平衡计分卡基础上与个人积分相结合，更加注重对以下内容进行考核。

（1）财务方面

传统的财务指标衡量的是企业的账面数据，对员工优劣的判断标准也多集中于为企业带来物质财富的多少。道本管理思想指导下的新平衡计分卡，不仅考虑员工对企业经济指标的贡献，更注重其为企业所创造的非财务价值，如员工主体性意识、敬业度、对企业的忠诚度以及顾客满意度等。

---

① 齐善鸿，吕波. 基于平衡记分卡的旅游企业道德研究[J]. 杭州师范学院学报（社会科学版），2006（05）：41-45.

（2）心性提升方面

企业是员工实现个人发展的平台，对员工心性的培养，不仅对企业的经济价值有积极作用，而且有利于企业实现终极目标。企业内部价值平衡计分卡会考察：在企业管理制度的制定和执行过程中，是否有员工的参与；管理者是否将企业目标具体化并详细解释给了员工；是否将企业目标与员工个人目标相结合；是否对管理者有监督；等等。通过这些细节的打造，有望为员工心性的成长提供有利条件，使得管理不再是少数人的意志体现，而成为服务大众的工具，由此真正提高管理效率，从而最终实现企业的健康发展。

五、企业外部管理（宏观层面）

企业不是孤立存在的，不能脱离社会和外部环境谈发展，企业要在把握与社会和谐共生的规律中谋发展。衡量企业的发展，除了经济指标之外，还要看其对自然的保护和建设、对社会准则的遵守以及"企业公民"角色的扮演质量等情况。这就是企业管理宏观层面的"道"，即尊重自然与社会之道。随着经济全球化的不断发展，各国乃至各个企业的生产经营活动已经无法完全独立于世界经济体系。即便暂时受到全球传染病大流行等的冲击，这一趋势恐怕也不会从根本上得以改变。企业与自然和社会资源的联系变得异常紧密，企业承担社会责任和普及文明思想的社会属性将与创造财富的经济属性结为一体，共同致力于人、经济、社会（自然）三者利益的和谐系统构建[①]。这构成了道本管理思想中体现宏观之道的人与社会（自然）关系的社会系统建构认知命题。在这一层面的管理主要是处理好企业与外部竞

---

① 齐善鸿，吴思. 新企业文化理论——以道为本的"道本管理"[J]. 中外企业文化，2006（09）：22-25.

争对手、企业与合作伙伴及企业与环境三者的关系。企业外部管理的理论基础包括法人人格论、道德目标论、企业责任论、新资本论和价值共享论；解决的方法有建设道本企业文化、建立道德审计机制、制定企业社会责任和环境责任综合考评标准以及价值共享方案。

（一）企业文化

1. 法人人格论

每个人都具有人格，由人组成的组织也有组织人格（法人实体即是法人人格）。人格决定人的行为，组织人格决定组织的管理动力及发展方向。组织应有意识地培养健康的集体人格（法人人格），确立一套正确的价值观体系，这种价值观体系是对成员进行组织化的基础，也是外部利益相关者对组织认知的基础。

法人人格制度，作为现代公司法律制度中的一项重要内容，对它的严格遵循和有效执行，对市场经济和现代企业的发展与完善，减少和分散股东的投资风险，鼓励投资者积极投资以促进整个社会经济发展，具有十分重要的意义。然而，由于法人人格制度的缺陷和法人自身的原因，一些法人在经济活动中出现了法人人格异化，即法人人格失范现象[①]。

法人人格失范通常是指法人（股东或董事等）违背商业伦理道德，偏离立法所设定的法人人格之目的（公平和诚信等），滥用法律赋予的独立主体资格，从事不法经营，获取非法利益，逃避应承担的法律责任和义务的行为。其产生的原因可归为四个方面，首先是法律制度的缺失，其次是文化传统及道德原因，再有就是过分追求经济利

---

① 李培林，齐善鸿. 论法人人格失范与完善[J]. 生产力研究，2006（08）：103-104+206.

益而忽视了公司的社会责任，最后就是价值观念失范。法人人格失范的危害很大，不仅损害了债权人的利益，而且损害了社会效益。失范所造成的不公平竞争也危害了司法公正及社会道德提升。

2. 道本企业文化

防止法人人格失范现象的发生，确立组织正确的价值观的有效手段之一就是建设道本企业文化。企业文化最重大的价值，就是为一个企业锻造一套信仰的体系[1]。文化不同于一般的企业管理，其本质是企业中众人的文明，需要得到企业成员最广泛的认同和拥护[2]。这一属性决定了企业文化不会是少数人的文化，更不会是企业控制员工的软性手段。道本管理下的企业文化建设，运用的是文化的力量，是一种滋润，体现的形式是"润物无声"，如水之性——"上善若水，水善利万物而不争"，体现的是滋养和促进发展。人在这种模式下是主体，也是目的。"道"是自然界和人类社会一切规律的总称，企业文化的建设要按照这个规律进行，坚持以道为本，尊重文化规律，形成信仰型道本企业文化[3]。

（二）道德审计

1. 道德目标论

在传统管理思想下，对企业成功与否的判定标准主要是经济指标的完成情况，很少关注企业道德建设和对社会责任的完成情况，忽略组织、领导、员工的道德目标，这种衡量标准是不完善的。企业作为

---

[1] 齐善鸿. 道本管理与和谐文化建设[J]. 中外企业文化，2007（06）：5-7.
[2] 曾昊，齐善鸿，马力. 企业文化建设的误区[J]. 企业管理，2006（02）：26-29.
[3] 齐善鸿，吴思. 新企业文化理论——以道为本的"道本管理"[J]. 中外企业文化，2006（09）：22—25.

"社会公民"，不仅仅有经济指标，更应当有道德目标，以此来衡量企业在社会公益事业、尊重社会规范、与自然环境和谐共生以及对企业内部员工道德培养等方面的完成情况。相对于传统的经济目标论或者绩效目标论而言，道本管理提出了在此之外的道德目标论。企业在追求经济利益的同时，要兼顾精神体系建设，不要为了获取经济利益而不择手段，从而保证企业不偏离自己的根本目标。

2. 道德审计制度

（1）建立指标体系

在道本管理思想下，可按照道德水准的高低把企业分为三个档次，即不道德企业、底线道德企业和卓越道德企业。其中，不道德企业就是按照某种道德评价体系加以衡量，无法达到最基本道德底线要求的企业；底线道德企业是指在合法的基础上能达到底线道德公司评价标准的公司；而卓越道德企业则是在道德行为方面，在某些前卫性指标方面做得非常优秀的企业。在指标选取上，应充分考虑到各个利益相关者及企业行为的特征，选出基本层面来加以考察，如环境保护、顾客权益、员工权益、股东权益、政府社区与社会、债权人、业务伙伴、竞争者、管理者道德和员工道德等。在此基础上细化出具体的考核指标，深入考察企业的卓越道德表现。

（2）明确审计流程

审计作为一种信息认证系统，其认证主体就是审计人，即谁去审计。企业道德审计可由两类机构执行，一是企业外部机构，二是企业内部机构，由此形成了外部审计和内部审计两种方式。企业外部审计的主体可以是社会审计机构（会计师事务所）、投资基金组织、社会公共利益监督机构（如环境保护协会、消费者权益保护协会）等。而企业内部审计的主体则可能通过在企业的治理结构中增加诸如道德管理委员会等部门负责道德审计。审计的基本流程包括审计计划、审计准备、审计实施和审计终结四个环节。

（3）规范认定标准

当由某一外部审计或评价机构对企业的道德状况进行认定时，在没有被评定为卓越道德公司之前，需要对其是否为底线道德企业加以认定，基本原则是要求企业行为完全符合底线道德指标体系。对于卓越道德企业的评定，有五个关键环节与措施应予注意：1. 为卓越伦理各项指标设置权重，聘请多名专家按 AHP 法进行权重设置；对道德评价指标体系进行梳理和不断优化，必须将无法精确量化的指标剔除出去。2. 以卓越伦理各项指标通过的百分比对企业进行分级操作，或者按照企业道德指数的计算结果进行排序。3. 在评价维度中，每一维度超过 70%（四舍五入）的指标通过检验，视为该维度通过初步检验。4. 在所有评价维度中，超过 70%（四舍五入）的维度通过检验，则视为该公司通过卓越伦理检验，最终进入卓越伦理企业排序名单。5. 编制企业道德指数，加以排序并公之于众。

（4）符合道德原则

制度设计过程中，很少有人认识到制度设计的道德性问题。当制度成为强权意志，当它仅仅成为对客体的约束与控制手段而没有成为各个行为主体共同承认并遵守的契约时，制度会缺乏根基。道德审计与评价的目的不在于将不符合道德的企业打入地狱，而是着眼于企业道德状况的改善，并为企业的可持续发展及寻找新的核心竞争力提供引导。因此，在评价企业道德状况过程中，应遵循审计制度设计的道德性原则。这个原则的提出是对传统管理的超越，企业道德审计的道德性问题与企业其他的规章制度有着本质区别，它着眼于企业道德意识、道德责任的提升。

（三）企业责任

1. 企业责任论

企业从成立之初就不只是企业自身经济利益的集合，而是基于公众、国家、社会、自然等资源的利益和谐互动而形成的组织。传统管理以经济利益为价值导向来提升管理效益本无可厚非，关键是如何定位企业与社会和自然的关系。从人与社会和自然系统的关系来看，个体价值膨胀与人类中心主义所导致的社会系统异化，使企业与个人为了人类个体利益而牺牲社会和自然的利益。道本管理中的企业天道思想追求企业与自然的和谐，使企业成为主动承担自然责任与社会责任的"公民"。事实上，随着企业与自然和社会资源的联系愈加紧密，企业承担社会责任和普及文明思想的社会性将与创造财富的经济属性一起，共同致力于自然、社会、企业、个人等多重利益的和谐系统的构建[①]。

2. 综合考评标准

道本管理认为，为了摆脱传统管理模式下企业追求利润最大化的现状，应建立起一套社会与环境的综合考评体系来评价、监督企业，使企业从简单的追求经济效益最大化，转向追求经济、社会和环境的综合利益最大化。这种立足于企业多元价值需求的考核标准，充分体现了对人的主体性规律的深刻认识，将人的多元化需求转化为企业的综合价值目标，并以此作为企业管理的核心目标，在这一指导思想下设计公司的战略使命、管理制度、管理方法和管理流程，等等。企业

---

① 齐善鸿，曹振杰. 论企业的领袖气质——"道本管理"的视角[J]. 经济问题探索，2009（11）：83-86.

因此由对外关注利润，转向了对内追求自我管理的有效性。这样做既符合企业发展的根本规律，又兼顾了企业外部利益相关群体对综合利益的追求，实现了与利益相关者和谐共生的良性互动。此外，通过对综合利益最大化的追求，企业还可以通过创造社会福利来提升自身价值，通过内部资源配置的最优化来促进社会资源配置的更优化。这样，既有利于企业自身的健康发展，也有利于企业员工主体性的实现。

企业社会、环境考评标准的制定、执行、评估等工作不应是少数管理人员的特权，而应考虑让更多的利益相关群体参与其中。从企业内部来说，员工、中高层管理干部、股东、职业经理人是必不可少的群体；从企业外部来说，应考虑政府机关、社会团体、客户、公众、债权人等群体的参与。这种利益相关者参与制定的标准，才能确保企业实现综合利益最大化，从而实现企业的永续发展。

（四）价值共享

1. 新资本论

如本书第五章所述，货币已不再是主要的资本形式，人的品德、智慧与才能才是收益的根本来源，这是资本的资本，是资本之母。企业组织中的每个人都是自有资本的主人，人人都带着各自不同的资本进入组织，组织则是不同资本主体联合劳动的平台。在组织中，不同资本主体在人格上是平等的，但由于不同资本的数量和功能存在差别，因而市场价值不同；因为在组织中所创造的价值不同，不同资本主体最终获得的收益也就出现了差异。这就是公平。这也是需要每个资本主体认清的基本事实。组织财富的创造需要不同类型资本的协同优势和不同资本主体的分工协作。

2. 价值共享论

优秀的企业都是发自内心地全心全意为客户服务。企业应该从传统的以自我为中心的自利价值的获取转向以顾客为中心的客体思维的共同价值的获取。企业的长远利益应与顾客的根本利益相联系，只有顾客获得的价值得以保证，企业的价值才能得以实现。这种经营理念的转变，主要体现在以下三个方面[①]。

（1）营销模式转变

从传统的以产品为核心的 4P 模式向以顾客为核心的 4C 模式转换。从本质上讲，产品营销模式的出发点是以企业为中心，思考企业经营者要生产什么产品、期望获得怎样的利润而制定相应的价格、要传播产品的什么卖点并以怎样的路径选择来销售。这样做，忽略了顾客作为购买者的利益特征，忽略了顾客是整个营销服务的真正对象。而以客户为中心的思维方式就是要做到以顾客为导向的客体思维。

（2）盈利模式转变

顾客让渡价值优先，企业利润居后。坚持客体思维就是从顾客角度展开企业的一切生产经营活动。要优先考虑顾客让渡价值而不是企业的利润。顾客的让渡价值就是顾客总价值与顾客总成本之差。其中，顾客总价值包括顾客在购买和消费过程中所得到的全部利益，这些利益可能来自产品价值、服务价值、人员价值或形象价值。顾客总成本包括顾客为购买某一产品或服务所支付的货币成本，以及预期的时间、体力和精神成本。从顾客的让渡价值而不是企业自身的利润出发，实际上是企业管理思维方式的一次深刻革命。

---

① 齐善鸿，王鉴忠，宋君卿. 卓越管理共同价值的探索：管理圣经《追求卓越》解读新视角[J]. 经济问题探索，2008（1）：115-118.

（3）经营目标转变

从"创造产品"到"创造顾客"。彼得·德鲁克认为："企业的目的必须超越企业本身。企业是社会的一分子，因此企业的目的也必须在社会之中。关于企业的目的，只有一个正确而有效的定义：创造顾客。"[1]市场是由企业家创造的，在企业家采取行动满足顾客的需求之后，顾客才真的存在，市场也才真的诞生；否则，之前的需求都只是理论上的需求。因此，企业认为自己的价值是什么并不很重要，顾客认为企业在他心目中的价值才是最重要的，这将决定这家企业是什么样的企业，它的产品是什么样的产品，以及企业会不会成功兴旺。顾客是企业的基石，是企业存活的命脉。顾客至上的客体思维方式意味着企业在追求利润及自身价值的同时，绝不能忽视顾客心中所感知到的企业价值。

本章撰写者：王毅久、布玉兰

第一轮校稿人：王雅楠、滕海丽、程江

第二轮校稿人：滕海丽

---

[1] 德鲁克. 管理的实践[M]. 北京：机械工业出版社，2006.

第七章　道本管理实践体系

说起来，人类所有的科学都可以用"道""术"二字来概括。

但是，不要以为"道"和"术"是两个存在，它们都是真理这棵大树的树根、树干和枝梢叶果，是有机的一体中的关联部分。

一棵有生命力的大树，它一定会在合适的季节长出枝叶，乃至花朵和果实。

同样，一个接近真理的思想或者理论，也一定能够指导实践，演变出一套与它相应的枝叶和花朵——也就是所谓的术，也就是行动中的一套方法，并在实践中得到验证。

一个真正的理论与实践的关系，就如同一棵大树，它要用自己的成长、花朵乃至果实来证明自己的价值不虚。

只是存在于思想家头脑中、嘴上或者书本上的思想，还没有真正完成一棵鲜活植物的完整轮回。若是放置得久了，也可能这棵大树只能变成木头——一段失去生命力的枯木。

第一节 道本管理实践概述

管理是思想性和实践性的统一。

管理的思想、理论来自文明的传承，对实践体验的提炼及实践的印证和创造。一方面，中国绵延五千年而不断的文明世所罕见，古圣先贤们真理级的智慧得到千百年来无数人的实践与验证，所触及问题的深度、广度、高度，解决问题的彻底性，远超西方近几百年形成的科学范式及基于西方科学范式的科学管理一脉所能触及和验证的。管理思想、理论如果失去对中华文明的继承，我们的思考就一定会表现出历史文化上的苍白。

另一方面，如果我们的管理思想离开了实践，可能会变成理论家的纯粹学术。既得不到实践印证，又不能指导实践优化、改进的思想和理论，只能算是理论家头脑、书本中的理论，不能叫作真正的理论，"真知即所以为行，不行不足谓之知"[①]。

管理实践是管理思想在当代创新性的应用。管理实践离不开思想、理论的指引，"只行不知不能谓之真行"[②]。不过，承袭历史文明并经实践检验的管理思想、理论，与当代实际管理情景的结合是有机的不是机械的，是创新的不是守旧的，是有生命力的不是僵化的。事实上，管理思想与管理实践在互动中互促互进，不断完善、提升。

所以，管理的本质在于知与行的统一，管理的思想性和实践性是一体两面，二者不可分割。管理实践需要管理思想和理论的指导，同时，管理思想和理论必须经受实践检验，必须随实践不断更新、完善

---

① 王阳明. 传习录[M]. 北京：中华书局，2021.
② 王阳明. 传习录[M]. 北京：中华书局，2021.

和提升。正如王阳明所言："知是行的主意，行是知的功夫。知是行之始，行是知之成。"① 管理如果过分强调实践，忽视思想、理论，很容易走入误区而积重难返；反之，过分强调思想而忽略实践，思想将没有生命力而失去进化的可能。

管理学是为管理服务的，因而，管理研究必须直面管理实践②！走出书斋，投入管理实践中去发现问题、解决问题、建构理论，始终是道本管理理论研究的落脚点。

从前面章节的论述可以看出，道本管理理论既吸收和借鉴中外古今的一切优秀文明成果，又在此基础上有所发展。同样，道本管理实践一方面吸收借鉴已有的优秀管理实践，另一方面又有所发展和创新。这些发展和创新主要表现在以下四个方面：

首先，道本管理实践以目前人类还不能完全认知的"道"为最高指导原则，明显不同于已有管理实践以目前人类有限认识到的部分规律为最高指导原则。管理实践最高指导原则不同，管理实践的内容也相应不同。

其次，道本管理实践以激发人性，促进各相关主体方综合价值的良性发展，并为人类文明的进步作出自己的贡献为指向和诉求，明显不同于已有管理实践以自身利润最大化为目标。管理实践诉求的目标不同，管理实践的内容也会相应不同。

再次，道本管理实践是以自我管理为基础的管理实践，明显不同于现有管理实践中以管理者对被管理者的控制管理为基础。管理实践基础不同，管理实践的内容也会相应不同。

最后，道本管理实践以管理者服务被管理者的成长为管理的基本

---

① 王阳明. 传习录[M]. 北京：中华书局，2021.
② 齐善鸿等. 出路与展望：直面中国管理实践[J]. 管理学报，2010，（11）：1685-1691.

途径，明显不同于现有管理实践以上对下的控制为管理基本手段的现状。

在中国文化中，"道"一般体现在天地人三个层面。《周易》最早、最明确、最系统、最深刻地提出了"天、地、人三才"之道①。天地人三才学说也因此深入中华民族之心，贯穿于中华民族的人伦日用之中，牢固地培育了中华民族乐于与天地合一、与自然和谐的精神，对天地与自然持有极其虔诚的敬爱之心。天道、地道、人道法则也是管理必须遵循的客观性法则。

因此，道本管理实践体系也依据三才之道展开。基于天道可延伸出道本管理天道论，核心是以宇宙自然规律指导道本管理天道实践，这部分借用了属于地道法则中的人与自然环境关系的规律，这是从天地相合的角度，从符合天道法则的人与客观物质世界的和谐关系入手，运用天道的调节机制来指导管理实践；地道则延伸出道本管理众道论，核心是以地道法则中的人文社会规律指导道本管理众道实践；人道延伸出道本管理心道论，核心是以人道法则中的人心规律指导道本管理心道实践。而管理作为人类创造的一种有目的的活动，取得某种成果是管理活动的最终诉求，这种诉求应合于大道，所以，将管理活动的这种追求以胜道实践来命名。因此，道本管理的实践体系包括天道实践、心道实践、众道实践和胜道实践四个部分，如图 7.1 所示。

道本管理实践不是僵化的、一成不变的教条和经验，而是变化的、不断优化的自组织系统。道本管理实践不是自说自的理，而是有一个一以贯之的根本准则——道。道本管理实践不是任何人拿去马上就能见效的神丹妙药，而是从管理者心性（心智模式）开始的实践哲

---

① 钱耕森，沈素珍.《周易》论天地人三才之道[C]. 易学与儒学国际学术研讨会，中国山东青岛，2005. 7.

学。实施者的心性不改，道本管理实践难于上青天。心性一改，道本管理实践就会自动地发挥神奇的作用。

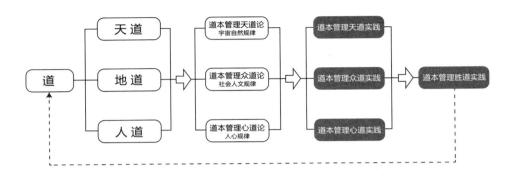

图7.1　道本管理实践逻辑框架

一、道本管理实践的基本原则

1. 以实践正道——促进人的文明进步和美好未来为核心

道本管理实践的核心是实践正道，其内涵是：以基于宇宙自然规律、社会人文规律和人心规律演绎的新人性论、主体性理论、精神制导论、新资本论、综合价值论、道本博弈论、螺旋进化论等为理论指导，识别正道，并基于正道不断主动修正自（他）思想、语言、行为，重塑组织制度形成方式和运行方式，形成自动化、智能化的管理系统，从而形成相关方综合价值的良性互动及不断增值，促进人的文明进步和美好未来。

2. 以古今中外优秀文明、卓越管理思想和实践为借鉴

道本管理哲学直接汲取了古今圣贤的思想。道本管理实践体系借鉴了大量的中国传统文化中的观点和做法，如用儒释道的思想来阐释实践原则和核心内容等。

此外，在科学管理百年发展历程中，人类一直在努力寻求管理问题的解决。然而，因为以西方管理为核心，所以科学管理偏重管理的技术路线，对管理背后的天地自然规律和人类社会背景有诸多忽略。沿着这一条路线所做的探索，既有进步之处，也有局限和问题，而这些也都给我们带来了启示。

同时，古今中外管理实践中的探索、有效的做法、合于大道的思想，以及违背大道思想产生的危害、给人类的教训等，也都是道本管理实践的借鉴之处。

3. 以道为基础

道是中国传统文化中的核心概念，代表涵盖宇宙人生的一般原理。在道本管理理论中，道是管理思想的思想、管理原则的原则。因而，道本管理的一切实践都必须以合道为准绳。

4. 以道本思维为出发点

没有以道为本、让主观合于客观的思维，就没有道本管理实践。道本思维不要求实践者必须有多少科学知识或一定水平的学历，只需要实践者有一颗学道、重道、用道的心，追求让主观思维合于客观大道。

5. 以主体性为切入点

人的主体性是构建道本管理理论大厦的基础，也是道本管理实践的基本维度之一。可以说，道本管理实践的各个方面均紧紧围绕着人的主体性展开。

6. 以道本管理理论为操作依据

道本管理实践以道本管理的基本思想和原则为操作依据。道本管理思想与原则不同于目前常见于一般管理学教科书或管理实践经验总结的那些惯常性的原则，而是基于道的、更具基础性和指导性的管理思想体系。

二、道本管理实践与科学管理实践的关系

管理作为被高度重视的学问，可以说是从科学管理开始。道本管理实践对科学管理实践既有借鉴，也有修正、发展。

（一）对科学管理思想与实践的借鉴

上文已反复强调，道本管理理论和实践并非横空出世，它吸收和借鉴了西方已有理论和实践中仍适用于当前环境的成果。从这个角度来说，已有的优秀管理实践是道本管理实践的重要组成部分，道本管理理论和实践是在对已有理论继承和扬弃基础上的发展。

道本管理理论和实践判断已有理论和实践是否正确，标准是其是否合于道。合于道的则继承和发展；不合于道的，则修正或完善。总的来说，道本管理理论与实践对有关人的管理理论、实践修正或提升较多，而对有关物、信息、资金的具体管理方式以继承为主。

不过，值得注意的是，从行为动机上来说，现实中的管理毫无疑问都试图解决问题，在解决问题的过程中产生了相关理论。但是，在相关理论运用中又出现了新的问题，于是，又出现了新理论和对原有理论的创新。从现有管理发展脉络来看，可以说这是一个思想、理论与实践印证连续不断的过程。这一过程也造就了作为世界管理领域中分量最大的一部分，即西方管理思想和理论得到了极大丰富。但是必

须清楚，由于西方文明历史与中国的巨大差异，西方人从其文明历史中借鉴思想智慧的力道明显是不足的，因此，更多呈现为基于现实问题的解决问题的路线，即管理中的技术路线。加之西方社会制度的外部框定，使他们丧失了在一个更大的视域中创新管理的能力和机会。

随着中国的崛起，中国人思维模式中固有的历史文明传承性、对外部文明的借鉴与吸纳性、针对现实具体问题实事求是的实在性，都将让中国的管理为人类管理的文明作出更大的贡献，为世界提供中国版本的管理理论与实践体系。

由于人类的认识能力有限，道本管理的"道"既包括在目前认识水平下已能证实的规律，又包括古圣先贤们论述过、被大量个体认可，但仍未能被当今科学验证的可能正确的观点或理论。因而，道本管理理论与实践在现阶段仍是具有情景性的，是不断发展的，将随着人类认识能力和水平的发展而不断提升。道本管理理论和实践与科学管理理论和实践的关系是开放的、融合的、动态发展的。

（二）对科学管理哲学文化上的修正

当代管理实践中颇为典型的企业管理发端于西方，其哲学思想根植于西方哲学。改革开放以来，中国学习西方的管理理论，在学习借鉴的基础上逐渐有了自己的实践创新。这些创新在很大程度上与中国哲学基础有关。从这个角度看，这为中国企业的创新提供了难得的机遇。

所以，道本管理在借鉴西方科学管理理论与实践成果，吸取其经验教训的基础上，对其中的部分错误或可提升的内容，作出了修正。其中，最主要的十一个修正如下。

1. 修正人性观

传统西方管理建基于"理性人""经济人""复杂人""社会人"等人性假设，混淆了人性本质和现象、人性应然状态和实然状态、现实人性态和理想人性态。

传统西方管理主要以利用和控制人性欲望的弱点为抓手，可能诱偏了人性的方向，更严重的是可能忽略、伤害人性的发展与进化。

道本管理新人性论指导下的实践，以人性之"天道规定性"和"从现实向理想"的进化逻辑为基础，将唤醒和促进人之本性的进化作为主导性方向，将工作本身与人性的进化变成合一的过程，甚至将工作作为人性进化的一个载体和推动力量。管理者运用个人的人性高度和组织制度与机制的力量辅助人性的进化，并以此来推动和保障工作的效率和人文价值。

2. 修正管理者与被管理者的对立

在西方二元论哲学思想主导下，西方管理理论和实践认为管理者是管理活动中的主体，而被管理者是管理的客体。这种认识将管理者与被管理者对立起来，使管理活动成为管理者对被管理者的控制。但实际上，每个人都有主体性，都不愿意受到外界的控制。如果外界一定要控制，被控制者在其自身主体性要求下一定会以各种方式表达不满和反抗。这就造成了管理者与被管理者人心的对抗[1]。虽然管理者在某些方面处于强势，但被管理者在数量上占据优势，因此，在现实管理活动中制造出了很多由管理自身带来的问题。

道本管理在中国哲学一元论和主体性思想的基础上，提出了管理五主体论。五主体论的核心是，所有人包括管理者在内都要尊重第一

---

[1] 齐善鸿，吴思. 道本管理：破解管理与人心的对抗[J]. 北大商业评论，2007，（12）：65-74.

管理主体——客观自然规律和人伦规律的规定性；所有人都要进行自我管理；管理者本身更要成为自我管理的佼佼者，从而具备服务部下成长的资格和能力；管理者本身也要接受组织内部被管理者和组织外部有关机构的制度化管理，如此形成管理的闭合回路。

管理工作的任务、使命，一定是由管理中的上下级共同完成的。只不过，上级是管理的首发方，而下级属于管理的回馈方，双方形成了管理的回路。在这个闭环中，管理才能真正完成自己的任务、达成自己的目的，并在此过程中不断创新优化。

3. 修正主观思维导致的离道行为

传统管理是靠人的主观思维进行，多表现为管理者认为应该怎么做就要求部下怎么做。当这种认为暗合道妙时，管理确实有效，但往往这样的时候很少，甚至可遇不可求，更常见的情况是管理者渴望从众多管理思想、管理理论、管理经验中找到一劳永逸的答案而不可得。由此可见，脱离大道的主观思维的不可靠性。

道本管理则提出要以客体思维来管理。客体思维是什么样的状态呢？要让自己的心钻到所有的客观存在中，包括所面对的自己的孩子、爱人、老人、领导、部下、同事、竞争对手，喜欢的人、厌恶的人……让自己的心在一念之间就能进入其中，与其节律相合。

大道无处不在，一切客观存在都是大道的显现，而客体思维就是用来体会一切显现中的大道，避免主观思维对大道的背离。

当以客体思维进行管理，就是了解并运用管理对象的规律管理对方，依循的就是大道规律。其实，客体思维在自然科学中很常见——科学家研究的就是客观对象的规律并试图掌握之、运用之。只是将物化的客观对象换成人时，我们很难像看待物体一样看待人，此即庄子的"空船理论"。

其实，生活中常说的"换位思考""设身处地"可以说就是一种常见的客体思维。道本管理要做的就是将这种客体思维嵌入各个层面的管理中。

4. 修正"管理就是控制"的缺陷

传统管理过分强调控制，忽视了每个人的自我管理，忽视了不以经济利润为最终归宿的人的成长。

道本管理在新人性论、主体性理论指导下，紧紧抓住"人"这一核心，体现在实践上就是管理者以各种各样的方式服务部下的成长，通过建立组织的自我管理系统来提升每个人的自我管理能力，设计各种平台、积分制度、考核方法来保证人人有自己个性化的提升通道，并且这个通道永远向上、没有尽头，不需要通过损害他人的利益来达成自己的提升，从而实现管理的终极目的——促进人的全面发展。试想，如果一个组织中，每个人都能全面发展而不是只有少数精英平步青云，这样的组织怎么会缺少活力、缺少创造力、缺少竞争力呢？毕竟，管理是为了不管理，没有管理的管理才是最好的管理。

5. 修正"制度仅体现少数人意志"的错误

对于传统管理来说，组织中的制度是少数人用来约束多数人的工具，而且，总有少数人凭借自己在组织中的某些优势而让自己逃离制度的约束，最终制度变成只管别人不管自己，这样的制度当然不可能得到大家的拥护和信任。而且，既然制度是要大家共同遵守的一种准则，这个准则的制定如果脱离大部分人参与和大部分人智慧的贡献，这样的制度本身也一定存在先天不足，且已经把大部分人放在制度的对立面了。

道本管理明确认定：

（1）制度的本质是集体精神的契约，而不是少数人控制多数人的工具。

（2）每一个人都是制度契约的主体，当每个人的意志和灵智贡献给集体的契约时，契约才能够成立和生效。

（3）当真正的契约确立之后，每一个人就将变成制度契约的客体。承认和遵守这一点是每一个人的基本理性：不是对某些人的屈从，而是对包括自己也参与在内的集体契约的承诺；是发自内心的遵从，而不是出于对外部压力的屈从。

6.修正对单一价值目标的追求偏差

传统管理以利润最大化、股东利益最大化等为主流追求目标，局限于片面经济价值，忽视内在精神价值；局限于眼前价值，忽视未来价值；片面追求个人价值，而不追求对别人价值的贡献；片面追求外部价值，而忽略了自身价值连续提升；长期停留在低端价值状态，而没有让自己的价值具有不可替代性；等等。这反倒为组织和社会的发展带来一系列问题。

修正价值追求单一性、片面性偏差的前提是，人在任何时候追求的价值都是一个价值群落。所谓价值群落，是指各式各样的价值形成有机的联系。群落是一个生态学概念，可以简单理解为，在一片土地上不是只有一种植物，并不是只有一种植物就是好的，各种生物聚在一起就像一个家族一样，只不过从我们受局限的角度看，有些生物似乎对我们没什么用。如果组织或个人只追求单一价值、片面价值，就失去了其他价值对它的支撑。失去了这种支撑，所追求的单一价值本身很快就会到达边际效应所讲的边界，从而发生边际效应递减，而且还会影响人们对综合价值群落的整体性的理解，最终引起人们心理上的焦虑和痛苦，影响心智的正常状态和发展。

当它本身是一个整体，而你在肢解它，就会出现问题。就像一个人一样，本来有四肢、大脑、躯干，如果去掉胳膊、腿，身体有了残缺，活动起来就有很多不方便。再比如，人有五个指头，少一两个可不可以？实际上，两个手指的人也可以生活，他会有一些替代的方法。但是，如果这是右手，在需要和他人握手时，他可能觉得，别人会知道他的缺陷，他的心理可能就会出现问题。一个人尚且如此，何况一个组织呢？

道本管理明确认定：

唯有运用综合价值来指引人性方向的组织和管理者，才有可能将众人引向综合价值进入良性互动和连续不断增值的未来！

唯有运用综合价值设计企业制度与机制的管理者，才能成为促进人性健康发展和企业同步健康发展的智慧的管理者！

7. 修正对资本本质的认识偏差

传统管理建立在经济学基础上，对资本本质的认识剥离了人的因素，忽视了一个关键：如果没有人的远见卓识，埋在地底的金钱永远不会自动增值。

基于对人性的洞见，道本管理拨开迷雾直接抓取资本的灵魂——人心，更准确地说是人心中的道性、自性、天性、灵性和神圣性。一旦激活了它，会让人自身和企业资本突然拥有活力。所以，如何激活资本的灵魂是企业管理当中，包括培训、制度、分配、评估等一切的着眼点。

有了对资本本质的正确认识，组织就能走向获取正财之道。

8. 修正企业文化浮于表面的问题

传统管理也认为企业文化很重要，但建立企业文化的方式常常流于表面，试图用灌输的方式，用贴标语、喊口号的方式将企业文化这棵大树植入大家心中。殊不知，移栽的大树没有原生的长得牢固，没有大家智慧凝聚的过程，剥夺大家的主体性，违背集体契约，企业文化就成了老板文化，总有一天会"树倒猢狲散"。

道本管理认定：

唯有将文化变成信仰，信仰变成人的灵魂，才能创造人间奇迹。文化要从每个人的智慧心中生出来，汇聚起来，整合起来，最终形成集体的风气、集体的文化。这样的企业文化才经得住各种考验，才有生命力和战斗力。

9. 修正平面博弈的局限

传统管理常常令自己陷于零和博弈、"囚徒困境"等看似无解的境地，以致管理常常制造管理本身都解决不了的问题，这样的管理有什么意义呢？

道本管理认定：

要想走出"囚徒困境"，摆脱竞争存量资源的恶性博弈，领导者、优势方首先要完成一个突破：进入高维，建立新的博弈空间。只有将成长、战略、服务、优势、境界等要素纳入博弈当中，组织最终才能进入"以其不争，故天下莫能与之争"的超级博弈状态。

10. 修正进化方向的迷失

传统管理几乎不涉及进化，通常囿于以技术研发驱动组织前进，不过更多是向前、向四周发展，而非向上进化。然而，没有向上的进化，组织就可能在产业迭代升级的洪流中被淘汰。

道本管理强调螺旋式进化，主动向上进化。组织向上进化需要人，需要主要领导人乃至一把手对自己的思想、观念、思维能力、知识不断进行自我否定，从而向上发展。把思想做成企业的产品，用思想连接技术、连接文化，形成一个品牌，从而可以为组织当下的盈利模式带来乘三、乘五、乘十、乘一百的"乘数效应"。

11. 修正"非自动化管理"的局限

传统管理很难做到自动化，要验证这一点很容易。试问：有多少组织的一把手、高管能做一年的甩手掌柜还能保证组织的高效、有序运转？别说一年，恐怕一个月都很难做到。

在一定程度上，传统的管理观念限制了人们的想象力，人们会觉得人不是机器、不是流水线，要实现对人的自动化管理是不可能的。但2500年前的大圣人老子早已给出了对人的自动化管理的指南——"无为而无不为"。

道本管理认为，领导者不应忙于每天的手动管理，而是要研究、领悟身边各种各样的自动化现象，把现在所忙碌的管理事务背后的自动规律抓出来，把花了很多精力、很多时间，甚至让人苦恼不堪、看不见尽头的事务建设成一条自动化的生产线，它能够自动，领导者就能自在。没有自动就没有自在。

对西方管理理论和实践中错误和不足的修正，是道本管理理论和实践的重要基础和组成部分，渗透于道本管理实践的各个部分。

第二节　道本管理天道实践

道本管理将管理行为应遵循的宇宙自然规律定义为管理天道。

人类文明的诞生来自天道所给予的启迪。《周易·系辞上》有言："天生神物，圣人则之；天地变化，圣人效之；天垂象，见吉凶，圣人象之。河出图，洛出书，圣人则之。易有四象，所以示也。系辞焉，所以告也。定之以吉凶，所以断也。"古圣先贤读懂了天象给我们的启示，并且演绎出了人类文明，这是最原始版本的天道向地道和人道的演化逻辑。

在人类还弱小时，人类的生存非常依赖于自然环境。那时的人类从依赖的视角看待天人关系，将天置于人之上。工业革命以后，科技带来了生产力的迅猛发展，一方面造福了人类，另一方面也让人类离天道越来越远。人类的主观心智与天道之间的匹配性越来越差，人类因为科技进步而出现主观膨胀，但人的主观终究不能脱离天道。这一基本法则也使主观膨胀的人类不断遭遇各种各样的问题乃至天道的惩罚。在这方面，以西方国家中的世界性强国最为典型，它的霸权思想、霸道行为本身就是主观膨胀和脱离天道的一个典型表现。当管理以资本和职权作为核心能力和资源时，就会产生人类主观替代客观规律的另外一类典型错误。

西方管理理论和实践一直忽视管理中的天道问题，这跟西方文明与中华文明的悠久与连续传承性的差距有关。西方管理更注重现实性的微观视角，缺乏历史性的高度和哲学深刻性，所以，一直在微观层面上修修补补。这就是西方管理演进过程中的改良主义。但改良主义存在的一个重大问题是，它在回避问题背后根本性的原因，只想解决非根本性的问题，这本身就是西方管理在思想理论方面的重大缺陷。

另外，西方人因其思维方式，所创立的教育也是分科式的，但管理是系统论，所以，分科教育培养出来的人的知识、思维方式难以支撑管理所要求的系统思维。由于西方近代思想没有革命性的进化，资本和职权的决定性在管理中占比很大，没有办法在管理中真正体现西方人在另外的领域中所倡导的人本思想、民权思想、平等思想以及民主思想。这与整个西方社会的政治和文化的进化模式直接相关，近百年来，西方的政治思想和文化没有革命性的变革，西方的管理也正是在这样一种政治框架和文化制度下展开思考的。

道本管理则继承了中华传统优秀文化中"天人合一"的天道思想，也就是天道、地道和人道的统一，是将人这样一个能动性最强的生命紧紧地与道的自然本体联系在一起，不会制造人的主观与天道的对立和脱离，能够避免和减少人类主观的膨胀所遭受的天道的惩罚，并且能够有效借用天道的力量来实现人与客观的和谐发展。这就是中国人的道本管理智慧。

一、人类的客观依赖性、生命的价值与天道实践

【权威数据】IPCC 第六次评估报告第二工作组报告发布①

2022 年 2 月 28 日，政府间气候变化专门委员会（IPCC）发布了第六次评估报告（AR6）第二工作组报告《气候变化 2022：影响、适应和脆弱性》。该报告较为全面地归纳和总结了第五次评估报告（AR5）发布以来的最新科学进展，阐述了当前和未来气候变化影响和风险、适应措施、气候韧性发展等内容，揭示了气候、生态系统和生物多样性以及人类社会之间的相互依存关系，特别关注陆地、海洋、沿海和淡水生态系统，城市、农村和基础设施，以及工业和社会系统转型的重要性和紧迫性。

第二工作组报告是 AR6 的重要组成部分，共有来自 67 个国家

---

① IPCC第六次评估报告第二工作组报告发布[N]. 中国气象报，2022-03-01（001）.

的 270 位作者参加该报告的编写，中国有 10 位专家入选。在 2 月 14 日至 2 月 27 日举行的 IPCC 第 55 次全会暨第二工作组第 12 次会议上，来自 195 个国家和地区的政府代表逐行审议批准了决策者摘要（SPM），并接受了该报告。报告将为国际社会和各国政府进一步了解气候变化的影响、风险和适应提供重要的科学依据，为全球应对气候变化提供有力的科学支撑。

气候变化造成危险而广泛的损害

气候变化正给自然界造成危险而广泛的损害，并影响着全球数十亿人的生活。最不具备应对能力的人群和生态系统受到的影响最为严重。"这份报告是对不作为后果发出的严重警告，"IPCC 主席李会晟表示，"这份报告表明，气候变化对人类福祉和对地球健康的威胁日益增加。当前的行动将决定人类和自然如何适应不断增加的气候风险。"

更频繁的热浪、干旱和洪水已超过一些动植物的承受极限，导致一些树木和珊瑚物种大量死亡。此类极端天气气候事件的同时发生造成了一系列难以应对的影响。这加剧了数百万人的水和粮食危机，尤其是在非洲、亚洲、中美洲和南美洲、小岛屿以及北极。

随着全球升温，世界面临的多重气候危害不可避免，其中一些影响将不可逆转。基础设施和低洼沿海居住地等的气候风险将加剧。

气候变化会与自然资源的不可持续利用、日益加剧的城市化、社会不平等、极端事件和流行病造成的损失和损害等产生相互作用，危及未来发展。

保护自然是保障宜居未来的关键

面对气候变化，我们有多种适应选择。这份报告对自然在减少气候风险并改善人们生活方面的潜力提供了新见解。

"健康的生态系统对气候变化更具韧性，并可提供粮食和清洁的水等重要服务。"IPCC第二工作组联合主席汉斯－奥托·波特纳（Hans-Otto Pörtner）表示，通过恢复退化的生态系统并有效保护占全球面积约30%至50%的栖息地，人类社会可受益于大自然吸收和储存碳的能力。我们可以加速推进可持续发展，但充分的资金和政治支持至关重要。

"我们的评估报告明确表明，应对所有这些不同的挑战事关每个人，政府、私营部门和公众要共同努力，在决策和投资中优先考虑减少风险以及公平和公正。"IPCC第二工作组联合主席黛布拉·罗伯茨（Debra Roberts）表示。

迄今为止，适应气候变化方面的进展并不均衡，且已采取的行动与应对日益增长的风险所需采取的行动之间的差距越来越大，尤其在低收入人群中差距最大。

城市：既是影响和风险的热点，也是解决方案的关键部分

报告对气候变化对全球半数以上人口所居住的城市的影响、风险和适应进行了详细评估。人类的健康、生活和生计以及财产和重要基础设施，正日益受到因热浪、风暴、干旱和洪水带来的灾害以及海平面上升等的不利影响。

"总之，日益加剧的城市化和气候变化会带来复合的风险，尤其是对那些规划不善、贫困和失业率居高以及缺乏基本服务的城市。"黛布拉·罗伯茨表示，城市也可为气候行动提供机遇，包括绿色建筑、可靠的清洁水和可再生能源供应，以及连接城乡地区的可持续运输系统等。这些都可带来更为包容和更加公平的社会。

也有越来越多的证据表明，不适当的适应会造成意想不到的后果，例如损害自然、使人们的生命处于危险中或增加温室气体排放。

要避免这种情况就需要人人参与规划、关注公平和公正并利用本地知识。

行动的窗口在关闭

气候变化是一项全球挑战，需要本地解决方案，因此报告提供了大量区域信息，以实现气候韧性发展。

报告明确指出，在目前升温水平下，气候韧性发展已面临挑战。如果全球升温超过 1.5℃，气候韧性发展将更加受限。而如果全球升温超过 2℃，在有些地区这种发展将不可能实现。这一关键发现强调了采取气候行动的紧迫性，重点在公平和公正。充足的资金、技术转让、政治承诺和伙伴关系，可更有效地适应气候变化、减少排放。

"科学证据毋庸置疑：气候变化危及人类福祉和地球健康。拖延全球协同行动将错失稍纵即逝的机会，无法保障宜居未来的实现。"汉斯－奥托·波特纳表示。

人类的生存需要依靠自然，但现在人类的活动更多的却是在伤害自然！进入工业革命以后的发展加速了对自然的伤害，众多不可逆的伤害已经发生，其后果最终也要由人类自己承担。合作治理环境问题、采取切实行动保护大自然已刻不容缓。

【哲学思考】

人类具有客观依赖性，宇宙自然环境是人所依赖的重要客观环境之一。不能正确认识客观，把握其规律，随主观肆意妄为，暂时可能不会出现可识别的问题，但如果不能及时修正，长远来看，一定会被天道法则惩罚，所付出的代价是不可控的，在被动地受到惩罚后再去纠正，往往为时已晚。与其被天道惩罚，不如主动认识天道、把握天道、运用天道——这恰恰是古圣先贤采用的模式。

人这种生命形态有很大的背离天道的可能性。生命与非生命的一个明显区别在于生命进行着合目的的活动。所谓合目的，就是合乎生命在特定环境中生存和繁衍的需要。人作为高等的生命形态，与一般生物活动的不同之处在于其活动的合目的性是自觉的。这意味着人与人的生命活动不再直接同一，人的生命活动可以成为自己意识和意志的对象。因此，人可以选择自己的活动对象和内容。在这种主观作用下，如果人没有主动地选择认识天道、合于天道，在错误的认知引导下，选择就很可能背离天道。

由于感官知觉的局限性，人可能陷入眼前可见的物质利益、本能需求的满足，从而进一步背离天道。简化来说，人由肉体和精神组成。但精神无形，难以琢磨把握，而肉体部分可见，相关的需求容易满足，所带来的快乐感受更为直接。这就使人容易陷入小我的肉体感受、物质欲求，生物本能和利己之心，以追求财富、地位、名声等来满足个体小我的需求，而不太重视生命的道德、审美、信仰及其意义等精神层面的价值，更谈不上追求突破小我，进入大我，直至无我的方向，而恰恰是后者更接近于天道。

【对管理的启示】

管理要向天要智慧，突破平面的、有限的主观认知。天道不以我们的主观意志为转移，那么最好的办法是"随风暴起舞"，采用历经千年检验的圣人模式——认识天道，把握天道，运用天道。在认识、把握天道的基础上，主动运用天道来调整，使之趋向合于天道的方向。

【道本管理】

道本管理遵循"主观思维合于客观大道"的管理方式，以天道校准人和组织的追求方向、追求方式。

《道德经》有言："天之道，其犹张弓欤？高者抑之，下者举之；

有余者损之，不足者补之。天之道，损有余而补不足。人之道，则不然，损不足以奉有余。孰能有余以奉天下，唯有道者。"

有道者能合于天道，举下而抑高，损有余以补不足。处高位者主动寻求对接下位者，不仅要谦卑，在行动上还要处下，将下位者托举起来。就组织管理而言，就是建立机制，尊重员工的主体性，让他们也能展现自己的才能、创造力，所创造的价值得到表彰，普通员工也参与管理，等等。

"有余者损之"，在某种程度上体现了给予的智慧。从利益自己的角度来分析，每个个体真正需要的物质、财富等其实并不多，很多时候对拥有某样事物的追求更多是大脑中追求快乐的机制作祟。但由于享乐适应机制的限制，为了保持较高的快乐水平，只能追求更多。不过，当把追求的方向从"我要获得"变成"我要分享给大家，我要帮助更多的人获得"，从利己变为利他，这样的方向就合于道了。这样做的好处是既避免个人因不断追求自我快乐而陷入焦虑，因为利己的快乐总有尽头，又能通过帮助他人突破原有的自利模式，获得更高水平的、更持久的合于道的快乐。最终来说，还是自己获益更多。

对组织来说，当组织重新按合于天道的标准校准追求的方向、追求的方式，就有望突破"是优先保证企业利润还是优先保护环境"这样平面思维下的两难抉择，而达到各方综合价值的满足。

【故事】放羊娃的人生目标

记者：你放羊为了什么？

放羊娃：赚钱。

记者：你赚钱为了什么？

放羊娃：娶媳妇。

记者：你娶媳妇为了什么？

　　放羊娃：生娃。

　　记者：生了娃干什么？

　　放羊娃：放羊。

　　这是曾经在网络上广泛流传的一则故事。许多人认为故事中的放羊娃的人生理想太局限了，只知道放羊，因而成为笑话。可是，仔细想想，现实中企业的经营逻辑何尝不像放羊娃？

　　企业被西方的经济学狭义地定义为经济组织，其使命是追求利润，企业管理就是通过管理创造利润。如果按照这个逻辑推导下去，企业获得了利润会干什么呢？一般来说，会用于企业扩张。那扩张的目的又是什么？难道是继续追求利润，然后再扩张[①]？如果是，企业的经营逻辑与放羊娃的人生逻辑在本质上何其相似！

　　因此，企业在创立之初就应该想清楚关于企业的根本问题：企业为什么存在？其存在的价值和意义是什么？

　　对于这个问题，西方管理理论给出的答案是利润最大化，认为企业作为微观个体只管做好利润最大化，剩下的事看不见的市场之手会自发完成。最初，清教徒的"天职观"一定程度上起到了给追求利润赋予神圣性的作用，但随着资本对信仰的腐蚀，如今恐怕再没有什么能起到这一作用了。

　　仅以环境为例，自工业革命开始加速发展的西方发达国家对环境的破坏，需要后人付出高昂代价来治理，甚至有些破坏已经不可逆了。

　　【哲学思考】

　　从哲学上来讲，人只有成为自己目的的工具才是合理的。

---

① 齐善鸿. 面向实践的管理核心命题的重新思考[J]. 管理学报，2012，（01）：32-37.

　　人类通过探索天道，运用天道来服务于人类自身，以此作为人类活动的目的。人是其目的性所在，因为宇宙自然环境根本不需要人类做任何事情，人类所做的事，包括管理，根本上来说只是为了自身发展。利润、经济利益、各种有形可见的价值追求如果凌驾于人之上、凌驾于天道之上，就会产生异化。如果不能及时纠正，最终受害的也还是人类自身。

　　【对管理的启示】

　　因此，在管理活动中人是核心的目的，其他的都是工具。企业盈利本身也是人类目的链条上的一个环节而不是终极。如果将其中的一个环节或者工具当成目的，就会让人产生目的遗失的困惑，进而产生对目的的追求和在现实中作为工具的矛盾，甚至引发管理中的对抗以及管理的异化——管理不再是为了人而是在利用人，人不再是目的而只是管理中的工具。这样就阻碍了管理的目的性目标的达成，同时也阻碍了作为自己目的的工具的人的力量的发挥。

　　【道本管理】

　　管理要以人的提升、发展为目的，帮助组织所有成员按合于天道的方式做事，追求精神价值、生命价值的提升。伴随而来的是为客户带来符合其合理需求的产品和服务，企业获得利润只是这一过程的副产品而不是追求的目的。

　　道本管理实践是遵循天道的实践，认为利润最大化是在微观上实现人类生命价值和人生意义的工具而非目的。真正的管理应遵循天道，以人类生命价值和人生意义为终极目标。

二、道本管理天道实践基本原则

　　进化论认为，人从自然中进化而来，人需要首先从自然中获取资源才能生存。因此，自人类产生以来，人类欲望的无限和自然资源的供给能力及人的生产能力有限，始终是人类社会面临的主要矛盾。工业革命以前，人类的知识和生产能力（取得自然资源的能力）有限，人口总量被限制在一定范围内，自然资源基本可以满足人类生存的需要，上述矛盾相对不突出；工业革命以后，人类知识水平和生产能力快速提升，取得自然资源的能力快速发展，同时人口数量大幅增长，人类对自然资源的需求相应地快速增加，上述矛盾变得越来越突出。在矛盾面前，人类如果一直坚持对自然资源无度索取的做法，将面临更大危机。

解决问题的答案只能在超越问题所在的层面获得，遵守天道是必然选择。事实上，这些矛盾、问题正是天道对人不合道行为的警示，看人类是否能正确识别大自然无声的教诲。

1. 恪守天人合一的天道原则

恪守这一原则的核心抓手是让"小我"的主观合于天道。

唯有人会被自己错误的思考所累远离天道。仅就遵循太阳运行规律，日出而作日落而息这一条，现代人就很难遵守，更不用说其他。对于组织来说，所掌握的自主运作的能力远大于个体，背离天道的破坏性也就更加难以估量，背离天道的损失、所受有形无形的惩罚也将成几何级数增加。

因此，不论个体还是组织都要主动感悟天道，以期能领悟和自如运用道所呈现的规律。在此基础上，所思所想、所言所行都合于天道，实现"天人合一"。如同武侠小说中剑圣的境界，手中无剑，心中也无剑，人剑自然合一，那么任何事物都可为剑。

2. 恪守平等对待万物的原则

平等对待万物也是遵循天道的必然选择。

中国先秦时期的哲学家庄周，在其著作《庄子》中专门用一篇《齐物论》来肯定一切人与物平等的独特意义及其价值。陈鼓应认为，齐物论包括齐、物论（即人物之论平等观）与齐物、论（即申论万物平等观）两个层面[①]。庄子用"万物一马"来表述人对待万物的准则，道本管理理论借鉴了这些观点。

庄子认为："天地一指也，万物一马也。道行之而成，物谓之而然。……故为是举莛与楹，厉与西施，恢恑憰怪，道通为一。其分也，成也；其成也，毁也。凡物无成与毁，复通为一。唯达者知通为一，为是不用，而寓诸庸。……因是已。已而不知其然，谓之道。"[②]

意思是说：从事理相同的观点来看，天地就是"一指"，万物就是"一马"。……所以，举凡小草和大木，丑癞的女人和美貌的西施，以及一切稀奇古怪的事物，从道的角度来看都可通而为一。万事有所分，必有所成；有所成，必有所毁。所以，一切事物从通体来看就没有完成和毁坏，都是复归于一个整体。只有通达之士才能了解这个通而为一的道理，因此，他不用固守成见而寄寓在各物的功分上。这就是因任自然的道理。顺着自然的路径行走而不知其所以然，这就叫作"道"。[③]

这可以说是哲学意义上的平等对待万物。现实中，不平等的状态通常是"我"高高在上，要以"我"为主，"我"的组织利益优先，诸如此类，都离不开主观与客观的对立、分别和比较。这显然背离了

---

① 陈鼓应. 庄子今注今译[M]. 最新修订版. 北京：商务印书馆. 2007：41.
② 陈鼓应. 庄子今注今译[M]. 最新修订版. 北京：商务印书馆. 2007：72，75-76.
③ 陈鼓应. 庄子今注今译[M]. 最新修订版. 北京：商务印书馆. 2007：75，81.

"主观合于客观"的合道性原则。

当然，实际操作过程中，不能简单机械地理解为要以同一个原则对待自然万物，平等对待自然万物。恰恰是要以符合万物的规律来对待万物，而不是以人，以"我"的主观好恶、是非观来判断。

如果个人不遵守这一原则，做出浪费资源、破坏环境、乱砍滥伐等不遵循天道的行为，很可能受到天道的惩罚。如果组织不遵循天道、不平等对待万物，破坏力会更大，全球气候问题、污染问题、资源匮乏、物种濒危，这些最终会殃及全人类。

不仅仅是对待大自然，与人的相处也离不开这一原则。对个人来说，如果不能以对方的规律对待对方，在家庭、单位，跟朋友相处，可能就处理不好关系，因为"公说公有理，婆说婆有理"，各有各的立场，各有各的理，站在任何一方说对方的不是，都会激化而不是解决矛盾。

如果不遵守这一原则，组织内部，上级怪下级不能按要求工作、不能积极主动工作，下级埋怨上级不理解、不认可自己的付出；和同行相处，都想着争夺利益、争夺市场，可能引发一损俱损的恶性竞争；和客户相处，不能发现、满足客户痛点、需求，被客户放弃；和监管者相处，不满于对方的管理，可能做出偷税漏税，钻法律、制度空子等行为……

这一系列问题可以说都是源自以"我"为大、不遵循天道、不能平等对待万物，最终都会祸及自身。因此，不论个人还是组织都要恪守平等对待万物的原则。

三、道本管理天道实践核心内容

基于对天道的认识，对组织而言，道本管理天道实践的主要抓手在于重新定位组织与社会和自然的关系，在人、自然、社会的更广泛关系中，从被技术和变革打破的系统中找回组织的环境责任和社会责任，并主动承担起来。

（一）正确认识环境责任和社会责任

【现实中的天道实践】全球兴起碳中和浪潮[①]

2015 年《巴黎协定》签署后，面对气候变化的严峻形势，国际社会加快应对气候变化的行动和步伐，并取得了重大突破和进展。2017年 6 月，瑞典确立 2045 年实现碳中和目标，成为全球第一个立法确立碳中和目标的国家。2019 年 6 月，英国修订 2008 年制定的《气候变化法》，正式确立 2050 年实现温室气体净零排放，成为全球首个以法律形式确立 2050 年碳中和目标的主要经济体。2019 年 12 月，欧盟委员会公布《欧盟绿色新政》，宣布于 2050 年实现气候中和，成为全球首个气候中和大陆。2020 年 9 月，中国政府在第 75 届联合国大会上承诺 2060 年前实现碳中和。根据国际非政府组织——能源与气候情报组（Energy & Climate Intelligence Unit，ECIU）和牛津大学 2021年 3 月发布的《全球净零排放目标评估盘点》的数据，截至 2020 年12 月 12 日全球已有 124 个国家和地区（占全球碳排放 61%、人口56% 以及购买力平价 GDP68%）宣布于本世纪中叶左右实现碳中和。2021 年 1 月美国宣布于 2050 年实现碳中和。至此，全球共有 125 个国家和地区提出本世纪中叶碳中和目标，占全球碳排放 75%、购买力平价 GDP84% 和人口 60%。碳中和已经成为本世纪的主题，全球正式步入"碳中和时代"。

[①] 葛兴安. 企业碳中和浪潮与全球自愿碳市场的复兴[J]. 现代金融导刊，2022（01）：8-12.

全球企业积极承诺碳中和目标

根据 ECIU 和牛津大学对福布斯全球 2000 家上市公司的调查，共有 417 家公司已经以某种形式承诺碳中和，占全部调研公司的 21%。全年的销售额接近 14 万亿美元的占全部调研公司的 33%。按行业划分，调研公司超过 2/3 来自家庭和个人护理行业，来自半导体行业的公司最少，仅占 5%，甚至低于航空和国防行业的 10%。承诺在 2030 年实现碳中和的约占 30%，2031~2040 年的约占 18%，2041~2050 年的约占 46%，2050 年后的约占 6%。

2020 年 6 月，联合国发起"零碳冲刺"项目（UN Race to Zero），号召除政府以外的企业、大学、投资者和城市、地区加入到 2050 年碳中和目标中。截至 2021 年 7 月 12 日，全球已有 733 个城市、31 个地区、3067 家企业、173 家大型投资机构和 622 所大学加入，占全球碳排放的 25% 和 GDP 的 50%。

根据自然资本伙伴组织（Natural Capital Partners）2020 年 10 月的研究，全球财富 500 强的公司已有 149 家（接近 30%）设定了 2030 年碳中和或者类似目标。在企业类型中，很多大型资产管理机构已经呼吁或者要求其持有股份的公司承诺实现碳中和。例如，2020 年 1 月，管理规模约 7 万亿美元的资产管理巨头贝莱德（BlackRock）公司首席执行官拉里·芬克在写给全球首席执行官的信中称，"气候变化风险即是投资风险""撤出在可持续性发展风险较高项目上的投资，如动力煤生产商等"；2020 年 9 月，由全球 500 家投资机构组成、持有超过 47 万亿美元资产的气候行动 100+（Climate Action100+），写信给 161 家全球企业的首席执行官和董事会，呼吁这些企业承诺碳中和，设立并公布具体目标及进展。

【现实中的天道实践】习近平生态文明思想

在 2018 年全国生态环境保护大会上，中华人民共和国主席习近平同志提出新时代推进生态文明建设的六大原则。一是坚持人与自然和谐共生，坚持节约优先、保护优先、自然恢复为主的方针，像保护眼睛一样保护生态环境，像对待生命一样对待生态环境，让自然生态美景永驻人间，还自然以宁静、和谐、美丽。二是绿水青山就是金山银山，贯彻创新、协调、绿色、开放、共享的发展理念，加快形成节约资源和保护环境的空间格局、产业结构、生产方式、生活方式，给自然生态留下休养生息的时间和空间。三是良好生态环境是最普惠的民生福祉，坚持生态惠民、生态利民、生态为民，重点解决损害群众健康的突出环境问题，不断满足人民日益增长的优美生态环境需要。四是山水林田湖草是生命共同体，要统筹兼顾、整体施策、多措并举，全方位、全地域、全过程开展生态文明建设。五是用最严格制度最严密法治保护生态环境，加快制度创新，强化制度执行，让制度成为刚性的约束和不可触碰的高压线。六是共谋全球生态文明建设，深度参与全球环境治理，形成世界环境保护和可持续发展的解决方案，引导应对气候变化国际合作。

全球兴起的碳中和浪潮可以说体现了人类群体正在醒悟过来，认识到要承担起环境责任。而习近平生态文明思想高瞻远瞩，体现了国家层面的环境意识和责任担当。在解决环境问题方面，组织应该是中坚力量，但是否能真正有所行动，则取决于组织能否正确、深刻认识所肩负的环境责任、社会责任。

【哲学思考】

站在高于自身的维度才能正确认识价值。如果站在组织自身的角度来看，当前的碳中和等环保举措，或者组织的其他利于社会发展的公益举措，都会带来成本，减少利润。如果每个组织都这么看，环保就会成为空谈。此时，国际组织、国家等高于个别组织的存在，其高瞻远瞩就很重要了。不过，即使没有这些外部约束，组织领导者、管理者也应跳出组织，站在组织所处的大系统中看问题。作为社会的一部分，作为大自然的一部分，承担社会责任和环境责任是企业的分内事。

组织应追求综合价值而非单一价值。道本管理理论基础部分多有论述，组织追求的价值其实是综合价值，是一个价值群落，组织的环境价值、社会价值也是重要组成部分。

【对管理的启示】

"见得透，拿得定"，只有认识到位、认识深刻，产生坚定不移的信念，对行为的指导才有力，才能持续，不会轻易改弦更张。组织的管理者们必须发自内心地认识到组织不是孤立于社会、自然的存在，组织如果不能主动、尽可能地承担环境责任、社会责任，被社会广泛需要，又对自然环境友好，迟早会以各种各样不可预料的方式被社会淘汰。有了这样痛切的认识，组织才会上下一心把社会责任、环境责任当成组织自己的事、当成必须做的事来做，而不是可做可不做，更不是为了监管需求、为了获得组织合法性、为了沽名钓誉、为了获得利润而做。

【道本管理】

人是被道创造，组织又由人组成，自然环境、社会环境都是组织的客观环境，组织主体应将道在客观环境中所呈现的规律当成组织第一管理主体的一部分，主动接受其管理和约束。这样，反倒给组织赢得更大的自由发挥空间，赢得社会的信任，收获社会价值，顺带着提升组织对优秀人才的吸引力、客户的忠诚度，利润、生存空间也就随之扩大。

（二）主动担负环境责任和社会责任

【现实中的天道实践】阿拉善 SEE 的环保实践①

阿拉善位于内蒙古西端，这个地方因沙尘暴而出名。它是北京漫天黄沙的源头，据说，这里的沙尘暴能直抵东京和加利福尼亚。

2004 年，一群企业家发起了阿拉善 SEE 生态协会，这个以社会责任（Society）为己任，以企业家（Entrepreneur）为主体，以保护生态（Ecology）为目标的社会团体，凭着一份理想者的情怀在荒漠中探索，希望借英雄主义之光，点亮这个世界。

2008 年，阿拉善 SEE 基金会宣告成立，寄希望于中华大地山清水秀、生机勃勃。十年的实践昭示：环境问题不只是捐一点儿钱、治一点儿沙，还需要公众的觉醒，公众的参与才是环保行业进步的驱动。

2012 年，阿拉善 SEE 在青海成立三江源保护专题项目，至今已资助 7 家合作伙伴，支持环保人网络内超过 100 家基层环保组织或当地农牧民的环保活动，守护雪豹、黑颈鹤、久治绿绒蒿等珍稀动植物物种，保护 6 万余平方公里草地、湿地等生态系统。

2014 年，阿拉善 SEE 在内蒙古阿拉善盟启动"一亿棵梭梭"项目，与林业部门、当地农牧民、合作社等合作，计划用十年时间在阿拉善关键生态区种植一亿棵以梭梭为代表的沙生植物，恢复 200 万亩的荒漠植被。

2017 年，阿拉善 SEE 云南绿孔雀栖息地共管保护小区项目申请得到云南省林业厅的批准，在"诺亚方舟"项目团队组织的专家、政

---

① 新西部编辑部. 阿拉善SEE西部生态保护报告[J]. 新西部，2019（13）：14.

府主管部门负责人以及项目出资方对项目申请与方案审核后，建立绿孔雀专项委员会。项目使民间公益组织与政府、专家、当地村民和落地机构，共同参与评估和管理公益项目，形成对公益项目的公共管理模式。

2018年，在阿拉善SEE"任鸟飞"项目发布的"2018年优先保护湿地名单"里新增了广西防城港市的山心沙岛。

SEE生态协会的共同使命[1]：

——通过调整社区内部、社区与外界的利益关系，以内生动力解决社区环境问题，达到社区可持续发展的目标；

——将环境教育、环境技术、环保科研等因素融入社区发展项目，促进社区的综合发展；

——通过社区试点项目，为政府提供环境治理方面可借鉴的有效途径，同时推动环境保护政策的完善；

——通过"SEE生态基金"的资助，支持不同类型的环保组织实施环境项目；

——通过每两年一届的"SEE生态奖"奖励环保项目，推动中国民间环保事业的发展；

——组织与环保相关的讲座、论坛、参观等企业家交流活动，为企业家参与环保事业提供平台；

——协助企业建立环境保护体系，从工艺、产品、品牌和文化等方面实现环境友好与可持续发展；

——通过与国际组织的合作，引进国际环保资金、技术和项目，并进行最大限度的本土化操作，使其在中国产生良好的实际效果。

---

[1] 朴抱一. 阿拉善SEE：中国企业家的自主性组织实践[J]. 中欧商业评论，2010，（1）.

发展至今，阿拉善 SEE 企业家会员超 900 名，先后设立了 30 个环保项目中心，推动企业家、环保公益组织、公众深度参与在地环保事业；直接或间接支持了超 800 家中国民间环保公益机构或个人的工作，累计带动 6 亿人次公众成为环保的参与者和支持者。

历经十几年发展，阿拉善 SEE 已进入新发展阶段，创新探索环保议题联盟，支撑、促进在地环保项目稳步发展；推动绿色"一带一路"及"一横一纵"环保战略，将进一步带动和整合企业家及社会资源投入，号召公众的广泛支持和参与，搭建起社会化参与的民间环保公益平台，共同守护碧水蓝天。

这个 NGO 十几年来为人称道的"业绩"体现在把沙漠每年蔓延的速度逼退了近 20 公里。

阿拉善 SEE 生态协会的入门门槛对企业家来说很简单，每年缴纳 10 万元即可入会；连续十年，可成为终身会员。它从一开始就集中了一大批来自中国香港、中国台湾以及新加坡等地的企业家。

阿拉善 SEE 生态协会历任会长：刘晓光、王石、韩家寰、冯仑、任志强、钱晓华、艾路明；

阿拉善 SEE 基金会历任理事长：吴敬琏、许小年。

阿拉善 SEE 生态协会在《中国慈善蓝皮书》中被评为"2008—2018 中国公益慈善十年十大热点"，在 2019 年获全球企业社会责任基金会授予"全球杰出 NGO 社会责任奖"，2020 年获中国社会企业与影响力投资论坛"2020 向光奖·组委会奖"，2020 年 11 月，获得中华全国工商业联合会"抗击新冠肺炎疫情先进商会组织"，25 家会员企业荣获"抗击新冠肺炎疫情先进民营企业"称号。

【现实中的天道实践】访阿拉善 SEE 生态协会第一副会长常付田[①]

在沿黄（各省区）生态保护和高质量发展专题活动上，阿拉善 SEE 生态协会第一副会长、内蒙古亿峰控股集团董事长常付田做了《汇聚民间环保力量，助推沿黄地区可持续发展》的主旨发言。在发言中他提到，黄河流域是我国重要的生态屏障和重要的经济地带，推动黄河流域生态保护，筑牢黄河流域生态屏障，刻不容缓。

常付田说，阿拉善 SEE 生态协会是以企业家为主体的全国性公益环保组织。这些年，协会在内蒙古地区持续加大公益投入，致力于在阿拉善地区进行荒漠化防治和地下水保护工作。特别关注了黄河流经的乌兰布和沙漠对黄河的影响，开展了植被恢复、社区保护、能源替代等一系列卓有成效的行动，并逐渐形成"一亿棵梭梭"和"地下水保护"两大品牌项目。目前，协会已启动了在乌兰布和地区的治沙示范项目，计划用 10 年的时间整合社会力量，打造一个 100 多万亩的治沙示范工程，为黄河流域生态保护和高质量发展贡献民间公益组织的力量，这也是协会对"绿水青山就是金山银山"理念的具体实践。

常付田表示，如今阿拉善 SEE 生态协会进入新的发展阶段，下一步，将通过整合企业家及社会资源，号召公众的广泛支持和参与，搭建起一个具有友好连接性、共享性，面向政府、社会公众、企业、科研单位等不同对象的共享、共建平台，以引导公众及企业参与为导向，以环境教育为载体，提升公众参与环境保护、黄河保护、大江大河保护的积极性，谱写新时期"黄河大合唱"新乐章。

王石在接受采访时提出：在治理沙漠之前，首先要治理心灵的

---

① 康丽娜. 谱写新时期"黄河大合唱"新乐章[N]. 内蒙古日报（汉），2021-07-23（004）.

沙漠①。

滥用自然资源与破坏环境是 21 世纪企业面临的最紧迫的问题之一。企业界人士尽管不应为此承担全部责任，但肯定必须承担大部分责任。事实上，这些问题如此严重，企业若拒不采取可行措施，不尽力缓解已经产生或即将产生的问题，则确实应当受到谴责②。

【哲学思考】

"众人拾柴火焰高""集中力量办大事"，对组织个体来说的困难，合众人之力可能更容易突破。所谓"得道多助，失道寡助"，如果真心实意、不计名利得失地从事利众事业，不知不觉中各方面有形无形的力量都会汇聚过来。

【对管理的启示】

阿拉善 SEE 协会有两点尤其值得赞赏：第一，这个协会是企业家们自发成立的，不是因为上级要求被迫这样做；第二，从这么多年来发展壮大的态势看，这个协会一直在以行动践行初心。协会的寿命已经长过很多企业了，虽然它只是一个非正式组织。很多时候，一心赚钱的并不一定能得偿所愿，如果收获的是不义之财，甚至还会被天道处罚，所获之利需要加倍返还。反倒是不求发大财，踏踏实实地做真正有利于社会、有利于环境，符合天道的事，天道根据自身的调节规则会对这样的行为进行奖励。

【道本管理】

在正确认识组织环境责任、社会责任的基础上，在实践中可以将具体环境责任、社会责任融入组织战略、组织目标，教育培训、成果

---

① 卢思骋. 王石的NGO方法论——对话阿拉善SEE生态协会卸任会长王石[J]. 南风窗，2010，（02）：48-50.
② 蒂洛，克拉斯曼. 伦理学与生活：第9版[M]. 北京：世界图书出版公司北京公司，2008：333.

考核等各个方面，从而将环境责任、社会责任与组织本身有机结合。

从综合价值角度来看，环境责任和社会责任是组织追求的价值群落中的重要组成部分。虽然这些责任有时候会耗费一定成本，又不能带来短期的经济收益，但是从长远来看，把当前的成本和这些成本可能带来的短期收益作为投入，组织未来的综合价值收益将远远超过当前的投入。

第三节 道本管理众道实践

道本管理众道实践是遵循社会人文规律的实践。

管理活动需要与社会中的各方面力量合作，道本管理众道是管理者处理不同主体之间关系的规律。道本管理众道实践强调发挥每个人的主体性，强调管理者对被管理者主体性的尊重和站在对方立场上的互相尊重，强调管理者对被管理者的服务以激发每个主体的活力、创造力，强调管理的重要方向是造就优秀的人。

【现实中的众道实践】梅奥诊所何以百年 [1]

产业社会波诡云谲，要成为一家受人尊敬的长寿公司，并不是一件容易的事。坐落在美国明尼苏达州罗切斯特市的梅奥诊所从 150 年前穿越而来，成为举世瞩目的"医学麦加"，其成功之道值得企业家、专家学者们探究。

有句俗话说，没有天上掉馅饼的好事儿。梅奥诊所之所以成功，从家庭作坊、合伙企业、非营利企业发展到今天的医疗集团，其中赢的道理是：梅奥诊所坚守了属于自己的符合天道的事业理论。并非细

---

[1] 张林先. 梅奥的本质：人本主义管理培育的百年企业[M]. 北京：机械工业出版社，2018.

节决定成败，而是关键的细节决定成败。所谓关键的细节，就是"决定成败的要件"。

老梅奥虽然出生在资本主义社会的早期，但在其成长过程中他看到了资本主义生产方式所带来的苦难，便为后来梅奥诊所的基因埋下了一颗"一体化（组织）"的种子，所谓团队行医、团队医疗。而且这种组织一体化是建立在专业分工基础上的，以至于分工／一体化（组织）相辅相成，在不断深化内部专业分工的同时，提升了机构的整体服务能力。

梅奥兄弟的二代接班，并没有在如何获取更多利润上下功夫，而是不断强化梅奥诊所的顾客原则和使命，并且作为企业的领袖以身作则来坚守这个原则和使命。所谓老板或企业家是管理的始点，说的就是这个道理。企业的灵魂是需要老板或企业家来承载的，否则就会灵魂出窍，哪怕公司制定1500万字的规章制度也是没有用的。

梅奥兄弟还把功夫下在了打造价值创造流程上，且一下子就抓住了关键，即"综合病历系统"。他们明白，综合病历系统是梅奥诊所的知识系统，有了它，梅奥诊所才是一家组织；没有它，就是一个医生个体户的"农贸市场"。

接下来，梅奥兄弟再接再厉，进行二次创业，将老板的个性权威转变为组织的制度理性权威。这次创业的自我超越之处在于：梅奥兄弟始终从梅奥诊所的组织立场来考虑问题，而不是从自己，以及梅奥家族的立场考虑问题。

屁股决定脑袋，立场决定格局。不能让每个人都变成老板，但老板可以把自己变成员工。拆掉自己屁股下面的凳子，需要多大的勇气？由此，"梅奥诊所是谁的"这种问题变得不再重要，取而代之的命题是：梅奥诊所如何做，才能是每个医生的？包括未来要加盟的医生。

这样才有了梅奥诊所性质上的改变，从合伙企业转变为非营利组织。人本主义生产方式、组织方式、管理方式，由此产生。

在这里需要说明的是：非营利组织不是不营利，也不是让组织内部的每个人都不拿工资，而是不让极少数人以股权的方式获利。组织内的每一位，虽然没有分红和奖金，但也能拿到市场上的公允收入。用梅奥兄弟的话说，就是每个人都能过上体面的生活。

在二次创业阶段，梅奥兄弟搭建了医生参与自治的管理架构，理事会——委员会的管理制度，为未来医生群体的一体化、个体与企业组织的一体化，提供了合法途径。

他们还完成了企业战略构想，形成了医疗实践、医学研究、医学教育的三位一体，切切实实地将企业业务再生产循环打通，将医疗服务供应链、医疗服务研发链和客户关系链打通。因此，梅奥诊所从产品经营模式进化到企业经营模式，成为医疗产业价值链中的坚实一环。

由于梅奥兄弟完成了对梅奥诊所的治理，完成了企业老板必须做的顶层设计，也就是"让企业有前途"的战略事项，他们的工作为未来打开了大门。

从1932年梅奥兄弟退出梅奥业务管理至今的80多年里，虽然也经历了风风雨雨，比如第二次世界大战，以及当今互联网技术等的冲击，但是梅奥诊所的影响力越来越大，内在的活力也越来越强。

梅奥诊所，之所以能激活每一位医生、每一位护士以及每一位医疗研究人员，激活其才干和工作热情，使其用心用力拼命地工作，究其原因，是它实现了真正的人本主义管理。

【哲学思考】

关键点上的方向是有正有负的，这一方向选择非常重要。比如，选择利己还是利他？方向选错，差之毫厘，谬以千里；方向选对，则有事半功倍的效果。管理者不能盯着组织中一个个具体的人的日常行为去管理，而是要在能牵一发动全身的关键点下功夫。

【对管理的启示】

以人为本，某种程度上是相对于以资本、以利润为本而言。人是一切的出发点，也是一切的目的，而不是工具。只要将利润设定为唯一目标、重要目的，仅仅这一个关键操作就会让人自动降格为工具。而这一趋势一旦形成，想要扭转就要花很大的力气，仅喊出以人为本这句口号已经不够了，在具体操作层面进行技术上的修补也是无济于事的。

"强化顾客原则和使命，并且企业领袖也在以身作则坚守原则和使命"——这才是在关键点上的操作，所谓在能牵一发动全身处下功夫，才有可能扭转乾坤。而对旧轨道的改变是建立并强化新轨道，并防止回到旧轨道。梅奥诊所采取的顾客原则和使命这种利他的方向就是相对追求利润、利己方向而言的新轨道，并通过企业领袖以身作则、打造价值创造流程、建立制度等方式来强化。组织中的众人各有各的心思，面对面一个个做思想工作让他们转变方向是不切实际的，这就像让列车转轨，只要改变了牵引力所在——火车头的方向，车身、车上所载一切也会随之转轨。

此外，"梅奥诊所形成医疗实践、医学研究、医学教育的三位一体，切切实实地将企业业务再生产循环打通，将医疗服务供应链、医疗服务研发链和客户关系链打通"。这是整合社会各方面力量，开放吸纳一切优秀的信息、能量、资源的做法，打破了传统的组织边界。

我国一些科技型企业在这方面做得很好：建立党委、企业文化部、员工生活部、博士后工作站（负责外部合作）、高校合作机构等，把企业中已经做到的提取出来，然后与传统企业外部的组织建立实质性合作，把社会各方面的能量纳入，打破组织边界，有效整合各种资源获得企业的发展，而企业的发展也自然为广泛的合作方创造价值。

【道本管理】

（1）梅奥的创始人、接班人没有站在自己获利的立场思考问题，而是追求"梅奥诊所如何做，才能是每个医生的"，体现了道本管理激活每个人主体性的做法。让员工像领导一样思考只是一句口号，以此口号为目标，采取行动，以制度落实，让员工愿意主动照着制度做，并且只要这么做就是在像领导一样思考——这是尊重每个人的主体性，也是自动化管理的重要着力方向。

（2）医生参与自治的管理架构，在制度上保障普通的医生也可以参与管理，管理"管理者"，是道本管理建立管理回路的做法，这正是道本管理"五主体"的体现。以顾客为原则，相当于确立所有人包括企业领袖都被这一客观原则管理——管理的第一主体；搭建医生参与自治的管理委员会，形成被管理者对管理者的管理，这恰恰是道本管理所提的第四管理主体。从单一管理主体拓展到综合管理主体，从过去简单的自上而下管理转变为形成闭合管理回路。

（3）梅奥诊所形成医疗实践、医学研究、医学教育的三位一体，打通内外循环，体现了道本管理吸纳一切价值主体的做法。道本管理是在一个真正的价值场域中思考主体的组成，凡是能对价值场域作出价值贡献的个体都被视为价值主体，而非仅仅限于组织边界内的个体，也不限于职位身份。也就是说，组织边界是以价值贡献来划定的。比如，组织的客户、隶属于其他组织但对本组织有价值贡献的个体都是价值场域中的主体。

一、人的主体性、绝对的客体思维与众道实践

【故事】鲁侯养鸟

昔者海鸟止于鲁郊，鲁侯御而觞之于庙。奏《九韶》以为乐，具太牢以为膳。鸟乃眩视忧悲，不敢食一脔，不敢饮一杯，三日而死。此以己养养鸟也，非以鸟养养鸟也[①]。

译文：从前有一只海鸟飞到了鲁国都城郊外栖息，鲁侯为了欢迎它，还在宗庙里摆酒款待它，演奏舜帝时的《九韶》作为宴会音乐，准备了古代帝王祭祀时才使用的牛、羊、猪作为宴会的食品。这时，海鸟眼花缭乱，心怀忧悲，不敢吃一片肉，不敢喝一口酒，过了三天就死了。这是用养护自己的方式去养鸟，不是用养鸟的方式去养鸟。

【哲学思考】

鲁侯犯了以己度人的哲学错误。鲁侯肯定没有杀鸟之心，但是他却有着害鸟的心智模式。鸟有自己的主体性，它有自己的饮食特征和生活规律。可鲁侯用自己的主体性来取代鸟的主体性，其结果是没有反抗能力的鸟失去了生命，鲁侯也因此失去了心爱的鸟。

【对管理的启示】

很多人也许会笑话鲁侯的无知。但在现实管理实践中，却常见类似鲁侯的错误。父母面对调皮的孩子可能常常会说："你能不能乖一点儿？"但却忘了自己在同样的年纪可能也被父母唠叨，而那个年纪的孩子本来就应该调皮、应该充满活力。管理者面对被管理者时可能也会期望被管理者按自己的要求去做，却也常常事与愿违。

---

① 庄子. 庄子[M]. 孙通海译注. 北京：中华书局，2007：274-276.

换位思考也许就是此类情况下的良药。支撑换位思考的做法是重新定位主客体关系，消除管理者与被管理者这种对立的划分，让每个人都能发挥主体性。

【道本管理】

道本管理坚决反对少数人将自己界定为管理主体，而将大部分人界定为被管理的对象即管理客体的狭隘做法，以此避免压制部下的管理主体性，避免管理中上下级无休止的恶性博弈。

同时，道本管理主张管理者要以绝对的客体思维体察被管理者的内在规律，从而服务其成长。整个团队的成长是对管理者能力最好的证明。

【故事】富翁的大屋檐

从前，有位善心的富翁，盖了一栋大房子，他特意要求建筑师傅把四周的房檐建得加倍地长，以使贫苦无依的人能在下面躲避风雪。

房子建成了，果然有很多穷人聚集檐下，他们生火做饭，甚至还摆摊子做起买卖来。嘈杂的人声与油烟使得富翁及其家人不堪其扰，不悦的家人也常与檐下的人争吵。冬天，有位老人在檐下冻死了，大家便骂富翁为富不仁。

夏天，一场飓风刮来，别人的房子都没事，而这座房子因其长长的屋檐而被掀了顶。很多人都说这是恶有恶报。

重修屋檐时，富翁要求只建小屋檐。他明白了：施人余荫总是让受施者有仰人鼻息的自卑感，结果自卑成了敌对。

他把钱捐给慈善机构，并盖了一间小屋子，所能庇护的范围比以前的小，但是四周有墙，是栋正式的房子。许多无家可归的人都在里面获得了暂时的庇护，并在临走时问这栋小房子是哪位善人建的。

没几年，富翁成了最受欢迎的人。即使在他死后，人们还因继续受他的恩惠而纪念他。

【哲学思考】

好心办坏事是生活中很常见的现象，解决的办法就是运用客体思维。客体思维是管理哲学的一个隐喻，说的是要站在客体的角度思考与做事。人与动物的一个重大区别是只有人能站在对方的角度思考，即以高度的主观能动性来思考与行动。

人类真正的智慧不是自言自语、自说自话，而是能知道别人在想什么、为什么那样想。如果能这样，就能做到有效沟通，深入人心。

【对管理的启示】

管理是整合各种资源，包括人、财、物、信息等，向着共同方向努力。很难想象，在不知其规律的情况下还能做到整合。而知其规律就需要客体思维。

现实中的管理，很多时候是用主观愿望、主观臆想代替客体思维，代替客观事物自身的规律。这样的做法带来的是人与人之间的隔阂、排斥、抱怨——你不懂我的心；你给的不是我想要的；你不知道我为什么这样做，凭什么这样指责我？

谁能像别人一样说他自己？谁能像对手一样分析他自己？

【道本管理】

走进所面对的一切客观对象，客观反映他们的实际状态，站在他们的立场上，说出他们那种状态的合理之处。

怎样才能养成或者训练出客体思维？一、修行者的方式，他们就是在训练这套思维。二、普通人的方式，记住几个关键动作就可以了。第一，遇到任何人和事，把自己头脑中涌现出来的第一个念头和第一个情绪管住，别把它放出来。因为依据经验，第一个冒出来的往往都是魔鬼。第二，向对方、向当事人询问和请教，注意把握问的方式和内容。不要用质问的方式，而是用请教的方式。先描绘一下对方的做法和现象，然后，第一问："我看不太懂，你能不能跟我讲讲为什么？"第二问："你能不能跟我讲讲，你这么做给你自己带来的收益是什么？这里边可能给你带来的损失和危险是什么？"第三问："你这么做能够持续吗？把时间拉长的话，会给你和周围的人带来什么？"第四问："这些结果是不是你真正想要的？"用一种请教的方式问完这四个问题，你就是在用客体思维思考问题。

二、道本管理众道实践基本原则

道本管理众道实践的基本原则是管理者放弃控制的心态，放下自己的主观想法，去点燃下属和同事心中的神圣性，激发每个人的主体性，帮助大家并和大家一道去实现共同的美好目标。这个原则具体地表现在以下五个方面。

（一）会搭台

组织就是人工作的一个平台，是通过工作促进人性进化的平台，也是将工作变成人的生活的一部分的平台，也是让人成长的一个平台，也是让大家在工作中，在人性进化中，由同事变成生命伙伴的平台。

从人生的角度来讲，企业也好，工作也好，都是修行的平台，也是每个人演绎精彩的平台，是管理者缔造一支优秀队伍的平台，但不是管理者自己演独角戏的平台。

事实上，搭建这个平台不是为了让老板、让管理者在台上表演，而是老板、管理者搭台让大家上台表演。在这个平台上，大家都是主角，主体性有机会得到发挥，其展现的活力一定超出老板的想象。

作为主角，大家能收获什么呢？

人人渴望被欣赏，尤其是没有特别长处的人。人被正面肯定，内心有一种力量被激活，就向着正面方向努力。你说人好，人就变得更好。而这种正面强化的作用力的强度和持久性，远超通常采用的负面批评、指责、惩罚。

大部分人以为人会害怕惩罚，殊不知，因之被惩罚的行为不会消失，只会换个方式反复出现。对于大部分正常人来说，最害怕的其实是别人连续不断的肯定。为了不辜负这份肯定与欣赏，他们会加倍努力。

搭建好平台的老板在台下做观众，让大家尽情上台展现。人人作为主角得到重视，人人发挥能力，既开心又有成就感，老板也轻松，何乐而不为？

（二）当教练

搭了平台，是不是大家自己就会做事了呢？不一定。所以，老板、管理者还要会当教练。

当教练就是帮助大家成长，教会大家做事的方式，把大家的智慧集合成为工作中的程序标准，把大家的道德心性集合成为企业的文化。

仅当教练还不够，还要做秘书。既然认可每个人的主体性，那么，每个人一定有价值贡献，一定有好的思想、做法。所以，管理者一方面要教会大家做事，另一方面还要不断整理大家的智慧，不断地搭建一个更新的、有秩序的和智慧的平台。

与此同时，管理者的率先垂范也不可忽视。如果管理者自身思想境界不够、经验不够，教练方法也不够，怎么能带出一支队伍来呢？

现实中的普遍现象是，管理者经常对部下发脾气，遇事容易着急，有了错都推到员工头上，结果，大家情绪都不好，能力也得不到提高，导致企业成为大家受苦的平台、互相折磨的平台。所以，管理者管理好自己，提高自己，让自己拥有较高的思想境界和工作能力也是关键。

（三）成菩萨

成菩萨的要求是，管理者即使达不到无我境界，也必须消除小我，达到大我。如果管理者与部下争利，那这个管理者就成了"大哥在和兄弟们一块儿抢食了"。

管理者的职位对其人生构成的荣誉、所带来的物质收益、职位所规定的管理者的使命，和大家建立更深一层的生命的亲情关系，等等，都给了管理者很方便的机会。如果管理者没有真正拿出自己的精神高度，那就是有了职位，挣了更多的钱，却没有帮助大家解决工作中的问题，也没有关心大家人生当中遇到的问题，就会导致部下一直带着那些问题进入工作，而那些问题会转化成工作中的问题。所以，成菩萨本身就是让管理者把这些机会用好、用足。

如果管理者不能用好这些机会，一味以权势压人、颐指气使，会失去大家的信任，不得人心。若是将他们放到幼儿园小班去，不能打骂，不能赏赐，讲道理又听不懂，总之，其特长全部作废，他们如何管理？

只有一条路，先放弃自我，关注其喜好，融入其中，再加以引导。

人最不可抗拒的是自己的利益，人最想知道的就是如何满足自己的利益，这是管理者不愿意接受但不得不面对的事实。

如果管理者以成就每个人为使命，则人人归顺，无须抵抗，抵抗者自动投诚。

有一位亿万富翁说："我的公司的目标，就是每年在世界上制造一百个亿万富翁。"

领导和老板，就是要一心为人，无欲则是大欲！大欲至天乃成霸业之道！老板、管理者要做的就是设计好轨道，让每个人为自己的梦想——不是别人的梦想——去奋斗。如此，则可打造一个无穷良性循环的价值链。

（四）善度人

关于善度人，首先要认识到：一般的指责、惩罚的方法并不能促进人的心智的提升；相反，还会不断恶化彼此的情感关系。

公司制度可以分成几类：一是业务规范性制度；二是行为约束性制度；三是行为惩罚性制度；四是激励性制度。通常来说，用得最多的是前三类制度。被惩罚者，极少有感恩戴德者；相反，生出恨的人却是多数。这也是导致制度失效的最重要的原因之一。大多数时候，管理说人不好，人就会变得不好。如果一直被负面定义，人则会走向绝望。在令人绝望的制度面前，人们心怀恐惧，思量的是何处有漏洞可钻，损公肥私如何不被发现，而不是诚心认错，认真改错，不再犯同样的错。这样的制度又怎么可能让人提升呢？

需要明确的是，只有实际的帮助才有实际的提升，只有实际的关心才会有情感的亲密和相互的认同，只有不争利而去帮助人增加能力、增加利益的做法，才能真正地促进部下的工作效率与质量的提高以及对上级的认可，加深彼此的信任和对组织的忠诚。只有在这个过程当中，管理者帮助大家提高认知，并获得新的认知之下的新的思维和行为方法，并最终通过实际的效果来进一步印证，才能真正地帮助人从低维升级到高维——这就是度人的基本方向和原则。

（五）做棋手

做棋手要运筹帷幄而不是冲锋陷阵。在完成了内部日常管理中的基本建设的基础上，做棋手更多是指：对内部不同板块的协调，对高层领导决策的具体落实，对同行相应业务以及思路方法的关注与学习，对影响组织发展的外部社会、政治、经济、国际环境的关注，对学术方面新的进展和新成果的学习，对技术方面出现的新的革命和变化的把握，对其他组织出现的问题和错误的借鉴，以及对市场和客户需求变化的把握。

如果管理者只是陷入组织的内部管理，而不去关注外部的环境，等到外部发生了巨大变化，组织的内部即使管理得再和谐，这个组织在未来也是没有生命力的。因为组织本身是大系统中的一个子系统，组织在思考自己的生存时不可孤立地脱离外部环境及其变化；当外部大的环境发生变化时，组织内部的任何东西可能都变得没有价值。

从产业进化的角度看，类似于液晶电视淘汰晶体管电视、数码相机淘汰胶片相机、智能手机淘汰传统手机的例子不胜枚举，身处其中而没能把握住产业发展走向的企业，很多都被淘汰出局了。

再比如国际形势变化，有重要贸易的区域发生战争，或者发生严重流行病，贸易因此而停滞，企业有可能遭受重创。

技术方面新的革命和变化也影响深远，因为技术变革速度非常快，可能会一下子淘汰很多相关产业，同时也会创造出一些新的产业。如果不关注外部技术方面的变化，只是醉心于本企业的技术完善，一旦技术本身被淘汰，一切完善都没有意义了。

以上种种，正是管理者作为棋手的必要性所在。

三、道本管理众道实践核心内容

基于众道实践的原则，我们将道本管理众道实践的核心内容总结为六个主要方面。

（一）定约与正己

作为管理客体系统中基本因素的人，在管理实践活动中是一种起指导作用并且最为活跃的因素。

管理学家认为：在一个管理系统中，人人既是管理者，人人又都是被管理者。

管理就其最一般的本质而言，即联合大家一起为共同的目标而奋斗。换句话说，管理本质上是管理者和被管理者的协同与合作的过程。这种协同与合作不只是工作和行为上的，当然还包括作为其前提的思想和意愿上的盟约关系。

所以，管理的一个本质内涵也就是心理契约管理，硬性的制度只是心理契约的某种外化形式而已。

道本管理关于心理契约的基本命题如下。

命题1：组织是由一个集体契约作为形成条件的。

命题2：集体的契约就是每个人对集体的承诺。

命题3：在契约下的行动是履约行动。

命题4：集体的契约高于个人的愿望。

命题5：集体契约是组织管理的基础。

心理契约由大家共同制定，充分酝酿，让它来自每个人，属于每个人。

397

在订立契约前，我们都是各自的主人，在订立契约之后，大家就成为契约的客体。人人为自己的约定而负责，这是为自己工作。这也是积极性的源泉。

在形成集体契约的过程中，全体员工必须经过充分讨论，认识到集体利益最大化是什么，通过集体契约的形式保障集体利益最大化。在签约的时候要有仪式，要让每位参与者都有神圣感，感觉到这个集体契约的严肃性，同时，每个人都要作出书面承诺。

领导者、管理者需要进行集体契约下的自我管理，因为集体契约制定之后，任何个人都没有权力改变它。此时，管理者们要做的是履行帮助部下成长、进步的责任。这对管理者来说也许是个挑战，从一把手到基层管理人员都需要将角色调整到位。

契约需要对自我管理的内容作出约定。比如，如果谁有问题、出了错，自己要申请处罚，本人提出，一周为限，超过一周由他的直接上级执行，力度加倍。如果还不行，超过了两周，他的上级和他本人都没有遵照约定，就由他的间接上级来执行，在原来加倍的基础上对本人和直接上级进行处罚。企业老板出错后的处罚流程，同样需要作出约定。

此外，俗语道："阴刑阳德，常德乃足。"对于试图走捷径的行为必须约定好处罚方式，这是为了把人的机巧之心和奸巧之心去掉，回归真正靠自己的能力、靠自己上进来提升自己的正路。契约当中要约定好企业的红线，哪些红线是不能碰的，碰了就要出局，这是最严重的问题。然后，随严重程度，从高到低设置一级问题、二级问题、三级问题，每级问题有相应的处罚方案。

执行过程中，任何人出现问题，直接上级都要承担责任，同时辅助部下改进，落后者尤其要重点辅助。

总之，通过组织构建的系统把众人引领上自我管理的轨道，组织与上级成为众人成长的服务者，就有望实现管理的最神奇模式：最好的管理就是没有管理，就是人人自我管理，就是人人感恩别人的指导，就是人人自省，人人向别人学习。如此，就能达到管理的最高境界：无为而治。

（二）标定与占穴

【人间天使】

一个老板拥有了正道光明信仰，他坚定地相信只要不断地向着光明方向前进，不断地修正自己，就能成为最好的自己。于是，他突发奇想，在企业中设计了"光明道"：只要日行十善而无一恶，或者有一恶而后多做十善，坚持三个月，即可为"一级天使"，坚持一年就是"四级天使"。每一级天使都有特殊标志，都有体恤津贴。到了最高级别的"十级天使"，持续三年就可以做股东。你看，管理这样做下去，能不成功吗？

【哲学思考】

无事生非——无正事便生出是非。只有找到对自己有利的活动，人们才会走向正道。恶根不惧除，反生更强硬。一物降一物，恶怕善长，善长恶消。

心能需要释放，只看正道是否通畅！

【对管理的启示】

有人问，企业最丰富和免费的管理资源是什么？很多人回答不出来。实际上，企业最丰富和免费的管理资源就是管理者对部下的积极标定。说得通俗一点儿，你说员工是什么人，他们就会变成什么人！

如果管理者总说部下不好，部下就会不好！如果总说他们的好话，他们就会变得越来越好！如果将这种说好话变成制度和机制，众人都朝着积极正面的方向发展，管理不就越来越成功了吗？只是在现实中，好像管理者们的头脑中装错了程序，他们似乎大部分时候都在说部下的不好。

【道本管理】

智慧的管理，也是懂得人心规律的管理，着重点就是利用部下的一切优点、进步给予他们积极的标定，并让其进入积分累计，每个人就可能疯了一样改进自己、学习别人，再加上上级的指点和帮助，任何进步都给自己加分，各方面的长处都得到肯定，人人都有出路，各自都有发展，人们还想什么呢？这样的管理不神奇吗？若是再加上组织部门间的竞赛，在集体荣誉感的驱动下还能激发大家的团队协作精神，管理能不成功吗？

由此可见，基于人心的管理是简单的。而在现实中看到的员工不作为，多是组织中的管理者没有为他们设定好发展的道路。至于那些无事生非的人，很显然，是因为无正事便去生是非。如果一个组织中的是非多了，一定是正道不畅，没有足够的正事占据人们的精力。人心很简单，只要找到对自己有利的活动，人人都会积极地走向正道。人心的能量需要释放，管理者，你找到合适的渠道了吗？

（三）传人与固化

一人能不算能，团队能是目标。

能者传帮带，可长自己功力，可固化效果。

可传人者，走的也是一条"不归路"。

形成师徒制，再加上师徒共荣和竞赛，人间正气必蓬蓬勃勃。

加上阶梯式的升级，人间美好无限。

【失魂现象】

小孩子被过度惊吓就可能出现失神现象，或者昏睡，或者像失了魂一样六神无主。

再看看每日上班机械移动的人，一味用命挣钱的人——迷茫。这就是哲学中的"内外力场"的思想：当外部力量大于内部力量时，生命就处在无奈无助和失神的状态；反之，就是积极和阳光的。

上班族作为打工者，通常很难主导什么，提意见也改变不了。上级如果以权压人，并认为永远都是部下错误、领导正确，时间久了，会让人绝望。张扬权力、彰显地位、对部下构成恐吓效果的管理是反管理！

【道本管理】

管理不是恐吓，不是张扬自己的权力。内驱力激发是一切管理的核心！当你成为与他并肩的战友时，他就会变得强大。

你想让部下强大还是只想自己强大？衡量管理者的重要指标是：所带队伍越来越强大。

管理者要懂得这些人心规律，懂得管理效能、成效在于让部下强大。衡量将军能力的是排兵布阵、带领部下打胜仗的能力，不是耀武扬威让部下惶恐不安，能力得不到提升。如果是那样，一定会受到惩罚——管理者累，大家状态不对；你生气，大家伤心——这是管理者造出的地狱，而自己也在其中。

（四）让路与鼓掌

一条自己的荣光之路，有谁能让给别人去走？

一位企业家在做报告，听众问："你在事业上取得了巨大的成功，请问，对你来说，最重要的是什么？"企业家没有直接回答，他拿起粉笔在黑板上画了一个圈，只是并没有画圆满，留下一个缺口。他反问道："这是什么？"

"零。"

"圈。"

"未完成的事业。"

"成功。"

台下的听众七嘴八舌地答道。

他对这些回答未置可否："其实，这只是一个未画完整的句号。你们问我为什么会取得辉煌的业绩，道理很简单：我不会把事情做得很圆满，一定要留个缺口，让我的下属去填补它。"

留个缺口给他人，让路给别人，并不说明自己的能力不强。实际上，这是一种管理的智慧，是一种更高层次上带有全局性的圆满。给猴子一棵树，让它不停地攀登；给老虎一座山，让它自由纵横。也许，这就是企业管理用人的最高境界。

可是，我们常常看到——

领导一讲话，部下就没话！

上级一说话，下级就跟话！

一味领导讲话，下级就说私话！

领导讲的都对，部下讲的都错！

领导站在路中间，双手叉着腰，向大家喊话：要积极，要负责任。部下常常无动于衷，领导气恼。

领导让开道，让部下站中间，领导一旁鼓劲儿！

因为有道，部下个个奋勇！

【剧场现象】

在剧场中，演戏的人不会打瞌睡。不管台上演得如何精彩，台下的观众却总有人会睡着。这是为什么呢？这就是哲学中主客体问题的玄妙之处。主体：演戏的演员；客体：看戏的观众。看戏的容易犯困，但演戏的不会睡着。

【道本管理】

管理者的灵智是让部下进入主体的状态：最佳的活力状态，独属于主体激活的人。对孩子、对部下、对朋友都是如此。不要总是占据主导地位，退后一步，把别人推前，让其主动担责、尝试、展示，管理者的灵智才觉醒了。

人生也如剧场，只要上台演出，个个生龙活虎。

如果这样做，试想，会产生什么效果？

开会时，围绕一个主题，由员工上台演讲，台下则有人打分，领导自己坐到最后一排做观众。

——领导讲话越来越少，大家讲得越来越好；领导做得越来越少，大家做得越来越好。

领导者不要自己演独角戏，而是要搭建舞台，给大家表演的机会，大家一边看戏一边吸收思想。演讲者在准备过程中也在高效学习，同时，有无数双眼睛在审视他讲的与他之后的行动是否一致。道本管理的美妙之处——领导者像编剧，大家自己组织，大家都觉得很有趣，乐此不疲，领导者既轻松又高兴，管理的效果反倒变好。

以不言之教做好管理才是人间高手。如果始终是领导在说话，领导者、管理者是永远的主角——那么，他一定是丑角。在台上演独角丑戏，大家厌恶，管理做得也很累——你还要继续这么干吗？你累，别人还讨厌你，勉强看你表演——这样的戏该结束了。

【晕车现象】

很多人都知道一种非常奇特的现象：开车的人不会晕车，而坐车的人总有人晕车。这就是哲学中"主动与被动"所导致的身体感觉。如果开车的人不顾及乘客感受，急刹车、急转弯等，坐在后面的人会很难受。不过，假如在副驾驶室装个模拟方向盘，请晕车的人坐到那里，他就不会晕了。

【道本管理】

管理者让出主位，自己主动处在被动状态。主动的主体有顺心和快感，被动的客体只有无奈和眩晕。

轮流坐庄：让大家作为管理主体，管理者后退一步。老子经常说要往后退，把别人推到前面。不要把自己当成唯一的管理主体，要把管理对象、部下推到管理主体的位置。处于主体位置，才会有主人翁精神。

只要能自主，各个猛如虎。

【自留地现象】

当初实行生产队机制时，各家各户还有一点儿自留地。人们发现，生产队的庄稼总是没有自留地里的长得好。这是为什么呢？这就涉及哲学中基于主体性的"主人角色"。

【道本管理】

当把个体的主体性变成组织中的主体性时，就会诞生主人翁精神。

每个个体都有主体性，上级如果不尊重他的主体性，只把他当成工具，就不可能有积极主动负责的精神，也不可能解放自己、他人和生产力。不是大家没能力，而是角色没有到达主人位置。管理者总以为自己是主人，没有把部下推到主人的位置上，却要求他有主人翁精神——荒唐！

同样的一片地，同样的一群人，为什么自留地里的庄稼长得更好？组织中的工作要让每个人清晰目标，清晰衡量标准，管理者给予辅导，让其有独立承担责任的能力，此时的管理才是成功的。大家能力好、心情好、有做得更好的愿望——把握好这三点，才有管理的成就感和轻松感。

只有无推脱，人人都能干。

（五）圣言与顺治

【他山之石】真正的生意人

有个人在火车站广场看到一位双腿残疾的人摆着卖铅笔的小摊位，便漫不经心地扔下一百元当作施舍。不久，他又回来抱歉地对他说："对不起，你是一位生意人，我竟然把你当成了乞丐！"

过了一年，他又经过那座车站，一个店家老板微笑着喊住他。

"一直期待着你的出现，"这位残疾人充满感激地说，"你是第一个把我当成生意人看待的人！你看，我现在是一个真正的生意人了！"

很多时候，你怎么看一个人、怎么说一个人，那人就会成为那种人。你说他是善的，他就会成为善的！

多么神奇：一份善意、爱心与谦卑，常会产生意想不到的善果！

用自己的思维和标准指责别人容易。

用圣哲的思维发现别人的长处难。

在别人的长处短少时，在别人的缺点突出时，依然不指责别人更难。

但我们要指责的东西，不会因为指责而消失；相反，因为激起反感，反倒变本加厉。

只有欣赏可以得到我们期望的，指责只能得到我们所指责的。

【差等生当班长】

优等生当班长，这是常理。差等生当班长，却出现了意想不到的效果：秩序好了，班长爱学习了。这就是哲学所说的"天选之光"原理。当被权威或众人死盯优点时，就会出现"光辉灿烂"的奇景；反之，在"死亡凝视"下，就会出现破罐破摔。

【道本管理】

对孩子、对亲人、对部下，你打开了哪个频道？这将意味着，打开的是"生门"还是"死门"，是对方的优点被激发而成长还是缺点被强化而顽固。这就是管理的智慧。

心所凝视的方向，就是生命的结果。

第四节　道本管理心道实践

人与自己相处时应遵循的规律即为管理心道。

不论何时何地，人都需要面对自己。不论长处短处，在与自己相处的过程中汲取经验去处理和他人的关系。如果不能正确面对自己，处理不好与自己的关系，就有可能衍生出家庭关系、朋友关系、同事关系等方方面面的问题。一个人所面临的自己的小世界已经是一个立体的、有时空维度的，涉及多层面、多要素、多变量的复杂系统，而组织中汇聚了众多个体，都带着来自自己的小世界的元素，互相影响，其复杂性成几何级数增长。如果从末梢处理，其难度难以想象，因此，需要回到源头，回归自我，回归本心。

组织特别是企业，作为众人工作的平台，既是问题的受害者，也是问题解决的重要受益者；同时，有条件以较有效率的方式引导众人的心回归心道，激发众人进行自我管理——管理心道实践。这便是企业心道实践的动因。心道实践既包含个人层面管理者或任何个体自己主动或引导他人回归心道的实践，也包含组织层面引导众人回归心道的实践。之所以能这样做也应该这样做，是源于道本管理新人性论对人性的认识、主体性理论对每个人具备的灵智的认识、对客体思维的运用，以及服务成长论的思想突破。

心道规律有哪些？心道实践是什么？心道管理的基本原则、核心内容是什么？本节将依此展开。

【经典实验】伤痕实验 [1]

《上海科技时报》2008 年 11 月 21 日讯：美国某大学的科研人员进行过一项有趣的心理学实验，名曰"伤痕实验"。每位志愿者都被安排在没有镜子的小房间里，由好莱坞的专业化妆师在其左脸做出一道血肉模糊、触目惊心的伤痕。志愿者被允许用一面小镜子照照化妆的效果后，镜子就被拿走了。

关键的是最后一步，化妆师表示需要在伤痕表面再涂一层粉末，以防止伤痕被不小心擦掉。实际上，化妆师用纸巾偷偷抹掉了化妆的痕迹。对此毫不知情的志愿者被派往各医院的候诊室，他们的任务就是观察人们对其面部伤痕的反应。

规定的时间到了，返回的志愿者竟无一例外地叙述了相同的感受——人们对他们比以往粗鲁无理、不友好，而且总是盯着他们的脸看！

可实际上，他们的脸与往常并无二致，什么也没有。他们之所以得出那样的结论，看来是错误的自我认知影响了判断。

这真是一个发人深省的实验。

---

[1] 刘秀英."伤痕实验"揭谜底——别人怎样看待你[J]. 少年儿童研究，2009，（01）：4.

【哲学思考】

一个人内心如何看待自己，就能感受到外界怎样的目光。正如西方格言所言："别人以你看待自己的方式看待你。"① 台湾作家张德芬也说道："亲爱的，外面没有别人，只有你自己。"

一个人，若是长期以抱怨的心态面对周围的人和事，很难想象他能给自己或别人带来好心情。但每个人又都希望拥有他人欣赏的、善意的眼光，怎么办？只有向内求，改变自己的内心世界。

【对管理的启示】

在工作、生活和管理中，我们常常听到人们抱怨自己的同事、上司、员工、配偶、孩子有问题，似乎问题都是别人的，永远错不在己。这样的抱怨只会给自己带来痛苦，同时，给双方关系蒙上阴影。主动权似乎总在别人身上：都是他的错，他不改，我能怎么办？

"伤痕实验"告诉我们：问题也许正在我们自己身上！我们改变不了他人、改变不了世界，但我们能改变自己。改变自己，也许就会感受到他人友善的目光，并愿意回报以友善，双方就有可能形成良性互动，改变他人也就有了可能，和谐的关系也就有了可能。

【道本管理】

道本管理强调自我管理，自我管理需要懂得如何与自己相处，如何自我反思。不仅反思言行，更要反思思维方式、思考过程，进行"对思考的思考"，而这其中的关键环节是对结果的归因。道本管理强调要向内归因。向内归因，主动认错、主动改错，主动权就掌握在自己手里。

---

① 刘槟赫. 伤痕实验[J]. 人与自然，2012，（09）：122.

【故事】秀才解梦

网上广泛流传着这样一个故事：

一位秀才第三次进京赶考，考试前两天他做了三个梦。第一个梦是自己在墙上种白菜。第二个梦是下雨天，他戴了斗笠还打了伞。第三个梦是跟心爱的表妹躺在一起，但是背靠着背。

这三个梦似乎有些深意，秀才第二天就赶紧去找算命的解梦。算命的一听，连拍大腿说："你还是回家吧。你想想，高墙上种菜不是白费劲儿吗？戴斗笠打雨伞不是多此一举吗？跟表妹都躺在一张床上了，却背靠背，不是没戏吗？"

秀才一听，心灰意冷，回到入住的客栈收拾包袱准备回家。店老板非常奇怪，问："不是明天才考试吗？今天你怎么就回乡了？"秀才如此这般说了一番。

店老板乐了："哟，我也会解梦的。我倒觉得，你这次一定要留下来。你想想，墙上种菜不是高中吗？戴斗笠打伞不是说明你这次有备无患吗？跟你表妹背靠背躺在床上，不是说明你翻身的时候就要到了吗？"

秀才一听，觉得更有道理，于是精神振奋参加考试，居然中了个探花。

【哲学思考】

对同一件事，既可以做消极的思考，也可以做积极的抉择。背后体现的是不同的心智模式，不同的心智模式会引发不同的行动和结果。心智若能以符合人心规律的方式运行，结果将大不同。

【对管理的启示】

管理中常见的是对人和事做负面解读，可想而知，通常就会引发一连串的负面结果。这些结果往往不可控，负面影响的持久性、广泛性难以被管理者把握。与其任负面结果发生，不如从源头上改变。

【道本管理】

要建立积极的心智模式，从自己所遇到的所有事中找到正面价值，尤其是一般意义上的坏事，让人绝望的事、泄气的事、气愤的事、难过的事、损失惨重的事……把握一条原则：从中寻找正面价值，做积极的、正面的解读。只要坚持这样做，就会有意想不到的效果。

【现实中的心道实践】罗先生的管理实践

罗先生出生于20世纪50年代末，母亲一个人辛辛苦苦地拉扯他长大。罗先生成人后，顶替母亲进了工厂。他对领导恭敬，对同事随顺友爱，对老人照顾尊重，对工作一丝不苟。领导很欣赏他，于是送他到工农兵大学学习。

大学毕业后，罗先生曾在不同的公司工作。后来，他自己开了一家广告公司。他对雇员们谦逊有加，总是催促他们提早下班。如果他们加班，他会一直陪伴他们，坚持到深夜，对他们怀有深深的内疚和感恩。他预备新鲜果汁、饮料、茶点，给员工们做夜宵。他付他们高薪，送各种礼物，了解他们孩子的情况，叮嘱他们关照父母、岳父母。雇员家里发生纷争，他总是极力规劝他们向亲戚让步，自己承担损失，并主动向他们提供各种帮助。

任何顾客和罗先生合作过一次后，都愿意把生意交给他。他们相信了他，他没有辜负他们的信任。他们为遇到这样一位诚实、正直、体恤他人的广告商而感到惊讶、庆幸。

罗先生竭尽全力满足他们对广告制作的要求，他精益求精，对他所耗费的高昂的成本却羞于提及。他们和他成了朋友。他们珍惜这样的朋友，他们可以信赖的、罕见的、纯洁无瑕的友人。他们希望和他建立更为亲密的私人关系，他令他们感到迷惑不解，他们渴望接近他，亲近他崇高的灵魂。

罗先生和一位大学女同学结了婚，有一个喜欢阅读的儿子。他不喝酒，不抽烟，不打牌，没有绯闻和不良嗜好。他的财富源源不断，他买了别墅，和妻子各开一辆车。

罗先生不知道怎样才能表示对他家保姆的愧疚，他对她们尤为尊重、信任，不挑剔她们的工作。每当听到友人的妻子抱怨他们的钟点工，罗先生总是情不自禁赞叹他家的保姆。令友人不解的是，他家换过多任保姆，但每一个保姆到他嘴里都完美无缺，难得难遇。到友人家做客，他常常问候并感激他们的保姆，在他的朋友面前也一再称赞。

罗先生常常回到他度过童年和少年时期的弄堂，看望他昔日的邻居，那些晒太阳的老人。他是他们弄堂的主题。他们谈论他的父母，他的童年、少年和青年，慨叹命运不可思议！每年过年，罗先生母亲单位的领导都会收到他的邀请和年货，虽然他们已经变成老头老太。他一直铭记他们的恩德。

他长年不间断地做善事。他资助了越来越多的贫困学生和老人，他对这些事越来越着迷。他身边的友人也因为他而行善事。他遇到一位来自西藏的活佛，活佛双手抱住他的头，和他行碰头礼。他把活佛的像放大，用相框装裱，任何人跨进他家的客厅，见到那张醒目的像，都会吃一惊。

没有一个人像罗先生那样，对每一个人，无论老幼、贵贱、认识或不认识，都一视同仁，那么诚挚，尊重、珍爱他人的心；他出现在任何地方，都如阳光倾泻，如光明注入他人心中；他清新自然，无有世间尘俗习气，在人们心中留下了对高山的景仰；他声名远播，凡是接触过他的人，哪怕是惊鸿一瞥，都情不自禁赞叹他，久久思念他。

因为他身影的闪现，和他有缘的人放下了一念悭吝、狡诈和嗔怨，生起了惭愧和悔恨。

人们希望自己能像他，像他那样卓尔不群、受人爱戴；像他那样慷慨、纯净无私、关心他人；像他那样相貌庄严、财富圆满、眷属和睦、智慧过人。

他的一个微笑、一句问候、一个点头，仅仅是他的形象，他存在的本身，都会在周围人的心中留下永远的惊异和震动。

他净化了人们的灵魂。

罗先生取得了商业和家庭上的成功。他不但自己成功，还带动着周围的人走向人生的成功。

当然，还有人会问，现实企业中真的有罗先生这样的领导吗？同时又会感叹：他的员工多么幸福啊！

实际上，如果我们把眼界放宽，总会发现现实中有些组织的管理者具备人性的光芒！

道本管理，就是让管理者向着这个方向努力。

如果管理者都能慢慢契入这种意识，那就是员工之幸了吧！

这也是众生之幸：在此生就能看到乐土，也能享受到乐土。

罗先生的成功之道是我们关注的焦点，因为其中一以贯之的就是"道"。

在道本管理中，可名之为"心道"。那么，这种"道"是否可以复制呢？

企业家罗先生没有多么高的学历和优越的背景，也没有太多的资源，他的条件与众人一样，甚至还不如大多数人。这是我们复制罗先生成功模式的基础。

罗先生对心道的实践不是等到成为企业家之后才开始的，而是从最基层的员工位置上就开始了；他的心道实践不是仅仅局限在企业、在职场，而是贯彻在人生的方方面面。可见，无论是管理者，还是被管理者，都有实践心道的基本条件。实际上，道本管理不主张把组织中的人分为管理者和被管理者，这种二元对立的思维逻辑本身就是违反"心道"的。

道本管理中的心道实践主要关注每个人如何处理与自身的关系，在组织中如何做人。如果每一个人都进行道本修炼，从心中发出灿烂的光芒，以积极的行动和语言来感染人，以精益求精的态度来工作，则人人成为人间的菩萨，职场成为人间乐土，人生的意义自然得以升华、得以实现。

一、自我管理与心道实践

【经典实验】罗森塔尔效应

古希腊神话中有一个关于皮格马利翁的爱情故事：在古希腊塞浦路斯有一位年轻的王子，名叫皮格马利翁，他很喜欢雕塑。有一次，他得到了一块洁白无瑕的象牙，并把它雕刻成一座美丽的少女雕像。由于雕刻逼真，王子竟对它产生了深深的爱慕之情。王子的深情感动了天神，天神赋予了雕塑真正的生命。

近代以来，心理学家研究发现，心理暗示可能对一个人产生重要影响和作用。美国心理学家罗森塔尔和雅可布森为了研究暗示的作用，做了一个非常有名的实验。

罗森塔尔的研究小组在一所小学对一至六年级的 18 个班的学生进行了一次煞有介事的发展测验，等测验结束后，他们给每个班级的教师发了一份学生名单，并告知教师，根据本次测验结果，这名单上列出的学生是班上最有发展可能的学生（约占全体学生人数的20%）。教师们看了看名单，发现有些学生的成绩是很优异的，而有些学生则不然，甚至成绩很差。两个心理学家便解释道："请你们注意，我们讲的是他们的发展，而非现在的情况。"教师们最终解除了疑惑。心理学家们反复叮嘱教师们不要将这个名单外传，只准教师自己知道。

8个月以后，心理学家们又来到了这所学校，对18个班的学生成绩进行了追踪检测。结果发现，他们先前提供给教师的名单上的那20%的学生们的成绩都有了显著的进步，而且这些学生的情感健康，好奇心强，敢于在课堂上发言，学习努力，与教师和同学的关系也特别融洽。教师们都很认可两位心理学家的测验结果，因为有很多学生是他们原先根本不看好的，没想到专家通过测试竟然能发现他们的巨大发展潜力！

事实上，这20%的所谓更有发展可能的学生，是心理学家们随机抽取出来的，根本不是依据学生的知识水平与智力水平。所谓的发展测试仅是一个幌子。但是心理学家们通过权威的暗示，坚定了老师对这些学生发展的信心，因而调动了老师对这些学生的感情。得到权威的暗示后，老师开始对这些学生投以赞美和信任的目光，态度亲切温和，即使他们犯了错误也没有严厉地指责他们，而且通过赞美他们的优点来表示信任他们能改正，实际上扮演着皮格马利翁的角色。学生感受到老师的热切期望，并在不知不觉中接受老师的暗示。正是这种暗含的期待和赞美使学生增强了进取心，使他们更加自尊、自爱、自信和自强，奋发向上，故而出现了上述与心理学家"预测结果"相一致的结果。

这一实验的结果被称为"罗森塔尔效应"或"皮格马利翁效应"，也有人称之为"期待效应"。

【哲学思考】

正面的心理暗示为什么有那么巨大的作用？我们常说的心，并不是实质的心脏，而是一种无形的存在，可比喻为能量体、能量场。根据牛顿第三运动定律：相互作用的两个物体之间的作用力和反作用力总是大小相等，方向相反，同时产生、同时消失、同时变化。谁都无法否认心力的存在，如果心力也符合牛顿运动定律，就可以解释正面心理暗示的积极效果。正面的心力会同时产生正面的反作用力，作用于思想、言行，甚至身体的每个细胞，从而带来愉快的生命体验，形成良性循环。

【对管理的启示】

西方管理学教科书中有一个对管理的定义：管理是通过其他人来完成工作。如果按这个定义，自我管理就不在管理学研究的范畴之内。然而，对一个任性妄为、不进行自我管理的人来说，管理制度再严格，对他来说又能有什么实质作用呢？

德鲁克认为，历史上成就不凡的人物，如拿破仑、达·芬奇、莫扎特之类的人物，都很懂得自我管理，也因此才能有伟大的成就。德鲁克还认为，虽然他们属于罕见的非凡人物，才华与成就都非同寻常，凡夫俗子自认无法企及，但现在大多数人也必须像那些非凡人物一样学习自我管理，即使天资平庸也应该如此[1]。

【道本管理】

道本管理认为，根据人的主体性，没有人愿意被别人管理，但是每个人都不能放弃对自己的管理。因此，道本管理认为，自我管理是一切管理工作的基础和前提。管理者的管理工作首先要从自我管理做

---

① DRUCKER P F. Managing Oneself [J]. Harvard Business Review，1999，77（2）：64-74.

起，进而辅助部下构建他们的自我管理。

在道本管理实践中，自我管理体现在：

一是良好的自我管理对下属是一种很好的示范。孔子曰："其身正，不令而行；其身不正，虽令不从。"二是自我管理是一个成熟的成年人最基本的理性，能调动这一重要资源将极大提高管理的效率和效果。

【现实中的心道实践】齐桓紫服①

齐桓公喜欢穿紫色衣服，于是，很多齐国人都穿起了紫色衣服。一时间，紫色衣料价格猛涨，一匹紫色布的价格超过五匹素色布的价格。闻听此况，齐桓公发愁了，于是向管仲讨计。管仲回答："主公如果想制止这种局面，就不要再穿紫色衣服。同时，你还应该对人说：'我非常讨厌紫色染料的气味。'如果有人穿着紫色衣服来见你，你一定要说：'离我远点儿，我讨厌紫色染料的臭气！'"齐桓公照方抓药，结果，当天所有的近臣就不再穿紫色衣服；到第二天，国都临淄已没人穿紫色衣服；第三天，整个齐国也找不到一个穿紫色衣服的人了。

【哲学思考】

螺旋放大效应存在于很多情景中，比如，人类社会舆论的形成、风气的形成，自然界中"春种一粒粟，秋收万颗子"等。自然界中的放大效应也许无所谓好坏，而人类社会由于有了价值判断的涉入，这种放大效应就不得不慎重对待。促进正面效应放大，谨防负面影响扩散，是很多场景所要应对的，而这些都离不开最初那一个点，那一粒种子。

① 韩非. 韩非子[M]. 北京：中华书局，2015.

【对管理的启示】

对管理工作来说，管理者自身可以说经常处在暴风眼中，他们的一言一行都是一种影响力，都会被不经意间放大。

管理者身正，起到表率模范作用，要求下级、被管理人员做什么事情，不需要做动员和说服，他们就有自觉性和主动性，就像"天不言，而万物化成"一样。

台塑集团王永庆指出："要培养人就必须先培养自己，然后再教人，这样才有人可用。"

被誉为"东芝之神"的企业家士光敏夫指出："部下所注视的，与其说是管理者的正面，毋宁说是他的背影。如果领导以身作则，那么，即使他不说话，部下也能跟上。"

曾文正公在《原才》一文中说："风俗之厚薄奚自乎？自乎一二人之心之所向而已……尤智者，所君尤众焉。此一二人者之心向义，则众人与之赴义；一二人者之心向利，则众人与之赴利。"意思是说：社会风尚的淳厚和浮薄是从哪里产生的呢？产生于一两个人的思想倾向罢了。……特别贤能有智慧的人，拥戴的人就特别多。这一两个人心向着仁义，众人便和他一起追求仁义；这一两个人心向着名利，众人便和他一起奔走争竞。

【道本管理】

正己安人，是心道管理实践的基本特征。

自我管理是一个人实现完美人生的基本要求。

自我管理不是说教，也不是管理者强迫人进行自我约束，而是通过一系列行为和方法激发每个人从内向外愿意主动地进行思考和处理问题。在组织管理中，每个人自我管理能力的养成，除了依赖一定的管理制度或机制外，更主要的是高层管理者能够时时、事事带头进行自我反思、自我批判、自我提升，从而为其他管理者和员工作出表率，在企业形成人人自我管理的氛围和环境，最终实现全员自我管理。①

【故事】菩萨拜菩萨

一天，一个人去庙中拜菩萨求富贵。突然，他发现身边有一位与菩萨一模一样的人也在求菩萨。

他问："你是谁？你难道是菩萨？"

那人道："我就是菩萨啊！"

"你既然是菩萨，那为什么还要求你自己呢？"

"求人不如求己啊！"菩萨答道。

【哲学思考】

佛学理论认为：人人都具有如来智慧德相，"人人有座灵山塔，心向灵山塔下求"。可理解为：每个人的本性都是佛、都是菩萨；自身具足一切，要向内求。

【对管理的启示】

传统西方管理以人性本恶为前提假设，将人与动物进行类比，因此，多采取惩罚性的制度。而如果说人人本性是佛，那么，西方管理的人性假设就有重大问题。再加上权威带来的心理暗示，你认为对方是好人，对方就可能变好；你认为对方是坏人，对方就可能变坏，其结果可能就是将人往自私自利的方向引导。

【道本管理】

道本管理以"新人性论"作为核心理论，认为人人具有神圣性，管理就是激发人的神圣性。神圣性一旦被激发，每个人都可以成为永动机，就可形成没有管理的管理。而激发神圣性不是通过外在的物质

---

① 齐善鸿，邢宝学. 中国企业的"精神管理"实践模式研究[J]. 管理学报，2011，8（04）：480-485.

利益刺激其欲望膨胀，而是引导每个人将注意力转向内在精神的成长与圆满。

二、道本管理心道实践基本原则

面对自心，心道管理的核心是自我管理。要做好自我管理，需要遵循以下几个基本原则。

（一）去意破执

【故事】外重者内拙[①]

以瓦注者巧，以钩注者惮，以黄金注者殙。……凡外重者内拙。

译文：（赌徒）用瓦器做赌注时，技艺会发挥得淋漓尽致；用衣带钩（银子打造的）做赌注时会有所忌惮；如果用黄金做赌注，则大失水准。……一旦人们执着于外物，有了得失之心，内心就会显得尤其迟钝笨拙。

这种情景在生活中很常见：

在球场上，如果太想进球了，腿会抖；

下棋时，如果太想赢棋了，眼会乱；

做针线活儿时，如果太想缝好针了，手会抖；

市场竞争中，如果太想赢了，心会抖；

……

庄子用"外重者内拙"对这一现象进行了概括。

【哲学思考】

执着于结果，患得患失，失去当下的警觉，失去超然旁观的客

---

① 庄子. 庄子[M]. 北京：中华书局，2015.

观，任主观发挥作用，结果常常事与愿违。

【对管理的启示】

实际上，人生在世，不会没有目的，不会没有意念。而且，开创事业的成功常常来自执着的精神。对执着做正面理解，可以是在正确方向勇往直前。但若做负面理解，就是太在乎得失，对结果有主观执念，这时候思维就会陷在脑海里过去的经验中，从而可能犯经验主义错误；或者陷于头脑想象的未来中，而忽略客观实际情况。管理者如果处在这样的状态中做决策，则很容易犯错。

【道本管理】

为什么会这样呢？

原来，静心时会以事情的规律（道）来思考方案，而心不静时往往以自己不理智的想法（情绪）作为决策的依据。而人执着于自己的想法时，往往会处在主观脱离客观的状态，从而作出与规律相背离的决策。

静心的关键是放下我执或个人的主观意志，把自己的主观想法、情绪都当作客观对象来观察。当觉察到有功利心、有投机取巧之心、有对结果的在意、想过去、想未来，或者有细微的自傲、自以为了不起，或者退缩、害怕时，都要警惕，这是自我主观对大道的背离。这时候，如果有静心的功夫，可以等这些沉淀后再做决策，或者请教比自己更客观的良师益友，或者借助集体的智慧。总之，要让小我的主观合于客观真理、客观真相，以真理为大。这时，"道"才会来到身边。

去小我之意才能近道，这是心道管理的基本原理。

（二）反思自省

【现实中的心道实践】彭德怀的自省精神

身为老一辈无产阶级革命家的彭德怀同志始终有一种非常可贵的自省精神。他常说，我是每月一省吾身。

不论工作怎样繁忙，彭德怀同志每个月总要抽出半天的时间，把自己做过的事情认真地检讨一番，看看哪些事情做对了，哪些事情做错了，以便少犯或不犯错误。

彭德怀这种可贵的自省精神，贯穿在他整个的生命旅程中。在他晚年，并且在遭受到不公正待遇的情况下，他还反省总结自己在西北战场上的经验教训。他认为，自己在西北战场指挥上有过两次错误。他说：

"第一次错误，是在 1947 年 10 月下旬，打下清涧，活捉了蒋部师长廖昂后。陕北气候寒冷，部队经过半年多的紧张战斗，应该就在清涧延长线进行整训，不要再去打榆林了。结果围攻榆林近月未下，妨害部队修整训练。如不再打榆林，新式整军可以多搞一个半月，成绩会更大些。我在作战指挥上有一个优点，就是不满足于已得胜利；但求之过急，就变成缺点，而且屡戒屡犯，不易改正。第二次打榆林，只是想到中央在米脂、绥德一带不安全，打下榆林就放心了，未考虑其他方面。

"第二次错误是在瓦子街战役大胜后。进占陇东、邠州，截断了西兰公路之后，应当集结兵力，进行休整，争取教育瓦子街战役中的大批俘虏。但当时想乘胜进攻宝鸡，破坏胡宗南后方，缩短西北战争时间。这就是思想上的急躁病，产生了轻敌思想。结果胡宗南采取了异常迅速的手段，从延安，主要是从河南调集最大的兵力，和青海马继援部一起向我夹击。我撤出宝鸡后，搞得很疲劳；因为过度疲劳，使本来可以歼灭之敌而未能歼灭。这样的教训在我的战斗生活中，过去就有几次，但都没有这次深刻。过急求成，在思想上是主观主义，在行动上是冒险主义，而且往往发生于连续大胜之后。这就是骄傲。"

真可谓："一月一省吾身，惟我彭大将军。"正是这种可贵的自省反思精神，使他胜不骄，败不馁，出色地贯彻执行了中央的战略决策和战斗部署[①]，成为中华人民共和国十大元帅之一。

【哲学思考】

前面提出去意破执才能接近大道，那么，如何才能做好去意破执呢？答案是经常反思和自省。反思不能停留于表面言行，也不能太过笼统。反思自省需要深入自己的思维方式、思维回路和固定模式，因为思维决定言行，如果思维的根基就错了，不可能有好的结果。

【对管理的启示】

俗话说："人非圣贤，孰能无过。过而能改，善莫大焉。"[②]人不可能不犯错误，但要尽量不犯错误。如想不犯或少犯错误，就需要经常反思和自省。因此，《论语》中说："吾日三省吾身。"[③]作为企业家的典范，日本"经营之圣"稻盛和夫就将"要每天反思"作为其著名的"六项精进"中的一项。

管理者在日常工作中要处理大量的事务，很多时候会因没有充分的时间对其规律进行思考而犯这样或那样的错误。心道实践要求管理者每天都应安排时间，对当天的工作进行反思和自省。通过反思和自省总结经验教训，准确掌握各种事务的规律，从而尽可能避免错误的

---

① 彭德怀. 彭德怀自述[M]. 北京：人民出版社，1981：255-256.

② 左丘明. 左传[M]. 北京：中华书局，2016.

③ 孔门弟子. 论语[M]. 北京：中华书局，1983.

再次发生。

【道本管理】

通常，人的思考引发行动的内在过程不是线性的，而是存在循环回路。掌握思维的内在过程或者说思维系统的规律，才能进行真正有效的自我反省。对从思维到行动的内在过程进行解析，大体可包括以下五个关键点。

一是内在决定系统；二是外部行动，需结合行动情境，包括新的信息、对象、要素、关系和变动；三是连续调试，此时内在决定系统成为动态；四是结果审视，包括做成败定论、归因分析、认知判断与引发相应的情绪或者情感；五是系统更新，包括更新的方向和对元系统，即基底性思维和观念的更新，以形成封闭循环。

首先，需要审视内在的决定是怎么作出的，最后的终极判断和结论是怎么驱动外部的行动的。然后，在外部的行动过程当中，外部的行动本身又会变成内在决定系统中的一个新的变量，在行动过程当中，又会有外部的很多其他的变量加入。此时，内在决定在这个时候并没有停止，内在的决定并不是静态的，它在引发了外部行动，进入外部的行动情境后还在不断调试。当外部行动出现的时候，就会出现一个外部的行动的情境，在外部的情境中又会出现人，又会出现其他事物，而且这些人、这些事物都是变动的。因此，内在决定系统是动态的。

那么，就需要连续的调试，而不是停留在某一种状态不进行调试直指最终的结果。这就需要操纵新的行动情境中新的信息、对象、要素、关系和它们连续不断的变动，形成不同的组合，最终产生结果。

当然，调试过程中由于能力、选择不同，形成的结果可能也不一样。一旦形成了结果，就又涉及对这个结果进行审视的能力。结果审视，是由内在决定系统来完成的，其中包括做成败定论，是成功了还是失败了，程度如何，自己和他人都会作出这种判断。

紧接着就是归因的问题，指的是这件事不管成败，不管成到什么程度或者败到什么程度，如何分析原因。普通人通常会把成功的原因更多地归于自己，把失败的原因归于外界。

自我反省就需要对内在的过程做客观分析，首先不是先归于自己还是归于别人的问题。归因分析非常重要，如果其中的技术过程分析不清，或者分析是错误的，那就直接决定了之后认知和行动的方向。

归因分析之后，就是认知判断。作出判断后，一定会引发相应的情绪、情感。

到了这一步，人们会形成一个新的内在决定系统。关于系统更新，有正面的完善提升，也有可能是负面的更新，去为自己原有的系统缺陷做辩护，或者停留在某种消极的认知和负面的情绪状态中。

真正的自我反省是能深入审视这一系列过程、整个系统，找到自己的原因，或者借别人的教训审视自己，借自己思考的、遇到的事情举一反三甚至举一反十。避免系统做负面的更新，比如因为一次挫败，留下了伤痕，自己没有办法超越；或者取得成功，却开始自我膨胀。

真正有效的反思是让现在的思维—行动系统比第一系统状态更加优秀、完善。这又涉及元系统的问题，即背后影响更新系统的更加基底的思维、观念。直到能看到这一层，才可以说形成了自我反省的动态封闭循环。

（三）心的主人

【故事】为什么我要让他决定我的行为？

作家哈理斯和朋友在报摊上买报纸，朋友礼貌地对报贩说了声谢谢，但报贩却冷口冷脸，不发一言。

"这家伙态度很差，是不是？"他们继续前行时，哈理斯问道。

"他每天晚上都是这样的。"朋友说。

"那你为什么还是对他那么客气？"哈理斯问。

朋友答道："为什么我要让他决定我的行为？"

【哲学思考】

每个人都希望做自己的主人，但当自己的思想、情绪、言行会因他人不符合自己的预期而发生变化时，我们很难真正成为自己的主人。

每个人都有主体性，成为自心的主人是每个生命的内在需求。

【对管理的启示】

管理活动一般是在管理者与被管理者的互动中完成。如果两者的观点、想法或行为不一致，管理活动就很难取得成效。人与人都不相同，不一致则很常见。因此，传统管理的通常做法是管控，要求下级服从。

组织是一个系统，为了保证系统的正常运转，在不一致出现时，要求下级服从上级有一定的合理性。但这只能应急，而不能成为常态。每个人都具有主体性，长期管控对方、强制要求对方服从，形成单方面的压制甚至奴役，只会形成低效的管理，天怒人怨。关键时刻，不可能指望部下会全心全意为组织付出。

【道本管理】

自己的心，自己做主。谁都不能做别人的主人，因为谁都不愿意做别人的仆人。因此，要给下属做自心的主人的机会和条件。只要自己的决策是正确的，下属会认识到并且回到与你一致的立场上。

做自己的主人，就是有主心骨，就是不怕对手的讽刺挖苦、不怕不怀好意者的嘲笑打击、不怕嫉妒者的孤立和中伤、不怕精神病人说你不正常、不怕俗人说你精神病、不怕傻子说你笨的一种至高智慧。

做自己的主人，就是身处上位知道照顾下属的主体性，在能下命令时愿意花时间去引导和示范，在其他人不解和嘲笑时坚持自己的做法。

道本管理认为，作为上级的管理者应帮助每个人成为自己心的主人，激活每个人的主体性，甚至管理孩子、管理自己也都要这样。如此，每个人才有望自觉、自愿、自动和自发地把事情做好。

既做自己心的主人，又尊重他人，引导他人成为自心的主人，是道本管理心道实践的基本要求。

（四）坚持学习

【他山之石】毛竹的生长规律与学习之道

毛竹在笋期，遇雨就长，但是等到长成竹时，它就几乎不长了。但在三五年之后，竹子会突然发力，以惊人的速度再次生长。如果在夜深人静的时候来到竹林里，你会听到竹子拔节生长的声音。据说，它的生长速度可以达到每天 0.6 米。

毛竹为什么在刚成竹后的三五年不长？研究人员发现，在那几年间，它的根部在地下发疯似的生长，它的根系最长的可以铺开几里。在方圆几公里的土地上，竹子轻而易举获取自己需要的营养和雨水，为后来的再次发力生长打下了坚实的基础，做好了充足的准备。

【哲学思考】

可以说，一个人如果不爱学习，可能好也好不到哪里！一个人只要爱学习，可能坏也坏不到哪里，而且会越来越好！

【对管理的启示】

很多管理人员很忙，以为把时间都用在工作上，业绩一定会越来越好。可结果往往是，越忙工作越没有成效，自身的成长和业务的发展总是遇到瓶颈，长时间不能突破。

如何避免这样的情况发生？毛竹的生长规律启示我们，只有不断地学习才能不断地成长和突破。

知识经济时代，知识和市场需求的变化都非常快。市场竞争已由以前的"大鱼吃小鱼"变成"快鱼吃慢鱼"。如果不想被吃掉，就要做会学习的鱼！

【道本管理】

学习以开启向上的智慧之路为佳，通过学道、修道、悟道接通天道、地道、人道。

学习不仅要学知识，更要学智慧。《道德经》有言："为学日益，为道日损，损之又损，以至于无为，无为而无不为。"《庄子》则道："吾生也有涯，而知也无涯。以有涯随无涯，殆已。"

知识没有边际，但没有边际的知识也解决不了人生真正重大的问题。

处在这个信息大爆炸的年代，知识的获取唾手可得，每天世界上产生的所谓的知识的量远超普通人的大脑可以掌握，人的学习速度赶不上知识增长的速度，由此衍生的焦虑情绪不能说不普遍。

因此，回归智慧，先安顿好自心，懂得如何与自己、他人、大自然的正确相处之道。此时，也许就更能驾驭知识，以知识为工具，而不是被知识爆炸带来的焦虑压垮。

而关于管理，道本管理实践也强调管理的不断学习和善于学习。

管理中的学习，主要是向别人（包括下属和竞争对手）学习。头脑中没有众人的经验和人类的知识，怎么会有竞争力呢？

善学习者，不分敌我，不论喜好，只看优点。学习不但让人进步提高，有时还可起到化解仇怨的神奇效果。

善学习者，不要虚荣，只要尊严的基础——实力。

（五）持续超越

【故事】放归的狮子

某马戏团有只小狮子，它从小就接受训练。最初的训练是要求它从铁笼的一边走 20 步到另一边的栏杆，然后再返回。于是，它每天都走过去 20 步，再走回来 20 步……若干年之后，这只狮子被放回大自然。但是从笼子里出来之后，它还是和以前一样，走 20 步过去，再走 20 步回来……一直如此。

它不知道还有其他的走路方式，因为已经习惯了。

在企业管理的实践中，以往成功的经验可能成为以后失败的主因。因此，道本管理强调在实践中对自身的不断超越。不迷恋于过去的任何成功经验，不断寻求对自身的突破，永不止息。

超越需要创新，超越意味着改变。古人云："撼山易，撼岳家军难。"有人据此提出"撼山易，撼人难"，表达出了管理中的诸多无奈。道本管理则认为，"撼别人易，撼自己难"。如果管理者能从改变自己开始，撼人并不难。

台湾学者型企业家石滋宜认为："领导者在不需要改变的时候就要

改变。这对我们领导者来说是最重要的。"也就是说，成长到某一个阶段的时候，必须放弃过去成功的模式，而选择新的模式。

【道本管理】

在管理实践中，管理思想、经验、方法可以参照，但必须结合实际进行超越和创新，在实践中不断创造、印证、完善和超越，从中建立适合组织自身的不断进化的理论。不仅仅是以管理为工具，而是要将管理思想、理论建设与创新都作为企业的价值产出与贡献。

（六）信仰建立

自然科学研究有一个重要的准则——价值无涉。社会科学在研究中为了打上科学的标签，也开始追求价值无涉。如韦伯提出的社会科学研究必须坚守"价值无涉"[1]的观点，即只研究"实然"，不研究"应然"，必须将与"应然"相关的价值判断从处理"实然"的经验科学的研究中剔除。目前，"价值无涉"已被视为管理学研究的基本准则。

【哲学思考】

自然科学主要以物为研究对象，物本身没有主观思维，仅研究"实然"无可厚非。而社会科学以人为研究对象，人的主观思维有其优越性，但也带来一个不可忽视的问题——主观脱离客观的趋势和可能性。人的思维常常让自己做不到符合大道规律。举个简单例子，我们明明知道晚上要按时休息、充电，不应该熬夜，但知道这个道理就能做到吗？很难。

因此，对人的研究包括"实然"和"应然"。起码对管理来说，

---

[1] 韦伯. 社会科学方法论[M]. 北京：中央编译出版社，1999.

需要知道应该是什么样、应该怎么做，目前实际是什么样，两者差距是什么，如何缩小差距，等等。

从这个意义上来说，建立信仰是以"应然"状态为对象。换句话说，需要建立对客观大道、自然规律等的敬畏之心与信仰。

【对管理的启示】

管理学作为一门介于自然科学和社会科学之间，兼具人文特质的学科，要做到完全的"价值无涉"是不可能的。与其信奉虚假的"价值无涉"，不如主动承认价值判断的地位，并将其限定在一个可接受的范围。"价值涉入"也是体现研究者社会责任的重要途径[①]。

或者换个说法，也许更容易接受。管理理论研究需要基于天道、地道、人道，而不能想当然，管理实践同样如此。如果违背"道"所呈现的客观规律，就会受到"道"的无言惩罚。只有懂得应该怎么做，也了解清楚现在是什么状态，与目标的差距是什么，才有可能去寻求缩短差距的正确方法。

现实实践困局中有不少都是按照以为正确的道理去做，却带来与预想的好结果有差距的结果，似乎背后总有看不见的手在调控。

【道本管理】

道本管理认为，管理活动是人类为了自身生存而主动开展的社会活动，价值性是其终极目的，管理活动不能离开价值选择。因此，管理者应有正确的管理信仰，尤其是道德信仰。

具有神圣美好的信仰，是人区别于动物的重要因素之一。现实中的管理者因缺乏正确信仰而导致的问题已经证明：动物的破坏性与没有信仰的人类相比，可谓小巫见大巫。人类自己制造的灾难，远胜于

---

① 彭贺. 管理学研究中的"价值无涉"与"价值涉入"[J]. 管理学报，2011，（07）：949-953.

自然灾害带给人的灾难。人和人之间的恶性争斗，是破坏生产力和生活的罪魁祸首。

人在正确信仰的引导下，就会有无穷的潜力，就会走正道，就会因此而没有其他选择。

如何确定是否已建立了信仰？信仰是此生不再改变，时时处处践行，任何艰难险阻都不会改变的精神。信仰的力量看不见却能感受得到。

自我管理需要信仰，组织管理同样需要。组织的文化如果达到信仰的程度，就能发挥组织中每个人的强大力量。组织的文化应该是集体的心灵契约，每个人都要对这一文化的形成作出贡献。每个人拿出闪光点，经过集体的淬炼、管理者的整合，最终形成集体的心灵契约。这样形成的组织文化将成为组织重要的精神资产。这样的组织文化不是挂在墙上的标语，不是嘴里喊的口号，而是深入每个人的思想，大家每天都自觉自愿践行，遇到任何困难都不改其志，并有无穷妙用——这样的组织文化才是信仰级的，这样的组织文化才有战斗力。

三、道本管理心道实践核心内容

道本管理心道实践的核心内容主要有六个方面。

（一）道德饮食

神圣性是人心之心门。

基于道本管理的新人性论，人性本质是符合天道的"道性"，人性本质是神圣的，那么，人自然需要以神圣性来滋养。我们的肉身要吃饭，我们的心灵（精神）呢？它要吃什么？

美国航母上有牧师，中国军队里有政委。可是，在为数众多的企业中，却特别强调利润、市场占有率和销售额。于是，光有人喂肚子，很少有人喂脑袋。于是，个人身体营养过剩，心灵营养匮乏。

亚当·斯密以两部著作名世，一是广为人知的《国富论》，另一部是《道德情操论》，后者却长期被人们忽视。但是近些年，《道德情操论》越来越引人瞩目。因为市场经济发展到一定的阶段，人们的心灵营养问题也就凸显出来了。越来越多的人同意这个观点：道德是心灵的基本食物！实际上，也有一些企业家很注重道德，比如稻盛和夫。

【稻盛和夫的人生方程式 [1]】

稻盛和夫有个著名的人生方程式：

人生·工作的结果＝思维方式 × 热情 × 能力。

能力和热情的分值从 0 分到 100 分，只有思维方式是 −100 分到 +100 分。"思维方式"是最重要的因素。所谓"思维方式"，发自人的灵魂，亦可称为人生态度。人生态度是不是正确？这要受到追问。

持有否定思维方式的人，他的人生会迎来负面的结局，这种情况非常多。对此，用这个方程式就能作出解释。因为"能力""热情""思维方式"三要素是相乘关系，所以，"人生·工作的结果"就会有天壤之别。若愤世嫉俗，妒恨他人，否定真挚的生活态度，即以否定态度对待生活，那么，在前述方程式中的"思维方式"就成为负值。这时，"能力"越强，"热情"越高，人生和工作的结果就会越糟糕。

是否拥有正确的哲学，人生的结果将截然不同。

---

[1] 稻盛和夫. 活法[M]. 北京：东方出版社，2012.

【哲学思考】

人生哲学、思维方式等决定了人生方向，而以道德为饮食就能为这一方向提供有效支撑，对其进行校准。需要注意的是，通常所称的美德合于大道，才能称得上是真正的道德。

【对管理的启示】

企业没有道德，就会出现"底洞效应"。一个木桶装了再多的水，如果忽略了底板上的薄弱环节，水装得再满，也会从底洞漏掉。在管理工作中，在个人能力建设中，"底洞效应"是木桶定律发挥作用的一个主要原因。

但是，现实中是道德喊得多做得少。对于不道德的部下如何管理，西方管理教科书没有专门讲。领导垂范是常说的，也是前提。但如果道德要求没有制度约束，也无法落地。

【道本管理】

道德需要制度支撑，要纳入日常管理，如：积分制度，排行制度，外部效应，组织标定等。组织树立道德榜样、样板，提供物质和精神奖励，吸引大家向榜样学习。可设置道德指标，以员工的道德成长，如谦逊、主动承认错误、积极改错、向他人学习、为他人提供帮助等为指标。希望组织成员具备的道德品质都可以设置为指标，考核时可以请员工自己上报，但直接上级和间接上级要做好检查、抽查工作，一旦发现弄虚作假，以往所有奖励作废并加倍处罚、公开批评，直接上级和间接上级也承担相应责任。当然，这些指标、考核和处罚方式只是方式之一，组织中要想实施必须经过集体讨论形成集体契约，这样从上到下每个人才会自愿遵守。

总之，神圣性被压抑，兽性就会滋长。管理若是促进这个过程，就只能制造越来越多的问题，直至把自己也搭进去。管理者以神圣之心待人，则可激活人心中的神圣性，管理则可创造人间奇迹。只有把物质与精神合在一起，让高尚的品德得到物质，让得到的物质拥有精神的品性，管理才能无往而不胜。

底线道德，可以让我们脱离兽性和回避风险；卓越道德，却可以让我们超越世俗，走向神圣，创造奇迹。

（二）呼唤成真

梦想是神奇的精神能量，你呼唤什么，什么就会增长。

古人云："人无远虑，必有近忧。"

都说俗人之俗在于只重眼前利益，殊不知，俗人之苦在于没有可以实现的梦想。

如果管理者为每个人编织出可以实现的梦想，并让每个人月月感到向梦想的接近，谁还拒绝进步？谁还顾得上搬弄是非？

我们行为的结果，主要取决于行为背后的动机，而不仅仅靠行为的强度与频率。动机越广大越美好，行为的结果就越好。由此可见行为背后梦想的重要性。

【故事】女乞丐的心灯

在佛陀时代，有一位年老的乞丐妇女，名叫依赖喜悦（Relying on Joy）。她常常看着国王、王子和人们供养佛陀和他的弟子，她最希望的莫过于能够像他们一般去供养。所以，她就出外行乞，但一天下来仅要到一个小铜板。她拿着这个铜板，向油商购油。油商告诉她，这么少的钱，什么东西也买不到。当油商听说她要以油来供佛时，对她产生了怜悯心，把她所要的油给她。她拿着这些油到僧院去，点了灯。她把灯放在佛前，许愿说："除了这盏灯，我没有什么好供养的。但通过这种供养，希望我将来能获得智慧之灯。愿我能解除一切众生的黑暗，愿我能净化他们的一切业障，引导他们开悟。"

当天晚上，其他灯的油都烧光了。但是，当佛陀的弟子目犍连前来汇集所有的灯时，那位乞丐妇女的灯仍然亮着，一直烧到破晓时分。当目犍连看到那盏灯还燃着，油满满的，并且有新灯芯时，他想："这盏灯为什么白天还点着，实在没有道理。"于是试着吹熄，但那盏灯仍然继续燃着。他试着以手指掐掉烛花，但没有成功。他又试着以袈裟闷熄，但灯还是燃着。佛陀一直在看，就说："目犍连，你要熄灭那盏灯吗？你是办不到的。你甚至无法移动它，何况熄灭！即使你把一切大海的水都浇到这盏灯上，它还是不会熄。世界上所有河流和湖泊的水都熄灭不了它。为什么呢？因为这盏灯是以诚心、清净心供养而来的，那种动机使得它拥有巨大的功德。"当佛陀说完这句话，那位乞丐妇女走向他，佛陀为她授记将来必定成佛，名曰"灯光佛"（Light of the Lamp）。

【哲学思考】

女乞丐的故事让我们看到了发自内心的清净、广大的愿望之力远远超过神通力，并在发起这样的广大愿望的一瞬间超越时空，种下一颗不会损坏的种子，未来的成就就是注定的。可以说，美好的愿望虽然无形却不会空耗。

【对管理的启示】

传统的管理太过陷入有形的物质激励，部分原因是人们看见了才会相信、才觉得可靠。而上述例子说明，无形的美好梦想、愿望会带来多么强大的力量！

每个人的内心有"佛"的种子，传统管理却把人当追求利润的工具，加上批评、指责，让人的精神越来越萎缩，不敢拥有广大的梦想，空耗了人的无尽潜能。

【道本管理】

你呼唤什么就会成为什么。既然人可以如佛一般、如神一般，那在管理中，发自内心地给予每个人如对佛一般地恭敬、尊重，这样连续去做，你会发现，人们最受不了的就是这份恭敬，人们最不愿意辜负的就是这份尊重，此其一。

其二，既然愿望之力如此强大，如何才能运用于管理？

通过培训，通过带着大家一起学习人生之道等方式，激发每个人的梦想。这个梦想超越小我的自利，超越为各自的小家庭谋划，甚至超越组织本身。组织帮助大家编织这样的梦想，规划个性化的实现梦想的路径，提供实现梦想的支持，让大家看到每个人都值得也应该拥有广大的梦想，每个人都有实现梦想的可能性。如此一来，谁还愿意在平面里恶性竞争？

我们怎样对待世界，世界便怎样对待我们。我们会成为我们自己想成为的那种人。人的心灵有一种规律：你呼唤什么，什么就会增长。你只需弄懂自己想要的就够了！

管理者的重要责任就是引导大家成为自己真正想成为的人。

梦想是自我管理的发动机。如果管理者能启动每个人心中的内燃机，人人都能"不待扬鞭自奋蹄"，这样的管理会是多么轻松！

【故事】面具制造商

从前，有一个以制造面具为生的巧匠。一天，有人见到他就问："你近来的脸色不大好，有什么事让你生气吧？"

他想了想说："没有什么呀。"

半年后，那人又见到他，说："你今天的脸色特别好，有什么事让你这么高兴呢？"

"没有什么呀。"他还是这么回答。

"不可能的。一定有原因！"

这位巧匠仔细回想，才想起来：半年前，他忙于做魔鬼假面具，心中想的总是咬牙切齿狰狞可怖的面相，于是自然也就表现在脸上了；而最近则在制造菩萨面具，心里也总是想着慈眉善目和笑容，脸上也就和善柔和了。

【哲学思考】

相由心生。你的心里装着什么，外在就会显现什么。

【对管理的启示】

试想，一个整天面无表情、对旁人和不归自己管的事无动于衷的人，很难相信他有愉快的心情、美好的想法，也自然不会有多高的工作积极性、自觉性。而传统管理似乎正在制造一个个内心麻木的人。仔细观察组织员工的精神面貌就不难发现，管理是不是正在走向歪路。有些组织要求员工面对顾客要面带微笑，如果不是发自内心的笑，自然难以打动人，挂在脸上的面具很容易被识破。相反，如果员工内心满意，充满美好的意念，即便不去要求，他也很难不流露出发自内心的柔和笑容。

【道本管理】

道本管理要做的是充分尊重员工的主体性，激发其神圣性。管理者的作用是辅助员工进行自我管理。只要激发出员工内在的真、善、美，大家的精神面貌就自然焕然一新，每个人都变成移动的正能量发射站，走到哪里哪里亮。

可以怎么做呢？只需让人们心中想着真、善、美。一方面，尝试消除人们心中累积的负能量，比如给大家机会开诚布公地探讨、解决让人不满的、抱怨的做法，而不是憋在心里，借助集体的智慧，一项项解决。另一方面，建立正向的向上通道。同样可以集体探讨、决定怎么做能让大家都觉得满意。领袖说："人民群众是真正的英雄。"管理者只要诚恳地想着我怎么能为大家服务，能让每个部下内心充满阳光，让大家愉快地工作，只要内心真诚地、不断地这样想并采取行动，办法总比问题多。大家心中满意，愉快自然写在脸上，工作的积极性高了，产品质量和服务水平自然提升。

（三）事事修行

"人不为己，天诛地灭"，以往人们引用这句话的时候，理解是错误的。如果这个世界只是人人为自己私利的世界，还谈什么文明？

【哲学思考】

类似这样错误理解形成的有毒信条不胜枚举。听到所谓的道理，如果不审视它出自哪里、当时适用的背景是什么、提出者的背景是什么，等等，而盲目接受、按自己的想法理解或扩大适用范围错用到其他地方，很可能害人害己。

【对管理的启示】

"人不为己，天诛地灭"，如果理解为人人利己是天经地义的，会引发什么样的行为？现实中很多人、很多管理者就是这么认为的。互相扯皮、推卸责任、争名夺利、捧高踩低……说起来这些行为令人厌恶，但现实中又难以避免，不敢说全部，至少一部分是自私自利之心惹的祸。

古人说这句话的本意是：每个人都好好提升自己的修为，才能赢得自我的发展和社会的和谐。此处的"为"不是为自己，而是谈自己的修行！如果是这样的理解流行开来，不知会出现怎样的景象！人人为他人，人人知错改错，人人寻求进步，人人学道悟道！这样的人还需要管理吗？不需要，他们自己就会把自己管得很好。

【道本管理】

把组织当成每个人提升修为的道场，工作都是用来历事练心，用来发现自己的不足、发现内心的沟沟坎坎，不计较个人得失，以发现错误为乐，以改错进步为最大的收获，对此乐此不疲，每个人都成为永动机——这是道本管理最希望打造的景象。人性之神圣性是这一景象成为可能的重要基础，激发每个人的主体性是核心方法，集体契约是重要手段，服务每个人的成长是管理者的核心任务，最终的指向是人的全面发展。怎么算走上全面发展的道路了呢？就看每个人是否开始把注意力从自私自利，从外在的物质利益、眼前利益的追求转向内在精神提升，转向主动认错改错提升自我修为，转向"在死亡的时候让灵魂变得更加高尚"的道路上来。管理者要做的充其量是让大家建立这样的认识、掌握这样的方法、看到这样做的实在益处，让大家愿意、学会、能够这样去做。毕竟每个人都无法拒绝真正对自己和他人有益的事。

（四）罪己反思

很多事物，我们的感官难以捕捉到，比如无线电电波、一般性的磁力、过于遥远的星系、过于微小的物质等。所以，越来越多的人已经认同：人的肉体感官并不总是靠得住！那么，人们一般性的心智模式呢，能否靠得住？这方面的科学研究已经有很多，以下仅举一例。

【经典研究】人的虚假同感偏差现象

1977 年，斯坦福大学的社会心理学教授 Lee Ross 进行了两项简单而有效的实证研究，证明了虚假同感偏差是如何影响人们的知觉和决策的。

在第一项研究中，被试被要求阅读关于一起冲突的资料，并得知有两种对此冲突作出回应的方式。被试需要做以下三件事情：（1）猜测其他人会选择哪种方式；（2）说出自己的选择是什么；（3）分别描述选择这两种回应方式的人的特征属性。

实验结果显示，无论被试选择了两种回应方式中的哪一种，更多的人认为别人会作出和自己同样的选择。这就证明了Ross和同事们的假设——我们每个人都觉得别人和自己想的一样，可是实际上并非如此。这就是普遍存在于人们思维中的虚假同感偏差。

当被试在描述和自己持不同意见者的特征属性时，Ross又发现了另一个有趣的现象，和与自己有相同选择的人相比，人们对于和自己有不同选择的人的人格，作出更为极端的预测。也就是说，与自己的意见和观点不一致的人有点儿不正常！这其实也是一种偏见和偏差。

在第二项研究中，Ross和他的同事们放弃了假想的情境和纸笔的测试，而选择了巨大的挂在身上的广告牌做实验研究。

这次来的被试是一批大学生。实验者问他们是否愿意挂上写着"来Joe's饭店吃饭"的广告牌在校园里闲逛30分钟。实验之前，不告诉被试这家饭店饭菜质量如何，以及他们看上去有多傻。只是告知他们可以从中学到一些有用的东西，以此作为这样做的唯一动机。不过，如果被试不愿意的话，他们完全可以拒绝这样做。

这项实际的实验结果证实了第一项研究的发现。在那些同意挂广告牌的人中，62%认为其他人也会同意这么做。在那些拒绝这么做的人中，只有33%的人认为别人会同意挂广告牌。

和上次一样，人们对于"持不同政见者"的人格同样有十分极端的预测。那些同意挂广告牌的人可能会说："那些拒绝的人是怎么回事？这有什么不好？假正经！"而那些拒绝挂广告牌的人会说："那些同意挂广告牌的人真是古怪至极。"

显然，他们的估计以及对他人人格的判断都不是正确的。这种偏差存在于许许多多的正常人身上。正是由于认为有很多人的信念、价值观与行为同自己一致，所以人们才坚信自己的判断及行为的正确性。例如，吸烟的女性普遍认为她身边的很多女性也同自己一样吸烟。

人们常常高估或夸大自己的信念、判断及行为的普遍性。当遇到与此相冲突的信息时，这种偏差使人坚持自己的社会知觉。人们总是无意间夸大自己意见的普遍性，甚至把自己的特性也赋予他人，假定自己与他人是相同的。自己有疑心，就认为社会上的人都是疑心重重；自己好交际，也认为别人好交际。这种虚假同感偏差使人通过坚信自己信念和判断的正确性，获得了自尊和自豪感，但同时也给人带来了决策和选择的错误。社会心理学家指出：许多情况可能导致虚假同感偏差，了解这些情况可以帮助我们反省自己：（1）当前的行为或事件对你非常重要的时候；（2）当你确信并坚持自己的观点或意见的时候；（3）当你的地位和正常生活受到某种威胁的时候；（4）当你将其他人看成与自己是相似的时候。

【哲学思考】

当把"我"看得很重要时，我们就会出现认知偏差，就像"我"成为一个扭曲真相的滤镜，往往我们对此还毫无察觉。可见，未受过训练的心智也是靠不住的。

【对管理的启示】

我们平常容易犯的一个核心错误是：出了问题原因都在他人、都在环境，错不在我！在管理中，出了问题承担责任的往往是下属，因为管理者要保住自己的面子、权威，保住"我"的威严。部下出了错也想尽办法遮掩，或是"事不关己，高高挂起"，往往酿成令组织付出沉重代价的大祸，最初的原因很可能是大家都害怕犯错后被责罚。总之，没人认为犯错是好事，推脱和辩解成了职场中最难解决的问题。

【道本管理】

怎么让大家敢于直面错误，从自己的内因寻找解决办法呢？

这考验管理的指挥棒指向哪里。如果以主动发现自身错误、向内归因、遇事总说自己的不是和总在改自己的错为考核指标——谁这样做得好，做得深刻，做得多并且事例真实，谁的积分就高，排名就高，奖金就多——只要这么做，恐怕大家巴不得随时反思自己，恨不得把一闪而过的邪念都揪出来。

这样做得多了，大家自然觉得"我"本身的面子不重要，我现在的状态差、犯错也不重要，重要的是我能及时发现，及时改正，我有无限地变好的可能，重要的是当我向内归因，主动权就落在了我自己的手上，剥夺他人利用我们弱点的机会，何乐而不为？

（五）理性归因

归因除了内外方向之别，还有理性与情绪化之别。

生活工作中遇到事情，最先调动的往往是情绪，这与人类的生存进化有关。最初人类面临的很多是关乎生死存亡的危机，比如遇到猛兽要迅速作出是打还是逃的判断。这时候情绪就派上用场了，在大脑理性运作前，大脑掌管情绪的器官就第一时间释放恐惧情绪到全身所有细胞，引发肌肉紧张、心跳加速、肠胃停止工作等一系列生理反应以有效应对危机。这时，负面的恐惧情绪能跳过思考让我们快速作出正确决策。

【哲学思考】

理性和情绪看似无形而又虚无缥缈，其实背后都有大脑神经系统作用机制的支撑。能把握背后的机理就有可能改变、驾驭，否则就会被控制而不自知。

【对管理的启示】

人类发展到今天的程度，需要当机立断的生死攸关的生存抉择已经极少了，更多是面对生活、工作中的人和事。但是，这种第一时间调动负面情绪的机制还保留着。所以有句话说："冲动是魔鬼。"因为不经理性思考的冲动就是情绪机制在发挥作用，而情绪机制最先调动的是负面情绪。所以，遇到任何事的一个关键动作是，牢牢控制住不经大脑思考的、下意识的第一个念头、第一个动作，千万不要放它们出来。只要坚持几秒，当理性开始运作，开始掌控主导权时，人就开始恢复正常状态。

【道本管理】

怎么才能减少甚至不生起负面情绪呢？从根本上来说，负面情绪源于对抗和排斥，如果能减少、消除对抗和排斥，相应地，情绪也会减少。这时就需要理性发挥作用，要能理解凡是你对抗排斥的刚好是自身现有系统缺乏的，这与常规认知"想要的就是需要的"恰恰相反。举个生活中的例子，很多孩子喜欢炸鸡、汉堡，但大家也都明白这些食物热量过高，不是孩子长身体真正需要的。

大脑可以说是一台复杂、精密的机器，正面来看，它能成为很好的工具，只要掌握其机理，加以训练，形成神经回路，就能得到我们想要的结果。但是，反面来看，如果不明白其机理，很多时候我们会莫名其妙被大脑的反应带着走，而犯下自以为正确的错误。

所以，要理性地认识到凡是你对抗排斥的，往往是在对你进行价值的补充和增值。就算你在逻辑上说服不了自己，你只要无条件地抱定这个原则，一切不管，我就是要找所有我讨厌的人、事、物的正面价值——只要持续这样做，就真的会发现，遇到原本讨厌的人、事、物的排斥感在降低，负面情绪也在减少。

（六）行不逾矩

【他山之石】火柴棒的威力

一根火柴棒价值不到一毛钱。一栋房子价值数百万元。

但是，一根火柴棒却可以摧毁一栋房子。

可见微不足道的潜在破坏力，一旦发作起来，其攻坚灭顶的力量，无物能御。

要叠一百万张骨牌，需费时一个月，但推倒骨牌却只消十几秒钟。

要累积成功的实业，需耗时数十载，但要倒闭却只需一个错误决策。

要修养被尊敬的人格，需长时间地被信任，但要人格破产却只需要做错一件事。

一根火柴棒，是什么东西呢？它就是下列四项：无法自我控制的情绪；不经理智判断的决策；顽固不化的个性；狭隘无情的心胸。

【哲学思考】

"从心所欲，不逾矩"，明白规律，按照规律做事，看起来很自由很逍遥，但没有破坏大的规矩，是在规矩下发挥——这才是自由的本质。斯宾诺莎认为"自由就是对必然性的认识"，实际上，自由也是对必然性的遵守，这才是人性自由的空间。不遵循规律，想干什么就干什么是任性，任性就一定会撞到各种规律上。所以，任性一定是行不通的。

所以，要在遵守法则的基础上发挥创造性，在遵循客观规律的基础上，去演绎在具体事件上的与规律相一致的方法。

【对管理的启示】

人生的一件小事，可能改变自己的一辈子。其中的机理便是由因果律决定的。

进化论的创始人达尔文经过多次细心观察，发现了在猫、田鼠、土蜂、三叶草、羊之间存在的这种相生相克的关系。在猫少的地方，田鼠多了，土蜂就相对减少（因为田鼠经常会破坏蜂窝），而蜂少也就使三叶草传粉机遇减少，于是喂羊的草就随着减少，结果影响羊的生长。所以在这个地方，为了多养羊，就需要多养一些猫。养羊和养猫看似风马牛不相及，但从生克制化的关系上来看，两者却不可分。

管理中的因果，也决定着管理中的时时、处处、事事、人人，最终决定着管理的质量。

李嘉诚每做一件事，花一小半时间思考带来的好处，花更多时间思考可能带来的坏处或出错的原因。

每一个管理中的人，都要对业因有时刻清醒的认识和警惕，要对恶因有着惊惧的态度，同时，要善于种善因。

【道本管理】

火柴棒便是心魔。心魔不除，心道不显。

在心道实践的很长一段时间里，作为管理者，需要经常检查自己："我随身携带几根火柴棒？"

借用张瑞敏常说的一句名言："战战兢兢，如履薄冰。"

《周易》："履霜，坚冰至。""君子终日乾乾，夕惕若。"讲的便是要对自己的心魔时刻都不能掉以轻心。

既然我们不能改变周遭的世界，就只好改变自己，改变自己的方法就是去掉自身携带的火柴棒。

这是在心道实践的过程中，应该遵循的基本原则。而在这种实践有了一定成就之后，可能会逐渐去除掉心魔，剩下的就是心中的神圣性。当人的心中充满了神圣的时候，就可能达到孔子所说的"从心所欲，不逾矩"的境界。此时，心里不再有分别、不再有界限，心与行动便归于大道了。

第五节　道本管理胜道实践

管理是一种希望取得某种预期成果的人类活动。管理胜道是管理活动取得预期成果的规律，包括两个方面：一是选取什么作为管理活动的预期成果；二是采用何种方式取得预期成果。这源于对企业本质、意义的认识，并随之影响胜道实践的原则和核心内容。

一、企业的本质、意义与胜道实践

经济学认为，企业本质是一种资源配置的机制，企业与市场是两种可以互相替代的资源配置方式。1937 年，罗纳德·科斯（R. H. Coase）发表开创性论著《企业的性质》，创造性地利用交易成本分析了企业与市场的关系，阐述了企业存在的原因。

从西方的经济学角度看，企业在一定意义上只是一个经济组织，要追求利润，但这只是企业的自然属性。经济学中并没有说明企业的社会属性。现实中很多企业却超越了经济利益，追求精神的价值，例如，一些社会企业和社会企业家的涌现等。

从狭隘的经济学出发，人们理所当然地把企业当成了一个以盈利为目标的经济组织，结果利益似乎成了企业的核心追求。然而，实践中却出现了诸多与之相反的例子。例如，一些企业家从普普通通的做人目标开始，建设了一个个有使命感的企业。他们把经营企业的目的定位在助人、利他上，而不是获取利润。当然，有人会说他们还是为了赚钱，但是许多人忽略了一个基本的事实：他们正在用赚的钱干什么。毋庸置疑，尽管他们没有把经营企业的第一动力定格为赚钱，但是他们仍然赚到了钱。可是，这种赚钱的方式与那些以获取利润为直接目的的企业相比，在本质上是截然不同的。他们以利他为出发点，以满足市场需求为媒介，以赚钱为工具，最终实现的是利人利己的有机统一。

道本管理理论认为，企业不能仅仅因为有经济活动而被定义为经济组织，企业同时也是社会组织，自然承担着社会使命与责任。企业如果仅仅被定义为经济组织，为攫取利润而生，那么，它的社会责任该放置何处？面对现实中那些"为穷人挣钱，搭平台、搞研发、做物流、支持人们致富、支持人们心智提升，大头给大家，小头留自己，为众人创造幸福生活"的企业和企业家，我们才似乎感受到了企业的真正本质。

我们必须明确，以一个组织的目的而不是工具进行组织性质的界定才是正确的方法；否则，我们就会误导企业组织偏离正确的方向。

企业是组成社会的一个细胞，是具有经济和社会双重属性的组织，既承担着经济任务，也需要承担社会使命。

企业是生命相互陪伴共同提高的"家外之家"。正如一些企业提出了企业的四个别称：一个共同学习进步的学校；一个互相关心充满亲情的家庭；一个来之能战，战之能胜的军队；一群人修行悟道的道场。

道本管理的胜道实践在目标上不仅仅是追求经济上的成功，更要追求其社会价值的成功，并通过社会价值上的成功促进经济上的成功，通过经济上的成功更好地促进其社会价值的成功。

二、道本管理胜道实践基本原则

胜道实践的基本原则是不盯着经济效益这个果，而是盯着既能实现企业的神圣目标，又必然导致那个果的因。

（一）善利万物

【现实中的胜道实践】

爱国华侨（印尼）张弼士，张裕酿酒公司创办人，近代第一个用科学方法生产、具有完整体系的葡萄酿酒企业，也是远东创办最早的葡萄酒厂。清道光年间人，40年间，从一个小杂工到大实业家，经营领域涉及矿业、药材、航运和金融业，获得巨额利润，资金达8000万两，还拥有相当多的不动产，成为南洋华侨首屈一指的巨富。但他富不忘爱国，"吾华人当为祖国效力"，把大量资金转移回国，发展实业，兴办教育，资助革命。

陈嘉庚"自二十岁时，对乡党祠堂私塾及社会义务诸事，颇具热心，出乎生性只自然，绝非被动勉强者"。曾宪梓说："祖国有恩于我，我必须终生回报祖国。只要金利来不破产，曾宪梓不死，我对祖国的回报就不会停止。"曾宪梓中国捐资总额已逾4亿元人民币，并宣布保证家庭生活所必需以外，将金利来所赚到的钱全部捐给中国。

【哲学思考】

所谓"水善利万物而不争"，是说水善于滋润万物，普遍地施利于万物，却不为自己争取利益。这是一种只讲奉献，不讲索取的崇高精神。它在主观上虽不索取，但在客观上却能从万物那里获取丰厚的利益回报。

【对管理的启示】

如果与这些榜样相比，很多企业恐怕会自惭形秽。深入来看，这恰恰体现了资本主义制度体系下的西方管理思想、理论、工具方法的羸弱。当然，西方管理思想有其优势，不可全部抛弃，但企业家们、管理者们一定要警醒，大道以无私利他为导向，偏离这一导向，得到的任何好结果都是暂时的，都会埋下未来受到惩罚的伏笔；而所遇的失败则刚好是敲响的警钟，如能及时醒悟回归正途，则也算不辜负大道的指引。

【道本管理】

企业的社会责任和对社会的回报就像水恩惠于万物，而万物也会反哺于河流。老子说"将欲取之，必固与之"，在管理实践中，有所得必有所失，有所失必有所得。舍得舍得，有舍才有得，但舍不应以得为目的，只要有希求"得"的心就还是有"私"。企业只要把握住无私利万物的原则，该有的果自然会实现，不该有的也奢求不来。总之，大道不会有丝毫错谬。

（二）永远精进

【现实中的胜道实践】"京瓷基板神话"

京瓷发展史上的一个最重要的里程碑是 1966 年在激烈的投标中夺得了向 IBM 提供 2500 万副氧化铝陶瓷电路板（用于集成电路生产的基板）的合同。要成为当时在电子计算机行业占有 80% 以上销售份额和 90% 以上利润份额的 IBM 公司的零件提供商，绝不是一件简单的事情。京瓷当时的精密陶瓷的精度是 1.5 丝（1.5% 毫米），而 IBM 的要求是 0.5 丝。在产品批量如此之大的时候作出这样的精度提升，即使在今天都是一个非常严峻的挑战，更不要说是 50 多年前。

而且陶瓷产品是烧结成型的，本身精度控制就极为困难。当时稻盛和夫每天都吃住在车间，和其他员工一起解决生产出现的技术问题。经过7个月的艰苦攻关作战，终于得到了IBM的合格通知，这份通知也就意味着京瓷成为世界一流的精密陶瓷企业。此后历经两年多时间，京瓷终于圆满完成订单的交付。这一事件由此被誉为"京瓷基板神话"①。

【哲学思考】

这样的精进背后是稻盛和夫"死亡的时候让灵魂变得更加高尚"这一人生目标在做支撑，所以，他才能不计后果地付出与坚持。当人生面对的每一件事都是发自内心地为了提升灵魂，精进就成了必然结果。

【对管理的启示】

京瓷何以能够成就商业上的神话？稻盛和夫的回答是："除了拼命工作之外，世界上不存在更高明的经营诀窍。"他在年轻时就提出了"六项精进"，即：付出不亚于任何人的努力；要谦虚，不要骄傲；要每天反省；活着，就要感谢；积善行、思利他；忘却感性的烦恼。

【道本管理】

道本管理盛赞稻盛和夫的观点，将永远精进、不断超越作为胜道实践的基本准则。同时，这样的准则要靠组织制度来保障。更重要的是学到稻盛和夫的精髓：活着是为了让灵魂更加高尚。

三、道本管理胜道实践核心内容

通过前面的分析可以看出，道本管理胜道实践与传统管理实践的

---

① 魏浩浩. 稻盛和夫的商业哲学[J]. 走向世界，2011，(35)：42-43.

不同之处在于，胜道实践的目的指向企业的本质，因而更关注企业的社会性、精神性和道德性等特征。

根据道本管理综合价值论，为追求单一经济利润而肢解支撑这一结果的所有其他价值只会得不偿失。对结果的追求需要基于正确的综合价值观。

（一）制胜之道

精神是魂，经济是肉，本立才能道生。

【现实中的胜道实践】信誉楼——信誉第一 [①]

信誉楼综合百货商场起源于河北省黄骅市，其创始人张洪瑞在 1984 年带领当地农民创建了一家小商场，历经 30 余年发展为一家有独特经营管理机制的大型综合百货商场。

有一年，当得知火爆市场的甩脂机对人体会造成伤害后，在顾客还没有提出退货的情况下，他们决定，全部召回已售出的甩脂机，并由公关部经理亲自上门将货款退回并向顾客致歉。这样做的结果是，价值 13 万元的商品最后被拆卸成零件卖了废品。

除了对顾客坚持讲信誉，信誉楼用"不是卖什么而是帮亲友买什么"、不将销售额与导购员挂钩来重新定位顾客与导购的关系，并通过允许顾客退换货、退货比买货更方便、优先接待退货顾客等做法，在实质上做到让顾客满意、放心。在这里，导购员是"帮助顾客购买商品的专家，而不是推销商品的生意人"。

在商业贸易关系方面，信誉楼与员工、顾客、供应商、竞争伙伴、政府建立的是了解—认同的信任关系，而不是基于计算或相互了

---

① 陆晓禾. 信誉楼：中国本土商业伦理的实践样本[J]. 伦理学研究，2017（02）：1-5.

解的信任关系。建立这样的关系耗时近六年并且没有盈利，而其创始人始终坚持，改写了基于功利关系的商业贸易关系。

以与供应商的关系为例，信誉楼采取的是"切实维护供应商利益"的原则，不搞代销，全部坚持买断自营的方式，坚持合理的商品加价率，践履了"不拖欠货款、不转嫁风险、不收受回扣、不接受吃请"的准则，把属于生产商的利润还给生产商；同时坚持商品质量的诚信要求，用流通领域的诚信要求来倒逼、促进和约束生产商。

面对员工，信誉楼提出"让员工体现自身价值，享有成功人生"的使命，并落到实处，几十年如一日，投入大量资金和人力，开办员工培训中心，建设教学型组织；员工的收入不与销售业绩挂钩，而代之以全方位关注、关心员工的工作状态、生活状态和心理状态，员工无须在销售指标和末位淘汰制度的强制下，不断地为高了还要更高的销售指标疲于奔命。企业把关注、关爱和成就员工作为自己的使命，具体措施如允许员工试错，让员工轻松工作；节假日带薪关门停业，让员工享受与家人团聚的天伦之乐；实行员工岗位股份制，不允许包括创业者在内的个人继承和控股企业，用股权激励核心员工，使货币资本和人力资本融为一体，员工利益与企业前途紧密结合。

而在如何与同行竞争方面，信誉楼追求的是"正和"、与竞争伙伴"共存"而非"零和"甚至"负和"竞争关系。其创始人认为"真正的强大、男子汉不是扫平一切对手，而是在练好内功、保持自己不败的基础上与对手共同发展"。

关于与政府的关系，信誉楼反思了"希望自己少拿钱、多沾政府光"的惯常思维，认识到要从自身做起，每到一地都从社会责任出发，多替城市建设做贡献，不仅主动将政府给予的优惠政策反哺社会，而且还主动提出承担一定比例的城市建设配套费用。同时在政府需要企业做出一些经济上的付出时，还主动替政府分担责任，如接过当地公园的经营管理责任，投入巨资进行改造，免费为市民提供休闲游玩场所。

如今，信誉楼已连续多年成为当地利税大户，创造了巨大的经济效益和社会效益。先后获得"省级文明单位""省级思想政治工作先进单位""商品质量信得过单位""消费者信得过单位"等荣誉称号。可以说，信誉楼百货商场几十年的发展壮大，实际上就是一个不懈经营、守信誉的过程。而其发展方向已经远远超越了是选择利润还是社会责任导向的"矛盾"取舍。

【哲学思考】

"种瓜得瓜，种豆得豆"，如果仔细观察一粒种子长成参天大树的一生，你很难不感叹大自然的神奇。深入挖掘，可归结为这是大道在发挥作用。种什么得什么，这背后一定有客观机制在发挥作用。正确把握根本和过程机制，才有可能得到正确的果。

美妙的事业背后一定藏着美妙的秘密。

【对管理的启示】

影响管理者做什么或不做什么的决定性因素，不是技术和商业模式，而是价值观。这也就是说，精神是企业的魂，经济成果是企业的肉。精神是企业的本，本立住了，企业实践才能在道上。

信誉楼不以业务指标作为核心考核指标，而是以员工学习、成长、进步、与顾客交朋友、服务顾客能力的成长为核心指标，这一点区别于众多传统企业，自然也取得了区别于百货公司这个夕阳产业的不凡成就。信誉楼抓住了服务员工成长、激发员工自我管理的核心关要，并以此为基点在方方面面走朴实正道，自然能得胜果。

【道本管理】

道本管理实践以企业精神为起点。之所以如此，是因为人类精神有一个进化的规律：吃什么，就长成什么！

只吃物质，兽性变得越来越强；物质与精神一起吃，就会变得越来越像人。少吃物质多吃精神，就是圣贤。只吃精神，那就是神。

道本管理实践不仅仅用经济满足员工需求、激励员工成长，更重视用精神滋养员工心灵、激励员工人性的成长。让高尚的精神生出经济之果，让经济开出精神之花，达到精神和经济的和谐统一和良性循环。

（二）德立财聚

德生能，品生财，"以其无私，故能成其私"。

【现实中的胜道实践】松下公司的信条及实践

松下幸之助认为美国企业家亨利·福特对松下影响很大。因为福特提出：经营企业的人，当然不用说，总是时刻以图利发财为目的。但在赚钱获利以外，还不能忘记发展社会事业。因为一种事业的存在，不知有多少人依靠它生活，有多少人由它而致富提高生活水平，使整个社会有所进步和改善。亨利·福特屡次主动降低产品价格，让更多的人有汽车可坐，在助人的同时扩大了自己经营的事业。

松下幸之助十分赞同亨利·福特提出的企业与社会发展密切相关的观点，认为任何人的事业都与这个人存在的社会利害相关，无法分离。心怀大志的企业家，应该具有这种抱负，将这一想法顺应各时代的实际情况。能做到什么程度，那就要看每个人的思想、人生观及对社会所抱的态度。

1929 年 3 月，松下幸之助将这些理念写入公司新制定的纲领与公司信条中，期望所有员工认识经营企业的使命，并实践每个人应负的责任。

新纲领考虑了公司营利和社会正义的协调，谋求国家工业的发达，并期望能使社会大众生活有所改善与进步。信条是：事业发展扩大，非有全体员工友爱团结、协力合作不可；希望每个人牺牲小我，以互助互让的精神，一致为公司的业务效力。

大正末年，日本出现了慢性的经济萧条，生产企业陷入经营困难。松下电器制造厂由于销量减少，库存品天天增加。当时正在养病的松下幸之助听了部属的报告后，否定了下属裁员的建议。只要求工厂制造部门减产，并发布两道命令：（1）绝不裁减员工和减少薪水；（2）绝不降低产品售价。

减产与裁减员工，在一般企业经营者看来，在当时情况下是互相关联、顺理成章的事。可松下幸之助坚决不裁员。因为他知道，被裁下来的员工生活将会遇到困难，也违背了公司当初将员工招入公司时的初衷。如果这时不裁员，则员工们一定怀抱感激的心情，自会发奋工作。但是，不裁员，只是减产，会发生人员过剩的问题。为了解决这一难题，松下幸之助让工人全体工作半天。同时坦白地告诉所有职员现在公司所遭遇的实际困难的情形，盼望他们一起努力推销公司产品。推销所采取的办法则是彻底地给予客户更好的服务。这一方法在短期内即已奏效，获得的成果出人预料。因全体人员干劲十足地到处推销，在仅仅两个多月的时间里，仓库里堆积如山的商品便全部卖光，且商品价格没有降低。

他说："我认为一种商品的销售价格，应该是生产成本，加上适当利润。在市场上如能这样推销，才算是商人经商的正道。这一来，可使制造厂家赚得相当利益，事业才会逐渐发展，增加生产设备，加强生产能力，达到大量生产的目的，最后促成制品售价降低，供应世人以物美价廉的商品，提高国民生活水准。"

松下幸之助的观点得到了全体代销商的积极协作，在经济危机的背景下，松下生产的新型收音机销售数量仍大幅度上升。

【哲学思考】

对财富要有正确的认识，真正的财富分为内财和外财。内财包括人的精神价值、对他人价值的贡献、所播种的未来价值，等等，这也与道本管理综合价值论一脉相承。外财则更多是世间人通常追求的财富、名声、地位。内财决定外财，外部财富的真正来源是人的德性，是往昔种下的生财的因成熟了。

进一步来说，如果你能从所有人、事、物上发现正面价值，如果你时时处处都能发现价值，你就是真正的富翁，你已经超越了一般的财富概念。

【对管理的启示】

经济不景气，裁员无可厚非。但松下幸之助没有选择这样做，他能体察他人的困难，真诚地为员工着想，这一善念也感得了员工们的真诚回报。

看起来一些对社会、对员工多有亏欠的企业做得很大，赚了很多钱。如果把时间维度仅仅局限于这个企业发达的这几年，我们难免会错误归因，认为企业虽然做了亏心事也还是很赚钱，是不是这样也不要紧啊？殊不知，如果把观察的时间维度拉长，就像看电视剧，不仅仅看其中的一集，而是从头看到尾，就会发现，企业一时的发达，是源于往昔种下的发达的因，它一定做对了一些事，一定是有一部分符合大道，等到时机成熟时，获得了这样的果。在企业发达之前或发达时做的亏心事，不是企业发达的因，只是时间上正好有先后。这些不符合道的行为一定会在之后遭到大道的惩罚，所受惩罚会远远大于此前的收获。

【道本管理】

无德求胜则靠阴谋。

无品求财必生邪念。

助德者得胜，引胜者修德则可德能兼备。

助品者发财，引发者提品则防因财废品。

德能兼备，品财兼收，则人人可为圣贤。

管理者一定要把握财富的真正来源，守住底线，不断基于大道提升自他品德。只要坚持这样做，平时经济景气或风平浪静时也许没什么差别，在关键的时候则见真章。

以德立财的思想要贯穿组织上下，写入集体契约，作为考核标准，作为对关键事项进行决断的重要依据。总之，组织的方方面面要渗透这一点。

此外，既然德生财，对基于道的德的培养、呵护就成了关键。这一点呼应了道本管理心道实践核心内容之一——道德饮食。

（三）正财之道

钱喜欢谁？答案就在圣人不积、予人的智慧中。

【现实中的胜道实践】关心、重视每一个人的业务员

为了找到现实生活中使用频率最高的字，纽约电话公司曾就电话对话做过一项调查。结果发现，在 500 个电话对话中，"我"这个字使用了大约 3950 次。这说明，众人在内心中都是非常重视自己的。

一位强生公司的业务员，每次到其客户公司的时候，总要先跟柜台的营业员寒暄几句，然后才去见店主。有一天，他到这家商店去，

店主突然告诉他今后不用再来了，他的店不想再卖强生公司的产品了。这个业务员只好离开商店，他开着车在镇子上转了好久，最后决定再回到店里，把情况问清楚。

走进店里的时候，他照常和柜台上的营业员打过招呼，然后再到里面去见店主。店主见到他很高兴，笑着欢迎他回来，并且比平常多订了一倍的货。这个业务员十分惊讶。店主指着柜台上一个卖饮料的男孩说："在你离开店铺以后，他走过来告诉我，说你是到店里来的推销员中，唯一会同他打招呼的人。他告诉我，如果有什么人值得做生意的话，就应该是你。"店主从此成了这个业务员最好的客户。

这个业务员说："我永远不会忘记，关心、重视每一个人是我们必须具备的品质。"

【哲学思考】

内心拥有多少，才能给出多少。也许这违反直觉，有人会说，"实际有多少，才能给多少呀"。看看名著中的"四大吝啬鬼"就知道，他们没有一个是穷人，但他们愿意为他人付出的比穷人还少！

实际上，在一定条件下，给出的越多，得到的越多。有人也会反驳："给别人了，我不就少了嘛。"在肉眼可见的范围内也许是这样，但谁都无法否认这个有形物质世界被无形规律、无形大道左右。在感官无法觉察的范围内，当一个人无私给予他人的同时，大道已为他准备好了礼物。

【对管理的启示】

企业人都追求利润，都喜欢钱。

可是，我们要问的是：钱喜欢谁呢？

作为经济组织的企业，其直接目的之一是赚取利润。《威尼斯商人》中夏洛克的赚钱方式已经广为人知，当今最传统、最常见的获取利润的方式其实与夏洛克的方式大同小异，只不过表现方式不同而已。

一个现实是，谁都想从别人那里赚钱，谁都想利润最大化，最起码是利润满意化，而同时，谁都不想有所损失。问题是，在一对商业关系中，似乎只有一方能达到这样的目标。难道经营管理只能是这样一个"零和游戏"？难道不能共赢没有输家吗？这就是道本博弈的智慧体现——在更高的维度寻求共同目标就有可能共赢。如果一直这样做，就有可能达到"以其不争，故天下莫能与之争"的状态。对组织想赚客户的钱这件事来说，组织要能一直真正满足客户的正当利益，则该赚的钱自然会赚到。

有几个管理者真正想去满足别人的利益呢？关心、重视每一个人的业务员发现了这样做的秘密：钱喜欢对别人好的人（有德之人，利他之人）。谁越是对别人好，钱就越爱谁！

关心别人，重视别人，似乎与重视自己的本性相悖，似乎只有具备高尚情操和磊落胸怀的人才能做到。可事实是，当你用诚挚的心灵，采取适当的方法，使对方在情感上感到温暖、愉悦，在精神上得到充实和满足，在生活中感到舒适与便利，你不但会获得和体验到一种美好、和谐的人际关系，还会拥有许多朋友和生意。

这就是钱之道。

【道本管理】

正财远远不止金钱。那么，正财是什么？正财来源于什么？根据道本管理综合价值论，正财约等于综合价值，而综合价值有不同层次、不同方面。简单划分一下，正财可包括精神层面价值和物质层面价值；眼前价值和未来价值；内在价值和外在价值；个人价值和对他人价值的贡献；低端价值到不可替代的高端价值的升级；等等。总之，综合价值是各方面价值关系的良性互动和不断增值。

正财来源于给予，越是给予，越有可能拥有。当然，给予的目的绝不是之后的拥有，而应该是不求回报地付出、服务，之后的收获只是副产品，是意料之外的礼物。反之，越想攫取、占有，越有可能失去，就像手中的沙子，抓得越紧失落得越快。

而给予的前提是内心"有"，这里的"有"不是有形的拥有，比如常说的"我有钱才能给别人钱"，并不是这样。而是指无形的拥有：第一，要有给予他人的心；第二，要有服务、帮助他人的持续愿望；第三，要不断提升内在精神价值。比如，按十分制计算，如果内在有3分，是不太可能持续给出高于3分的价值的；如果强行给出，只会给自己带来烦恼，削弱服务他人的心愿并快速耗竭现有价值。如果内在价值是8分，给出6分、7分的价值就是力所能及的，越是给出，越会促进内在价值的提升，越能给出，从而形成正向价值循环。

第六节　道本管理实践模型

为分析之故，道本管理实践分成了天道实践、众道实践、心道实践和胜道实践，但其实这几个方面是一个有机的整体。因此，在本节展示了一个企业整体实践模型，将几个方面融合，其中的大部分内容有现实中道本管理实践原型。

一、实施起点

道本管理思想在实践中，首先要在尊重所有管理主体的主体性的基础上，帮助所有人计算他们的综合价值如何最大化。这个综合价值包括物质价值和精神价值、内在价值和外在价值、当前价值和长远价值等。

帮助所有管理主体算清符合自己综合利益最大化的最优价值，是道本管理实施的起点。

实施前的动员大会上，要通盘告诉大家一个周全的、完整的方案，具体实施都是按照步骤执行，第一步、第二步分别从哪里入手、怎么做，诸如此类都讲清楚，这是为了让大家心中有数。在总体蓝图基础上反复强化，反复强调，行动上一步步地接近，这就是激发人们心中希望的力量、相信的力量的关键。

道本管理本身是一套完整的系统，这套系统就是要用大道的方式来安排。将道本管理的五大主体落地，是道本管理思想进入实施的技术过程的关键。

【五大管理主体落地】

道本管理，以道为本，这是管理的原点，第一主体到第五主体可依次自然衍生出来。第一管理主体是客观自然规律和人伦规律，这就决定了第一管理客体包括领导在内的所有人。然后再衍生，人的第一性在世间是被管理。

那么，第二管理主体自然出现，也就是每个人的自我管理，主动用规律管理自己。

在组织中，人与人的年龄、经历、心智等方面各有差别，于是，从中可以选出一批优秀的人，作为第三管理主体。他们首先要做好第一管理客体，明白第一管理主体，做好第二管理主体，同时，还要承担第三管理主体的责任，那就是服务部下。如果不这样做，部下心情不好，能力没有成长，即便一味控制对方，他们也是做不好的，这就意味着第三管理主体的失职。

然后就到了第四管理主体，这是在前面的主体关系基础上创造的虚拟主体，就是把大家的理念、意志、行动变成集体的，大家一起来讨论，甚至争论、辩论，最终取得绝大多数的统一认知，从而变成集体的共识、集体的意志，并在正式的签约仪式上，每个人作出承诺。签署生效，就出现了一个非人的第四管理主体——制度。而制度的本质是集体的契约，契约的制定一定是契约相关方都认同的。

以上四个管理主体更多事关组织内部，第五管理主体实际上就是常常被忽略的、站在组织外部对整个系统进行观察的个体或机构等，比如政府相关部门、顾问、咨询机构，包括客户等。外围这些直接利益相关者或者责任相关者，看组织和组织内的人自己看自己不一样。第五管理主体需体制化、机制化、制度化地跟企业、跟组织的本体镶嵌在一起。

所以，这五大层次是按照道的原理，对企业的内在、对各个角色的框架机制重新定义。这一点对实施道本管理来说至关重要。

【建立价值共同体】

A 公司在尝试引入道本管理。通过为每个人计算综合价值，A 公司将所有管理主体的价值诉求与企业的未来价值相统一，构建了一个价值共同体，以此为平台融合企业各个价值模块，并通过发挥员工价值模块的作用使企业功能价值模块达到最优化。

首先把企业岗位进行功能性地分区，然后以价值贡献属性进行划分。A 公司划分了三个部分：一是创造价值部分，是主体；二是传递价值部分，负责把企业创造出的价值传递给顾客；三是实现价值部分，主要是支撑系统。经集体讨论，为这三个部分赋予权重，企业总的价值体是 100%，创造价值部分占 50%，传递价值部分占 40%，实现价值部分占 10%。基于此，再集体讨论确定每个岗位的功能权重。这一功能权重很重要，既是这个岗位对企业的贡献率，也是该岗位除工资外能够获得企业利润分配的比例。

　　企业拿出多少比例的利润分配给员工，也需要集体讨论。结合企业的经营状况、所处的阶段、业务类型、利润模式、资本贡献率等，老板可以拿出一个方案跟大家说明。如果大家认同，这一方案也将变成共同契约的一部分。

　　企业的方方面面都需要共同讨论，即便不方便集体讨论，需要请专家设计方案，也要向大家说明这个方案征求了什么意见，采用了什么方式，请了哪些人设计，方案的模式是什么、标准是什么，等等。要把一系列内容作为整体方案提交给大家，让大家讨论是否有更优方案。否则，即便方案是最优的，如果只有老板一个人或少数几个人做决策，实际实施过程中恐怕也难统一思想、统一行动。

　　总之，道本管理就是没有死角地尊重每一个你之外的主体。如果不这样的话，无论是领导者的思想还是具体的实施，就都是不彻底的。

　　在进行集体讨论时，领导者更多扮演的是主持人的角色，让每个人的发言具有建设性。讨论过程中发现，如果员工 A 将自己的价值贡献率定高了，大家就会表达不满，从而发挥矫正作用；而最初不愿发表意见的人也发现，如果不把自己的想法说出来，自己的岗位贡献率会偏低，所以到后来也积极加入了讨论，并最终达成共识，大家没有任何异议。这样达成的共识和契约才是组织中由心中发出来的，让每个人心悦诚服，让人人都愿意遵守的制度。这样的话，领导也不用纠结，因为每个人都在解决这个问题的过程中。

　　最终找出来的是符合每一个人角色和利益的最优解，而且所有内容讨论完形成制度后，每个人都要签字，并附上个人承诺书。签完字，任何人包括企业领导者，就再也没有推翻这个集体契约的权力了。这样做既省事，又能激活大家，让整套体系变得鲜活、有生命力。

如此一来，A 公司的价值体和个人的工作的价值体之间就达成了连接，每个人在功能模块中所起的作用与最终企业的效益有了这样一个连接点。这样，价值连接体就构建起来了，完成了道本管理落地实施的第一步。

二、基础框架

道本管理思想实施的重要基础，是以管理主体的主体性为落脚点，以人性的客观规律为基础，把管理主体个人利益的最大化与企业综合价值最大化有机结合所构建的企业价值共同体。有了这个价值共同体，才有了后续一系列操作的依凭。

在价值共同体的基础上，需要明确每个岗位的价值需求，包括岗位设置、岗位具体描述、岗位职责、岗位工作流程、考核标准等。每个人都想实现自己这个岗位在价值共同体当中的作用，那么，大家就要共同讨论出如何最优化地实现作用，而不是领导者定规则、流程和考核标准。

这一步的重点是，以每个岗位上具体的员工为主，大家集体讨论确定各个岗位的考核标准，核心指向就是岗位功能最优化，因为功能实现最优化，对应的岗位的收益也能实现最大化。考核指标是保证价值贡献率实施的重要因素。

如何让岗位最优化？具体来说，需要对每个岗位的工作进行拆解，带着类似这样的思考：你需要提供哪些服务来让客户有好感？如果你就是客户，你需要什么样的服务？你觉得哪样服务让你最满意？

对这一点交代清楚后，很快大家就构建起了一套工作服务流程和考核标准。

大家为什么乐意认真地做这件事呢？这是基于这样的认识：只有操作过程中的人对岗位工作流程的感觉才是最真实的。又因为有名有利，所以大家平时工作着，同时又打开了另外一套程序：怎样才能更好？

这套日常考核标准是积分制，是将每个岗位要做的工作拆解成无数个小的考核项，这些考核项共同达成了每个岗位工作、服务行为的效果。大的方向包括三个方面：工作态度、工作能力和工作业绩。工作态度是形成工作行为的一个原因，工作能力是执行工作、实现功能的一个基础条件，业绩结果是工作表现的最终的具象化。

对这三个方面再做具体的拆分，把每个行为标准化。比如，对顾客的服务如何让对方感到很舒服，又不会打扰到对方；怎么把具体的操作做到最好；等等。

【打造精神的"新我"】

实际执行时还需强调一点：对你现在能做的事，你要想着如何通过做这件事变成这个方面的专家，你不只要干活儿，还要把普通的工作做成让人尊敬的工作。

如果大家心中这种主观的价值、角色上的新形象凸显不出来，管理者反倒说"你们要好好干，还不够细啊"，这是没用的，因为大家内心根本不知道要做成什么样子，做到什么程度。工作的具体事项看起来可能是一件件事情，实际上那些事体现的就是每个人，就像说"你是什么样的人"得看你在做什么事，能把事做成什么样子，而不仅仅说这个人什么模样，这事关每个人外在的形象和精神的自我。

但实际工作中也发现，很多人的精神自我固化在旧的状态，也就是固守于"精神的旧我"。比如，他会觉得"工作做完就可以了，哪有那么多讲究，差不多就行了嘛"。需要注意的是，类似这样的自我定位，会阻碍他在执行道本管理过程中智慧的开启。

所以，实际执行过程中需要先对员工进行培训，让大家明白为什么要做这些事。不是就具体的工作事项而言，也不是就这件事会让企业怎么样，或者会让自己的经济收益怎么样，不光是谈这些，因为每个人本身也是一个系统，也就是还要谈每个人"精神的新我"要怎么打造。如果这一点在员工心里没有出现激荡和澎湃的状态，尽管说了很多，大家心里还是会嘀咕："老板又出什么幺蛾子？又请几个什么破专家来，又给我们添事，成天累得要死了，还搞这些东西。"大家找不到做这件事的价值，尽管对大家说："你这么做的话，服务标准提高了，以后会赚更多的钱。"这听起来又像骗人的，光靠这个是做不到的。

【考核机制】

在此基础上，大家共同讨论出一个考核标准，然后形成一个考核机制，每天由各岗位的主管给岗位上的员工打分，员工自己也给自己打分，共同确定积分。这个积分对应着员工每个月增加的一部分考核积分的收入，这个收入是额外的。而且，弹性工资对应的积分是只设标准不设名额。比如设计几个档位，60分到70分一个档，70分到80分一个档，80分到90分一个档，每个月每达到一次相应档位就能换一个积分，积分最终形成等级，A企业一共设计了八个等级。以积分换等级，既有荣誉感又有工资拿。

具体考核由谁执行呢？直接主管打分，上级主管可以修改分数，比如遇到打分不公平的情况。对评分如果有异议，可以提出申诉，有申诉机制。

同时，还有一个信用体系。比如，主管如果怀有恶意故意给员工打低分，主管本身的积分就归零。每个人还有一个自我评分，比如满分 120 分，主管打分占 100 分，自己打分占 20 分，主要依据是自己的学习、提升，各方面的精进。但是打分要有相应的证据，比如读了哪些书，获得哪些思想，有具体化的指标。自我打分部分会进行抽查，只要有一次是虚假的，之前的全部归零。依靠信用体系保障打分的精准性。A 公司实际运作过程中，打分的精准度在 95% 以上。

A 公司刚开始推出积分制时，大家都没什么感觉。当积分排名公布后，一位原本有些吊儿郎当的员工看到自己得分最低，马上说："我该怎么做？太没面子了，怎么才能做好？"自己马上就去寻找提升的路径。

【关键环节】

建立基础框架这一步涉及几个环节：第一是大家定出标准；第二是标准的试运行和正式运行，让大家熟悉；第三是借鉴计件工资制。

过去手工操作的时候，一些岗位可以用计件的方式来计算工资。比如，编一个小筐，一天编了五个，编一个合格的筐工资是确定的，小筐合格与否由上级来确定，而合格之后挣多少钱是系统来确定的，根本不需要自己再算。当然，将计件工资制应用于如今的工作方式会有一定变化，但总的来说还是可以的。

所以，参照计件工资制的做法，先有大家共同的标准，大家共同认定，然后试运行，让大家熟悉过程，并解决运行中的一些技术问题，接下来就是自己计分，并由直接上级核定。

试运行一个月，过了运行期，上级核定员工自己的计分时若发现有虚高的情况，就要把虚高消除，而且虚高的部分还要进行惩罚，这是让其保持客观理性状态的一个措施。如果直接上级在这方面做得不够，那就由专业的核查员和间接上级抽查来解决这个问题。

【处罚机制】

对具体工作中出现问题、犯了错误的处理方式，契约中也需要进行约定。可供参考的做法是，如果出现问题、犯了错，每个人要自己申请处罚，从董事长到基层员工都是如此。本人提出，一周为限，超过一周由他的直接上级执行，力度加倍。如果超过两周，直接上级和本人都没有这样做，就由间接上级来执行，在原先加倍的基础上对两人进行处罚。

对董事长或者公司一把手来说，特殊之处在于，由于他们没有直接上级和间接上级，对他们的处罚将由第四管理主体来完成，如"民主管理委员会"等。

这样的处罚机制是为了去除人的机巧之心、奸巧之心、想走捷径的心，让大家都回归到真正靠自己的能力、靠自己上进来提升自己的正路上来。

所以，在制定这套管理体系时，契约中要约定好企业的红线，哪些红线是不能碰的。所谓红线，就是任何人触犯之后就要出局，这是最严重的问题。然后，把其他问题划分几个档次，按程度的轻重，设置一级问题、二级问题、三级问题，每级问题有相应的处罚方案。

【服务成长】

在此过程中，不论如何淘汰，一定会有落后者，总会有人因为各种原因不配合，甚至可能公司高层就是这样的。此时，最能体现道本管理服务成长的理念。直接上级和间接上级一定要发挥服务责任，与落后者详细谈话，疏通他心中不理解、排斥之处；需要的话还要告诉他，一个优秀的员工需要做哪些事情，做到什么程度会成为优秀员工；过程中也一直重点帮助他，并记录他的进步、他的先进事迹，促进他的发展与成长；等等。总之，道本管理不是为了实现企业的目标，而是为了帮助人、成就人。

具体来说，落后者可能在工作中不务正业、吊儿郎当，生活中可能也是劣迹斑斑，平时也不学习，或者文化程度很低。不过，这些都没有关系，因为道本管理的根基是每个人的人性本质，不是一时表现出的状态。

退一万步讲，出于动物本能，人也是趋利避害的。落后者现在做的，辅导者要用他的经验语言给他一步步演绎其中的逻辑，同时，告诉他怎么做能让他的收益一步步地增加，不断地良性化发展，逐渐变得丰满。任何一个生命是经不住这种诱惑的。即便对方说："这个道理我觉得挺好的，但是我不会做。""没关系，我们帮着你一块儿做，我们大家一块儿做。"从 0 开始，对生命没有设定条件，"必须大学毕业，必须是共产党员"，没有这些条件，每个人的现状，每个人的人性就是基础条件。而且，所提供的方案是作为一个生命无法拒绝的。如果对方说："我就想自虐，我就想伤害我自己。"当他这么说的时候，实际上他在说气话，不是真的。

所以，这套理论的基础已经把人推到了不能再推的最后那条线上去，就是逃无可逃。而且，不是教人要爱企业，也不是教人要爱客户，而是要爱自己。伤害自己的人可能都没有决心去改变，想爱自己却没有方法。"好吧，爱自己的方法我们教给你，我们帮着你做，我们营造一种氛围，大家一块儿做，给你时间来做；伤害自己的行为，不能做，再伤害自己，你将付出更大的代价。"谁会这么对待你？父母。但是父母的方法可能不到位，也未必有耐心。但是这套系统，用老子《道德经》中的话说，"既得其母，以知其子；既知其子，复守其母，没身不殆"，"母"代表的就是每个人生命的源头。这段话已经清楚揭示了内在逻辑。

三、智能升级

最终，通过这么一套系统的长期运行，大家慢慢就形成这么一套习惯，就是要这么做，大家也知道该这么做，也不会想别的歪门邪道，技术上也熟练了，而且也不会再当作负担了，一套新的心智和技术行为体系就形成了。这就是一套解放管理、解放每个人状态的技术。

此时的系统已经进入智能化运行状态，每个人都清楚自己的职责、权利，知道日常工作应该怎么做，出了问题应该怎么解决，应该找谁，等等。领导者则几乎可以"无为管理"了。

【运行效果】

A公司在道本管理模式运作下取得的效果是：扭亏为盈，从产品到员工的服务得到了顾客的一致好评，让顾客感到员工是发自内心地欢喜，并对此口口相传。此外，整个公司创造出一个美好的能量场，一个尊重每个人的能量场，顾客成为公司的朋友，愿意主动帮助公司发展。这一能量场不仅吸引顾客，更吸引优秀的人才加入公司。而任何新加入的人都能被公司积极向上、每个人都愿意主动为公司的发展着想、主动出谋划策解决问题的风气同化，促进了公司最优化价值的实现。

【系统升级】

在系统的正常运作下，随着形势的改变、新鲜血液的加入、大家层出不穷的创新想法和做法、前沿理论和优秀实践的学习，等等，整个系统一定是需要升级的，而升级也需要事先在集体契约中作出约定，及时、定期进行。系统升级的频率反映了整个组织内部的认知提升速度、学习效率、创新速率、形势变化的快慢等，因此，对有些行业的有些企业来说，可能至少需要半年升级一次。常态化的升级也会反过来促进公司员工的学习、进步，促进公司对不断变化的环境的适应能力。

根据道本管理螺旋进化论，企业的优秀管理思想和实践同时可以作为文化品牌、文化产品向外输出，从而影响更多人，并在互相交流中吸收新的能量、信息，形成开放循环系统。

四、小结

实现道本管理思想的效果，需要通过一套以道本管理核心思想为基础的契约式管理系统来保障。

1. 集体契约是实现企业与员工价值共同体的保障

在每个人的综合价值最大化的基础上，构建集体综合价值利益最大化，要通过集体契约的形式完成这一步骤。

在形成集体契约的过程中，全体员工必须经过充分讨论，认识到集体利益最大化是什么，通过集体契约的形式保障集体利益最大化。在签约的时候要有仪式，要让每位参与者都有神圣感，感觉到这个集体的严肃性。

2. 集体契约才是合法有效的制度

《中华人民共和国劳动法》第四条的相关规定中，关于企业规章制度有三个要素：民主程序制定、不违反相关法规和已向劳动者公示。

可见，道本管理的思想、思维，是《劳动法》中相应措施的思想基础。

3.技术保障体系确保契约的执行

技术保障体系，包括经常审视、检查契约的执行情况，可以借鉴批评与自我批评等技术手段，形成这套系统的自我修复、自我完善机制。

4.持续升级

通过在执行中的不断完善和修正，形成动态完善的体系。这一系统将成为"活"系统，形成一台管理的永动机。

第七节　当前环境下道本管理实践特征及展望

20世纪60年代末70年代初，管理权变理论被提出。权变理论认为，每个组织的内在要素和外在环境条件都各不相同，因而在管理活动中不存在适用于任何情景的原则和方法，成功管理的关键在于对组织内外状况的充分了解和有效的应变策略。相比于其他管理理论，权变理论以系统观点为依据，更加关注系统中的环境因素，强调管理要素与环境要素的匹配。

道本管理理论和实践重视管理所处的环境因素，认为任何管理模式与方法都需要与其所处的环境条件相契合，才能产生预期的作用。

20世纪后期，人类开始进入一个新的时代——知识经济时代。知识经济是相对于工业经济而言的。在工业经济时代，人们提出了经济理论。在知识经济时代，这些经济理论前被加上了"传统"两个字。20世纪80年代起，明塞尔、舒尔茨、贝克尔、丹尼森等学者提出的人力资本理论打破了传统经济理论的思维分析框架，引发了人们经济思维方式上的根本性变革。传统经济理论被重新定位。美国经济学家罗默、卢卡斯和英国经济学家斯科特等人对新古典增长模型提出了批评，并提出了新的经济增长模型，形成了新经济增长理论[①]。在新理论中，人力作为一种重要的资本对经济增长发挥重要作用。这是知识经济时代与前期工业经济时代的最大不同。

一、当前环境下道本管理实践特点

有些人学习道本管理理论后，一方面认可它的正确性和有效性，但另一方面又总觉得它具有某种理想化色彩，怀疑它在当前环境下的可行性。这种看法似乎有一定的依据，因为道本管理所倡导的管理实践与当前环境下的很多做法相反。

老子说："反者道之动。"道本管理的很多实践是在"道"的基础上对现实通常管理做法的"反动"。

理论之所以有价值，是因为其超越了表象而指出事物的本质特征，道本管理也是如此。在当下实施道本管理正当其时。当前环境下的道本管理实践具有如下特征。

（一）追求神圣目标

众人都以"经济人"的视角追求利润最大化目标时，道本管理实践提倡管理者追求更符合人的神圣性的目标。

有人可能会问："别人拼命追求利润还得不到，你不追求利润却追求当'圣人'，在物竞天择的市场经济中，不只有死路一条吗？"

我们想问的是：假如有两个合作伙伴，一个人千方百计追求自身利益最大化，事事以自身利润最大化为准则，另一个人从双方的共赢

---

① 宗承刚. 新要素资本、生产方式变革与财务关系创新[D]. 中国海洋大学，2012.

出发，在所有情况下尽可能让合作伙伴多挣点儿而自己少挣点儿，在其他条件完全相同的情况下，你会选择哪一个作为合作伙伴？

道本管理的智慧就隐含在上述问题的回答中。我们认为，正常人都会选择后者作为自己的合作伙伴。表面上看，在一次交易中后者因为让了一部分利润给对方而没有达到利润最大化，但是，他因此获得了真实的订单和信任，还会因此获得与更多人合作的机会，最终达成前者一直追求的利润最大化目标。因此，从结果上看，追求神圣目标的利他者成为真正的利润最大化者。而单纯追求自身利润最大化的利己者，却没有达成自己想要的目标。

道本管理并不否定市场经济的基本规则，即追求自身利润最大化，但反对过分强调和泛化这一准则，反对不惜一切手段实现这一目标，更反对采用违背人性的方式和手段实现自身利润最大化的目标。这一区别不仅反映在追求的过程中，也反映在达成目标后的后续行动中。道本管理在得到利润后，仍会将利润用在符合天道、地道和人道的方面，而不会用于自身的享乐。如果不是这样，这个人就是手段似乎更高明的最大化自身利益的"经济人"，而不是一个真正的道本管理实践者。

道本管理实践追求神圣目标并不与利润最大化矛盾，因为其更合道，反而更容易实现利润最大化的目标。道本管理实践是一种更高境界的智慧。

（二）不争而达不可争

从前面的论述可以看出，道本管理实践者似乎是一个在大家都争做利润最大化的追求者时的不争者。老子说："以其不争，故天下莫能与之争。"道本管理实践的另一个特征，即是在激烈的市场竞争条件下不争而达不可争。

道本管理实践为何可以做到"不争而达不可争"呢？是因为道本管理采取的是不争俗、不俗争、不与俗争的"蓝海"战略。

在有众多参与者的市场中竞争，大家的目标是什么呢？有哪些原因能促进目标实现呢？为什么要实现这个目标？

现实中，大多数人直接盯着利润最大化这个果，但很少有人去考虑取得利润最大化的最佳方式这个因，以及盈利还是为了自身的幸福快乐这个终极目的。道本管理则直指终极目的，并不直奔利润最大化这个表层的目标，而直接归依管理的天道、地道和人道，采取不争果而争能导致果的因的战略。因为合道，道本管理实践在同等条件下，一定比那些用不合道手段争取利益的竞争者更容易取得成功，世俗的竞争者因为不明白这个道理反而更不易成功。最终，道本管理实践者往往达成"不争而达不可争"的结果。

需要说明的是，由于市场经济系统的复杂性，一个企业能否成功受众多因素的影响，实施道本管理实践只是其中的一个重要的必要条件而非充分条件。因此，采用道本管理实践并不保证企业一定能取得商业上的成功。取得了商业上成功的企业，也不是必须采用道本管理实践。不过，通过对众多案例的研究，我们发现，能够取得长期成功的企业，都或多或少地具备道本管理实践的要件。

（三）无为和服务

控制是西方管理理论中管理的重要职能之一。随着互联网、大数据和人工智能等技术的发展，现代科技为管理者进行控制提供了越来越便利和先进的工具和条件。前文已经分析过，管理者对被管理者的控制已成为多数企业人潜移默化的信条，很少有人质疑其正确性和有效性。当管理出现问题时，很少有人去反思是因为控制太多了。相反，大多数人会认为是控制太少了，为了解决问题，只能进一步加强控制。

"无为"和"上善若水"，可以说是老子政治哲学的基本理论。这里的无为不是什么都不做，而是不妄为、不为自己不该为之事。水的品格是滋养万物而不为主，也就是说，水养育了万物却不去控制万物。

道本管理实践遵循无为之道，倡导管理就是服务而非控制的理念[①]。在道本管理新人性论的人性假设下，每个人都追求神圣人性，都有自我实现的主体性，都有不断进步和完善的原动力。因此，道本管理提倡在众人的契约达成后，管理者需要做的只是帮助和服务于被管理者自身的进步和成长。管理者应该做的是引导并和大家一起制定共同遵守的契约，保障和维护契约的实施，在契约约定下服务于被管理者的成长，使被管理者的主体性不断成长和完善，而不是控制被管理者。实际制约被管理者的是大家共同制定的契约。契约会随着条件的变化不断进行完善，以适应各种新情况的出现。因此，被管理者实际是在契约条件下进行自我管理。

有人可能会问，这样的管理能行吗？近年来，我们已经开发出了一整套的道本管理模式操作体系，并通过实地试验证实了其有效性[②]。

二、道本管理与共同富裕

共同富裕是全体人民通过辛勤劳动和相互帮助最终达到丰衣足食

---

① 齐善鸿，程江，焦彦. 道本管理"四主体论"：对管理主体与方式的系统反思——管理从控制到服务的转变[J]. 管理学报，2011，（09）：1298-1305.
② 程江. 激励的本质与主体性的转化——以道为本的激励哲学及操作模式研究[D]. 天津：南开大学，2012.

的生活水平，也就是消除两极分化和贫困基础上的普遍富裕，是中国特色社会主义理论的重要内容之一。中国人多地广，共同富裕不是同时富裕，而是一部分人、一部分地区先富起来，先富的帮助后富的，逐步实现共同富裕。共同富裕是社会主义的本质规定和奋斗目标，也是我国社会主义的根本原则。

那么，以道本管理思想如何解读共同富裕呢？

（一）道本管理以所有人的利益为管理目的

贫富不均的一个重要原因是，西方管理理论把人作为实现资本利润的工具看待。在资本家看来，财富只能掌握在少部分人手中，大部分人都应该是他们实现利润的工具，只有这样才能持续地给他们带来财富。

有人会说，西方一些国家贫富差距并不大而且福利很高，他们不也实现了共同富裕吗？这些高福利国家一部分是靠着大量的自然资源养活少数的人，而且是以高税收的方式维持高福利。另一部分就更值得考量了。回顾这一部分西方所谓共同富裕的国家的发展历史，无不伴随着由于工人阶级被马克思主义理论唤醒所进行的争取自身权益的斗争，西方的管理理论一直是在为解决这些劳资矛盾而提供资产阶级被迫妥协性的方案。同时，社会主义国家的建立和发展壮大，让西方世界的资本家群体不得不以提升工人待遇的方式来展示资本主义的优势。再有，这一部分西方国家的高收入、高福利是以他们的金融和科技优势，对广大第三世界国家进行剥削和掠夺的方式建立和维持的。

这些国家为资产阶级服务的政府，是把其他国家人民的财富通过他们制定和维护的所谓国际规则，以他们认为合法的方式掠夺过来，把其中的一小部分分配给了本国民众，让他们的民众享受了所谓的高收入和高福利，而大部分的掠夺收入还是进了极少数大资产阶级的口袋。这样的模式本质上还是少部分国家和少数人群的富裕，这些富裕人群占全世界总人口比例极低，不是具有普遍性意义的共同富裕模式。而且，他们的富裕模式并没有改变这些国家的大多数人民作为资本工具的角色，只是作为资本工具的人民的收益在数量上多一些，而且多出来的这一部分并不是资产阶级给的，本质上是从其他国家的作为资本工具的人民那里掠夺来的。这只是资产阶级玩的一种把戏，把资本工具的收益在全球范围内进行了再分配，培育了他们本国的一群所谓的富裕的工人阶层。这样做，即可以缓解他们国家的社会矛盾，又可以树立资本主义所谓的优越典范。

道本管理则是彻底地颠覆了西方管理理论中把人作为资本获得利润的工具的思维模式，把管理的目的定位在为了所有人的成长和发展，是为了所有人的利益与组织的利益同步实现最大化。这是从管理上实现共同富裕的基本逻辑，是具有普遍性意义的共同富裕的模式。

（二）道本管理遵循天道法则平衡财富

天道法则的平衡机制就是"损有余而补不足"，第四章我们已经介绍了"有余"和"不足"的内涵，其本质是合道与不合道。天道会把不合道的财富拿走，补给合道的人，这是天道的客观自动调节机制，不以人的意志为转移。道本管理遵循天道这一调节机制，从管理的角度提倡管理者通过合道的手段获得财富，改变和去除过去那些所谓"擦边球""灰色地带"等不合道的获取财富的方式，倡导为合道的管理者和被管理者提供公平的创富机会。

（三）道本管理践行利他之道，助力共同富裕的实现

"既以为人己愈有，既以与人己愈多"（《道德经》第八十一章），这是老子利他之道的哲学思想。这一思想教导人们，要想获取更多的财富就要为他人付出更多。这与普通人获取财富的思维是相反的，普通人认为只有不断地利己才能实现个人财富的增长，普通人这种观点只是对财富的形而上学式的认知。不得不佩服老子是辩证唯物主义的鼻祖，只有利他才能最终利己，这是一个典型的辩证唯物主义观点。这是对财富本质的认知，只有通过利他的行为才能促进自己财富的持续性积累。老子这是为共同富裕提供了基本的哲学逻辑。

在现实中，谁都乐于和愿意为他人付出的人合作，谁都愿意占便宜不愿意吃亏，但愿意吃亏的人往往能积累超越他人的财富。当年的李嘉诚就是这样愿意吃亏的人，总是把利益让给合作伙伴。越来越多的合作伙伴主动前来合作，这些合作伙伴都希望李嘉诚的生意越做越大，这样他们的利益也就越来越多。这就形成了一个良性互动模式。

在共同富裕的道路上，这样的模式同样适用。先富者通过给予待富者创富的机会，帮助待富者实现富裕的目标。创富的机会可以是在先富者自己的企业内为待富者提供公平的财富增长路径，也可以是先富者为待富者提供创业的机会，通过把待富者培养成为自己的合作伙伴，并持续地为他们让利的方式，为待富者提供创富的路径。这两种模式培养起来的待富者，随着他们的能力和财富的持续增长，反过来又成为先富者的价值创造者、重要的合作伙伴或者忠实的消费者。这样的互动关系，让先富者和待富者持续地互相扶持，共同发展，形成了共同富裕的联合体。试想，如果社会上出现越来越多这样的联合体，共同富裕的实现就指日可待。

这就是道本管理思想对共同富裕的解读和提供的实践路径。

三、道本管理实践展望

综上所述，道本管理实践具有广阔的前景和良好的实施条件。我们对道本管理实践的未来充满信心。同时，我们认为不同的组织因其自身条件的不同，在实践道本管理时并没有统一的操作手册，只有一致的哲学理念。因此，在道本管理的具体实践中，应注意既要仰望星空，又要脚踏实地。

1. 道本管理实践机遇

道本管理的很多操作方式都与当前主流的现实管理操作方式不同。在现实的社会经济环境条件下，很多人可能因为没有随大流而怀疑道本管理实践的可行性，或者认为自己的周围没有实施道本管理的土壤。

我们希望：与其怀疑，不如去试验，亲自体验一下道本管理实践的效果。

莲花正是因其出淤泥而不染才更显高洁。当前的社会经济环境，恰恰为道本管理实践的成功准备了很好的条件。

2. 道本管理实践方向

人类已被证实已经生存了上百万年，有文字记载的也有几千年。在这漫长的历史中，朝代更替，沧海桑田。不计其数的理论不断涌现和沉寂，但人类的文明不断向前一直是不变的方向。

任何不符合人类文明发展方向的理论和实践终将退出历史舞台，管理理论也不例外。因此，我们大胆预测不尊重被管理者主体性的，以控制为特征的当前西方管理理论和实践终将被取代。从人类文明的发展方向看，我们认为道本管理及其实践可能成为未来的发展方向。我们期望更多的组织管理者走上道本管理的实践之路，并在实践中不断对其进行完善。

可能有人会问，既然道本管理实践这么好，为什么现实中没有一个完整、完美的案例呢？这是不是意味着不可实现？现实中虽然没有完整案例，但在下一章的道本管理实践案例中可以发现众多现实管理实践的闪光点，不同做法组合起来基本上涉及了道本管理实践的各个主要方面。不过需要注意的是，这不意味着道本管理实践是拼凑起来的。道本管理实践体系隶属于道本管理理论体系，道本管理本身是一个完整的系统，只不过现实中符合道本管理思想的相关实践目前还不是很成体系，这也恰恰说明需要系统的理论指导形成系统的实践。现有实践中的闪光点带来了明显的成效，而不符合道本管理系统规律、有缺陷之处也会成为掣肘之因。

那么，如果按道本管理理论进行实践是否一定能成功？不得不说，道本管理不是商业成功的充要条件。当然，目前的任何管理理论也都不敢保证成功。同时，没有完全采取道本管理实践的成功者也不乏其人。任何成功需要天时、地利、人和等各种因素的汇聚，其中很多因素无法识别，因而也难以掌握。而道本管理的美好愿望之一是帮助人们尽可能多地认识规律，进而把握规律，从而掌握更多的成功因素，多多少少提高成功以至于持续成功的可能性。

此外，道本管理能不能百分百做到？做不到是不是就不能成功？很难衡量什么叫所谓的百分百。以道为本，大道无形，从大道中衍化出的规律有很多，而对规律进行教条化的生搬硬套本身就是在违背大道。而对于真正悟道的人来说，"宇宙在手，万化由心"，所做任何事都合于道。不能达到这一境界，但是走在学道、修道、悟道的路上，面对的任何事都可能成为是否合于道的检验。做成的事背后一定有合乎大道规律的因素，做不成的也自有违背的因素。此时，已不是着眼于成功这一某个时空条件下的结果，而是将其作为检验的指标、反思的抓手、继续进步的起点。

本章撰写者：王雅楠、程江

第一轮校稿人：王毅久、布玉兰

第二轮校稿人：王毅久

第八章　道本管理案例

也许一些人，会莽撞地过完自己的人生。但在人类的群体中，总会有人在历史的长河中留下一颗颗真理的珍珠。

现实中每一个人对真理的探索，通常很难企及人类漫长历史中真理的积淀。

自我膨胀的人总是厚今薄古，自以为是的人总是在用自己短暂的几十年的生命，去抗衡人类几千年积累的文明。这当然是不明智的。

我们既要继承也要创新，继承与发展是人类文明进程中两个不可或缺的音符。

创造性的继承，创新性的发展，才能让我们的心智走在人类文明进化的轨道上。

说到继承，所针对的不仅仅是古老的历史，也包括我们身处其中的现代生活。

一位修行者这样谈人生：真正打开慧眼的人，他的人生就是捡起随处可见的真理的珍珠，然后把它串成一串念珠，慢慢地品着，走完自己的一生。

一个理论工作者，何尝不需要打开慧眼，从历史和现实生活中捡起那一颗颗真理的珍珠，串成思想和理论的念珠？

加拿大管理学家明茨伯格这样指责："由于管理，社会变得难以管理！"[1] 我们除了惊叹明茨伯格的才华与文笔之外，还可以体会到他对管理的现状有多么失望。就普通大众而言，内心深处对管理的抱怨恐怕很多，而抱怨之余只剩无奈：管理除了这样，还能怎样呢？

不过，值得庆幸的是，回顾历史，我们还会发现一些卓越或独特的管理案例。这些案例带给我们很多深思和启发，打开我们的思维视野，深化我们对管理的理解。我们就是结合对管理悖论、管理本质等的洞见，以及现实中这些卓越或独特的管理案例的分析，建构了道本管理理论。

因此，本书在最后一章，围绕道本管理基础理论，整理了不同类型的管理案例。通过这些案例，我们能够触摸到道本管理如何在实践中应用，感受并领悟道本管理思想。

道本管理理论并非是期待发生在遥远未来的"空中楼阁"，它根植于以往的研究成果和丰富的人类文明思想，也深深扎根于已经存在或正在发生的管理实践。换言之，道本管理理论既来自以往思想的引申，也来自管理实践，是对现实中卓越或独特管理案例的总结。我们需要做的是加强对这些管理案例的关注与研究，推动管理理论与实践的创新突破。

---

① 明茨伯格. 明茨伯格论管理[M]. 北京：机械工业出版社，2010：265.

第一节 妙用新人性的案例

一、信誉楼的故事

【案例简述】

这是一个流传了 30 多年的诚信故事。

河北沧州黄骅信誉楼，一家商贸公司。20 世纪八九十年代，中国的商品经济和市场经济快速发展，当一些企业为了利润而选择投机，甚至不诚信的经营行为时，信誉楼却提出了诚信经营的理念。

依靠诚信，信誉楼在一个五线小城市打造了一个享誉全国的商贸品牌，商场的顾客擦肩接踵。在很多企业面临经营困境时，信誉楼却一直保持着持续增长和不断扩张。

商品质量不合格，退货；商品价格高，退货；顾客穿着不合适，退货；顾客不喜欢，退货……让一线员工采购和销售顾客最喜欢的、性价比最高的商品，等等。信誉楼采取了一系列诚信经营的措施。

信誉楼唯一一次违背诚信的是"西服"事件。有一次，信誉楼从南方采购了一批西服，负责人按照市场行情加价出售，卖得很火爆。但是有一些老顾客反映，信誉楼的价格比市场上的价格高。

情况调查属实后，信誉楼创始人张洪瑞董事长马上召开会议。会议还没开始，他的眼泪就先掉了下来。他说，这样卖高价的方式是对顾客的欺骗，是不讲诚信，是在砸信誉楼的牌子。会后，相关负责人受到了处罚。同时，信誉楼在电视台公开播出了致歉广告，承诺顾客愿意退货的无条件退货，愿意退差价的无条件退差价。

就在那个"货物出门，概不退还"光明正大的商业时代，信誉楼却选择了不折不扣的诚信经营理念和精神。它没有把赚钱放在第一位，而是把顾客的利益放在第一位。

这一干就是30多年。在信誉楼的诚信背后，在张洪瑞董事长的眼泪中，我们看到的是人性的光辉。

【案例点评】

1. 欺骗别人，也是欺骗自己

人生于天地大道，与万物一体，人的道性是人性的本源。人所做的一切，不仅作用于外在，也作用于自己。不诚信的经营行为，犹如掩耳盗铃一般，实际上是在自我欺骗。

2. 诚信经营，合于人性

信誉楼的诚信经营，是人性神圣性、精神性的体现，彰显了人性的善良。因为合于人性，所以信誉楼能够得到包括顾客、员工、其他社会利益相关者和政府的认可，这也就成了它制胜的核心。

3. 人要追求理想人生

商业只是一个人安身立命的载体，其关键在于经营商业的人选择做一个什么样的人。选择做一个什么样的人，就会创造出什么样的商业。信誉楼人选择了人性中诚信的精神品质，所以成就了"信誉楼"这个享誉全国的品牌，也成就了他们理想的人生。

我们每个人无论是做商业还是做其他行业，其实都应该追求这样理想的人生。

二、两匹狼的故事

现实中的管理者，面对许多俗人的不良行为，会怎么办呢？"惩恶扬善""奖优罚劣""胡萝卜加大棒"成了管理的金科玉律。可是，这样的管理能减少恶行吗？明朝开国皇帝朱元璋曾经下定决心整治贪腐，杀了无数贪官，但明朝却是历史上贪腐严重的王朝之一。人们可能会问，面对邪恶，我们还能怎么样？请看这样一个案例——"两匹狼的较量"。

【案例简述】

一位年迈的北美切罗基人正在教导他的子孙。

他说："在我的内心深处，一直在进行着一场鏖战。交战是在两匹狼之间展开的。一匹狼是恶的——它代表贪婪、傲慢、妄自尊大、自私、谎言、不忠、恐惧、自卑、怨恨、生气和悲伤；另外一匹狼是善的——它代表仁慈、宽容、友谊、同情、慷慨、真理、忠贞、喜悦、和平、爱、责任、宁静和谦逊。同样，交战也发生在你们的内心深处，在所有人的内心深处。"

听完他的话，孩子们静默不语，若有所思。

过了片刻，其中一个孩子问："那么，哪一匹狼能获胜呢？"

饱经世事的老者回答道："你喂给它食物的那匹……"

无独有偶，一位企业家遭遇抢劫，也给我们思索人性提供了类似的角度。假如你走在路上，遇到一个歹徒要抢劫，你是为了保护自己的财产与他搏斗呢，还是怎么办？

有这样一位企业家，深夜回家时遇到一个歹徒要抢劫他的钱财，他的司机想挺身而出与歹徒搏斗，保护这位企业家。可是，这位企业家却制止了司机，并走近歹徒，爽快地拿出钱包，把钱递给歹徒。歹徒吃了一惊。

当靠近歹徒时，企业家发现歹徒没穿鞋子，于是，又把自己的鞋子脱下来，对歹徒说，天气太冷了，你穿上我的鞋吧，我回家后反正还有鞋子穿。歹徒更吃惊了，慌乱地穿上了鞋。

歹徒在穿鞋时，企业家发现他的衣服很单薄，又马上脱下了自己的大衣，跟歹徒说，你的衣服穿得太少了，小心别冻着，我的大衣你也穿上吧，反正回家我还有别的大衣穿。

此时，歹徒惊呆了。在接过衣服的那一刻，歹徒扑通一声跪在企业家面前，眼里淌着泪。从此，这个歹徒再也没有去抢劫，他成了这位企业家一名忠诚的保镖。①

【案例点评】

1. 用善化解恶

故事启示我们，简单地说人性善或者恶都是难以服众的，我们需要对善恶理论提出新的见解，即善恶一家，同居一间，此消彼长，皆为心能。我们多给善输送养分，恶就会随之减少。所以，恶的克星不是更恶，而是善，因为只有善才能化解恶。惩恶不一定能扬善，只有至善才足以化恶。

2. 仁者无敌，至善通天

我们的至善之心，发出的至善之行，就是在不断地给对方贴上正面的标签。而不管对方作出什么样的反应，正面的能量依然源源不断地涌向对方，对方的善就会被激发，恶就随之消减，直到被至善完全同化。此可谓仁者无敌，至善通天。这就是老子说的："圣人无常心，以百姓心为心。善者，吾善之；不善者，吾亦善之；德善。信者，吾信之；不信者，吾亦信之；德信。"

---

① 作者整理。

3. 标定人性，培育善性

在现实的管理中，我们给自己的职员贴了什么标签呢？我们给他贴的是善的标签还是恶的标签呢？如果贴的是恶的标签，职员的行为就像野兽一般邪恶，我们又如何去管理一群不正常的"野兽"呢？多给自己的部下贴上正面、鼓励的善的标签，给予他们正面能量的暗示，他们就会慢慢自我归类，做最好的自己。否则，给他们贴上过多负面的标签，就可能走向反面。因此，管理工作的一个重要任务就是通过给职员贴上一种重新定义的标签，使那些原来被认为是有问题的人恢复为"正常人"。有了成为"正常人"的职员，我们才能提高管理效益。理解人性、标定人性、培育善性，这就是道本管理理论的人性观。

三、医院治理的故事

【案例简述】

有一位管理者应组织要求，调任校医院院长。这位院长到任之后，通过逐个科室访谈发现，医院派系斗争、矛盾冲突遍地，管理状况不尽人意，前任院长就是被挤兑走的。得知这一情况，院长犯了嘀咕，心中思索着如何收拾这个摊子。

有一天，院长在翻阅医院职工花名册时，偶然发现这些职工有一半是党员。这一发现突然给了他一个主意：党员应该是先进分子，党员数量有一半，那么一半党员带动另一半非党员，问题不就解决了吗？想到此，他马上让秘书通知各科室，两天后召开一个党员生活会，要求全体党员必须参加。

在党员生活会上，院长跟大家一起回忆当年入党宣誓的情景，反思这些年每个人的所作所为是否符合一个党员的身份。在会上，少数党员惊讶地发现自己好像忘记了自己的党员身份，对自己的不正之作为也开始产生懊悔之心。这一次会议激起了党员们身为党员的责任感。

会后，院长趁热打铁，在全院开展党员职工标兵活动：党员的工牌上有党徽、白大褂上佩戴党员标志、桌子上有党旗、办公桌前面的墙上有党员日修清单。总之，这些标识就是为了时时刻刻提醒他们自己是党员，方便别人识别他们的党员身份。就这样，医院党员的工作状态调整过来了，全体职工中的一半问题得到了解决。随后，整个医院的不正之风也发生了转变。①

【案例点评】

1. 人有身份，就会有忌惮

如今，我们有大约9800万名共产党员，你能看得出来吗？有些党员混杂在非党员之间，这些党员的行为也就与非党员无异了。如果我们让党员穿上特制的服装，让"地下党"变成"地上党"，随处都能被大众轻易识别，估计大多数党员在做事时就会多一些忌惮，有助于我们的党风建设。

2. 人人都有羞耻心

穿袈裟的和尚为何不进夜总会？看到这个问题，大家可能觉得很有趣。是啊，和尚会去夜总会吗？即使去，估计也得先化化妆戴个假发吧。至于原因，自然是害怕别人认出自己的身份，担心会影响自己的声誉。实际上，每个人都有羞耻心，管理要用好人的羞耻心，并引导人向善。

---

① 作者整理。

3. 管理者要懂得给人"贴标签"

在社会心理学中，有一个所谓的标签理论（Labeling theory），该理论是以社会学家莱默特（Edwin M. Lement）和贝克尔（Howard Becker）的理论为基础而形成的一种社会理论。标签理论认为，人在社会会被贴上很多标签，人就是在标签下活着的。[1]"你说他是什么人，他就会成为什么人"，这是人性最奇妙的地方，贴上不同的标签，就会成为不同的人。

第二节　基于主体性的管理案例

一、两参一改三结合的"鞍钢宪法"

【案例简述】

1960 年 3 月，毛泽东在中共中央批转《鞍山市委关于工业战线上的技术革新和技术革命运动开展情况的报告》的批示中，以苏联经济为鉴戒，对我国的社会主义企业的管理工作做了科学的总结，强调要实行民主管理，实行干部参加劳动，工人参加管理，改革不合理的规章制度，工人群众、领导干部和技术人员三结合，即"两参一改三结合"的制度。

从现代企业管理看，"两参"就是让管理者能够保证有一定时间待在一线，并对可能存在的问题保持敏感性，同时又让工人有机会参与管理，让听到炮火的人能够参与决策，这样可以让管理者与工人彼此体会各自工作的差异，进行角色互换，从而利于推进双方关系改善以及作出科学决策。

---

[1] 曾智. 社会标签理论及其在学生"问题行为"转化中的应用[J]. 教育探索，2007，3：98-99.

"一改"就是流程再造，不断进行流程的改善创新。"三结合"，即废除"一厂制"，代之以书记、厂长、工会主席的"三人制"，再加一个技术人员、一个工人的"五人领导小组"，这就是集聚众人智慧的"团队合作"。

1961 年中共中央制定的"工业七十条"，正式确认了这个管理制度，并建立了党委领导下的职工代表大会制度，使之成为扩大企业民主，吸引广大职工参加管理、监督行政，克服官僚主义的形式。当时，毛泽东把"两参一改三结合"的管理制度称为"鞍钢宪法"。[①]

【案例点评】

1. 管理要尊重人的主体性

"鞍钢宪法"充分尊重了人的主体性，激发了广大职工的主人翁精神。欧美和日本管理学家认为，"鞍钢宪法"的精神实质是"后福特主义"，即对福特式僵化、以垂直命令为核心的企业内分工理论的挑战。崔之元更是明确指出，"鞍钢宪法"对经济与政治关系的综合考量是毛泽东思想的精髓之一，它弘扬的"经济民主"恰是增进企业效率的关键之一[②]。

2. 管理要有整体意识

无论是管理者下沉一线，还是让工人参与管理，或者是管理者、工人和技术人员相结合，这都体现了大道的整体性或一体性要求。很多时候，人们通常夸大管理的某一要素的作用，而忽视其他要素的作用，导致本来相互关联、相互支撑、相互作用的系统要素被人为割

① 王春贵. 鞍钢宪法的产生及其影响[M]. 中共党史出版社，2001.
② 王春贵. 鞍钢宪法的产生及其影响 [M]. 中共党史出版社，2001.

裂，从而降低了管理的效率和效果。"鞍钢宪法"既激发了人的主体性，又通过不同主体的整合，发挥了集体的效能。

3. 管理要解决异化问题

"鞍钢宪法"是对劳动分工、责任分割、等级化控制等西方主流管理理论中片面弘扬工具理性，导致人性在生产中的异化问题的批判和超越。这正是其不同于其他管理模式的独到之处，也是构建中国特色管理理论的重要思想资源。

国外的管理正在部分地吸纳仿效这套模式。比如西方企业鼓励员工参与管理、管理者下一线等做法，就是"鞍钢宪法"的现代写照。不过，值得我们反思的是，中国的企业在扔掉"鞍钢宪法"之后，却又正在向西方企业学习这些做法，却不知那些是来自"鞍钢宪法"。

二、激发主体性的家庭联产承包责任制

【案例简述】

家庭联产承包责任制是 20 世纪 80 年代初期在中国大陆的农村推行的一项重要改革。

1978 年，在当时的计划经济体制下，我国农村普遍实行的是集体所有制，土地、农业生产工具和农作物产量都归集体所有，然后再由集体根据家庭人口数量以及农民的劳动工分分配粮食给农民。农民劳动干好干坏一个样，干与不干一个样，这极大地压制了农民劳动的积极性，阻碍了农业发展、农村增效和农民增收。

面对这一现实，安徽凤阳县小岗村的农民坐不住了，他们进行了一个大胆的尝试：包产到户，在不改变所有制的前提下，把农村集体土地以家庭为单位分配给农户，由农户承包经营，农民生产的粮食在

缴足国家和集体之后，剩下的都由自己支配。

这一大胆尝试换来的是 1979 年小岗村一年的粮食总产量，相当于过去五年的粮食产量。农民见到了实惠，劳动的热情高涨。后来，小岗村的做法逐渐在农村得到传播，各地的农村也陆续出现了一系列相似做法，这些做法得到了中央的肯定。人们把这种以"包产到户"为典型特征，集体土地所有权和经营权分离的农村土地经营制度称为家庭联产承包责任制。[①]

【案例点评】

1. 不合理的管理制度压制人性

在实行家庭联产承包责任制之前，农民干好干坏一个样，干与不干一个样，心里缺乏做事的动力。农业生产全靠几位农村干部和小组长带头，广大农民的积极性和主动性被压制，这极大地阻碍了农村经济的发展。

2. 家庭联产承包责任制激发了人的主体性

实行家庭联产承包责任制之后，虽然农村的土地性质还是国家和集体的，但是土地的经营权分到了农户手里。农民生产的粮食除了上缴国家和集体的部分外，剩下的都是自己的。多劳多得，少劳少得，不劳不得，个人和家庭的命运把握在农民自己手里。这就极大地调动了农民的积极性，激发了农民的主体性。

3. 管理者要敢于自我否定，改变低效的管理制度

家庭联产承包责任制启示我们：面对低效的管理制度时，管理者

---

① 沈志群. 中国农村土地制度创新研究综述[J]. 现代经济探讨，2009，3：62-66.

不能一直延续旧的模式，要敢于自我否定，探索新的、更高效的管理制度，走出低效管理制度的阴影。只有这样，管理才能够创造更高的效益。而且，在面对组织中的一些类似小岗村村民的创新行为时，要有一定的包容性，对于更好的做法要给予肯定和支持。这样，人的主动性和创造性才能够被激发。

三、把管理做成服务的海底捞

【案例简述】

海底捞是一家以火锅为主业的餐饮企业，其员工大多数是来自贫困地区的农民。不过，其董事长张勇的一些尊重员工、为员工服务的做法，却让这家企业赢得了国内外的一片掌声。

做法一：寄宿学校

你的兄弟姐妹千里迢迢来打工，孩子的教育怎么办？于是，海底捞在四川简阳建了一所寄宿学校，海底捞员工的孩子可以在那里就读。

做法二：给父母发工资

海底捞不仅照顾员工的子女，还会想到员工的父母。海底捞领班以上干部的父母，每月会直接收到公司发的几百元补助，并且海底捞每年都组织优秀员工的家长去海南旅游。

海底捞的创办人张勇说："我们的员工大都来自农村，他们的父母没有任何社会保险，海底捞就当给他们父母发保险金了。如果他们不好好干，他们父母都帮我骂他们。"

做法三：夫妻房

海底捞鼓励夫妻在同一家公司工作，而且还给夫妻提供由公司补贴的夫妻房。

做法四：家访

对背井离乡的年轻员工，海底捞有一个特殊政策——对优秀员工和管理干部进行不定期家访。这样做的目的有两个：一是代表他们去问候父母，企业爱员工的父母，员工自然也会爱企业；二是了解员工的家庭情况，有针对性地对员工给予关心、指导和帮助。

做法五：宿舍长

张勇认为海底捞服务的标准化应该是，顾客在海底捞碰到的每一位服务员都在尽心尽力地服务，都在高高兴兴地工作。

与此同时，在海底捞，员工也被视为顾客。海底捞的员工大多是刚离开家乡的年轻人，他们从农村来到陌生的城市，不太会照顾自己的生活。为了满足这群特殊顾客的需求，海底捞有一个特殊的职位——宿舍长。宿舍长大都由 40 岁以上的女员工担任。她们的唯一职责就是照顾好这些刚离家的年轻员工。[1]

【案例点评】

1. 管理的本质是服务

海底捞通过打造家文化，设计科学的职业发展通道等管理措施，尊重每位员工的主体性，培养员工的主人翁意识，从而让员工能够自我驱动、自我管理。在这个基础上，海底捞的管理者就成为服务者，海底捞的管理也就像上面描述的那样变成服务。

海底捞把管理做成了服务，让员工没有思想负担，让员工没有家庭生活上的担忧，让员工对未来充满信心，从而让员工能够安心地、负责地投入工作。这种服务式的管理激活了员工的潜能，激发了员工

---

① 黄铁英.海底捞你学不会[M].北京：中信出版社，2011.

的积极性和主动性。海底捞的这一做法与道本管理的人的主体性理论非常一致。

2. 管理不能把人当工具，而要当作目的

海底捞之所以能够把管理做成服务，根源在于创业初期，它就打造了"把员工当人看"的企业文化——爱员工、尊重员工、关心员工，帮助员工成长。当很多企业把员工当成赚钱工具的时候，海底捞却把员工当作目的，把人当成人对待。正因如此，海底捞才能够创造出一系列其他企业学不会的管理服务措施。

如果管理者能够服务好员工，员工自然就会服务好客户。海底捞对员工的一系列服务，换来的是员工欢快的笑声、矫健的步伐、服务顾客服务到底的文化。海底捞的员工为顾客提供了一次又一次的主动、贴心、感动的服务，这让海底捞获得了无数赞美，并因此也获得了丰厚回报。

四、实行朝会制度的民生公司

【案例简述】

民国时期企业家卢作孚创办民生公司，取得了辉煌的业绩，博得了毛主席"运输航运业不能忘了卢作孚"的赞誉。

卢作孚为了提高员工，特别是总公司机关员工的文化素质，从1932 年 10 月起，创立了朝会制度。所谓朝会制度，就是在每周规定的日子上班前，总公司全体员工聚集在礼堂，举行学习报告会。其内容丰富多彩，或由部门领导报告工作；或由一般职工报告自己的读书心得体会；也可以让职工自由发言，对公司工作提出批评建议；甚至让新加入公司的员工进行自我介绍，借此机会与大家见面相识。

抗战期间，朝会开始时，全体员工还要起立，齐唱抗日救亡歌曲。朝会结束时，全体起立再唱抗日救亡歌曲，朝会成了民生公司爱国主义教育的课堂。卢作孚不管多么忙，只要在重庆就会参加朝会。

在卢作孚的倡导下，民生公司读书学习、钻研技术蔚然成风。特别是总公司，更起到了带头作用。不少人参观民生公司，都有耳目一新之感。1935年底，女作家陈衡哲参观了民生公司后感慨不已，她说："民生公司便是办事与教育的合组机关的一个好例子。公司中的办事人员，在晚上都聚集在一个大礼堂里，不是听讲，便是自修。"她感到民生公司的大礼堂"充满了学校的空气"，"真可说是做到机关学校化的地步了"。①

【案例点评】

1. 管理要服务于众人的成长

管理的核心在于服务众人的成长，离开了服务众人的成长进步，任何管理都很难取得持续的成功。卓越的管理，一定是教员工做人、做事的知识和方法，帮助员工成长进步。只有保证人不断进步，辅助大家成为专家、英雄，企业才能够持续发展。这样，企业就成了造人的机器，管理就成了造人的技术。

2. 合格的管理者要具备服务众人成长的能力

离开服务众人的成长，仅仅把命令、制度、绩效作为管理手段的人，都是在用自己的权力掩盖自己服务能力的欠缺。任何一个管理者，他的存在价值和发挥价值根本上都在于服务众人的成长，并通过众人的成长为组织创造综合价值，从而推动组织良性发展。

---

① 刘重来. 卢作孚画传[M]. 重庆：重庆出版社，2007.

3. 民生公司把管理做成了教育

民生公司的朝会制度，把管理做成了教育。与一般朝会只是谈工作、谈销售的做法相比，民生公司关心员工的成长，从而把朝会这种常见的管理形式做成了一种教育形式、服务众人成长的形式。

通过这一形式，民生公司的每位员工都可以展示自己，每个人都会被重视和被倾听，每个人都能够持续地学习进步，这让员工找到了主体的地位，激发了他们的工作热情和主动性。所以，民生公司员工读书学习和钻研技术才蔚然成风。

第三节　基于精神制导的管理案例

一、错误的激励

【案例简述】

有一家销售公司，有销售人员一百人，为了激励销售人员多创造业绩，公司制定了一项激励制度。按照制度规定，销售业绩优秀的，将在年底获得一笔巨额奖金，但是只奖励业绩排名前三的人。

在这一制度之下，会出现这样的结局：九十位员工会认为自己根本不可能获奖，所以他们会认为这个奖励跟他们没有任何关系，做事的善意动机和动力自然就会打折扣。因为对于大多数人来说，获奖是一个小概率事件。

剩下的十位员工，跃跃欲试，但是其中有七人将会被淘汰。于是，这七人在内心深处开始盘算、揣摩、竞争，产生羡慕嫉妒恨，担心是否会有暗箱操作，甚至可能会敌视那些获得奖励的人。

最终获得奖励的只有三人，虽然他们三人得到了奖励，但是并没有太多的喜悦。即使有喜悦，也不敢光明正大地表现出来，甚至内心还有些忐忑。因为他们三人看着那么多人辛辛苦苦付出了很多，却没有获得奖励，担心其他人会有意见，不利于团结。

其中，个别人还可能因为经常获奖，会对奖励变得麻木，认为公司给予的奖励是他应得的，所以即便获得了奖励，他对公司也没有任何感恩。个别懂得感恩、有团队意识的人，最后会拿出奖励来请大家吃饭，而请客吃饭花掉的钱可能超出奖励的数额。

公司花钱奖励了员工，没有获得奖励的人感觉委屈、不公平，获得奖励的人感觉那是自己应得的，没有感恩心。本来公司奖励的目的是激励大家，却没有达到激励的目的。

这就是现实中大多数企业的做法，这样的做法在无数企业重复着。因为大家都这么做，所以也没有人怀疑这样做有问题。即便有些人认为存在问题，但是也不会静下心来思考其中的原因和寻找更好的解决办法。难道这样的方式就这么重复下去吗？①

【案例点评】

1. 管理不应该只是奖励少数人

激励问题是管理的核心问题之一，甚至有人说，若能解决激励问题，就解决了管理中所有的问题。但在现实中，我们却遇到了一个普遍的困局：组织中受奖励的是极少数人，可想获得奖励的职员却很多。这个问题怎么解决？如果我们花了钱、费了时间，结果却是让九十个员工漠不关心、七个积极的员工伤心、三个得到奖励的员工违心，这样的奖励做得有意思吗？

---

① 作者整理。

2.让人人都受到激励

不过，好在有些组织，比如保险行业，已经把这个问题解决了。他们会制定个人成长积分计划，让每个人为自己积分（正面的加分，负面的减分）奋斗，积分的变化也与上级的绩效联动，每个人都可以根据自己的积分来得到奖励。如此，破除那种只奖励少数人的误区，帮助每个人奔向自己的理想。

3.每个人都应该接受精神制导

合理的激励制度，无论是物质激励还是精神激励，都可以发挥精神制导的作用，关键是激励少数人还是多数人。当激励多数人的时候，大家形成一个追求进步、比学赶帮、自我突破的氛围，即便是物质激励也可以产生激发精神动力的效果。当然，人毕竟是精神制导的生命，激励不能只讲物质，还需要谈精神，用两种力量激发员工的动力。将物质内化为精神，将精神外化为物质，这样的激励才更科学。

二、神奇的管理

【案例简述】

在勒波夫的《神奇的管理》一书中，有一个关于"渔夫、蛇与青蛙"的故事：

一个渔夫在湖中的小船上晒太阳，突然发现他的船边有一条蛇，嘴里正叼着一只青蛙。这个渔夫很可怜那只青蛙，就想办法救了这只青蛙。但蛇还是饥饿的，于是，渔夫又找了一些面包喂了蛇。青蛙和蛇都快乐地游走了，渔夫也因为救了两个小生命而感到非常欣慰。但过了一会儿，他发现有东西在撞击他的船，他低头一看，刚才那条蛇又游回来了，这次嘴里叼着两只青蛙，后面还跟着一条蛇，嘴里也有

两只青蛙……①

渔夫以为用面包安慰了蛇，蛇不会再吃青蛙了。可是，蛇的感知是：我叼着一只青蛙，渔夫就会给我一块面包，那我还想吃面包，不如就叼两只青蛙。

这虽然是一个寓言故事，但它告诉我们一个深刻的真相：激励什么行为，什么行为就会增加！管理者正在激励的是你期望的行为吗？

一次，在机场遇见一个在房地产公司做律师的熟人。聊起他的工作，他说他刚换的这家公司案子特别多、特别忙。我问怎么会这样，他告诉我，因为公司的相关条文漏洞太多了。我就问他，既然知道，那为什么不直接从根本上修订完善呢？这样案子不就减少了吗？如此，自己也清闲，公司的麻烦也少啊！何乐而不为？

让我没有想到的是，他却给了我完全不同的答案："相关条文都完善了，就没有那么多官司要打了；没有那么多官司要打，我的法务部门年终绩效就没有了，最后可能这个部门都不需要了。如果撤掉我的部门，那我也会被裁掉，我又何必炒自己的鱿鱼呢？现在相关条文漏洞多，官司就多，公司离不开我们部门来处理这些问题，我们部门的绩效就非常好，我们都成了公司的有功之臣，又何乐而不为？"

听完他的话，我愣住了，不知道说什么好。②

【案例点评】

1. 奖励什么，就会激励什么

按照精神制导思想，人的行为是受精神制导的，精神是人的行为的依据。从上面的案例我们可以看出，人的行为与动物的行为在某些

---

① 勒波夫. 神奇的管理——奖励：世界上最伟大的管理原则[M]. 军事科学出版社，1990.
② 作者整理。

方面是一致的，你奖励什么，就会激励什么。人的行为受精神制导，而精神制导作用的发挥又与奖励什么有关。

2. 好的激励减少问题

管理中的奖励都奖励给了谁？我们是在奖励"救火员"还是在奖励"防火员"？如果是在奖励"救火员"，即便问题被解决，"救火员"还会期待问题不断发生。这样，自己才有工作的机会。而"防火员"则不希望发生任何问题，但如果没有问题的发生，组织还会雇用他吗？可是，不发生问题不正是我们期望的吗？我们需要反思管理中的激励模式，否则，问题将会不断出现。

3. 管理者应该激励人的精神

在管理中，大多数人重视物质激励，而轻视精神激励。

为什么重视物质激励？因为人们大多看眼前，而且物质也比较直接和实际。因为过于重视物质激励，所以管理者会把工资、奖金、股权、期权等作为主要的激励手段。而这样做的结果会激发员工的功利心，他们会轻视公司整体和长远利益，轻视客户的价值。可以想象，这样的组织未来会怎么样？

管理者应该重视精神激励，鼓励员工成长、服务客户，倡导团队精神和创新，对进步的员工，对有服务意识、团队精神和创新成果的员工给予奖励。这样做，有些直接就能转化为业绩，有些可能短期看不到效果，但是长期一定会转化为物质财富。

三、心灵的洗礼

【案例简述】

有一位企业家老总姓曹，遇到一个特殊的情况：一位刚被聘用，入职还没有几天的年轻员工在检查身体时，被发现患了白血病。按照一般的做法，公司可以直接让这位员工一走了之，因为这位员工还没有正式被公司录用。但是，老曹听说了这件事情，非但没有那么处理，自己还拿出三十万，让这位患病的"准员工"安心地去治病，其医疗费用他个人也全包了，不需要患者个人承担一分钱。①

很多人想不明白，包括不少企业家，都认为老曹犯傻了。

实际上，很多人只看到了花钱的现象，却没有看到背后人心的变化。当公司员工听说了老曹这样对待这位"准员工"时，都极为感动。员工们觉得老曹对一个新人都能这么好，那对我们还能差吗？员工们又想：老曹做人这么好，我们跟着他干还有错吗？退一万步想，如果我们以后遇到了大的困难，老曹会不管吗？所以，我们要跟着他，好好干，准没错！

这件事情发生后，公司员工主动积极地捐款，一起来帮助这位陌生的"准员工"，公司内部形成了一种互帮互助的良性气场。通过这样一件事情，老曹用自己无言的行动给大家上了一堂人生课，公司员工也都经历了一场心灵的洗礼，内心得到了极大的净化。很多员工和干部都说，这比一般的培训课程还管用。

【案例点评】

1. 要学会算人心账

遇到这样的情况，有些人或许会想，这个人来的时间这么短，不是我的责任，和我没有关系，花费那么多钱给他治病没有必要，最多公司象征性地给些钱表示关心；还有些人可能会想，这是公司的事

---

① 作者整理。

情，不是我个人的事情，我给他花钱治病不是吃亏了吗？大多数人都在算外部的账，没有算人心这笔账。如果把人心这笔账算清楚，你还会觉得老曹傻吗？说老曹傻的人，自己才是真傻！

2. 人心账就是一笔精神账

老曹善待生病的员工，拿出自己的钱给员工治病，并不是因为他会算账，实际上他很可能根本就没有算账。即便算了账，那他算的也是一笔精神账。员工需要精神引领，老曹帮助新来员工的行为，教会了其他员工做人的原则，同时，让他们相信自己未来也会被善待。那么，他们会不认真做事吗？这可是一笔无形的精神账。

3. 精神投入会加倍返还

老曹把钱花在救人上，不仅拯救了一个人的身体，也拯救了很多人的灵魂。像老曹这样的人，虽然为刚来的员工花了几十万，但是在其他地方一定会加倍地返还回来。如果有一天老曹遇到了困难，相信也一定会有成群的人站出来一起帮助他解决。这就是精神的价值。可惜很多人不相信或者没有耐心相信这种精神的力量。

第四节　新资本论的管理案例

一、华大基因用科技资本造福人类

【案例简述】

华大基因，如今已经是家喻户晓的基因检测品牌。在当今这个时代，科技早已成为资本捞金的利器，可是华大基因却偏偏提出"科技要造福人类"。原来一次20亿美元，到后来下降到4000万美元的基因检测，华大却把成本降到了 2000 元人民币，而且还在不断降低，包括其他各种疾病的基因检测成本都断崖式下降。在华大基因的努力下，高科技资本没有追求短期高利润、高回报，而是在努力为普通百姓提升生命健康和生活幸福而狂奔。

创始人汪建，为了参与人类基因组计划，放弃在美国的工作和优越生活，在不惑之年回国创业，成立了北京华大基因研究中心。然而，老天并没有眷顾这位科学家，创业的艰难险阻和失败的命运还是落在了汪建的头上。

北京创业失败后，汪建辗转上海和深圳等地，很多地方看到他失败，不愿意"收留"他，最后开放的深圳给了他重新创业的机会，并因此一鸣惊人。无论创业多么艰辛，汪建始终没有放弃要让基因科技造福人类，满足人们对幸福长寿的追求的使命。

在这样的使命驱动下，华大基因以高效率推动着中国在人类基因测序与检测应用领域的研究以及产业化进程。无创产前基因检测，地贫、耳聋、单基因病、新生儿新陈代谢检测，基因科普，基因健康筛查，百万千万城市健康惠民民生工程，等等，一系列服务于人类生命健康的服务如雨后春笋般应运而生。

汪建说："企业为人民服务到位了，企业盈利自然就提升了……做企业为人民服务，人民币就会为你服务。"华大基因用科技资本的价值兑现了社会价值，科技资本也被赋予了道德资本的内涵。

2017 年上市，2021 年总资产 142.55 亿，增长 27.3%，股东每股净资产 22.49 元，比初期增长 52.27%，等等。这些财务数据背后是新资本理念带来的综合价值回报。这一资本回报模式是可以预期广阔未来的，而非资本的短期狂欢。

【案例点评】

1. 树立新资本理念

华大基因用科技资本的价值兑现了社会价值，实际是新资本理念的体现。华大作为一家科技企业，并没有单纯追求科技的投入回报，而是把科技与人类的健康幸福结合起来，牢牢把握资本的实质内涵，推动企业良性发展。

无独有偶，与华大基因相似，腾讯科技提出了"科技向善"的思想，高领资本创始人张磊提出了"价值投资"的理念，等等。这些都是新资本理念的体现。实践证明，新资本理念更加科学、理性，拥有资本的温度。企业应该树立新资本理念。

2. 用道德资本打造组织人格

在一般人看来，资本似乎是冷冰冰的、逐利的。可是，当资本与人的道德、善良、智慧等结合在一起的时候，一个组织就具备了组织人格，成为一个有道德底色及资本实力的组织。

我们不能只顾眼前和少数人的利益，应该站在人类善良和道德的高地，俯视资本，让资本为人的幸福服务，而不是把人异化为资本的工具和奴隶，将资本凌驾于人之上，进而剥夺人的幸福和自由。那样的努力是得不偿失的，也是一种自我生命的摧残。

3. 新资本长期回报

用新资本理念指导企业的经营，不同形式的资本投入可以让企业获得综合价值回报。尽管短期内新资本不一定会立即兑现，但是长远来看，新资本投入一定会成就企业的长期回报。与那种昙花一现，或者辛辛苦苦经营几十年，却因资本背离良知和道德而一夜破产的资本发展模式相比，难道新资本理念不应该成为企业的最优选择吗？

二、"人人创客"的海尔

【案例简述】

2014 年海尔年会，张瑞敏提出了"企业平台化、员工创客化、用户个性化"的主张，在当时很多人并不理解，引起了一些人的质疑。张瑞敏坚持认为，每个人都有权利实现自己的梦想，实现自我价值是驱动每一个人进步的最为核心的动力。

海尔"人单合一"的管理模式正是要为每一个有创业梦想的人提供自我实现的平台，通过机制的设计，例如自主经营体、小微公司，为每一个人提供平等的创业机会。

为此，张瑞敏把海尔原来的组织架构全部打散，原来的高管和员工形成了一个个创业团队，变身为"平台主""小微主"和"创客"，哪怕是财务、行政等后勤部门，都要自己去"找单"，自己去创造自己的利润；海尔则从一个生产产品的公司，变成一个培养创客和服务创客的平台。

在"人单合一"模式下，企业员工不属于固定的岗位，其岗位和岗位价值因用户价值而存在，即有"单"才有"有"。在这种模式下，员工以创业者和企业动态合伙人的身份参与市场竞争，每个人都成为自己的 CEO，拥有现场决策权、用人权和分配权，树立牢固的"抢单"意识，每一笔订单、每完成一项任务都是员工自己"抢"来的，而不是上级分配的。

对于员工来说，只要够努力、肯奋斗、敢创新，只要能在自己的岗位上创造出价值，就都有可能享有企业的股权。这从另一个侧面展现了一个企业的开放和包容，愿意把企业的收益让渡给员工，让大家共创、共赢和共享。

【案例点评】

1. 确立劳资双方平等的新资本合作逻辑

在市场竞争日益激烈的不确定性环境下，创新日益成为企业管理的核心职能，具有创新能力的员工自然也成为企业的核心资源。传统基于零和博弈的劳资关系与基于管控思维的人员激励模式，在面对如何激发多数人的主体性和创造性并使这种激励持续下去的时候就显得捉襟见肘。

面对这样的现实，企业在进行劳资关系治理时必须转变传统零和博弈逻辑，确立劳资双方平等协作共享、相互支撑、互助互利、共赢共生的新资本合作逻辑。同时，企业要对决策权、用人权、分配权进行适度放权，将以往管理的客体变成管理的主体，让每个人都可以围绕着社会难题、用户痛点，与用户和资源方共创，让每位创客在为用户创造价值的同时实现自我价值。

2. 新资本驱动下的组织要以造人为目标

海尔的创客理念符合道本管理思想中的新资本论。新资本论认为劳资双方应该建立共创、共享机制，组织应该造人，打破管理的异化给人的主体性和能动性戴上的枷锁，让能动的人、自由的人、全面的人在组织中不断涌现，充分激活人的创造力和发展潜力，这才是一个组织发展的正道，是科学的资本逻辑。海尔新劳资关系下成长的创客机制顺应时代趋势，是面向未来的生态管理范式的新形态，值得越来越多的企业学习借鉴。

三、南京五洲制冷集团的劳资协商制度

【案例简述】

南京五洲制冷集团有限公司，前身是一家国有企业，2004年改制为中外合资企业。因此，五洲制冷在企业管理方面既保留了国有企业民主管理的一些优势，同时又吸收了西方现代企业治理的科学方法，形成了以劳资协商为典型特征的"员工参与管理"模式，体现了道本管理提出的新资本论思想。

第一，改制之后的五洲制冷集团开始在内部推行员工持股计划，让员工在公司持有一定数额的股份，从而将员工的利益和公司的利益联系在一起，也在根本上使员工从过去"为公司打工"转变成"为自己拼搏"。这样做，使得五洲制冷集团的员工与企业的关系不再是过去劳资双方一般的雇佣与被雇佣的关系，而是体现了员工是资本的持有者，与资方具有相对平等的主体地位。

第二，实行员工董事监事制度，即由工会选举部分员工代表进入董事会和监事会，参与企业的重大决策，享有决策权。这一制度，进一步体现了员工群体在企业中的资本持有者的角色身份和企业地位。

第三，在此基础上，公司建立了劳资协商制度，员工通过工会与公司经营者定期召开劳资协商会议，共同协商企业生产经营管理中需要解决的关乎员工切身利益的问题，比如员工的工资、福利、奖惩、劳动保护等。尽管在名称上仍然称之为"劳资"，但是通过这一制度的推行，员工作为资本持有者的地位切实得到了保证和体现。

第四，员工能够有较多的机会与上级进行沟通交流，这就缩短了管理层与员工之间的距离，形成了"家"一般的和谐劳动关系氛围。比如，总经理的办公室会时常开放，员工可以定期与总经理进行沟

通，反应工作中的问题。这既有利于提升员工的主人翁意识，又有利于激发员工的内在驱动力。为此，2019 年，五洲制冷集团获得南京市"和谐劳动关系示范企业"荣誉称号。

第五，向员工征求企业生产和经营管理方面改善的合理化建议。如，新员工入职时听取新员工的建议，在对销售人员的考核中征求他们对销售模式和管理的建议等。

【案例点评】

1. 让员工真正成为企业的主人

五洲制冷集团的"员工参与管理"模式，在本质上重新定位了劳资双方之间的关系，改变了过去企业是雇佣者，员工是被雇佣者，高层是老板，员工是"打工者"的劳资关系。在这一模式下，员工从"打工者"变成企业的"主人"，从劳方变成"资方"，作为资本持有者的地位和权力得到了体现和保证。

2. 管理要利用员工的智慧

在旧的劳资关系下，员工被动地"接受"控制管理，心里没有归属感，缺乏主人翁意识，对公司的关心以及内在驱动力低。然而，"员工参与管理"的模式激发了员工参与管理的意识，利用了员工的智慧，调动了员工的积极性和内驱力，对于助力企业发展起到了非常积极的作用。

第五节　综合价值管理案例

一、双轮驱动的方太

【案例简述】

方太集团是一家专注于厨具家电产品研发和制造的企业。董事长茅忠群在从父辈手中接过接力棒后，一直在学习中华优秀传统文化。

近十几年以来，虽然很多企业家都在学习传统文化，但是大多只是领导者自己在学，而没有真正在企业落地。茅忠群却与众不同，他把自己从传统文化学习中获得的触动和思考落实到企业，提出了"双轮驱动"的发展战略。

所谓双轮驱动战略，就是方太把"科技创新和生命成长"作为两个轮子驱动企业发展，并将其提升到战略的高度，投入科研、资金、人力、文化、营销等各种资源引领、推动科技创新，同时通过文化建设帮助员工的生命成长。

在科技创新领域，方太提出"创新的源泉是仁爱，创新的原则是有度，创新的目标是幸福"三原则，而且在实践中一直恪守这三个原则。

比如，方太抽油烟机产品的开发把"不跑烟"和"最佳吸油烟效果"作为研发的定性指标，而不是把风量、风压作为评判标准，这体现了方太科技创新中守护家庭主妇生命健康的仁爱理念。

当很多企业把市场或流量作为创新的目标的时候，方太在2018年却提出"创新的目标是幸福"。方太把真正为消费者带去幸福，满足消费者对美好生活的向往作为创新的目标。这显然是站在消费者价值的视角思考创新。

在员工生命成长方面，方太把"员工得成长"作为企业文化的重要内容和责任。方太董事长茅忠群相信，人是一切的根源，企业必须充分发挥人的效用。

为了让员工学会做人，方太提出"五个一"法，要求每位员工"立一个志，读一本经，改一个过，行一次孝，日行一善"。员工通过学习做人，不仅可以让自己成为一个完整意义上的成人，而且还可以获得人生的幸福。

此外，方太还通过"四化"让员工的生命得到成长，"四化"即关爱感化、教育熏化、制度固化和才能强化。通过关爱感化让员工获得安全感、归属感、尊重感和成就感；通过教育熏化塑造员工的理想人格；通过制度固化营造和谐氛围，引导员工向上向善，不犯错误；通过才能强化让员工得到成长，并获得切实的成就感。

那么，方太为什么要实施"双轮驱动"的战略？因为方太相信通过为顾客和员工创造幸福，实现物质和精神双丰收、事业和生命双成长，企业对顾客和员工的吸引力就会变得更强。方太相信，当把仁爱、智慧、勇敢做到极致的时候，人性一定可以战胜狼性。尽管狼性也讲团结，但是当一个企业推崇狼性文化的时候很难做到团结，尤其在遇到利益冲突的时候。

茅忠群说："我就想在中国凭着良知创新，导人向善，看这样能不能做成一个好企业。方太是我的试验，是对良知和善的试验。"通过二十几年的探索，方太的文化和战略越来越厚重和高远。实践也一步一步证明，方太选择的这条路不仅是正确的，而且是一条光明大道。

【案例点评】

1. 立足本业创造社会价值

方太的科技向善让消费者不仅能够购买到高品质的产品，而且可以从中获得幸福感，这体现了方太对消费者价值的重视。方太立足于自己的主业为消费者创造健康、幸福的生活，这本身体现的是新的社会价值观。

2. 尊重员工价值

通过文化建设，让员工的生命得到成长，这既体现了方太对人的良知和善的尊重，也体现了对员工价值的重视。

3. 通过创新模式提高品牌价值

在这一战略下，方太独特的创新理念和发展理念，让方太形成了令人敬佩的企业经营管理模式，这在无形中极大地提高了企业的影响力和品牌价值。方太产品的销量以及在全球同行业的地位证明了这一点。

4. 企业应该追求综合价值

方太在发展过程中并没有单纯追求企业经济价值，还追求消费者、社会、员工价值，并以此带动和实现企业的经济价值，这体现的正是道本管理综合价值理论。企业应该追求综合价值，而不是单一的经济价值。

二、全面价值领先的伊利

【案例简述】

被誉为"亚洲乳业第一品牌""全球乳业领先品牌"的伊利，为了实现企业的可持续发展，提出了"全面价值领先"的战略思想。

2021年，伊利在集团领导力峰会上正式发布"全面价值领先"战略，提出要全力打造社会型企业，实现"消费者价值领先""社会价值领先""员工价值领先"和"企业价值领先"的四大价值领先战略目标。

其中，作为战略重点之一，消费者价值领先被放在了伊利发展战略的首位。长期以来，伊利一直都非常重视消费者的价值，把每一位消费者都视作自己的VIP客户，不仅为消费者提供高品质的乳制产品，而且持续进行产品创新，满足不同年龄段、不同圈层和场景下消费者的多元化需求。

同时，伊利积极承担社会责任，为社会创造价值，先后承办了营养物资捐赠、健康知识科普、牛奶公益助学、营养助力"乡村振兴战略"等大量公益项目。近些年来，还积极参与国家产业精准扶贫，带动数以万计的养殖户脱贫致富，推动共同富裕目标的实现，并提出要率先实现碳达峰、碳中和的生态文明发展目标。

伊利的高层决策者洞见到，无论是消费者价值领先还是社会价值领先目标的实现，都离不开员工的努力和付出。因此，在全面价值领先战略中，伊利非常重视员工价值的领先，把凝聚人、发展人和成就人作为自己的人才理念。伊利不仅为员工提供各种形式的培训，帮助员工成长，而且专门制定了"春雨计划"，从职业辅导、激励、多元化福利以及开放创新的工作氛围等多个角度为员工提供关怀，像雨露般滋润员工的心田，激活员工的活力，提高员工的收入和幸福感。

伊利也重视企业的成长性，提出从高质量发展能力、经营业绩和股东价值三个方面构建企业价值领先的能力和目标。与其他过分重视企业成长性的公司不同，伊利更强调消费者、社会和员工价值领先目标、对企业价值领先目标的支撑作用。因为重视全面价值领先战略，所以伊利保持了强劲的高成长态势，成为资本市场一匹奔腾的"白马"。

在众多企业中，追求企业价值和社会价值是很多大中型企业都可以做到的，然而能够追求"全面价值"，并将其上升为公司战略的企业并不多见，伊利就是一个典型的案例。

【案例点评】

伊利的全面价值领先战略符合道本管理的综合价值理论。

1. 企业发展不能追求单一价值

在生存和发展的过程中，很多企业盲目求大、求快，重视眼前价值，忽视未来价值，重视经济价值，忽视人的精神价值，或者片面追求外部价值，忽略自身内在价值的提升，导致企业发展缺乏后劲，甚至一些企业几十年艰辛建立起来的大厦顷刻间轰然倒塌。究其根源，这些企业在经营管理上背离了综合价值理论，应该纠正偏差，回归到理性发展的轨道上来，而不能追求片面的价值。

2. 追求综合价值符合企业发展规律

然而，伊利则完全不同，全面价值领先战略使其能够综合平衡眼前与未来、经济与精神、外部与内部价值，各价值主体之间相互影响、相互支撑，为企业健康、可持续发展和基业长青提供了有效保障。这一做法符合企业发展的规律，值得现代企业学习和借鉴。

三、三棵树的"道法自然"与精神价值

【案例简述】

三棵树涂料股份有限公司是一家 A 股主板上市企业，也是中国民营企业 500 强之一，2020 年成为北京 2022 年冬奥会和冬残奥会官方涂料独家供应商，2021 年跻身全球涂料上市公司市值排行榜第 8 位。

公司现已发展成为拥有 10000 多名员工、在全球拥有 20000 多家合作伙伴的现代化企业集团。公司董事长洪杰特别推崇老子"道法自然"的思想，深信基业长青之道在于取法自然，并将这一思想智慧运用到了企业的经营管理中，形成了目前三棵树独具特色的"以追求处理好企业与生态环境、企业与社会、企业与个人、企业自我发展的关系，谋求基业长青"为核心的"道法自然"文化。

三棵树总部每年会吸引数万人到公司参观、学习和交流，在社会上产生了非常好的影响。三棵树崇尚"万物睦邻""天人合一"的和谐生态理念，倡导企业与自然之间不占有、不索取、不控制的友好关系，致力于创最美企业，建立天道与治企之道相融相益、生生不息的可持续发展模式。

三棵树注重企业价值创造过程中的经济价值、社会价值、物质价值、精神价值、长期价值、短期价值等方面的多元价值与系统价值的和谐统一。三棵树坚持"利润是企业经营的基本目的，但绝不是企业存世价值"的经营理念，在专注做好产品、提供好服务、培养好员工的同时，做更好的企业公民，敬畏自然，爱国、爱人、爱家园，承担社会责任，热心公益事业。

创业二十年来，三棵树顺应人心，始终坚持"以用户为中心、与合作者共赢、与奋斗者共享"的核心价值观，不计较眼前的输赢得失，以人为本，以奋斗者为荣，努力帮助员工实现物质精神双丰收。

【案例点评】

1. 有舍才能有得

社会运行遵循能量守恒和因果规律。有舍才有得，有付出才有回报，舍越多得越多，付出越多回报越多，为自己想得越少，得到的越多，这是亘古不变的规律。因此，为人之道也好，企业经营之道也罢，讲的都是先付出后回报，以无私成其私。

2. 追求社会价值最大化

三棵树深悟企业价值创造的规律，经过二十年的发展，早已将关注点从企业生存问题转移至寻求企业社会价值最大化。在实现用户、员工、合作伙伴价值最大化目标的同时，自然而然地实现了企业或者股东价值最大化，进而推动企业持续健康地发展。

3. 遵循价值创造规律

三棵树的企业价值理念符合道本管理思想中的综合价值理论。一个充满大爱、遵循价值创造规律的企业，将享用因大爱而带来的永生力，并因此走得更远更久。

第六节 文化信仰管理案例

一、安然集团"爱"的文化

【案例简述】

安然集团，成立于 2004 年，是一家专门从事纳米技术研发、推广和应用的高新技术企业，坐落于山东威海这座美丽的海滨城市。安然集团不仅在纳米材料商业化领域走在了时代前列，成为行业的领先者和开拓者，而且建立了基于"爱和感恩"的信仰文化，并且一步一个脚印地践行，成为现代企业文化治理的标杆和典范。

安然之所以提出"爱和感恩"的信仰文化，是因为她相信一家企业只有拥有"爱"才能够永恒，才能实现基业长青的夙愿。爱不仅是要爱自己，更要爱他人、爱家庭、爱企业、爱国家。她相信只有国家昌盛才有家的稳定和个人的发展，爱国是所有爱的基础，因此，所有安然人都以爱国为己任。而家是每个人心灵的港湾，是爱的凝聚。在家里，孩子给了家庭希望，爱人给予彼此关怀，父母给了家人生命，所以必须爱家。同时，还要爱企业，因为企业是所有安然人的事业平台，承载着每个人的理想，所以要像爱自己一样爱企业，用忠诚、热情和行动投入企业发展。最后，也要关爱自己，爱自己的健康、美丽和品德，做到忠诚、担当、诚信，以德服人，取信于世。

作为安然集团的创始人，董事长刘润东不断在思考一个问题：企业竞争激烈，是什么决定一家企业的核心竞争力？他认为，决定企业竞争力的是"道"，是企业文化，是信仰。尽管企业发展会面临很多不确定性，但是只要走正道，企业文化是正确的，所有人都有共同的文化信仰，就一定能够在激烈的市场竞争中立稳脚跟，立于不败之地。

企业文化决定了生命的意义和企业的基业长青。如果企业的"道"错了，再好的企业也终将走向失败。这就如同人的身体和行为的主宰是"道"一样，一家企业有什么样的心念和思想，就有什么样的"道"，就会走什么样的路。如果一家企业创始人的起心动念和思想错了，企业文化和企业的"道"肯定也会出错，企业的根基一定难

519

以长青。

安然集团把"爱和感恩"作为企业文化信仰的价值观标签，源自中华优秀传统文化，根源于中华民族的精神和灵魂。自从成立那一天起，安然就一直强调爱和感恩，后来虽然对文化做了完善和发展，但是企业文化始终建立在爱和感恩的基础上，用爱和感恩引领企业乘风破浪。

安然集团"爱和感恩"的信仰文化告诉我们，不仅国家要有信仰，每一个人、每一个家庭、每一个企业都要有自己的文化信仰。一个人没有信仰就像无舵的船，一个家庭没有信仰就难以持续兴旺，一个企业没有信仰就没有未来，一个国家没有信仰就看不到民族的希望。

从2004年成立以来，公司就一直带着员工学习《弟子规》《百孝经》《中华圣贤经》等传统文化经典，对员工进行传统文化培训和幸福主题讲座，培养员工爱和感恩的道德品质，并且在每周一公司晨会上组织员工分享学习心得。

2015-2017年，公司连续三年投资1000余万元重走长征路，每周一晨会组织员工升国旗、唱国歌，在员工当中大力倡导爱国主义教育。

为了让员工懂得爱家，公司还专门设立了"孝子基金"，每个月给员工的父母银行卡里存孝亲款，要求公司给存多少，员工就要存多少。

公司树立了关爱职工的文化，把职工当作企业的财富，每位员工不仅年终都能享受到公司的股权分红和奖金，而且公司还给符合条件的员工发放购房补贴，解决购房难问题，让员工真正成为企业的主人。

公司还积极履行社会责任，成立了安然爱心基金会和安然志愿者联盟，开展一系列公益活动，如建立安然希望小学，捐资汶川特大地震，建敬老院，扶持贫困大学生，关爱孤寡老人、孤残儿童，向贫困农村捐款等。

安然集团"爱"的信仰文化建设紧扣传统文化主线，以"爱和感恩"为核心主题，开展了扎扎实实的文化信仰践行活动。通过一系列真诚、务实的举措，安然集团用"爱"净化了员工思想，激发了员工的工作和生活热情，并获得了社会的一致认可，也为企业提升竞争力和实现基业长青夯实了基础。相信安然集团一定能够行稳致远。

【案例点评】

1. 用爱管理

当大量企业在追求利润的时候，安然集团却在关注人以及激发人的爱。如果企业过于关注利润，就会采用一些功利的手段进行管理，比如纯数字化的考核、惩罚、解雇等这些"胡萝卜加大棒"的手段，而不会是基于爱的管理文化和方法。有人可能会想，企业就是一个经济组织，追求利润天经地义，没有利润企业无法生存和发展，讲爱又有什么用呢？先解决生存问题，赚到钱才最重要。实际上，关注利润并没有错，可是很多人忽略了一点，利润只是企业经营管理的结果，而决定结果及其能否持续的却是企业高品质的产品和服务，以及员工用心的投入创造。如果企业不爱员工，员工也不懂得爱和感恩，又怎么能够服务好顾客，用心努力地工作呢？

2. 建立新的商业逻辑

安然集团打造基于"爱"的信仰型企业文化，教育引导员工爱国、爱家、爱企业、爱自己、爱他人，唤醒了员工内在的良知，这对于提高工作效率、效能和品质无疑具有重要价值，也为企业的成长和利润的达成夯实了人心基础。这不再是过去以利润为导向的商业逻辑，而是以爱为驱动力的新的商业逻辑。

3. 把个人思想转变成集体的文化信仰

一家企业的存在离不开国家的支持与呵护，离不开员工及其家庭的付出，离不开社会各界的支撑。能够用爱引领人心和企业文化，与极致的利己主义和功利主义相比更加符合商道。而且，安然集团的创始人把个人的思想，转变成企业集体的文化信仰，而不是依靠个人的品德和爱好拖着企业发展，这也正符合道本管理的企业文化信仰理论。

二、打造"高尚文化"的德胜洋楼

【案例简述】

在中国有这样一家乌托邦式的企业，她拒绝商业贿赂；所有员工报销不需要领导签字；员工永远不打卡，随意调休，决不允许带病工作；员工可以请1—3年长假出去闯荡，并且保留职位；整个公司只有一个销售员；为了保证质量而推掉很多工程；公司的人员流失率极低……

这家企业就是德胜（苏州）洋楼有限公司。她提倡全体职工追求做傻子的精神，致力于用正确的价值观打造企业文化；她坚持"诚实、勤劳、有爱心、不走捷径"的文化核心，将员工当作君子对待。一方面"把爱给够"，让员工充分获得尊严和实惠；同时，又在制度上"把话说透"，对员工的严格要求绝不放松。这些做法切切实实把大量的来自农村的工人改造成了产业工人。

她坚决捍卫自己的文化和价值观念，不惜付出高昂的代价，在利益与精神、利润与文化之间，经常选择后者。就是这样一家公司，看似不可能有任何发展前途，却成长为一家卓尔不凡、在行业中领先的企业，也是迄今为止国内唯一具有现代轻型木结构住宅施工资质的企业，其"高尚文化"得到各界学者、同行的高度认同。

【案例点评】

1. 高尚文化打造高尚人格

德胜文化的核心价值观——"诚实、勤劳、有爱心、不走捷径"，深深地烙印在每一名德胜人的心里，使德胜文化切实成为员工的信仰，并实实在在践行于生活和工作的各个方面。

"诚实"是人的立身之本，是企业的生存之道，是德胜的品牌，是根植于每一名德胜人心底的行事准则；"勤奋"是对德胜全员的要求；"有爱心"是学会感恩；"不走捷径"是德胜专业能力和工作作风的体现。

正是这朴素、简洁、直接、有温度的企业文化，让德胜上千名员工在文化的熏陶下散发出人性的光辉，拥有了高尚的人格和修养，成为拥有白领气质的产业工人。

2. 制度成为集体的契约

德胜认为，"一个不遵守制度的人是一个不可靠的人！一个不遵守制度的民族是一个不可靠的民族！"德胜通过有效的制度建设，让员工不仅能够坚守公司的价值观及商业伦理底线，而且能够敬畏公司的制度，让制度得到大家的真正认同，进而使制度成为集体的契约，最终实现文化建设和制度约束的平衡。

3. 细节助推文化落地

老子《道德经》中说，"天下难事，必作于易；天下大事，必作于细"。德胜的创始人聂圣哲通过一本《德胜员工守则》，为企业的管理者提供了一套行之有效的管理规范，并实践到每一个工作细节。

德胜领导层统筹布局，通过制度建设与价值观的"双轮驱动"，实施精准的细节化管理和严格的监督体系，有力地推动了文化落地，形成制度与文化的良性循环，使得德胜洋楼有限公司在行业中一枝独秀，立于不败之地。

三、华泰集团党建文化信仰

【案例简述】

华泰集团始建于1976年，建厂时是一家仅有35名职工的小作坊。经过40多年的辛勤耕耘，华泰从一个仅有56万资产的小纸厂，发展成为总资产320亿元，职工1.5万人的全国500强企业，全球最大的新闻纸生产基地。从1976年建厂之初，华泰就成立了党支部，到1993年3月成立集团党委，截至目前共有40个党支部，党员758名。集团党委先后荣获"全国创先争优先进基层党组织""全国非公有制企业双强百佳党组织""山东省基层党建工作示范点"等荣誉称号。

40多年来，华泰集团始终坚持党的领导，坚持"党建做实了就是生产力，做强了就是竞争力，做细了就是凝聚力"的核心理念，形成了"党建兴企、党建强企"的工作思路。在企业经营管理过程中，华泰大力传承红色基因，发扬党的光荣传统和优良作风，自觉将党的路线、方针、政策与企业、员工的发展相融合。

集团干部职工牢记共产党为人民谋幸福、为民族谋复兴的使命和初心，以社会发展和进步为己任，将"产业报国，振兴民族纸业，造福社会"作为企业使命。将中国共产党的根本宗旨"全心全意为人民服务"融入服务客户、造福员工、回报社会的企业宗旨中。并将党的组织生活嵌入企业生产管理。华泰每天早上七点半坚持召开班子和管理层会议，雷打不动，把党建与生产经营工作同汇报、同研究、同部署；集团党委的民主生活会、组织生活以问题为导向，围绕党员职工思想、工作、生活、作风和纪律等苗头性倾向性问题，开展批评与自我批评，及时沟通，纠正偏差；公司的各项决策坚持集体议事，从不搞"一刀切""一人说了算"。

公司建立完善的管理约束机制，首先约束的是领导干部；全体员工树立高效务实的工作作风；要求领导干部以身作则，创建廉洁勤政的文化氛围。在华泰集团，有一个特殊的廉洁事迹展览室，四壁货架上的物品琳琅满目，大到上千元的金银首饰、瓷器、名酒、海产品，小到几本台历、一块手表、一支钢笔，每一个都摆放得整整齐齐，登记得清清楚楚。在每年的工作总结大会上，都有一项重要议程——对拒贿退贿人员进行表彰奖励。

董事长李建华有一句名言——"勤政加廉政，企业无不胜。"他说："有人说我很简朴，能到今天很不容易，我没有理由不珍惜。比起过去，我已经很知足了。吃饭、穿衣、住房、坐车没有必要那么讲究，也没什么实际意义。公司的每一分钱都是工人的血汗凝结成的，每一分钱里都包含着股东的财富和委托，浪费了对不起大家，我心里也过不去。有钱多给职工提提待遇，多去救助几个贫困户，多为群众办点儿实事，多为社会作些贡献，更有意义。"

【案例点评】

1. 以党建文化铸魂

华泰在发展中坚持企业业务发展到哪里，党组织就建在哪里，党员作用就发挥到哪里。华泰通过将党建文化融入企业经营管理中形成了特色鲜明的先进的企业文化，以文化铸魂，打造了信仰共同体，凝聚了人心，筑牢了发展根基，推动企业高质量健康可持续发展。

2. 企业要为人民服务

在现实管理中，企业家要将共产党人"全心全意为人民服务"的利他精神融入企业精神中，坚守"为员工谋幸福、为社会谋进步"的崇高理想和使命。企业只有一心一意为员工谋利益，员工才会不断超越自我、完善自我，从而最大程度激发激活员工的主动性、积极性和创造性，全心全意为企业和社会谋发展。

3. 企业家要心存信仰

企业家在面对复杂和不确定的环境时，无论内心怎么纠结和担忧，都要心存信仰，坚持长期主义，让企业发展的方向始终与员工的成长和社会的发展方向一致。唯有如此，企业才能在不确定的市场环境中提高灵活性和适应性，提高企业的整体竞争力，从而实现稳中求进，持续发展。

第七节 道本博弈论的管理案例

一、不把同行当作竞争对手的固锝电子

【案例简述】

在苏州，有这样一家企业：

员工上班不用打卡；诚信超市里没有收银员，买东西自己付款，自己找零；"幸福宝宝"的父母每年有带薪假期；员工会定期前往敬老院、福利院为老人、孩子送上温暖和祝福……这里的员工，在幸福中工作，在工作中幸福。

这家神奇的企业，就是苏州固锝电子。它的管理模式已被正式写入哈佛商学院教程。目前，该企业已成为中国最大的二极管生产企业，同时也是世界最大的二极管生产商之一，公司产品远销43个海外国家和地区。

公司创始人吴念博积极从传统文化中汲取经营企业的管理思想和智慧，形成了独特的"家"文化。在"家"文化的滋养下，20多年时间里，苏州固锝已实现公司财富增值千倍以上，创造了被业界誉为"固锝速度"的发展奇迹，固锝员工的幸福指数在同行业中位居前列。正因如此，固锝被誉为"全国幸福企业的典范"。固锝自创立之初就将"企业的价值在于员工的幸福和客户的感动"作为企业核心价值观，一直致力于给员工家一样的幸福。

2020年新冠疫情暴发后，一些企业纷纷裁员减轻企业压力，固锝非但没有裁员，反而向全体员工作出"永不裁员"的承诺并刻在了石碑上。固锝将每位员工都视为企业大家庭的一员，在企业遇到困难的时候并没有通过裁员压缩企业运营成本与员工们争利，而是对他们不

离不弃。员工之间就如家人一样彼此关心，互相爱护。此番爱心举措让员工感动、安心，更愿意为企业发展"用心"和"尽心"。

早在 2016 年 11 月初，公司创始人吴念博董事长以父母之心让员工的作息回归自然，不占用员工陪伴家人和常规自然的休息时间，提出了"在固锝全面取消夜班"的倡议。该倡议提出后，不少干部很不理解，认为半导体行业尚无此先例，固锝作为制造企业，如果取消夜班会极大地增加制造成本，甚至造成企业亏损。

吴念博董事长反问管理部门的干部："如果让你或你的孩子去上夜班，你愿意吗？"这一问点醒了管理部门的干部。在吴董事长的亲自督导，各级干部、工程技术人员以及员工的共同努力下，"全面取消夜班"项目正式启动。

"全面取消夜班"项目实施后，非但没有增加企业制造成本，相反，通过自下而上"四维一体"的至善治理等改善活动，员工的幸福感、获得感、归属感和满意度得到提升，随之而来的是公司的生产效率提升 66.6%，全线不良产品减少 33.5%，客户抱怨下降 75.3%，客户满意度提升 15.8%，员工离职率下降至 1.29%。固锝近两年员工离职率基本在 2%–3%，远远低于当地的基本离职率 20% 左右。

我们曾到固锝实地调研学习，在参观公司园区中的幸福农场时，吴念博董事长说了这么一段话："我们这个农场里面有各种各样的生物，天上飞的，水里游的，土里爬的——它们形成了自己的生态链，都自由生活在这片乐土上，我们从不人为干扰破坏它们的生存环境。尽管这片土地面积挺大，周围杂草丛生，我们也不会占用这些生物生活的地方，将这些地方开发利用，建成厂房，盖成楼房。那为什么会有这么多生物聚集生活在这里呢？就是因为这里环境好，它们生活得很幸福。所以，我们做生意也一样，生意不是你争我夺，不是抢来的而是被真善美的力量感召和吸引过来的。"吴念博的这番话意味深长，让人颇受启发。

【案例点评】

1. 不与员工争利

企业只有把员工像自己的家人一样对待，不与员工争名争利，适度授权，真正关心员工、尊重员工、爱护员工，想员工之所想，急员工之所急，满足员工需求，帮助员工解决遇到的困难，员工才能够获得归属感、责任感、使命感和荣誉感，并真正地以企业为家，与企业同呼吸、共命运，和企业融为利益共同体、成长共同体、命运共同体和事业共同体。

2. 不把同行当竞争对手

在固锝电子眼里，没有竞争对手。即使是同行，也是合作和学习的伙伴。固锝坚持不参与外部的不良竞争，专心练好企业的内功，在企业文化、产品质量、品牌建设和员工幸福感方面持续努力，以"不争"的经营理念取得了"无人能争"的骄人成就。

目前，不仅大量中国企业在学习借鉴固锝模式，新加坡、马来西亚等国家的诸多华人企业也把固锝作为自己的榜样。固锝为中国乃至全球致力于平衡员工幸福和企业发展的企业，提供了极具借鉴价值的范本。

3. 家中无博弈

固锝打造"家"文化，家中无博弈，只有相互关心和关爱。固锝经营管理的一系列做法，既体现了"家"文化信仰的力量，也体现了企业不与员工争利，不把竞争对手当对手的道本博弈论思想。

二、宋志平"联合发展"背后的不争智慧

【案例简述】

宋志平，中国建材集团原董事长，曾因带领两家央企双双进入世界 500 强，被称为"中国的稻盛和夫"。他常说，企业经营管理从来都不是一件碰运气的事，所谓经营管理的智慧，其实就是能够发现规律、遵循规律并利用规律来解决企业的实际问题。在国际化过程中，中国建材集团在海外始终坚持"合作共赢"三原则：为当地发展做贡献，与当地企业合作，与当地居民友好相处。

2018 年中国建材积极投身国家"一带一路"倡议，在赞比亚投资建设工业园。在建设工业园之前，中国建材先给当地老百姓打了 100 多口井，建了学校、医院，而后才开工厂。这些举措消除了当地人民的担心，赢得了他们的认可，受到了载歌载舞的欢迎。

2021 年工业园项目竣工后，为当地创造了 2000 多个就业岗位和大量税收，获得当地官员和民众的高度评价。项目的成功使中国建材在非洲区域有了一张亮丽的国际化名片，有力地推动了中国建材国际化进程。

在国内市场开发过程中，中国建材提出"三分天下"的理念，倡导不要什么都自己做，要给同类企业一份市场，让它在它的市场里做，就能很好地避免竞争的问题。

与此同时，积极选择与民企的合作，抛弃并购中冰冷的"你来我走"的普遍做法，提出符合中国人的文化特点的"强强联合"的重组战略，秉承相互融合、联合发展的并购理念。

生活中的宋志平，特别喜欢人家称呼他"宋总"，因为他觉得这样显得很亲切，这也意味着他总是想着大家。做企业领导人这么多年

来，他从未争过什么，也从没向上级伸手要过什么。宋志平做厂长的第一年，因为工作做得好，组织奖励了他 27 万元的承包奖，他却把这些钱作为基金奖励给了职工。尽管自己住的房子不大，他还坚持把组织奖励的房子当成企业的资源分给了大家。

宋志平之所以能做到这些，其中一个很重要的原因就在于他深刻领悟了老子"不争"的智慧，他在自己的《经营心得》一书中说了这么一句话："老子讲：'天之道，利而不害；圣人之道，为而不争。'中国建材就是遵循古训'利而不害，为而不争'。作为中国企业，在国际化进程中，不是说我来你走，不是要击垮他们，不是去吃独食，而是要和当地的企业合作，给当地的企业机会，让我们有的做，也让别人有的做，大家都扬长避短，一块儿做，互利共赢。如果大家都这么想，不是你争我夺，都能够有自己的核心利润区，能够自律，市场就会健康发展。"

【案例点评】

1. 不争而无人可争

在宋志平看来，企业的经营活动不是杂乱无章的，而是有规律可循的。他深悟"不争而无人可争"便是企业经营的一个很重要的规律。这明显不同于传统博弈论讲的是你输我赢的零和博弈，这就是我们讲的道本博弈。

2. 避免低级竞争

道本博弈论基于老子"不争而善胜"的智慧，认为企业家在企业经营中要避免低级竞争。因为一旦有了竞争，就会引起冲突和矛盾，就会恶化企业生存发展的环境。因此，企业家要通过自争，不断完善自我，持续打造独特优势，并与同行开展积极合作，实现共赢共生。由此可见，宋志平基于联合发展、协同融合的"不争"理念符合企业发展的规律，中国建材取得的成就是按照事物发展的内在逻辑，一路顺势而为的结果。他们的做法和经验值得现代企业学习和借鉴。

三、东方希望集团的"众妙之门"

【案例简述】

东方希望集团是我国改革开放后建立的第一批民营企业，由民营企业家刘永行于1982年创立，目前已发展成为年产值近700亿元，集农业、重化工业等为一体的特大型民营企业集团。企业在做大做强的过程中发展稳健，没有跌倒过，更没有摔过大跟头。

东方希望集团能有今天的辉煌业绩，其根本原因在于刘永行的经营理念和管理哲学。如果在百度上搜索"刘永行"，搜索结果达400多万条。从企业家不平凡的成功经历，以及东方希望集团的发展轨迹，不难提炼出以下几个关键词："自然而然""不争为先""顺势而为""甘于后进，反而先进"。

观念是第一生产力，东方希望集团取得辉煌业绩的"众妙之门"在于"顺势、明道、习术"。顺势却不随流，明道而非常路，习术要善修正。顺势而为是刘永行秉承的经营理念；敬畏自然，最低程度占用社会资源是其做事业的最高哲学。企业想赚钱，如果也想"付出少一点儿，得到多一点儿"，这是跟消费者争利，消费者就不会买你的产品。然而，作为强势的企业，就会有一种强势思维，"付出多一点儿，贡献多一点儿"，顺应消费者的需求，成为大众价值的提供者，而不是跟消费者争利，这就是东方希望集团的竞争理念。

【案例点评】

1. 顺势不随流

所谓顺势而为，就是顺应科学规律和经济规律，依循规律进行运作，将客观环境和外部条件中的显性或隐性的有利因素激活，为我所用，借势而为。只要遵循顺势之道，哪怕遭受挫折，也一定会最终走向成功。正如刘永行本人所言："你顺应天道，天道就会奖励你，并且毫不吝啬"；如果违背了顺势之道，就一定会受到惩罚。东方希望集团在企业发展的每一个重要阶段，都能对内外环境和自身资源有准确明晰的把握，由此明确企业独特的"势"，依循企业独有的"势"进行战略规划，即顺势而不随流。这就是东方希望集团的成功之道。

2. 不争而善胜

企业发展要自然而然，不争为先。刘永行所说的自然是指按照自然规律，做该做的事情。在顺应自然规律的基础上明道、习术，将正确的措施落实到位，做好该做的事自然就能领先。为什么"不争为先"？因为争也没有用，反而会为了"争"做不该做的事情，做了不该做的事情一定会出现危机。为此，刘永行始终强调保持谦虚，不自卑、不自傲，追求的是"在其中、随其后、随之而来"。正是这种顺应自然规律、顺应经济和人文规律的经营哲学，使得东方希望集团在竞争激烈的环境中无往不利，哪怕在经济萧条的时候，仍能获取可观的利润。

3. 为大于其细

"自然、顺势、不争"这样的经营理念如何落地？天下难事，必作于易！刘永行在管理中特别注重"追求点点滴滴的合理化"的精细化意识的培养，内化行业标准，推行标准化管理和规范化管理制度，且追求"世界第一"的极致思维。因为只有标准化管理才能触及管理的深层，特别是工作标准和考核标准，都要"看得见、摸得着、算得清、做得到"。

"天之道，利而不害；圣人之道，为而不争"，这是《道德经》的结束语。从企业成长和成功的视角，刘永行和他的东方希望集团，为这句话又做了一条"实证"和"践行"的注释。

四、案例总评

首先，非常感谢这些企业为我们树立了企业经营管理的标杆和典范。同时，在案例研究的过程中，我们参考了很多优秀的、真实性很强的调研文章，汲取了其中很多有益的养分，在此表示衷心的感谢。

本书选取的案例在管理上非常具有独特性和影响力，体现了道本管理论的思想。然而，这些案例反映的只是企业经营管理整体的一部分或一个片段，并不能反映企业的全部。

毋庸置疑，企业经营管理实践是复杂的，企业家面对的压力、挑战和要处理的各种关系非一般人能够想象和理解，这就难免出现企业在某些方面非常优秀，而在其他方面又可能存在各种各样的瑕疵，有的甚至会出现道德和法律问题。

比如，有些企业的文化似乎很好，但是在缴纳税款和给员工上社保等方面却会出现一些投机行为，这具有一定的隐蔽性和不可知性；还有一些企业在几十年的时间里发展一直非常好，但是某一事件会突然使企业陷入困境，并被推到舆论的风口浪尖。因此，如果书中选取的案例有以上情况，还请读者指出和包容。案例的价值在于证明，以及带给读者一些借鉴和启发，这是最重要的。

当然，一个企业文化和管理卓越，而不讲道德或不守法律的毕竟是少数。在管理上有温度、追求综合价值、有文化信仰的企业一般不会僭越道德和法律。

尽管如此，我们还是诚恳地提醒类似本书中优秀的企业，既然选择了一条光明的道路，就不要再钻进黑洞。那样，无论是对个人还是家庭的幸福都无益，对寄托了社会和万千同胞家庭幸福的企业也是极大的伤害。企业经营管理者必须保持理性，恪守道德良知，不踩踏法律的红线，杜绝赌徒心理。

人生有些路可以走得长些或累些，但是千万不能走错了路，犯不该犯的错误；否则，会得不偿失。

本章撰写者：邢宝学、孟令标、刘明

第一轮校稿人：徐楠、滕海丽、李培林

第二轮校稿人：滕海丽

后　记

　　"道本管理"这一思想的提出，距今已经将近三十年了。

　　三十多年前，在我学习美国博士课程时，一门叫作"社会学理论建构与方法"的课程给我留下了深刻的印象，甚至可以说是震撼。

　　在过往的学习中无数次听到"理论"这个词，却没有听到过如何建构理论的课程。在学习"社会学理论建构与方法"这门课时，头脑中不断涌现一个想法：我们在很多时候所做的研究都是在某些点或者某个层次上进行一些突破或者完善，但因为不懂得如何建构理论，因此，那么多奇思妙想，最终也没有在诸多研究成果的基础上提出一个创新的理论。注意：不是"理论的创新"，而是"创新的理论"。

　　如此说来，诸多研究就如同做了一大堆很有特色，甚至有些突破的零部件，但就是没有做出一部崭新的整机。这些零零散散的创新与突破，若是被具有理论建构能力的人拿去组装，就可能出现一个新的理论。这就如同我们辛勤播种了很多，但最终收获最大的却是别人。对于当时研究领域中的这样一种状态，真的有点细思极恐的感觉。

　　必须承认的是，在近百年管理理论的历史中，美国人的管理理论一直占据着主流。中国改革开放四十多年，高校中管理或者商学专业的大部分课程，也都是在讲美国人的管理理论。在我们管理学界，虽然也有致力于东方式或者叫中国式管理的研究者，但因为过于中国化或者对现代理论建构的逻辑与系统模式及方法缺乏足够的借鉴，尤其是在一些核心概念上缺乏足够的突破，或者创造新概念的力度不够，或者在时间验证方面缺乏系统性的成果，因而显得曲高和寡。

　　一个新理论的出现，必是首先在哲学思想上取得突破，必是具有新的思想内涵的新概念代替落后或者错误的旧概念。否则，新理论就不能成立，也就没有新的价值。

南开管理学泰斗陈炳富教授是管理理论创新的倡导者和实践者。他在研究管理学的早期就一直倡导理论要结合实践，理论既要在实践中获得启示和灵感，也要在实践中接受检验，方能成为一个可用的、有价值的和不断成长的理论。

在我读博士期间，陈炳富教授和朱镕基教授也一再提醒我们要在研究中进行思想与理论的创新，对我所进行的企业管理实践给予了大力支持，对我从思想源头和理论根基上进行探索与突破也给予了鼓励。朱镕基教授更是高屋建瓴地提出，中国的社会与企业亟需科学与智慧的管理，中国也亟需具有中国特色的管理思想与理论。

也正因如此，我才有了足够的勇气完成博士论文《论人性与激励战略》的研究，并由此开启了从思想源头探索管理理论创新的历程。秉持着这样的一个传统，在 1998 年我开始担任博士生导师时，也一再鼓励博士生们进行思想与理论的突破，甚至要在尊师敬师的同时，敢于向流行或者权威观点挑战，师生共同成为探索真理的伙伴。这就是一个研究者的真正的思想生命力！

"道本管理"的提出，就是在这样的理念驱动下，在长期的理论学习和扎实的管理实践中碰撞出来的思想火花。也是为了更有效地，尤其是长效性地解决管理问题，提出一些具有创建性的新思想、新概念、新方法，并在管理的实践中反复验证，不断地修正、完善。

三十多年来，我与一届届的博士生们一直进行着"道本管理"的研究，并与企业家们进行了无数次深入的交流与探讨。从某种意义上来说，这也是一个"争气研究"，一方面告慰创立五千年文明史的列祖列宗，担负起文化传承与创新的使命，另一方面也满足现实中嗷嗷待哺的企业管理的需要，更要为中华复兴的伟大时代添砖加瓦，让中国的管理思想与理论在世界管理学界占有一席之地，为人类的管理事业作出我们中国人的贡献。

"道本管理"思想起源于中国圣人老子的"无为"思想，也是将无为思想进一步现代化的尝试。国际管理学会曾经提出这样一个理念："伟大而科学的管理，必是没有管理的管理。"这一思想跨越历史时空，跨越国界，与老子所说的"无为"与"玄德"有着异曲同工之妙。

感谢前人神圣思想的启迪，感谢恩师们的教导与鼓励，感谢领导与同事们的支持与帮助，也特别感谢博士生们贡献的各种灵感和对"道本管理"多年的研究。尤其感谢企业家们用自己的实践给予我们的各种启迪以及运用"道本管理"的体验所给予我们的滋养。

特别感谢我尊敬的学长、兄长王方华教授和在理论与实践相结合方面十分卓越的陈春花教授为本书写的推荐。

"道本管理"是中国的，这是中国学者在学习中华优秀传统文化，借鉴西方有益思想与方法的成果。"道本管理"也是世界的，因为中国圣贤的智慧早已传遍世界，最早的《道本管理》出版不到一年，就获得国际管理学会的优秀著作奖。这再一次印证，凡是真理，必能跨越历史的时空，必能跨越国界。

中国已经进入历史的新时期，也正在走向世界的巅峰。愿我们的智慧管理思想能为祖国腾飞助一臂之力。

祝福祖国！祝福中国管理！

齐善鸿

2023 年 10 月 20 日于深圳